U0601154

**近代浙南人物研究丛刊**

主　编　虞和平　虞文藉

编　委　戴鞍钢　卢礼阳　张学继　冯筱才　苏尔胜　张小宇　张　凯

**本册执行编委**　张　凯

# 虞廷恺

## 年谱长编

张　凯——撰

ZHEJIANG UNIVERSITY PRESS
浙江大学出版社

**图书在版编目(CIP)数据**

虞廷恺年谱长编/张凯撰.—杭州:浙江大学出
版社,2020.12
(近代浙南人物研究丛刊 / 虞和平,虞文藉主编)
ISBN 978-7-308-20809-3

Ⅰ.①虞… Ⅱ.①张… Ⅲ.①虞廷恺(1880—1918)
—年谱 Ⅳ.①K825.46

中国版本图书馆 CIP 数据核字(2020)第 233763 号

**虞廷恺年谱长编**

张凯 撰

责任编辑 蔡 帆
责任校对 吴 庆
封面设计 项梦怡
出版发行 浙江大学出版社
　　　　　(杭州市天目山路 148 号　邮政编码 310007)
　　　　　(网址:http://www.zjupress.com)
排　　版 浙江时代出版服务有限公司
印　　刷 浙江省邮电印刷股份有限公司
开　　本 710mm×1000mm　1/16
印　　张 22.25
插　　页 6
字　　数 370 千
版 印 次 2020 年 12 月第 1 版　2020 年 12 月第 1 次印刷
书　　号 ISBN 978-7-308-20809-3
定　　价 98.00 元

**版权所有 翻印必究　印装差错 负责调换**

浙江大学出版社市场运营中心联系方式　(0571)88925591;http://zjdxcbs.tmall.com

虞廷恺留学日本时留影

虞廷恺任国会众议院代理秘书长时留影

**虞廷恺先生全家福**

左后一虞廷恺、右后二黄氏夫人
右后一长女喜梅、左后二次女喜莲
左前次子崇枢、右前三子朔如

虞廷恺先生黄氏夫人

虞廷恺先生张氏夫人

长女喜梅

长子崇樾

次女喜莲

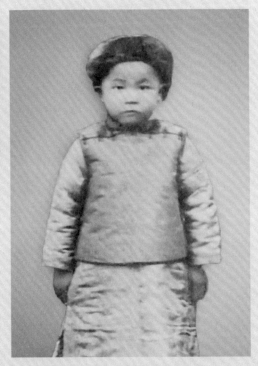

次子崇枢

三女喜云

三子崇域

孙虞文藉

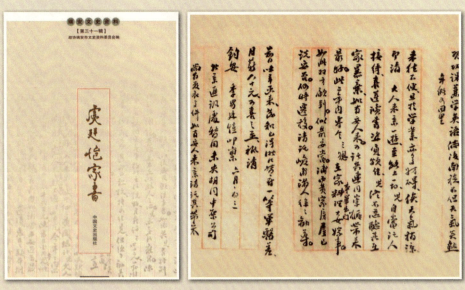

虞廷恺家书选页

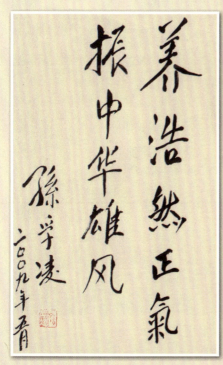

全国政协原副主席孙孚凌

全国人大原副委员长许嘉璐　全国人大原副委员长周铁农

全国政协原副
主席陈宗兴

璞玉渾金

黎元洪

介寰公七秩壽慶
民國元年壬子秋月

黎元洪题词

虞廷恺先生故居（省级文保单位）

# 序

郑欣淼

　　不久前,虞廷恺先生的嫡孙虞文藉先生把厚厚的一叠《虞廷恺年谱长编》书稿交到了我手里,要我为这本书作序。我愉快地答应了。

　　三年前,收到浙江瑞安市邀请我出席"虞廷恺纪念馆"开馆典礼的函。此前我对"虞廷恺"这个名字还很陌生。我的一位很认真的学界朋友,向我介绍了虞廷恺先生在中国近代革命史上的业绩,建议我参加。我翻阅了不少有关资料,包括《虞廷恺家书》,对虞廷恺先生的了解多了,他的形象也在我面前清晰、高大起来,便决定去。朋友要我去肯定有他的道理,他知道我对清末民初的历史文化较为关注。但对我来说,还有一个特殊原因,即在故宫博物院早期院史研究中,我发现许多浙江籍文化家族的人士与故宫结缘,参与博物院的建设与发展,留下了光辉的篇章,我曾为此写过文章。在这个研究中,我对浙江文化产生了兴趣。在虞廷恺身上,我分明看到了浙江文化的生动体现。果然不虚此行。那次活动很隆重,还召开了专家学者座谈会,对虞廷恺先生、对瑞安,我都有了进一步认识。

　　虞廷恺先生是近代民主革命的先驱、杰出的政治家、社会活动家,是为国为民的志士仁人。他光辉而短暂的一生,已永铭史册。

　　虞廷恺先生生活的时代,正值封建大一统向民主共和转型的时代。这是中国数千年未有之大变局。在这个大变局中,每个知识分子都在作着选择。虞先生可贵的是少有大志,与时俱进,不断有新的追求。我认为,创办"养正学堂"与赴日本留学,于他的人生发展有重要意义。明清时代,教育与科举直接联系,府、州、县学都是为科举服务的,学的是四书五经、八股文。虞先生就是县学的廪生。这时废除科举的呼声甚高,新式学堂已有开办。

1

1903 年清廷颁布了学堂章程,成为清末民初新学校教育制度的主要依据。1904 年虞先生就和父亲一起创办了飞云江南岸第一所新式学校——"养正学堂",学生学习对国家社会有用的知识。养正学堂也培养出了一批英才。这是有卓见之举。据统计,这一年全国有新学堂 4400 多所。1905 年,清廷宣布停罢科举考试。新学堂猛增到 8200 多所。这说明虞先生得风气之先,顺应了时代的步伐。1906 年虞先生赴日本留学时,也恰是中国第一次出国留学的高潮。虞先生从小师从晚清国学大师孙诒让先生,中国传统文化根基深厚,又到日本学习,中西结合,使他具有了非同一般的胸襟、识见、学养,毕生投入救国事业。

从日本学成归国后,虞先生在浙江官立法政学校等执教,和陈黻宸、徐定超、沈钧儒、陈叔通等人参加浙江省谘议局(省议会)活动,积极参加建立全浙自治研究会,从此进入反帝反封建中坚分子的行列。辛亥革命爆发后,他参与敦促新军八十二标统带(团长)周承菼率领所部起义,为成功光复杭州立下大功。随后,他历任浙江军政府财政司金事兼都督府财政秘书、财政部(司)代理部(司)长,积极组织没收官产,追解外逃前清官员所挟财物,并组织发行军用票和爱国公债,为解决军政府财政困难发挥了重大作用;主持起草并参与制定《浙江省统捐暂行法》《浙江省地丁征收法》《浙江省暂行不动产转移税法》《浙江省暂行不动产登记法》《浙江省财政收支统一办法》等一系列法规,建立和健全合理的税收制度,顺利实现节支增收,巩固了辛亥革命成果。这也说明了虞先生的非凡才干。

1913 年 1 月,虞廷恺先生当选为第一届国会众议院议员,不久出任参、众两院财政金事(秘书)兼会计科长,并当选为国会宪法起草委员会候补委员。当袁世凯以国民党发动和参与"二次革命"为口实,下令解散国民党,取消国民党籍所有国会议员的资格,致使国会面临危机的非常时刻,虞先生毅然"自缴当选(议员)证书",及时上书手握重兵的副总统黎元洪,提出救时良策。当袁世凯公开称帝、复辟封建帝制时,他义无反顾,出走江淮,和 200 多名国会议员一起加入了反袁斗争的行列,有力地支援了讨袁战争。当年 6 月袁世凯病死后,国会得以恢复,虞先生一度出任众议院代理秘书长,积极参与建立法制、起草宪法工作。1917 年夏,黎元洪与段祺瑞在"对德宣战"问题上发生意见分歧,引发"府院之争",继而发生"张勋复辟",虞先生积极参加"讨逆驱张"运动。讨逆驱张成功后,他应梁启超之邀,出任清查官产处总办等职,为国家殚精竭虑。

　　虞廷恺先生一生心怀桑梓，经常捐资助教。民国元年(1912)，温州数发大水，他与父亲一起"大声疾呼，醵金巨万，生者赈济之，死者掩埋之。复施衣、赠药，以救贫病，因获生存者无算"。虞先生崇尚儒学，讲究诚信，宽人严己，克勤克俭，力求"忠孝"两全，是一位中国传统文化的典型继承者与爱国志士。

　　虞廷恺先生逝世已逾百年，但他为国家为民族鞠躬尽瘁的崇高风范，以毕生心血践行民主共和理念的奋斗精神，不倦求索、与时俱进的优秀品质，仍然历久弥新，有着强烈的现实意义，值得我们缅怀、纪念和学习。

　　学习、纪念先贤，最重要的是抢救、搜集、整理与他们有关的资料。这是基础性工作，困难当然很多。但令人欣慰的是，《虞廷恺年谱长编》终于编写出来了。这是编写者在多年搜罗的虞氏家族文献与虞廷恺在日本留学及杭州、北京等地时的史料为基础整理而成，其中还包括了虞先生的《政治学大意》专著，诗文、楹联、函电，以及其他文稿。这部30余万字的作品，凝结着不少人的心血。该书的出版，对于研究、认识、宣传虞先生的事迹与精神，对于认识那个时代，认识瑞安的历史，都是有所裨助的。我们为之祝贺！

　　是为序。

2020 年 3 月 8 日于北京

# 发掘历史沉积　揭示先贤真貌
## ——《虞廷恺年谱长编》序

虞和平

　　我虽不乏给别人写序,但亦不易为人作序,大多限于我学生辈或我研究领域内的著作,这次有点例外。2018 年 11 月初,知友虞文藉先生来电,邀我主持编纂《近代浙南人物研究丛刊》,并为丛刊的第一部专书《虞廷恺年谱长编》写一个序言。我对虞廷恺的事迹,近年来虽从虞文藉处略有获知,但知之不全,加之近期工作繁忙,颇有畏难之感,不过最终还是在虞文藉的盛情邀请下欣然答应。

　　我所以会答应此项工作,主要基于三点考虑。

　　一是为虞廷恺先生的贤良事迹所动。2017 年年 4 月,浙江省社会科学院张学继受虞文藉委托,邀请我参加在瑞安举行的"虞廷恺纪念馆开馆仪式和虞廷恺生平事迹研讨会",我带着对虞廷恺的好奇心和正准备去宁波大学讲学之便,应允了这一邀请。到会后,才知道有 30 多位历史学家出席这次会议,如中国社会科学院历史研究所原所长陈高华、中国社会科学院世界史研究所所长汪朝光、北京大学教授房德邻、北京师范大学教授刘志强、复旦大学教授戴鞍钢、东华大学教授廖大伟、浙江大学教授杨树标、浙江省历史学会会长沈坚、浙江省社会科学院研究员徐吉军、张学继等,有些学者还写了发言稿。有这许多史学界名流到会,大出我的意料之外,可见史学界对虞廷恺这一初露真相的历史人物相当重视。在会议上,大家对虞廷恺的思想、业绩、情操、品德进行了热烈的讨论,有的称之为人生楷模,有的赞之为奇才名士,有的誉之为瑞安(浙东)学派的后起之秀,有的论之为法制国家建设的斗士,有的褒之为第一代国会议员的优秀代表,论及了虞廷恺生平的方方面面,评述了虞廷恺为人的家国情怀,阐释了虞廷恺处事的执着不懈。我对虞廷恺原本一无所知,为了赴会,做了一点功课,始对虞廷恺的生平事迹有所知晓。会议上听了大家对虞廷恺生平事迹的介绍、讨论和评价,参观了虞廷恺纪念馆,读了会议送发的《虞廷恺家书》(主要是虞廷恺致其父亲的书信),使我对虞廷恺有了比较全面的了解,并肃然起敬,深感其业绩之非凡、其生平之可书,旋即在会上说"虞廷恺先生是一个值得重视、值得研究的历史人物"。

二是为虞文藉先生的举贤精神所动。虞文藉是虞廷恺的嫡孙,也是瑞安的著名企业家。自虞廷恺于 1918 年、38 岁时不幸遇难之后,他的家庭后代遭遇了极大的精神创伤和经济困难,诚如虞文藉在《虞廷恺家书》后记中所言,进入了"惨绝人寰的时刻",家道中落。但他家的书香传承没有丢,虞文藉和他的父亲都受过良好的中高等教育,保持了优秀传统文化素养。虞廷恺遇难时,他的第三个儿子,即虞文藉的父亲年仅 3 岁,他的父亲保留了他给家人及部分亲友的书信,后来由虞文藉的父亲保管。1966 年,即文化大革命开始的那一年,虞文藉的父亲受到冲击,便把虞廷恺家书交给了年值 22 岁的虞文藉,从那时起,虞文藉就立志:"有朝一日,必将祖父遗书付梓成册,光启后人。"到 2007 年,63 岁的虞文藉虽然仍身体健壮,但他为了兑现自己的志向,彰显和传承其祖父的业绩和品德,毅然将自己创建的企业交给儿子和学生掌管,自己则潜心从事于重光祖父贤德之事。他在当地政府的支持下,主要由自己出资修建了虞廷恺纪念馆,请人编辑出版了《虞廷恺家书》,又获得浙江省历史学会、浙江省社会科学院,以及地方政府有关机构支持,共同出面举办了"虞廷恺生平事迹研讨会"。自这次会议后,他继续着力于纪念其祖父的活动,其中一件重要之事就是请人编纂《虞廷恺年谱长编》。他对传承祖上先贤事迹的执着,令我赞赏和感动。

三是为张凯副教授的积极态度所动。揭示和传扬先贤之事,应在历史研究者的工作范围之内,但亦需有相应的客观条件。当虞文藉先生来电告知准备编纂《虞廷恺年谱长编》,我觉得这是一件值得去做而又缺乏条件的事情,主要是已有资料不够全面、系统,难以编成一部年谱长编。继而他又告知说已邀请浙江大学人文学院历史系的张凯老师做了前期工作,收集了不少新的资料,并即将完成年谱初稿。闻此消息,我颇为张凯的积极态度所促动,看了初稿后,觉得较之原有的资料大有开拓,增加了许多珍贵的报刊资料,如《申报》《新闻报》《时事新报》《汉民日报》《越铎日报》《大公报》《民立报》《民国日报》《顺天时报》《太平洋报》《时报》《益世报》《晨钟》;《浙江公报》《众议院公报》《宪法会议公报》《政府公报》;《宪法新闻》《大中华》;乃至《北洋政府职员录集成》等少许档案资料,以及虞廷恺《政治学大意》手稿。可谓搜罗广泛,难能可贵。张凯依据这些新资料和已有的《虞廷恺家书》、方志记载、前人所写的传略等,经编排诠释形成年谱初稿。有了这样的基础,我觉得基本可以构成一部年谱长编。成人之美,何乐而不为! 于是我对书稿做了一些标点和文字上的修订,终成目前大家所见之《虞廷恺年谱长编》。

当然,从高标准的要求来说,这部初稿尚存在一些欠缺和问题。如作为虞廷恺人生重要转折点之一的1907—1909年赴日留学具体情况,记述简略,资料比较单薄。1917年相继出任北京政府清查官产处总办、清理大清银行委员会会长的具体情况,及其所作所为尚不清楚。这两个职务是虞廷恺生前最后担任的职务,也可以说是最重要的实职,虽然到他遇难之时历时不及一年,但应该有所经略,需要继续考查。在写作方式上,对虞廷恺的生平事迹少有分析评价,多为客观介绍陈述。尽管有这些缺陷存在,但也不失为虞廷恺研究的一个良好开端和基础,或许对温州、浙江地方史,乃至清末民初历史、中国近代宪政史之研究有所裨益。

或曰,为自己祖上树碑立传不足为训,甚或不足为道,窃以为不可以此为然。殊不知中国自古就有"举贤不避亲"之明训,此虽为举时贤之谓,但无疑亦适于举先贤之事。要者,不在于举他还是举亲,而在于举贤,即所举者确为贤人。考虞廷恺生平之行、之言,在我看来多有敬师重教、顺时经世、利国利民、尽职尽责、廉洁自律、报恩尽孝等方面的贤人之德、贤人之功、贤人之言。这既可见之于上述虞廷恺生平事迹研讨会上各学者之所言,更可见之于本年谱之所述。虞廷恺给自己规定了一系列的为人处世原则,如:如办学育才,"校长教员须认真办理,万不可误人子弟";为国立策建制,应"相中外之大势,核古今之事实","外鉴大势,内审国情";改革之举,唯"揆之吾国国情,言宜事顺";推荐人才,"固论交情,然亦不能不察其材具、品行如何";对有恩之人,需"饮水思源,是为人第一要着";办事需"处处留心,总从不贪利禄四字上着想"。他不仅以此自律自行,而且以此劝人诫人。凡此种种诚可谓贤矣。

当下,正是中国实现复兴之梦的关键时代,需要众多的贤人为之力行,揭示和宣扬更多的先贤,无疑有益于民族复兴之伟业,惟有举先贤,才能敬先贤、传先贤、励时贤、育后贤。且中华民族贤人层出,千载相承,欲使之广显风采,必须国家、社会及个人共举之。虞文藉于此孜孜不辍,烁金铸文,流芳百世,将使虞廷恺这一先贤公之于世、传之于家、扬之于乡,为建设中国传统优秀文化大厦增砖添瓦,理应赞赏,值得提倡。更期望今后有更多的学者对虞廷恺作更为全面、更为深刻的研究,更多地注意到像虞廷恺那样的已被岁月冷落甚至遗忘的先贤,有更多的像虞文藉那样的有识之士加入举立先贤的行列。

2020 年 2 月于北京寓所

# 前　言

　　虞廷恺(1880—1918)，族名士溥，字伯俶(博卿)，号泽茜，浙江瑞安人，我国近代值得重视的政治活动家。他毕生致力于民主爱国活动，倡导教育救国、产业兴国、法治治国等进步思想，并躬身实践，成为中国民主革命先驱。他的一生短暂但不平凡，由于英年早逝、著作没有整理出版，其事迹长期得不到肯定和宣传，以致长期以来竟然被人淡忘。呈现在读者面前的这部《虞廷恺年谱长编》，将有助于人们了解虞廷恺先生在清末民初政治舞台上的相关史事。

　　虞廷恺先生出身于浙江瑞安马屿江上庄(今江西村)一户乡绅家庭，早年师从国学大师孙诒让。1900年(光绪二十六年)，补县学廪生。1903年在家乡创办飞云江南岸第一所新式学校——养正学堂(即今瑞安市养正学校)，为国培养人才。1906年(光绪三十二年)，赴日本法政大学、早稻田大学留学，获法律学士学位。1909年(宣统元年)回国后，被选拔为恩贡，出任浙江私立法政学校教习兼学校维持员，兼任浙江高等巡警学校教习。辛亥革命爆发后，他与张云雷、黄群等人敦促八十二标统带周承菼率领新军军官起义，为光复杭州立下大功；此后历任浙江都督府财政金事、浙江财政司代理司长、第一届国会议员、国会宪法起草委员会候补委员、众议院代理秘书长、国家清查官产处总办兼清理大清银行委员会会长、临时参议院全院委员会委员长(秘书长)等职，参加护国讨袁、讨逆驱张等重大运动，为整饬国家财政、兴办民族产业、加强国家议会建设献出毕生精力。1918年1月5日，在上海"普济轮海难"中遇难，年仅三十九岁。

1

一

虞廷恺生于乱世,少有大志,在父亲虞介宸和恩师孙诒让的影响下,创办养正学堂,是他探索救国之路的第一个实践。他在筹办和执教养正学堂的三年时间里,不仅分文不收,而且严为师表,与同事和学生建立了深厚感情,培养了不少济时之材,如姚琼、黄震亚、吴树基、洪天遂等。

1906 年秋,由恩师孙诒让举荐,虞廷恺东渡日本求学深造。临行前,恩师孙诒让"辱临远送,详示宗国近况,并以'办学报国'语相助"。三年学成归国,恩师过世(1908 年),前言在耳,廷恺不禁写下了挽联痛悼恩师:"送我九月前,金石千言犹在耳;与公三日泪,东南半壁痛何依。"

回国后,虞廷恺虽未再回养正学堂执教,但桑梓情怀难忘,每有机会就要询问学校状况,询之寒暑,规之方圆。并经常捐资助教,给教学好而生活有困难的教师发津贴。他在信中告诉父亲:"请劝校长教员尚须认真办理,万不可误人子弟,恶孽不浅。"1916 年 12 月 28 日,在他离开家乡三年多后,还兴致勃勃地为白莲堂(早期养正学堂校址)题联:"流水半湾,尺土中成极乐国;到门一笑,十年前是读书乡。"遗憾的是,虞廷恺此后再没能踏上梦中的故土。

虞廷恺在日本法政大学、早稻田大学时,主修法政以及相关的经济学科,为回国后参与浙江省和国会立法、财政部理财工作奠定了基础。在此期间,他与同期赴日留学的籍忠寅、张云雷等人相识并结为挚交,就职浙江私立法政学校教习后与王家襄、沈钧儒、褚辅成、陈叔通等同事相识并成为知交,在以后的岁月中互相帮衬,共同为国家为家乡尽力尽责,谱写了难得的人生佳话。

1911 年 11 月,浙江光复,成立了以汤寿潜为首的都督府,虞廷恺被推为浙江都督府金事(财政秘书),不久任财政司代理司长。他参与拟订了《统捐暂行法》《地丁征收法》《暂行不动产转移税法》《暂行不动产登记法》《财政收支统一法》等一系列法规,使浙江省财政有法可依,为节支增收,巩固辛亥革命成果,缓解当时财政困难做出了积极贡献,享誉省内外。由于党派纷争与立场分歧,部分舆论报刊曾造谣中伤虞廷恺贪赃枉法。后经有关部门核实,这些指控纯属无中生有。

1913年，虞廷恺被推举为第一届国会众议院议员。由于他在浙省立法理财成绩卓著，被项骧引荐，一度出任参、众两院财政金事（秘书）兼会计员，后升任会计科长。1917年，梁启超任财政总长，力荐虞廷恺任清查官产处总办、清理大清银行委员会会长等要职。虞廷恺以尽力国事为荣，毅然上任。"处（官产处）事既已接手，尤不可存一畏惧之心，惟有勇往直前，籍酬知己。"姚琮《虞伯顾先生家传》中说虞廷恺"前后五阅月，凡所擘划，皆切中时弊"。

议会是资产阶级民主革命的产物，也是封建专制向民主立宪制、民主共和制转型的重要标志。虞廷恺自参与浙省谘议局及自治研究会事务起，历任国会议员、参众两院财政秘书、会计科长、宪法起草委员会候补委员、众议院代理秘书长、参议院秘书长，一生近大半时间和精力用于国家议会建设。民国初年，国家政局极度混乱。六年间四换总统（孙中山、袁世凯、黎元洪、冯国璋）、两次复辟帝制（袁世凯、张勋），历经"二次革命""护法讨袁""讨逆驱张"等多次战争，国会也几经聚散。虞廷恺在信中多有"日来政局摇动颇剧"，"如此国家，日在危疑震撼之境"，"国事阽危，日非一日"，"时局变迁未定，国会必难保存"等语。

《上副总统黎元洪书》集中反映了他对国家议会的态度和立场。书中，他一针见血地斥责袁世凯破坏国会的行为是过河拆桥。同时，他痛陈无形解散国会的利弊得失。指出："若不分别去留，将何以明国家大公无我之心，而杜谗人交构之渐"，"我中华民国，因法律而定国，岂可于国事甫定之后，而有藐视法律之举动"，"国会一日不维持，则人心一日不安"。最后，他借用孟子"无敌国外患者，国恒亡"之语，严肃指出："议会者，拥护政府之利器也，易言之，即政府之外患也。"

虞廷恺为国会建设，煞费苦心，历尽艰辛。在家书中称"因参议院、众议院、宪法研究会三处每日接洽事宜太多，几无片刻闲暇"，"每日除吃饭睡觉外，几无休息时候"，"筋疲力尽，无意作书"。

## 二

虞廷恺从小受家庭教育和中国古典文化的熏陶，27岁留学日本，毕生精力投入到救国事业上。他的思想十分鲜明地打上了时代的烙印。在政治上，他坚定地反对封建专制，企图通过发展教育，兴办民族工业，通过国会发扬民主达到救国富国的目的,是民主革命的代表;在日常生活和工作中,他崇尚儒学,讲究诚信,宽人严己,克勤克俭,力求做到"忠孝"两全,"修身、齐家、治国、平天下",是中国传统文化的继承者。

虞廷恺是坚定的民主革命者。在推翻清政府统治、反对复辟帝制问题上,他远比他党内的同仁们表现得清醒、坚定和积极。1913 年 11 月 4 日,袁世凯以国民党发动"二次革命"为由悍然下令解散国民党,剥夺国民党籍所有国会议员的资格,致使国会因议员数量不足法定人数,陷入名存实亡之境地。在此国家陷入政治危机的紧急时刻,身为国会议员的虞廷恺先生毅然"自缴当选(议员)证书",上书副总统黎元洪与国会众议长汤化龙,痛陈国会存在的利弊得失,指出"国会一日不维持,则人心一日不安",希望有所挽回。等到袁世凯于 1914 年 5 月废除《临时约法》,撤销国务院,成立政事堂和陆海军大元帅统率办事处时,他同党内的大部分议员就毅然退出政府。1917 年夏,黎元洪与段祺瑞在"对德宣战"问题上发生"府院之争",并引发张勋"复辟"。于情讲,虞廷恺与黎元洪私交甚厚,应该倾向黎元洪。但他保持了极其冷静的态度:"日来政局摇动颇剧,即是对德宣战问题,政府主张宣战,国会中一部分向称激烈与段总理有私仇者极端反对,两不相下,将来必有一伤。儿日来心君泰然,决不为动。"后来,黎元洪引狼入室,导致张勋进京,复辟帝制。虞廷恺毅然南归,途经天津,加入段祺瑞组织的讨逆军。随后,进入段祺瑞任总理的国务院,任清查官产处总办与清理大清银行委员会会长,并一度出任参议院全院委员会委员长。

虞廷恺为了民主革命事业,付尽艰辛,甚至四年多未回过一次家。但民国初年,政府和议会内外恶劣的社会环境,却常使虞廷恺感到精疲力竭,"政治变迁无定,感触脑筋太甚"。无奈之余,不禁使他萌生"急流勇退,隐归农樵"的想法。他或"惟以诗书自娱,无一言及国事",默然以对抗,或作"上林二月花如锦,一棹归来也挂冠"之吟,以抒发心中的郁闷之情。

## 三

虞廷恺启蒙于家学,很早师事国学大师孙诒让,淳朴家风、父辈嘉德及恩师的诱导,使他从小就积淀了爱国爱家、忠孝为人立世的高尚情怀。他的高风懿德突出表现在以下方面。

　　虞廷恺从小受父辈家风懿德熏陶和影响,有良好的学习和生活习惯。在后期从政的时间里,虽工作繁忙,但他仍不忘恪守良习。1916年秋,为适应复杂环境,坚定心性,增强体质,他开始茹素,温浴,静坐。他说:"无论如何冗忙,每日必不使间断,盖以此不但延寿,且可立身也。"他在家书中说:"程、朱、王阳明诸大贤,均言静坐。日本且有'静坐会',入会者数万人,著书不少,儿取而习之,参以道家修炼之理颇有效验。日来专习运气填补丹田,与拳师所云起肚力颇似。盖政界尘嚣殊甚,非以此等清净方法洗刷脑筋,不但促寿,且不足调摄精神。"他坚持每日"早起早眠勤俭等习惯,一一励行",甚或每日"早起读《大学》数遍"。他还购买五十本《曾文正嘉言钞》,分送家人和亲友。在论及子侄辈学习时,力忌"望进之心太切,不免伤及身体耳"。他说"凡做事业,必先具远见,非若农家种谷,春耕便可秋收业也"。

　　虞廷恺于乱世中为官,且有所作为,重要的一条是他能够严于律己,宽以待人。他终生重视个人修养,强调从养成良好习惯入手,在"清心寡欲"上做功夫。凡事要从大处着眼,平心静气,谨慎小心,大公无我做事。他说:"儿所以见信于人者,即事事谦让、事事忍耐、事事不怕苦而已。"他在工作上总是谨慎小心,兢兢业业,在家书中向父亲祖露心迹:"儿平生无论对大小事件,总一毫不敢苟且。懈心一起,弊即随之。""儿做事处处作永久之想,决不敢妄作非为,自隳信用。"《虞伯颙先生家传》中说他"重实践、戒浮薄,以正心诚意为体,以身体力行为用。尝著《言行篇》,以箴世之食言而肥者,词多沉痛,不堪卒读"。他对家人亲朋要求十分严格,以至找他引荐做事的人屡有微词。他对父亲说:"儿荐人固论交情,然亦不能不察其材具、品行如何也。"相反,他对同事、学生,甚或下人总是满腔热情,关怀备至。他与姚琮,既是师生,又是朋友和兄弟。姚琮回忆说:"余从先生游,先后二十余年。虽离合靡常,而心神交往。间尝卧病都门危甚,先生日必一至,慰问备加。师生之情宁复有此?以之夸示于人,人亦艳称之。"他常嘱咐家人要善待下人。当他闻说下人有病时,信中叮嘱:"娟梅去年在京时,克勤克俭,寓中获益不少,日来卧病在床,家中谅不足自给,请令三媳酌量补助,以示眷念旧仆之意。"他对有恩于己的人总是念念不忘,对品行不好或危害过自己的人也嘱咐家人要记住人家的可取之处,不要白眼相待:"饮水思源,是为人第一要着。古人云'一贫一贱乃见交情'。"不要计较"有所为而来,无所为而去"。

　　虞廷恺为官清正廉洁,持家节俭。在浙江省财政司代理司长任上,有人指控他贪赃枉法,经调查纯属无中生有。他在家书中说:"儿处处留心,总从不贪利禄四字上着想,自然可免他患矣。"他严禁家人收受贿赂和酬礼,"酬谢此大不可,将来恐有身败名裂之患,害及一家,请痛戒之"。他在家书中说:"来谕所云,弗贪意外之财,更无此意。倘有之,何不于浙江财政司任内为之,而行之于今日,未免太笨。古云:'君子乐得为君子,小人枉自为小人'。实钦佩斯言。儿苟能终身安分守己,自有啖饭之地,何必他求。故数年以来,一意勤俭,即深恐一旦穷乏,势必贪不义之财,上负祖宗,下污妻子。"他与黎元洪、梁启超、章太炎、蔡元培、张謇、沈钧儒等政要名流交往甚密,但从不利用这些显要谋取个人利益,却一再叮嘱家人"万不可任意妄为,损坏名誉"。他嘱咐地方官员不要顾及他和家人的面子,做事要"顾全民气"。他不幸罹难后,家人不得不把中原、瓯海两公司股份卖掉,以偿还他的累累债务。虞廷恺先生的清廉由此可见一斑。

虞氏家族向有亲孝之风。虞廷恺先生的上祖虞原璩"永乐三年被荐入朝编纂《永乐大典》,书成按例可援官职,以母年高辞官归隐"。虞廷恺的父亲介宸公幼孤,由母亲一手拉扯成人。为奉老母晚年娱乐,他放弃所有外出做官的机会,守在老母身边。老母生活不便时,他每天亲奉饮食,亲自为老母洗脚,成为一方美谈。

虞廷恺承袭祖上家风,竭尽孝悌之道。他长期在外,甚至后期连续四年多没有回家,深为"移孝尽忠",不能直身尽孝感到"孺慕无极"而内疚:"惟儿读书二十年,有损于家,毫无益处,问心惭恧无地。"为弥补自己的不足,他尽可能多地抽时间给父亲写信问候,节衣缩食,多汇钱给家里,并经常购买保健品分奉家父和岳母,及病中的二兄。最后三年中,他给父亲写了 50 封信(遗失不计),仅 1917 年一年就写了 29 封信。内容涉及之广,来往信件之多,感情之真切,世不多见,可见他与父亲关系之密切。他经常叮嘱父亲"要保重身体","岳母用费甚窘,请令三媳随时补助",二兄要注意调养心境,等等。大兄过世,他对侄辈从学习、生活到工作、成家等项更是无不关心备至。在虞廷恺 50 封家书中,仅提及侄子崇浩、崇让学习、工作及婚事的地方,就有40 处之多。

虞廷恺为人仗义,多善举。1912 年,温州发大水,他与父亲"大声疾呼,醵金巨万,生者赈济之,死者掩埋之。复施衣、赠药,以救贫病,因获生存者无算"。又有乡人告当地官员有虐政须去之,虞廷恺嘱咐姚琮劝勉:"土棍、地痞勾结衙役,表里为奸,实为稗政之主因。盍去乡民之不善者,以为正本清源之计。"乡人无不称颂,并服其器识。

虞廷恺文学功底深厚，书法堪称一绝，在当地颇有名气。每有人敦请，无不应允。至今多有楹联佳话流传："笑骂一场，曲绘人间冷暖；贤奸两局，明垂吾辈劝惩"（江上戏台联）；"一亭若翼，疑向云中冲浩气；客官少住，试听江上读书声"（江上茶亭联）；"灵脉山泉通海眼；石门圣殿壮仙乡"（道教圣地圣井山许爷庙原对联）。

虞廷恺一生提倡"教育救国，工业兴国，法制治国"，在办学、立法、理财、建设国会等方面及生活各层面，无不贯穿新的思想和意识。他在家乡遭雨水灾害后，就写信告知乡人，要注意"大灾之后必有瘟疫"，要提前做好防疫。如遇疫情，应采取隔离，防止扩散等等措施。他还在家书中讲述森林和水利及自然灾害的关系，并介绍外国经验。他在家书中写道："连年水旱必非国家之福。故儿在上次禀文内，力陈令吾乡种植森林。此古人所谓物极则反之理也。惟种植森林，既可防旱，又可避水。此东西洋农学家积年试验，或无爽者。查世界森林统计，英、法、德、美诸强国，无不注重森林，以其与军事和水利皆有密切关系。惟我国几可称为无森林之国，此各省水旱之由来也。大人接见乡人时，可将此意时时告之。最好自行组织一森林公司，将所有宜于造林各山，悉归公司种植尤妥。"

在子侄婚嫁问题上，他打破以财论嫁、门当户对的旧观念。当他听说侄子崇浩纳聘，以贫作罢时，不禁在信中批评："儿意不然，择媳但闻其贤与不贤、相貌智愚与否，贫富均无关也……贫富贵贱无常，全在人为耳。"

# 四

1918年1月4日，虞廷恺肩负南下筹款之重大使命，兼为女儿出嫁南归。得知这一消息，家人盼望是何等的焦灼和殷切。但等来的却是亲人的罹难，犹如晴天霹雳，一下把虞廷恺的家人推向无边无际的黑暗。当时，虞廷恺的大兄已经过世，二兄多病，老父已逾古稀，六个子女最大的喜梅18岁，长子崇樾只有15岁，最小的北生只有2岁。接虞廷恺噩讯，大女儿喜梅一下子精神失常，昏厥不省人事。全家悲声彻地，哀号动天，深深处在痛苦之中。还是久经风霜的虞介宸老人强忍老年失子之痛，勉扶家庭于不溃。

"出师未捷身先陨，长使英雄泪满襟。"虞廷恺罹难，给家人带来了深重的灾难和痛苦，也给后人、给历史留下了无穷遗憾。京沪《新闻报》《申报》

《时事新报》等媒体连续予以报道，许多政要名人纷作唁电、诗联，以示哀悼。1918 年 2 月 3 日，国会参众两院、国家财政部在北京三圣庵为虞廷恺举行开吊仪式。虞廷恺的衣冠葬在家乡大坑山，章太炎满怀深情，为亡友虞廷恺撰写了墓志铭（惜在"文化大革命"期间被毁）。

数年后，大女儿喜梅、侧室张氏相继怀悲身故，介宸老人携孤儿寡母，艰难地逐步走出失去亲人的阴影。"鳏雌声何哀，孤帷月初吐。菽水妇兼子，义方母兼父。"姚琮的《飞云节母歌》形象地描写了虞廷恺祖母当年身兼子、父，上奉老人，下携幼子的艰苦历程，也形象再现了虞廷恺父亲与儿媳妇活生生的生活现实。此后多年每逢节日，姚琮都要临门跪行，拜望介宸老人和师母，每次师母与姚琮相扶痛哭的情景无不感天动地，揪人肺腑。虞廷恺过世八年后，姚琮写了《虞伯颙先生家传》，叙述了自己与恩师的深情厚谊，勾画出虞廷恺先生短暂但光辉的一生。

2007 年 3 月 6 日，在纪念虞廷恺罹难 90 周年的那天，经瑞安市教育局正式批准他创办的马屿镇第三小学恢复了瑞安市"养正学校"名称。2010 年，由先生嫡孙、时任中国广瑞集团董事长虞文藉主编的《虞廷恺家书》由中国文史出版社出版；2017 年 4 月，同样由他的嫡孙虞文藉亲自策划、组织建设的虞廷恺纪念馆在瑞安江上村隆重开馆，并召开"虞廷恺生平事迹研讨会"，与会专家建议出版包括虞廷恺先生年谱在内的《近代浙南人物研究丛刊》。虞文藉热忱邀请虞和平为丛刊的主编，组织编委会，并委托张凯、张小宇、苏尔胜等编撰《虞廷恺年谱长编》。历经多年广泛搜寻，编撰团队以虞廷恺家族文献及其在日本留学、杭州与北京任职时期的史料为基础，整理为《虞廷恺年谱长编》。年谱编纂过程中，虞和平、卢礼阳、张学继、邓华莹等学人从年谱的体例、内容、文献搜集与点校等诸多方面付出极大心力，戴鞍钢、房德邻、冯筱才等学人提出中肯的修改意见，在此由衷感谢。当然，年谱仍不无疏失之处，盼能得到各界师友的批评和指正。

# 凡 例

一、本书所叙事实，都以虞廷恺著作、函电、讲话及有关档案、其他文献资料与报纸杂志相关报道为依据。凡虞廷恺生平行谊见之于他人著述者，略加考订，亦予以搜集注明。

二、本书在纪年之下，注明干支和谱主年龄。谱主年龄按虚岁纪。每年略纪国内外重要事件。

三、纪事一律用公历，酌注农历，以便查考。

四、按年、月、日顺序，逐条记事。某日记事多条者，除第一条注明月日外，余均用△标明为同日。日期不清者，一般记在月末，月份不明者，记在年尾；某季度发生者，记在相应位置。

五、本书引用的谱主致父亲、亲戚的信函全部来源于《虞廷恺家书》，不再一一注明。

六、引用资料除谱主致父亲、亲戚信函外，均在资料后（）内注明出处。其中增补字句加圆括号（）；讹误加以改正者，放置在方括号［］内；脱漏和衍文校勘，用按或注释说明。

七、谱主论著以及参与起草的文件、提案、质问书等，有确切时间的全文收录于年谱中，时间未能确定或篇幅较大者附于谱后。

# 目　录

# 虞廷恺之家世

　　虞廷恺,浙江省瑞安县江上庄(今属瑞安市马屿镇江西村)人。民国《瑞安县志稿》(瑞安县修志委员会 1936 年至 1946 年编印)氏族门云:沿厚乡江上虞姓三百户,原籍会稽。先是,梁武帝命虞权守永嘉,卜居虞师里。宋建炎四年(1130),虞澈迁双桥。明永乐时,有虞原璩(1367—1439),字环庵,系瑞安双桥隐士,以楷书荐与修《大典》,竣事将授官,以母老辞归,门生多有成就,著有《环庵集》。即族中名贤也。黄淮《虞环庵先生墓志铭》云:世为会稽宦族,宋南渡时始迁温州,居瑞安崇泰乡之双桥。

　　民国《瑞安县志稿》氏族门云:明成化二年(1466),虞伦迁江上,子姓椒蕃,有小宗一。

　　按:虞伦即虞原璩三世裔孙。由此可知,虞原璩乃虞廷恺之上祖。

　　自虞伦从瑞安双桥迁居江上,传十一世盛庵公,即虞廷恺之祖父。盛庵生作藩,即廷恺之父。

# 瑞安江上虞氏世系

始迁祖　二世　　三世　　四世　　五世　　六世　　七世　　八世　　九世

```
                              ┌ 应理
                         ┌ 葱 ┤ 应馆
伦 → 寿 → 晓 ┤ 挺      └ 应闿 → 光掌 → 道福 ┤ 德元 ┤ 世懋 →
             └ 钱                           │ 德享 → 世彭
                                            └ 德利 └ 世炳
```

　　　十世　　十一世　　十二世　　十三世

```
        ┌ 昌祥 → 盛庵 ┤ 作藩 ┤ 士和（1862—1922 年）
→ ┤                    │      ├ 士阜（1869—1939 年）
        └ 昌昱         └ 作伦 └ 士溥，即廷恺，字伯廋，又字博卿、柏真、步青，号泽茜
```

2

年谱长编

# 1880年(光绪六年庚辰) 一岁

4月1日(农历二月十六日)子时,虞廷恺诞生于浙江省瑞安县江上庄(今属瑞安市马屿镇江西村)一户耕读之家。谱名士溥,名廷恺,字伯顾,又字博卿,号泽茜,又曾名柏真、步青。

《江上虞氏宗谱》"廷恺"条记:"生光绪庚辰二月十六子时。"

虞廷恺系唐代书法家、文学家虞世南后裔,其上祖虞原璩系明双桥隐士。

曾祖父虞昌祥。配郑氏,生子一女一。

祖父虞盛庵。配黄氏,生子二:作藩,作伦(幼夭)。

父谱名虞作藩(1842—1931),字绍光,后名培宗,号介宸,生于道光壬寅(1842)十月廿五日卯时,早年丧父母,依祖母郑氏长大成事。姚琮《味笋斋诗钞》有《飞云节母歌——为虞范祖母郑氏作》颂扬郑氏堪为虞家的模范:"飞云东流水,清泚鱼可数。许峰千亩竹,高节夜宜雨。竹节与水清,母也用心苦。同室梦易醒,异路悲谁语。羁雌声何哀,孤帏月初吐。菽水妇兼子,义方母兼父。玉树生庭阶,环庵此踵武。昔日不死心,今乃以告祖。往事数平生,缺恨天以补。"

作藩出身贡生,交多识广,且精岐黄之术,为远近闻名之中医,开有"怀德堂"诊所,为人谦恭有智,多善举。清廷嘉其义举,诰授朝议大夫。黄达德撰《江上虞氏宗谱序》说他"平生善行以救灾为突出,热心公益,厥功至巨。为一方政府及士民所敬"。

母陈氏,马屿街陈宏成公女。生子三女三,长子虞士和时年十九岁,次子虞士阜时年十二岁,三女年齿不详。

是年,同乡先贤孙衣言六十六岁、孙锵鸣六十四岁,孙诒让三十三岁,陈虬二十八岁,黄绍箕二十七岁,黄绍第二十六岁,李岜(式夔)六岁,许棨、项骧皆二岁。

是年,瑞安洪彦远、林大同生,后与虞廷恺同期留学日本。

## 1881 年(光绪七年辛巳) 二岁

八月,瑞安等沿海诸县遭台风暴雨袭击,田禾被淹。

## 1882 年(光绪八年壬午) 三岁

李鸿章所创之中国电报局架设由上海至广东沿海各口电报线。浙江境内,北接江苏苏州,经过湖州、嘉兴、杭州、绍兴、宁波、台州、温州,南接福建。

孙衣言重刊《叶水心文集》,编入《永嘉丛书》。

## 1883 年(光绪九年癸未) 四岁

是年,"幼而端雅,不喜与群儿嬉戏"。(姚琮《虞伯颐先生家传》)

## 1884 年(光绪十年甲申) 五岁

法国占领越南,清廷沿海戒严,各县设局办防。

## 1885 年(光绪十一年乙酉) 六岁

得父亲悉心教诲,习《三字经》《唐诗》。

陈虬创办瑞安利济学堂,为中国近代第一所中医学校。

## 1886 年(光绪十二年丙戌) 七岁

继续得父亲教以《三字经》《弟子规》等蒙学书籍。
黄体芳以弹劾李鸿章会办海军"恐多贻误"被降二级使用。

## 1887(光绪十三年丁亥) 八岁

得父亲教以《论语》等儒学经典。
瑞安有上海《申报》《万国公报》之发行。

## 1888 年(光绪十四年戊子) 九岁

继续得父亲教以《论语》《孟子》《中庸》《大学》等儒学经典。
孙衣言在瑞安城东虞池金带桥北筑新居,建玉海藏书楼。

## 1889 年(光绪十五年己丑) 十岁

入学白莲堂私塾,先生教以《论语》《孟子》《中庸》《大学》等经典。
温州与浙省各地遭受水灾。

## 1890 年(光绪十六年庚寅) 十一岁

继续就学白莲堂私塾,先生教以《论语》《孟子》《中庸》《大学》等经典。
同乡贤达林损生。林损后成为北京大学教授、著名学者。

## 1891 年(光绪十七年辛卯) 十二岁

继续就学白莲堂私塾,先生教以《论语》《孟子》《中庸》《大学》等经典。
同乡贤达李毓蒙生。

## 1892 年(光绪十八年壬辰) 十三岁

继续就学白莲堂私塾,先生教以《论语》《孟子》《中庸》《大学》等经典。
瑞安山区、乡村种植鸦片者甚多。

## 1893 年(光绪十九年癸巳) 十四岁

继续就学白莲堂私塾,先生教以《四书》《五经》《唐诗》等经典。
孙诒让著《札迻》十二卷

## 1894 年(光绪二十年甲午) 十五岁

继续就学白莲堂私塾,先生教以《四书》《五经》《唐诗》等经典。
"甲午战争"爆发,中国遭遇惨败,被迫与日本签订《马关条约》。孙诒
让与众乡绅在城区建立筹防局,至冬始撤。
是年,孙衣言逝世;同乡贤达李笠生。

## 1895 年(光绪二十一年乙未) 十六岁

十月间,孙诒让、黄绍箕、黄绍第、项芳兰、洪锦标等发起试办瑞安算学
书院。

是年,孙诒让等成立兴儒会;宋慈抱生。

## 1896 年(光绪二十二年丙申) 十七岁

孙诒让等创办的瑞安学计馆开学。此即瑞安中学之前身。

四月,清政府开始派遣学生留学日本,首批 13 人。以后逐年增多。光绪二十五年(1899)增至 200 名,二十八年(1902)达 500 名,二十九年(1903)达 1000 名。到三十二年(1906)多达 8000 名。此后因清廷颁布留学规定,凡通日语并具有中等以上学历者方许留学,接着又通电停派速成留学生,于是留学生锐减,宣统元年(1909)约有 5000 名。辛亥革命爆发,留学生几乎全部回国。在留学日本的高潮中,浙江学生开风气之先,占有较大比例。他们组织浙江同乡会,并出版《浙江潮》杂志,宣传革命思想。

英国基督教循道宗教士来瑞安传教,并在城关衙后建教堂。

## 1897 年(光绪二十三年丁酉) 十八岁

孙诒让集资创办蚕学馆于永嘉县城(今温州市鹿城区),此馆乃当时全国仅有三所蚕桑学堂之一。

## 1898 年(光绪二十四年戊戌) 十九岁

二月,务农会瑞安支会成立,推黄绍箕、黄绍第为正副会长,孙诒让、洪炳文等为事务员。推广洋式农具,发展植桑养蚕。谱主协助父亲参与活动,鼓励农户应用新式农具。

五月,光绪帝重用康有为、梁启超等人,推行新政,是为"戊戌变法"。

八月,慈禧太后发动政变,软禁光绪帝,杀害"戊戌六君子"。

# 1899 年(光绪二十五年己亥) 二十岁

春,孙诒让、金晦等在温州府城创办瑞平化学堂。

# 1900 年(光绪二十六年庚子) 二十一岁

春,娶浦西乡绅黄森槐(贡生)之女黄慧珍。黄氏于光绪七年(1881)生于浦西庄。

是年,考取县学补廪生。

是岁,英法俄日奥美等八国联军侵华,攻陷首都北京。

# 1901 年(光绪二十七年辛丑) 二十二岁

是年,专程赴县城玉海楼,登门向孙诒让问学,从此深受孙先生器重。

秋,孙诒让作《例授修职郎介宸虞老先生大人六旬大庆》文,贺谱主父亲六旬大寿。文云:

> 飞云江溯流西上四十里有江上村焉,其地多平田沃壤,产禾麦菽豆棉枲,其人世业农,不尚文学,其俗好斗很,虽睚眦之怨,辄持挺相仇敌,每一结讼,累岁不解,又相习于俭啬编急,此其风果何自始邪?襄者,余师林孝廉星樵尝言之。林师宅浦西,距江上不一里,余弱冠时受业门下,讲示之暇,动慨江上诸乡风气之陋,欲转移而无术,独称一人焉,曰介宸先生。先生与余不相识,闻师言粗悉梗概,而恨未得其详。今岁,其嗣君柏颀适问学于予,予询其家世,乃知柏颀系介宸先生之季子也,因复叩先生之详。柏颀备言:父自孤寒起家,依曾祖母成立,性笃学,课耕外每援古先圣贤传记以自镜,尤好读程朱二氏之书;村中凡有不平事,必反复理谕之,大小纷难立解;旁精岐黄术,不计道路远近,延必往疗,愈则不受酬谢,其贫无力者,复出囊金以济之,尝曰:返乡里

风化者不当如是耶？生平又好激扬后进，义之所非，虽戚好必斥之；义之所合，虽疏远，必许之，人率以是服其温厉。然后，知先生之今日孙儿绕膝、庭帏翕睦，席丰厚以颐居者，果其平素积德累仁气和行庄有以召之也。不然，'积善之家，必有余庆'，古语果何谓乎？然而，先生之介福，江上人固鲜能及之，而江上之锢俗凡为林师所病者。余尤乐先生一振灌之，使野者文，顽者良，鄙者宽，百世之下闻风犹莫不兴起也，而先生之寿更无期矣。年十月为先生六十生诞，年家之子、姻娅之亲竞称觞为先生寿，乡之人交口称道弗衰，然余更有望焉。今者，环球鹰俟，济奕需才，以柏颀之英姿卓越、志趣超逸，将复有以寿先生于千秋万世者，而庸俗耄期之祝，又何足寿先生也，柏颀勉乎哉！

是年，长女喜梅生。成人后适同邑篁社陈振民，北京大学毕业。

按：陈振民（1900—1965），谱名荣铭，名桂铭，字自强，号振民，近代学者。历任北京大学教授、北京东方大学教务主任、青岛市社会局主任、江苏昆山县土地局局长，有多种数学专著。

# 1902 年（光绪二十八年壬寅） 二十三岁

正月，孙诒让在瑞安城内东南、东北、西南、西北四隅各设蒙学堂一所，以南山广济寺、忠义庙、关帝庙、显祐庙（砚山下）为各校校舍。

邀请谱主为蒙学堂教席。

# 1903 年（光绪二十九年癸卯） 二十四岁

六月十一日，以显祐庙（砚山下）为校舍的西北蒙学堂开学，受聘为教习，主任史学席。

《林骏日记》光绪二十九年（六月）十一日（1903 年 8 月 3 日）记载：

西北蒙学开堂，系改良第一次也。管杏浦、项志贞、周榴仙，增请虞朴真廷恺，均轮班司教；余与二彭蓉仙、耀卿则为专课司教；内教督周眉仙专司功过，并字课，外教督薛仲渠专司起居也。申后散学。（温州市

图书馆编,沈洪保整理:《林骏日记》下册,第 497 页)

按:西北蒙学堂即今城关第二小学之前身。

七月,赴省应试,暂中断瑞安西北学馆教席职。

《林骏日记》光绪二十九年(七月)十六日(9 月 7 日)记载:

> 西北学馆开馆。同人以假期太缓,恐于子弟大有所误,故今日特为开课。……闻议定者,近因虞、管二教习赴省应试,虚史学、舆地二席,邀余暂掌史席,而舆地学且俟之他日。(温州市图书馆编,沈洪保整理:《林骏日记》下册,第 505 页)

是年,受恩师孙诒让及黄绍箕教育救国思想影响,萌生办新式学堂为家乡培养人才的想法。商之于孙诒让先生与父亲介宸公,得到鼓励与支持,其父更为此四处筹措资财。父子戮力筹办养正学堂。

# 1904 年(光绪三十年甲辰) 二十五岁

年初,养正学堂正式开学,暂以江上虞氏宗祠为校舍,选乡民之俊秀者入学。初设三个班,收学生五十多名,聘郑谌为监督(校长),教师共 5 名。谱主执教,三年不支薪水。姚琮、吴树基、黄震亚等皆出其门下。

按:养正学校由谱主与父亲于 1904 年创办,初为初等小学堂,旋即改为两等小学堂。至 1925 年,已增至五个班,学生 200 人左右。1931 年改为瑞安县立南区第三小学。1936 年改称为瑞安县仙降区中心小学,学生 280 人,校集学田 130 多亩,为常年办学基金。1949 年秋由人民政府接管,改名江浦乡小学,面向工农子女,入学人数倍增,设六个级段,学生达 350 多人。1970 年改名江浦公社中心小学,增办附设初中班。1984 年改名江浦乡中心小学。2001 年又改为马屿镇第三小学,2007 年恢复原校名瑞安市"养正学校"。

《瑞安市教育志》载:"光绪三十年(1904),按照《癸卯学制》的《初等小学堂章程》,全县蒙学堂分别改为高等小学堂、初等小学堂和两等小学堂。虞廷恺于来暮乡(今马屿区)江上虞氏宗祠创办养正初等小学堂,郑谌为监督,旋即改为两等小学堂。""江浦乡中心小学,前身是瑞安县南区养正小学堂,创办于光绪三十年(1904),虞廷恺与其父以自己出钱为主、捐募为次,在江浦乡浦西村兴建教学楼两座、礼堂和操场。校舍落成,勒石题名'养正学堂'。初设三个班,学生50多人(其中寄宿生10人),堂长郑谌,教师5人。民国十四年,增至5个班,学生200人左右。"

11月,陶成章、蔡元培等在上海成立光复会,推蔡元培为会长。光复会成员著书立说,创办学校、报刊、书局宣传革命。

是年,日本、俄国在中国东北展开争夺中国东北的战争。

# 1905 年(光绪三十一年乙巳)  二十六岁

1月9日,出使日本国大臣兼管游学生总督杨枢上奏日本留学生事宜,呈明特设法政速成科学教授游学官绅缘由。

年初,养正学堂第三学期开学。继续在养正学堂执教。

8月20日,中国同盟会在日本东京成立,推孙中山为总理、黄兴为执行部庶务,制定"驱除鞑虏,恢复中华,建立民国,平均地权"的政治纲领。

9月21日,清廷诏命立停科举。

初秋,养正学堂由虞氏宗祠迁浦西村养正学堂校舍。

10月26日(九月廿八),长子崇樾生,为黄夫人所出。后毕业于上海法政大学,曾任国民政府国防部上校军法官,娶陶山才女郑函芬为妻。

是年,湖南、湖北、广东、四川民众开展"收回利权,自办铁路"斗争,迫使清政府承认粤汉、川汉铁路归四省绅商自行筹款兴建。

# 1906 年(光绪三十二年丙午)  二十七岁

6月29日,章太炎出狱,当晚由中国同盟会派人迎往日本东京,旋主编《民报》。

9月1日,清政府宣布预备立宪,预备期从1908至1917年,而后召开国会。

秋八月,在孙诒让举荐和鼓励下,与学生黄震亚赴日本留学。

按:民国《瑞安县志稿》"科举门""学校出身"载:"日本明治大学虞廷恺,字柏颁,南区人,清廪生,民国任浙江财政司金事兼代司长、全国官产处总办。"其中"明治大学"姑存疑待考。

登船之日，孙诒让"辱临远送，详示日本国近况，并以'办学报国'语相助"（1909年秋谱主《挽孙仲容联》序语）。

到达日本后，入读日本法政大学法律速成科第五班。在日本留学期间，结识早稻田大学的平阳黄群（溯初）、乐清张烈（云雷）等人。尤其因与该校政治经济科籍忠寅（河北任丘人）交往，学到许多政治经济和理财知识，为日后回国参与浙省及国会财政工作打下基础。

按：日本法政大学创办于1879年，初名东京法学社，1903年升为大学，1904年4月为中国人增设法律速成科，专授法律、政治、经济学，以"教授清国现代应用必要之学科，速成法律、行政、理财、外交之有用人才为目的"。

| 法政速成科学科课程表 | | | | | |
|---|---|---|---|---|---|
| 第一期 | | 第二期 | | 第三期 | |
| 学科 | 每周授业时数 | 学科 | 每周授业时数 | 学科 | 每周授业时数 |
| 法学通论及民法 | 五 | 民法 | 四 | 民法 | 五 |
| 国法学 | 五 | 行政法 | 六 | 商法 | 六 |
| 刑法 | 三 | 刑法 | 三 | 国际私法 | 三 |
| 经济学 | 四 | 国际公法 | 四 | 民刑诉讼法 | 四 |
| 西洋史 | 五 | 裁判所构成法及民刑诉讼法 | 三 | 财政学 | 四 |
| 政治地理 | 二 | 政治学 | 四 | 警察监狱学 | 二 |
| 计 | 二四 | | 二四 | | 二四 |

按：黄群（1883—1945），原名冲，字旭初，后改名群，字溯初，原籍平阳郑楼。早年留学日本早稻田大学学法政。回国后先后创办瓯海医院、省立温州师范学校。先后为各省都督府代表联合会浙江代表、南京临时参议院议员、国会众议员、苏浙皖矿务署署长。1915年拥护云南蔡锷反对袁世凯复辟。著作辑为《黄群集》。

张云雷（1883—1977），原名守铭，后名烈，一字贞箴，别署石帆山人，乐清人，以字行。1905年考入日本早稻田大学师范科。1908年毕业，赴南洋办学。1911年回国,在沪加入南社,后回浙江参加革命活动。1912年后,曾任浙江省都督府参议、第一、二届国会议员,参与创办浙江兴业银行。1915年积极参加反袁斗争。1917年任温州旅沪同乡会首任会长,1918年皈依印光大师学佛。

籍忠寅(1877—1930),字亮侪,曾自署困斋,直隶任丘端村(今属河北)人。光绪二十九年(1903)举人。后官费留学日本。1908年回国,历任北洋法政专门学堂教务长,顺直谘议局议员、资政院议员,参与发起成立宪友会。辛亥革命后,历任临时参议院议员、首届国会参议院议员、天津中国银行副行长、直隶巡按使署顾问、署云南省财政厅长等职。1915年参加反袁起义,后参与组建宪法研究会。1917年参与"讨逆驱张"。后因国会受控"安福系",遂转而从事文化教育工作,筹办《晨报》等报刊。

10月26日,浙江全省铁路有限公司在杭州小米巷法政学堂召开第一次全体股东大会,票举刘锦藻为公司股东会议长兼副理,汤寿潜为总理,李厚祐、胡焕为董事。谱主被票举为公司股东会庶务员。

总照料濮莛生、项兰生、会场书记3人、外书记2人、验票员6人、发票员5人、招待员冯古琴等8人,会计员章省吾、孙伯循,庶务员虞步青、吴廉甫、朱焕卿、徐小斋、刘绶甫、谢□堂、咸怡轩、顾翔声。(《商办浙江全省铁路有限公司股东会第一次议事录》,汪林茂主编《浙江辛亥革命史料集》第2卷,第379页)

12月16日,张謇、汤寿潜在上海建立预备立宪公会。

# 1907年(光绪三十三年丁未) 二十八岁

3月上旬至4月上旬,江苏、浙江、安徽、广东等省不少州县发生抢米风潮。

5月30日,次女喜莲出生,为黄夫人所出。后嫁陶山董威之子董训。

按:董威(1885—1945),原名达仁,号鲁斋,榜名董威,瑞安陶山街人。浙江高等巡警学校毕业。历任松阳、庆元、永嘉、杭州正巡官,临海县海葭镇官。1922年当选瑞安县第二届议会议长,1931年当选瑞安县第三届保卫团董事会主席、县公产公款委员会委员。

董训(1908—2000),原名学训,字座铭,出身书香门第。从孙诒让创办的澄江小学毕业后,考入旧制温州中学,后到上海大夏大学教育系深造。曾任职于国民政府军事委员会。

10月17日,清廷命各省筹设谘议局,并预筹设各府州县议事会。

12月,从日本回国探亲并进城,到玉海楼拜见孙诒让,向他转达章太炎的书信与文章《驳中国用万国新语说》。

孙延钊《余杭先生与先微君》记载,章太炎《与孙仲容书》云:"旧学放失,怪说昌披,近有欲以万国新语,改汉土文字者。麟方作《驳议》一篇,以世人多谓汉字难知,故复新定伊文锁义,今蒙学略知反语,已嘱虞君转呈。其有惝缪,先生幸是正之。"孙延钊原按:此即太炎文别录卷二《驳中国用万国新语说》,虞君廷恺,字博赜,瑞安留日学生,今已故。(瑞安市政协文史委:《孙诒让学记选》,第332—333页)

# 1908年(光绪三十四年戊申) 二十九岁

6月20日,温处学务处总理孙诒让在瑞安病逝,享年六十有一。

8月27日,清廷颁布《钦定宪法大纲》、议院选举法要领等,定预备立宪期限为九年。

10月,完成日本法政大学法律速成科第五班学业,与来自中国17个省的刘兴甲、张浩、张国溶、徐兆玮、彭运斌等178名同学一起卒业。不久入读早稻田大学政经科。

按:《清末浙江留日学生名簿》"光绪三十三年至宣统二年官报"载:"虞廷恺,早稻田大学政经科,光绪三十四年十一月。"此名簿由中国吕顺长、日本大理浩秋合编。

### 日本法政大学法律速成科第五班卒业生姓名(法律部)

直隶:陈培锟、边守靖、郝继贞、尚西宾、籍郁恩、张诒、李景纲、李湛田、陈庚虞、岳式梁、史鸿册、曹善同、董毓琨、沙兆镛、武毓荃、申炳奎

奉天:刘兴甲、严东汉、卞勇、赵东藩、支锦、孟昭仁、允元

吉林:荣升

盛京:赵澜超

　　江苏：单毓华、杨允炑、姚树圻、王官寿、张恩寿、章圭琢、杨遵路、宋承家、徐兆玮、冯国鑫、石鸣镛、潘恩元、叶金扬、周保尧、王景镕、笪世熊、胡兆沂、顾文郁、苏高鼎、屠庆溥、张彭、胡榕、邢启才、张曾培、贺临高、巴衡滨

　　安徽：朱点衣、鲍朴、李德鉴、周鸿仪、王雄凤、杨立堂、方在瀛、侯承涛、黄方堃

　　浙江：范贤方、孙智敏、徐家光、李道溥、余信芳、吴荣鉌、陈树基、高儒濂、阮性言、尹耕莘、柴宗溁、何养模、王齐曾、王堤、王灿英、张礼由

　　福建：陈光、尤瑔、王人骥、郑矱、郑蘄、黄鸿翔、林钟瑛、林上楠、林步青、陈忻侯、杨拱、杨展云、方绍庚、郭则绾、马光炘、陈樵、姚文彬

　　湖北：周之桢、朱润时、彭守正、王运孚、胡宾村、李继桢、陈登山、邱鸿逖、孙汉池、赵家璧、张培恺、何宗翰、鄢正铨、依星阿、黄中恺、李诚、杜承休、陈九达、何宗森、李世栋、沈维韩

　　湖南：朱哲湘、刘庚先、粟戡时、义在朴、李镇坤、翁纯义、王时润、周诒柯、程师彝、舒业顺、戴坤、浩恩泽

　　山东：房金锜、徐伯敏、赛沙敦、刘闻尧、张瑛竹、曹宗翰、尹毓杰、苗连三、明纯修

　　河南：彭运斌、程宗伊、张鼎勋

　　山西：狄楼海、李凤翔、康兰颖

　　四川：吕策、陈纬、胡国洸、饶炎、邓启、陈并卿、夏慎初、陈宗慭

　　广东：黎湛枝、岑光樾、石述彭、张景宗、张烜、陈道华、陈国镛、叶毓仑

　　广西：李光第、钟刚中、吴肇嘉、何凤岐、关和钧

　　云南：盛延龄

　　贵州：陈正猷、谢鉴、谢明良、蔡之韶

　　不详：虞廷恺、张国溶、龚福涛、朱文焯、郭经、侯维鸿、刘重熙、黄炳琳、吴拱辰、朱树、张浩。

　　（日本法政大学史资料委员会编：《法政大学史资料集》第11集《清国留学生法政速成科特集》，第154—159页。）

　　胡珠生："《根据《浙江潮》所刊《浙江同乡会东京题名》和清国留学生会馆多次编辑的《报告》，能确切查出廿四年（1898）十月至卅年（1904）十月温州留日学生名单，共计63人，内永嘉17人、乐清5人、瑞安30人、平阳11

人。"197—198 页又载:"光绪卅一年(1905)到辛亥革命(1911)前继续赴日留学的温州学生接连不断。根据粗略统计,永嘉籍 5 人,其中周孟由卅一年到东,入早稻田大学;乐清籍 29 人,其中张烈(卅一年到东)、傅中英、盛吉真、倪锐、胡奉群、孙觉、易锐侯、郑范、谢德铭、陈格入早稻田大学;瑞安籍 21 人:金嵘(卅二年到东,入东京高师)、许铸(入帝大农科)、洪绍芳(入早稻田大学师范科)、项雅(字伟夫,号予斐,卅二年到东,入振武学校)、何浩然(字洛夫,卅二年到东,入振武学校、陆军联队)、岑崇基(成器)、唐震(星垣)、项廷骅(字声初,以上三人均入早稻田大学师范科)、吴树基(秀璞)、项肩(佛时)、唐揆(晓沧)、周籀(以上四人均入明治大学)、陈志谦(入士官学校)、陈伟心(女,入东洋医科)、孙铮(入法政大学经济科)、虞廷恺(卅四年十一月入早稻田大学政经科)、项竞(入东洋大学高等警务)、林岂儿(飞行学校)、林同洲、项金民、李墨西;平阳籍 15 人,其中叶适今、杨士璋入早稻田大学。"(胡珠生:《温州近代史》,第 192 页)

11 月 14 日,光绪帝病逝,爱新觉罗·溥仪为嗣皇帝,以载沣为摄政王。翌日,慈禧太后病逝。

12 月 2 日,爱新觉罗·溥仪即位,定明年为宣统元年。

# 1909 年(宣统元年己酉) 三十岁

夏,同学张翅毕业归国。作《同学张君羽生毕业归国诗并序》为其送行,如下。

> 梅雨初酣,石榴花孕。麦风欲醉,角黍香生。而况送君南浦,别我东都,天际故人,酒边絮语。不有高咏,何伸别怀。薄饯未已,敢劝数行。即希教正。

> 一唱骊歌思惘然,数行别泪洒旗前。归从蓬岛三千里,时恰清和四月天。大海鹏搏看远翮,春风走马好弹鞭。嗟余辜负寒鸥约,花事长安输一年。

> 梅花欲放枣花黄,闻道诸君理去装。把袂高吟裘马句,衔杯且醉水云乡。天涯知己晨星少,京国韶光春昼长。别后试教回首望,蓬莱自在水中央。

按:张翅(1885—1934),原名修仪,字惟容,号羽生,浙江天台人。1904年赴日留学,考入中央大学法科,先后加入光复会与同盟会,1909年毕业,获法学士学位。回国考取七品官衔,浙江光复后任浙江临时议会副议长,当选首届省议会议员。1916年参加倒袁起义,历任省议会副参议长、参议长、法政专门学校校长。1922年返乡闲居,后执教黄埔军校法学课。晚年从事外交,曾任驻日本长崎总领事。

8月,京津及东北地区爆发抵制日货运动。

秋,从日本回国。闻孙诒让先生已于上年病逝,乃往凭吊,作挽孙仲容联。

> "送我九月前,金石千言犹在耳;与公三日泪,东南半壁痛何依。"并跋云:客秋恺东行,公辱临远送,详示宗国近状,并以"办学报国"语相助。今年归,将复求教于公,而公竟归道山矣。悲夫!(《孙诒让学记选》,第332页)

△ 为沈仲方《统计学纲领》作序。

> 吾友沈君仲方统计学成,授读于余,竟而有感曰善。夫世界情形毕见于此矣,夫不登泰岱不足以知山之高,不临河海不足以证水之大且深,不读统计学不足以明人类之真相。国势之强弱,与夫风化、种族、教育、经济,若者优,若者劣,若者隆,若者替。孙子有言知彼知己,统计学者,诚所谓知彼知己之学者欤?拿破仑曰统计者事实之豫算也,可谓至言。考之往古,固无所谓统计学也,"统计"二字,亦不经见。然其术则已旧。《尚书·禹贡》一篇论州境、河流、土质、物产、贡赋甚悉。法国宣教师鄂皮尔译以赍回,欧人惊为东洋古代一种统计。史载萧何入秦先收丞相府图籍藏之,以此沛公得具知天下厄塞,户口多少,强弱之处。彼图者地图,籍者殆今日日本统计年鉴之亚欤?曰户口多少,即人口统计,曰强弱之处,即国势统计也。欧洲则古代若埃及三角塔建筑统计,若希腊梭伦帝课税调书,若罗马国势袖珍书,中世若加里腓突州风土记,若法兰西日耳曼风土记,虽其分门别类不甚精密,要其为今日统计之嚆矢固无疑者。但古所谓统计者,详于人口、财政,而略于经济、教育、道德,重视国家而轻社会。故欧洲学者有谓统计学应隶之政治学者,亦有谓其第为他学科之补助不得成独立学科者。世界文明日进一日,科学发达相与俱昌。十七世纪中叶德意志黑尔卡利格出而司他梯斯梯客(statislik)之声稍高,继以埃爱万尔遂翘然于新科学世界中树一

旗帜,世称之卡利格埃爱万尔派,良以此。今也东西文明各国文人学子几无不有统计的智识,而国家亦视此为一重要问题者,万国统计协会也(今年开十二次于法国,日本列会者柳惠保伯爵)、统计学校也、统计讲习会也、统计学杂志也,以及中央统计机关、地方统计机关莫不经统计而纬以学理者。我国今年春间亦奏定统计表总例矣。沈君此书适成于今日,沈君可谓知所务矣。比利时魁脱来脱起,而欧洲统计学别开一派,后世推氏为最新统计学之创设者,是书其似之。宣统元年己酉秋七月,瑞安虞廷恺长崎舟次漫识。(沈秉诚编辑:《统计学纲领》,三田印刷所,1909 年)

△ 受朝廷选拔为恩贡。

民国《瑞安县志稿》记载:"恩贡 虞廷恺 字柏顾"。

10 月 14 日,浙江省谘议局成立大会召开,出席议员 112 人,推举陈黻宸为正议长,陈时夏、沈钧儒为副议长。第一次常会选出陈翼亮、王家襄等 14 名资政院议员。在此前后,谱主经王家襄介绍与引见,得与陈黻宸、陈时夏、徐定超等人认识,逐渐踏入政界。

陈黻宸(1859—1917),幼名芝生,一名崇礼,后名黻宸,字介石,浙江瑞安人。与陈虬、宋恕有"东瓯三先生"之称。1913 年春当选民国首届众议院议员,并受聘任北京大学文科史学和诸子哲学教授。参与反对袁世凯复辟帝制、对德宣战,在国会"首劾段祺瑞"。著有《中国通史》二十卷、《诸子通义》十卷、《老子发微》二卷、《庄子发微》二卷,结集为《陈黻宸集》上下册。

徐班侯即徐定超(1845—1918),浙江永嘉枫林人。清光绪进士。曾官京畿道监察御史、浙江两级师范学堂监督。辛亥革命后历任温州军政分府都督、浙江都督府顾问、浙江通志局提调。"普济轮事件"中与谱主一同罹难。著作结集为《徐定超集》。

11 月 27 日,江苏谘议局议长张謇发起十六省谘议局联合大会在上海召开,决定成立"国会请愿同志会",组织代表团晋京请愿,要求速开国会,建立责任内阁。

# 1910 年(宣统二年庚戌) 三十一岁

受王家襄(时任浙江巡警学堂教习兼提调、浙江全省警察总办)之邀,兼任浙江巡警学校教席。之后,得籍忠寅帮助和支持,向陈子裘等好友借款入股中原公司,并涉足公司财务监督,因颇有建树,深受礼遇。

按:澜石所编《虞廷恺家书·年谱》载谱主"受好友籍忠寅之邀,兼任北京高等巡警学校教席。"然查阅王家襄、籍忠寅生平事迹资料、《浙江民国人物大辞典》,并考虑当时北京与杭州相距甚远、往来交通条件十分不便,谱主与王家襄之关系等因素,谱主"兼任北京高等巡警学校教席"之可能性不高。是否如此,待考。

9月2日,浙江省谘议局正副议长陈黻宸、陈时夏、沈钧儒与议员陈叔通、叶诰书等51人呈请抚院开临时会,抗议清廷将商办的浙省铁路收归国有。因抚院不准,10月5日宣布停议,迫使抚院代奏。

10月3日,清政府成立资政院。26日,资政院通过奏请速开国会。

秋,徐定超撰《诰授朝议大夫介宸虞老先生七秩荣庆》,致贺谱主父亲七十寿辰。文云:

> 先生少孤贫,事祖母至孝,为人佣书,得赀不足,则自节口食,以奉甘旨。父母忌日,虽蔬食必祭,祭则哀,感动行路。酷嗜儒先性理谱书,座右格言涂贴满室。为人性方正,不苟言笑,而人无不敬服。乡有某甲者,素不谨,一日自外归,其母诡告曰:"虞先生来戒汝矣。"某大惊曰:"吾知悔矣,何使虞先生知也!"后卒为善士。居其地数十年,乡之人罕有至公庭者。又于其乡筹设养正学校,选乡民之俊秀者入之,命其哲嗣柏颀明经教授,三年不名一钱,生徒毕业者至七八十人以上,今有留学日本及内地行省者。孙徵君仲容深服其人,常折简商学务,地方公益烦重之事,郡守起公任之。去年邑人又争选先生为之谘议局议员,而先生以年迈力辞。

11月4日,清廷颁示改于宣统五年实行开设议院,并预行组织内阁;令各省督抚解散请开国会之代表。

是年,陈敬第(叔通)创办浙江私立法政学堂,聘谱主为教习,讲授《中国法制史》等课程,并任学校维持员。自编《政治学大意》等讲义,用于课堂讲学。

同任教习兼学校维持员的有王家襄、沈钧儒、褚辅成、陈叔通、黄溯初等53人,大多曾留学日本,其中瑞安人就有许燊、许壬、黄曾铭、林大同。

按:王家襄(1872—1928),字幼山,浙江绍兴人。宣统元年(1909)任浙江谘议局议员,三年(1911)任吉林巡警总办。1912年4月当选浙江省临时参议员,5月参加共和党并当选理事。1913年当选国会参议院议员、国会宪法起草委员会委员,旋任进步党党务部部长,9月当选参议院议长。1916年国会恢复,续任参议院议长兼宪法会议议长。同年和梁启超等组织宪法研究会。1917年初任河南中福矿务公司督办。

沈钧儒(1875—1963),籍贯浙江嘉兴,生于江苏苏州,清光绪进士。1908年,任浙江谘议局筹办处总参议。次年10月当选浙江省谘议局副议长。1912年初当选浙江省临时议会议员,年底膺选国会参议院候补议员。1912年4月当选统一共和党参议,5月加入同盟会(8月转为国民党员)。1913年支持国会议员联合弹劾袁世凯,参与起草天坛宪法草案。1917年辞职南下广州,参加非常国会活动,曾任护法军政府总检察长。

按:当时担任浙江私立法政学校讲师的有:人伦、道德  苏颖达(英伯)安徽桐城;伦理学  钱家治(均夫)  浙江仁和;国法学  邵义(仲威)  浙江仁和;法学通论  经家龄(寿庵)  江苏句容;法学通论  吴荣萃(拔其)江苏六合;经济学  吕策(明珊)  四川长寿;经济学、商业史  曾牖(子开)福建闽县;经济学、商业地理  周锡经(季纶)  浙江平阳;中国法制史虞廷恺(柏顾)  浙江瑞安;政治地理  姚汉章(作霖)  浙江仁和;宪法、外国法制史、财政学、政治学  殷汝熊(叔祥)  浙江平阳;行政法  许企谦(卓夔)  浙江黄岩;法院编制法  许家恒(字常)  江苏上元;民法总则  许壬(养颐)  浙江瑞安;民法物权  陈敬第(叔通)  浙江仁和;民法债权  张嘈(复阮)  浙江天台;刑律  阮性存(荀伯)  浙江余姚;世界史  王念敏(松渠)  浙江黄岩;德文  屠国泰(开泰)  浙江会稽;英文  范琦(允兹)  浙江仁和;日文  沈慰宸(子良)  浙江钱塘。

曾任教课者有:政治学  张康培(醉石)  江苏崇明;德文  唐雄(雄飞)浙江秀水。

时任浙江私立法政学校职员有:监督  陈敬第(叔通)  浙江仁和;教务主任  阮性存(荀伯)  浙江萧山;管课员  李稷(余九)  浙江萧山。(《浙江私立法政学校一览》)

# 1911年(宣统三年辛亥)  三十二岁

正月,续任浙江私立法政学校教习兼学校维持员,讲授《中国法制史》等课程。

2月17日(正月十九日),次子崇枢生,为黄夫人所出。字毓根,号绳基,后毕业于温州瓯海公学,娶江上东村黄茂积女为妻。

5月8日,清廷宣布撤销军机处,组建责任内阁,以庆亲王奕劻为总理大臣,多数阁员为皇族成员。时人讥为"皇族内阁"。

5月9日,清廷取消粤汉铁路、川汉铁路民办之成案,宣布"铁路干线国有"。20日,清廷派大臣与英、法、德、美四国银行团签订《湖北湖南两省境内粤汉铁路、湖北省境内川汉铁路借款合同》,将国民争回之路权,以"国有"之名义转让给外国。此举引发全国性保路运动。

10月10日,武昌发生新军起义,11日成立中华民国湖北军政府,推黎元洪为都督。

11月1日,袁世凯就任清政府内阁总理大臣,率北洋军南下与民军对抗。

11月3日,浙江省谘议局副议长陈时夏应褚辅成所请赴沪迎汤寿潜回杭州。杭州光复前夕,革命党人在讨论都督人选时,褚辅成提出:"东南及浙江各省均在观望中,吾省应推一负有重望者担任,方足以资号召,革命较易成功。汤寿潜先生为沪杭甬铁路争自办,众望所归,堪膺此选。"(庄一拂:《褚辅成先生年谱初稿》,《浙江辛亥革命回忆录》,第133页)

△ 上海革命党人起义胜利,占领县城,攻克江南制造总局,并于6日正式成立沪军都督府,推陈其美为都督。

11月4—5日,与张云雷等敦促新军八十二标统带周承菼起义成功,杭州光复;经陈黼宸、沈钧儒、马叙伦电催,汤寿潜由陈时夏陪同于5日到达杭州被推举为浙江都督,并以谘议局为都督府。

"辛亥革命时,(李式龚)曾与黄绍第、洪炳文、虞廷恺等筹办民团,以安定社会秩序。"(沈克成:《温州历史年表》,第323页)

按:周承菼(1883—1968),字赤忱,海宁盐官人。1902年官费留学日本,入陆军士官学校。回国后至四川训练新军。后调浙江任新军第八十二标标统。同盟会会员,11月4日率部起义,被推为浙军总司令。次年任浙军新编第二十五师师长,7月被新任浙督朱瑞削去兵权,调北京任大总统府顾问,获授陆军中将衔。1918年当选国会众议院议员,1924年任浙江军务督办。

11月5日,浙江军政府成立。汤寿潜就任浙江军政府都督,组织军政府机构,以周承菼任浙军总司令,陈黼宸为临时民政长、沈钧儒为交涉长、褚辅

成为交通长、汪嵚为巡警长。次日,因陈黻宸、沈钧儒两人选遭反对,改举褚
辅成为民政长。

11月7日,浙江都督府军事会议改选褚辅成为政事部长;庄崧甫、沈钧
业为财政部正、副部长;陈汉第、张福之为民政部正、副部长;汤尔和、方鸿声
为外交部正、副之部长;傅修龄、黄越川为交通部正、副部长;陈泉卿、谢斐麟
为总务部正、副部长,仍以周承炎为浙军总司令。

11月8日,浙江军政府会议议定发行军用票。

11月中下旬,先后出任军政府政事部庶务课书记、军政府财政部支应科
副科长。政事部庶务课职员还有:课长吴文禧,副课长王渡;课员张绳武、陈
亚春;书记吕经万、吴梦琴、罗养田、陈春生;招待员稽惟怀、骆春生、李仁寿。
(《军政府政事部已派课长课员一览表》,《汉民日报》黄帝纪元四千六百零九年十月初一日,新闻第一
版)财政部支应科职员有:科长范运枢;军费课课长钱寿彭,课员梅贻谷、邵秉
中、王奎成;政费课课长周梦麒,课员魏在田、李稷、余九、任尔康、陈文明。
(《浙军政府财政部职员姓名一览表》,《汉民日报》黄帝纪元四千六百零九年十月初九日,新闻第一
版)

> 浙省军政府财政部办事处原定在藩司衙门,现悉部长高子白君以
> 藩署不敷应用,已改定在蒲场巷高等学堂,一面禀准军政府于初五日一
> 律迁移该堂办公云。又财政部长高子白君因财政部前次分科办事,名
> 目太繁,今特减为总务、支应、征收三科,禀明军政府备案。兹查所委正
> 副科长员明晰录后,总务科:正殷汝骊,副阮性存;支应科:正范连枢,副
> 虞廷恺;征收科:正王嘉榘,副沈钧业。(《财政部地址及办事之变更》,《汉民日报》
> 黄帝纪元四千六百零九年十月初五日,新闻第二版)

11月,为准备北伐,浙军总司令部移文财政部要求筹措军需百万两
现银。

△ 财政部分科办事,委任秘书员与办事员。财政部秘书员有许壬、钟
枚、孙智敏、袁毓敏,下设总务、征收、支应科,各科下设二至三课。

> 军政府财政部长高子白君现因分科办事,科长课员均已派定。惟
> 秘书员一席责任繁重,自当慎选人员来部襄理一切。兹闻,高君昨已聘
> 定五员:黄群、许壬、孙智敏、吴震春、袁文薮。闻吴君当即缴还照会,今
> 已另聘钟枚接办视事矣。(《财政部秘书员委定》,《汉民日报》黄帝纪元四千六百零九
> 年十月初六日,新闻第二版)

△ 浙省官绅上书汤寿潜,建议速设立参议会、设立军事裁判所,速行文官考试、整理财政等事宜。

> 厘卡裁矣,粮漕免矣,人民呻吟于专制虐政之下者,一旦得以稍苏其喘息,吊民伐罪,岂非王者之师? 然而大军数万,饷需一日不给,则哗溃堪虞;政事万端,经费一日不充,则停滞可忧。库款存者不过百万,其他税源若关税、若盐酒捐、若种种杂捐,莫不以军事骤兴,而收数不旺。试问经济若是之竭蹶,而欲恃以支持数月之久,能乎不能? 治标之法则惟设银行发行军用钱票,创办国债公票,并使绅富量力捐助,金融机关或可借此维持。然钱票、公债之发行,端赖乎国家之威信,善用之,可以整顿财政,骤增巨款,而收无穷之利益;不善用之,则可使金融恐慌、物价腾贵,而贻破产之忧。是又在理财者通筹全局而预防之矣。(《上汤都督书》,《汉民日报》黄帝纪元四千六百零九年九月三十日,新闻第四版)

12月1日,浙江军政府政事部召开的特别会议,到会出席者六十人。先由部长报告开会理由为编造明年上半年预算,表明行政方针。许达夫、方鸿声、程光甫、王梅伯、殷铸夫等纷纷发言,提出意见。会议决定全省行政经费预算草案限于本月十八日以前,由各科、各课自行编齐,汇交部长;本部各科各课杂费三日以内将预算案报告总务科;警察的预算惟省城警察经费动用省款,各县埠镇就地自筹,明年上半年以前暂不变更;府、县编制暂行章程以及司法部分,各科课可各归自备,提出修改议案。(《政事部会议记录》,《汉民日报》黄帝纪元四千六百零九年十月十四日,新闻第四版)

△ 财政部通告盐商文,盐斤捐税照旧。

△ 浙江军政府财政部发布浙江省发行军用票的通告。

12月12日,浙江临时省议会开幕,到会议员 32 人。议员提出四大主张:(一)主张从速北伐。(二)主张筹款。目前钱漕豁免,厘捐停抽。亟宜筹备款项,以利饷需。(三)组织全国共和政体。(四)各同胞办事,宜不存私见,不尚意气,不涉利心,不分畛域。财政部长高尔白、政事部长褚辅成、参事李綗裳、外交科长方从矩等莅会。(《浙江临时省议会纪事》,《时报》1911 年 12 月 13 日,第三版)

12月13日,浙江军政府临时开会选举,议员到者 34 人。会议以无记名投票公举莫永贞为议长、张翅为副议长,并选出法律审查员 11 人:范贤方、祝谏、俞玉书、傅琳、蔡汝霖、章述洨、沈钧儒、童济时、李平、劳锦魁、叶杏銮。

财政审查员 15 人:李培谔、赵家艺、金兆枏、陈赞卿、王靭、殷汝骊、许燊、金燨、徐光溥、梁有立、余名铨、周珏、詹麟来、李直、项华黼。建议审查员 5 人:王莘、赵镜年、范耀雯、邵瑞彭、沈纯常。庶务兴革审查员 11 人:王泽灏、盛天禄、王瑞堂、詹凤藻、包芝洲、洪锡承、郑交易、林玉麒、郑希樵、蔡凤翔、张美裕。(《临时会议纪事》,《汉民日报》黄帝纪元四千六百零九年十月廿四日,新闻第三版)

12 月 14 日,浙省临时会召开第一次会议。议员 35 人,财政部政务委员 2 人出席。会议对《浙江省临时约法草案》一读,指定王瑞堂、许燊等 16 人为特种审查员;都督汤寿潜提出近日报纸喧传袁世凯大借外债筹偿事件,经审议,决定采用陈赞卿的紧急动议,当晚严电外交总长伍廷芳,要求警告各国,声明此项借款,浙江决不承认。(《浙省临时会第一次开议纪要》,《申报》1911 年 12 月 16 日,第一张后幅第三版)

12 月 16 日,浙省临时议会召开第二次会议。议员 34 人,政务委员 9 人出席。《浙江临时约法草案》二读,删除前稿第三十三条,增改第二十六条二项及二十八条,添四十六条至四十八条,以最多数票数表决通过都督应担负责任。政事部提出议案四件:(甲)政事部编制参考案;(乙)外交科改为外交部议案;(丙)改革浙省电报局议案;(丁)石浦划界事件。部长褚辅成说明理由。会议以甲、乙暂留参考,丙案决议先付庶政审查。(《临时议会纪事》,《汉民日报》黄帝纪元四千六百零九年十月廿七日,新闻第二版)

12 月 17 日,浙省临时议会召开第三次会议。议员 30 人,政务委员 4 人出席。会议听取法律审查员范贤方报告约法二次审查情形,决定《临时约法》除逐条修改外,将四十六至四十八条删去,即席付三读;府县编制暂行章程法律案并入官制作为参考,拟请发行诉讼印纸及状纸议案、拟请从权暂用前清新刑律以维司法议案、拟暂定审判制度为二级二审议案决付法律、财政二股审查后再行提出。(《浙省第三次临时议会记》,《申报》1911 年 12 月 19 日,第一张后幅第三版)

12 月 18 日,南方代表伍廷芳与北方代表唐绍仪在上海英租界举行和谈。

12 月 19 日,浙省临时议会召开第四次会议。续议财政部提出的不动产登记暂行章程草案、全省财政统一办法草案议案。政务委员许壬登台说明旨趣,经讨论后表决付法律、财政两股审查。(《浙省第四次临时议会记》,《申报》1911 年 12 月 21 日,第一张后幅第三版)

12 月 20 日,浙省临时议会召开第五次会议,商讨发行诉讼印纸及状纸

规则与暂定审判制度为三级两审等事项。(《浙省第五次临时议会记》,《申报》1911 年
12 月 22 日,第一张后幅第一版)

12 月 22 日,浙省临时议会召开第六次会议,听取法律审查股第二次审
查都督府官制修改案、各司官制修改案报告;财政审查股第一次审查浙省府
县官制草案报告;审议都督提出的时间统税暂行简章草案,大至以军资重
要,应另立一处,属于都督府官职之下,而另立专章规定。(《浙省第六次临时议会
记》,《申报》1911 年 12 月 24 日,第一张后幅第三版)

12 月 23 日,浙省临时议会召开第七次会议,讨论各司官制第七条金事
一人,"有谓事务纷繁不能规定一人者,有谓应添设秘书员熟人者,讨论约两
小时之久,当表决添秘书员二人。第九条加入秘书员权限一条,其余均略于
文句间修改而已"。(《浙省第七次临时议会记》,《申报》1911 年 12 月 25 日,第一张后幅第三
版)

12 月 24 日,报载谱主任财政部委派临时会议政务委员。一同任此职者
有蒋汝藻、许壬、钟枚、王嘉榘、陈簠、李维新、董钟英、张善裕、魏大名、金熙。
(《财政部委派临时议会政务委员》,《汉民日报》黄帝纪元四千六百零九年十一月初五日,新闻第一
版)

12 月 27 日,浙省第八次临时议会因议员不及半数,停议。浙省临时议
会召开第九次会议。表决通过全省财政收支统一办法案;听取财政审查股
第二次报告,表决通过暂行不动产登记法案,契据粮串一条添入户册一项;
听取财政审查股第三次报告,通过统税暂行法案。(《浙省第九次临时议会纪》,《申
报》1911 年 12 月 29 日,第一张后幅第三版)

12 月 29 日,在南京召开的十七省代表会议选举孙中山为中华民国临时
大总统。浙江代表汤尔和为会议主席。

12 月,财政部长高子白呈请辞职。

> 财政部长高子白君在任事以来,不辞劳怨,众望交孚。兹以财政事
> 繁,如茧、丝、牛毛,高君以豪迈之性,不耐持筹握算,决计辞职,担任军
> 事,以期得展所长,但都督及各部人员均一再慰留,恐未能遂卸仔肩云。
> (《财政部长辞职》,《汉民日报》黄帝纪元四千六百零九年十月廿三日,新闻第二版)

△ 官产经理局知会警察局清查官产,"所有各府、厅、州县文武官有衙
署局所录营旗地牧场,以及伪官亏帑、公款充罚、没收产业等项,均在本局范
围之内,自应一律经理查办"。(《官产经理局移会警署文》,《汉民日报》黄帝纪元四千六百
零九年十月廿八日,新闻第二版)

　　△　叶正度当选浙江省临时议会议员。因温州议员蔡凤翔出发征宁,由浙江省临时议会电催温州府民政长徐定超组织另选,以补蔡凤翔之缺。

　　△　因黄群被举为赴鄂代表,不能再兼省议员。温州续选临时议员,林大同当选。(《续选临时议员》,《汉民日报》黄帝纪元四千六百零九年十月廿二日,新闻第四版)

# 1912 年(民国元年壬子)　三十三岁

1月1日,临时大总统孙中山在南京宣告中华民国临时政府正式成立。

1月初,褚辅成、殷汝骊、沈钧儒、虞廷恺等浙江都督府各部科长及部分省议会议员发起中华民国国民共进会。

## 中华民国国民共进会发起宣告书

　　自柏拉图创共和之论,人间世始知有一理想之国家存于未来界。然沉沉千古,此理想者终难见诸事实,专制政体之惨无人道,不待言矣。即有号称立宪者,其社会上果能享自由平等之幸福也耶?矧惟我国既厄专制,又沦异族,吾不知先民之何以幸存,乃者种族政治一革命而功成,共和政体屹然以立。是固举世之所希有者,虽然亚氏有言,人为政治动物,故人既具政治之天性,必当辅以政治之能力,否则徒存一共和之思想于脑中,如镜花水月,徒具美观,岂光复诸同志之初衷欤?且民生有群、社会以起,吾人今日欲一新其社会,必先自政治始。人人有政治之能力,则权利义务无所偏畸,共和之旨,于以完成。本会用是发其愿力,组织团体,以与吾同胞一乃心力,孟晋而前,俾得适合运会,同享共和之幸福。若夫无政府主义,既嫌时代之幻稚,且党派空争,亦非本会所忍为。敢布腹心,昭告于我同胞。若韪其言而赞同之,则会章具在,愿与共襄此举也。谨白。

　　于右任、蒋著卿、周斌、祝谏、叶杏鋈、叶诰书、陈道怡、方青箱、郑衡、金燮、黄元秀、王涛、蒋孟苹、郑际平、黄维中、梁有立、杜棣华、殷汝骊、沈钧儒、王沅、项华绪、余名铨、李平、陈以义、梁龙、章述泼、阮性存、陈赞卿、许企谦、周珏、周承菼、经亨颐、庄景仲、金兆棪、郑文易、江镜清、褚辅成、姚勇忱、李盛、王莘、陈范、盛天禄。

发起人：陈其美、范贤方、俞涛、张翅、吴文禧、殷汝耕、顾乃斌、陈毅、邵振青、方从矩、黄万里、邵瑞彭、高尔登、汪成教、张嘈、詹凤藻、吴莘、潘任、杨补笙、莫永贞、许壬、傅梦豪、楼聿新、许燊、朱章宝、雷家驹、范耀雯、庄之盘、虞廷恺、胡朝阳、赵文衡、封德三、韦以黻、郑礼明、陈思成、张浩、宋任、杭辛斋、陈毓川、刘传亮、詹麟来、吴思豫、邬珍。(《中华民国国民共进会发起宣告书》,《汉民日报》1912 年 1 月 6 日,新闻第四版)

△ 浙军政府财政部改革捐输事宜,颁布暂行捐输奖励简章。

1 月 7 日,中华民国国民共进会于杭州马坡巷法政学堂召开第一次预备会,讨论决定政纲三条。(一)对于国内民族采取同化注意。(二)对于国家采取统一主义。(三)对于社会采取民主主义。还将简章逐条通过并推定沈衡山、余睡惺、殷铸夫为章程起草员。决定 10 日开第二次预备会。

昨日下午一时,国民共进会开第一次预备会于马坡巷法政学堂,到会者百余人。先由周君志成宣告开会顺序,随由余君睡惺报告本会宗旨,略谓武汉起义风驰云卷,不六旬乃有共和政府之出现,可以觇我国民性之发挥。惟共和之基础新定,以后之拨置甚多,端赖我同胞全体协力之掖进与扶持,斯进行之前途不能不有政治团体之组织,使多数众民之政治智识赖以牖进,各种分歧不相连贯之政见赖以统一以代表中华民国健全之舆论,为吾国政治界前途之晨钟木铎。凡我到会之先觉均抱此决心,乃有本会之发起。故唤起国民共和之精神,使明人人责任之所在,肃清专制养成共和实力,以促进政治前途之完成,为将来唯一之政党,实本会宗旨之所在云云。此次殷君铸夫报告本会范围,虽不限于浙江,然浙江支部终须设立,故已定城隍山阮公祠为事务所,经费已由高君子白捐助五百元,蒋君孟苹捐助二百元,褚君慧僧、周君赤忱各捐助一百元。然将来欲达本会目的所需经费,竟复不赀,仍须各发起人及各会员协力维持本会简章,已由发起人拟定草案,请大众讨论议决,旋今推褚君慧僧为临时主席。褚君登坛谓讨论简章之前须先决定政纲以便进行,于是大众互相讨论决定政纲三条。(一)对于国内民族采取同化主义。(二)对于国家采取统一主义。(三)对于社会采取民主主义。次将简章逐条通过并推定沈君衡山、余君睡惺、殷君铸夫为起草员,另拟详细章程定于(阳历)本月十日上午,开第二次预备会,届时再当举定特派员数人往沪宁等处联络各省同志开成立大会云。五时散会。(《国民

共进会纪事》,《汉民日报》1912年1月8日,新闻第三版)

1月8日,浙江都督府财政部部长高子白因公赴沪,谱主代行处理财政部一切日行公文。

> 财政部长高子白君,现因公务,定于本月八日赴沪。除本部重要事件,应随时函电酌商办理外,其余一切日行公牍,委任本部总务科科长虞廷恺代折代行。除呈报都督暨移知司令、政事两部外,已通告各科员遵照矣。(《财政部长赴沪》,《汉民日报》1912年1月9日,第三版)

1月10日,国民共进会开第二次预备会,会场仍在马坡巷政法学堂,到会者百余人。先推沈衡山为临时主席报告修订章程,随即通过次投票公举尹廷辅、顾子才、高子白、许养颐、阮荀伯、王卓夫、李纲裳、蒋著卿、陈泉卿、殷铸夫、沈衡山、许达夫、褚慧僧、周志成、邵次珊、金仲荪为临时干事,继提议进行方法,推举洪锡承、顾允中、梁立群、金理才、周志颐、余康候、李恢伯、范仰乔、章许泉、童济时、盛光宇、傅载华、陈赞卿、朱隐青、程祖伊、石镜湖、詹熙、李实、郑文易、王槐卿、叶杏銮、王赓飏、黄蛰民、叶晓南、陈式卿、项华甫、李镜月为各府特派员,前往各府联络同志,筹集经费,并定于阳历十二日午后一时开职员会。(《国民共进会纪事》,《汉民日报》1912年1月11日,新闻第二版)

△ 浙江军政府财政部向各县民事长发出通告,要求各县赶紧设立劝募分处,劝民捐输,助政府解决财政困难。(《浙军政府财政部通告各县民事长》,《汉民日报》1912年1月11日,新闻第二版)

1月14日,汤寿潜调任临时政府交通总长,辞浙江军政府都督职。

△ 光复会领袖陶成章在上海广慈医院被陈其美指使蒋介石、王竹卿等暗杀。

△ 财政部照会各府州县民事长,催缴未解交地丁等款,限令1月31日前逐一清理。(《财政部照会各属民事长文》,《汉民日报》1912年1月15日,新闻第二版)

1月15日,国民共进会开会,举定书记尹廷辅、许壬、阮性存、金兆棨,会计高尔登、李盛、许燊,庶务褚辅成、顾乃斌、邵瑞彭、王莘、蒋著卿,宁沪特派员陈毓川、周珏、殷汝骊、沈钧儒,本省特派员洪锡承、顾允中、梁有立、金燮、俞玉书、李培锷、范贤方、周斌、朱章宝、程祖伊、石镜湖、章述浚、詹熙、李直、郑文易、王韦、叶杏銮、王庚扬、黄维中、陈范、项华黻、叶正度、李平、王懋光、叶承霖、包芝洲。(《共进会举定临时职员》,《汉民日报》1912年1月16日,新闻第二版)

1月16日,浙江各界推蒋尊簋继任浙江军政府都督。

1月23日,谱主兼任浙江省财政部秘书员。

浙省财政部开办以来,向有秘书员数人,总办一切部中事务责任繁重,办事不易。现悉前次委充各员或另就他处之聘,或因有事不克到部,而部内事务纷繁,未能一日虚无人理。业经财政高部长查有胡文藻、钱显昌、王加渠、虞廷恺四人充任,虞君系本部总务科长,今兼任秘书员。(《改委财政秘书员》,《汉民日报》1912年1月24日,新闻第二版)

1月底,财政部人员改组,袁汰接任财政部总务科长,来长泰任征收科长。

财政部总务科长,前经高部长派委虞君廷恺充任。现在部内事务纷繁,而虞君前数日已奉高部长,兼充秘书员。目下虞君因一身而兼两差,未免顾此失彼。刻闻禀复高部长另将总务科长委任办理,昨已奉部长照准,更委袁君汰接办总务科长矣。(《委定财政总务科》,《汉民日报》1912年1月31日,新闻第二版)

惟征收科长责任甚重,刻由高部长查有萧山来君长泰办事勤敏,业已札委来君到差,以资臂助云。(《更委财政征收科长》,《汉民日报》1912年2月1日,新闻第二版)

1月中旬,财政部移文杭州商务总会,就同和钱庄白衙巷房屋被焚烧请求政府赔补一案作出答复:"查照案情,酌量赔补,以恤商艰。当经移复蒋军统派员查明被焚情由及房屋之大小,价值之多寡,详细移知本部核办在案。准移前情,应俟蒋军统派员查明移复后,再行核办,为此移复贵总会,烦请查明施行。"(《财政部移杭商务总会文》,《汉民日报》1912年1月16日,新闻第二版)

△　财政部根据官产经理局呈请,照会各府、县民事长,指示清查境内官产,并划清官产经理局权限。

查官产既已设有专局经理,则确定之官产自系在经理范围以内,即不确定之官产,亦应负复查管理之责。该局请将从前由各机关发封之各处房屋,分别移请抄单、发交、接收,及以后遇有应行查封官产,均由该局查封各节,系为慎重官产划清权限起见,应即照准。除批饬该局遵办外,相应照会贵署,如有前项发封之各种官产,应请查明案情,抄单移由本部转饬该局遵照办理。以后如有应行查封产业,并请移部转饬该局查封,以专责成而资划一,为此照会贵署,请烦查照,见复施行。(《财政

部照会警署文》,《汉民日报》1912 年 1 月 17 日,新闻第二版)

△　财政部牌示百货统捐事宜,"所有应捐百货,除茶、糖、烟、酒、丝绸、土膏等暂准商认办外,其余百货应归入统捐办理,以免分歧而符议案。该民人所认木板捐,亦统捐之一宗,本部未便照准"。(《财政部牌示一道》,《汉民日报》1912 年 1 月 20 日,新闻第四版)

△　财政部为请拨盐款银两以办善举碍难照准事,移复都督府政事部。(《财政部呈移复都督府政事部文》,《汉民日报》1912 年 1 月 26 日,新闻第二版)

2 月 9 日,南京临时政府电令各省都督府,将所属各部一律改为"司",以与中央政府各部区别。据此,浙江都督府取消政事部、财政部,设秘书处、民政司、财政司、教育司、提法司及盐政局、稽勋局。(《临时政府公报》第 11 号,1912 年 2 月 9 日)

2 月 12 日,清帝爱新觉罗·溥仪下诏逊位。

2 月 13 日,孙中山向参议院辞临时大总统职,并荐袁世凯以代。参议院于翌日议决接受孙中山辞职,并请在新总统未莅任前暂不解职。

2 月 15 日,临时参议院选举袁世凯为临时大总统。

2 月下旬,作为代理财政司长电催高尔登司长回杭州。

代理财政司虞君致上海电云:"高子白司长鉴,祃电计达览。司务繁重,非驽骀如恺所能久代,务请即日快车回杭,面请方略,庶恺一身得知所免,而司务亦有遵循矣。廷恺叩。"(《电催高司长回杭》,《汉民日报》1912 年 2 月 24 日,新闻第三版)

2 月 25 日,出席浙江省都督府特别临时会议。会议强调全省各军政分府设立之民政、财政各项机关,均直隶于民政、财政二司之下,以归统一。所有各机关收入款项亦尽数解省,绍属需用之款统由财政司支给。

前日,绍兴军政分府王金发君特派代表何、钱二君来省,为协议统一民政、财政事。下午一时,都督府特开临时会议,与会者除二代表外,有民政司褚司长、财政司代表虞柏卿君、提法司朱劼丞君、盐政局代表景本白君及财政司秘书王伟人君,共同议决:所有绍兴军政分府所设立之民政、财政各项机关,均直隶于民政、财政二司之下,以归统一。所有各机关收入款项亦尽数解省,绍属需用之款统由财政司支给,绍分府已经札委之各场,由省中司局加札任用,如不奉省中命令,再行撤换,至统捐一项亦归省中设立。惟参用本地人,以资熟手。其他箔捐、茶捐、烟捐、酒捐，各商已在绍分府认办在先者，许其继续有效，双方均已解决。惟要求仍设府知事一节，民政司以新定官制内并无府知事名目，难以允许。两代表亦无异议。所有议决各条均已双方签押，惟盐课为岁入大宗，省中设立专局，绍兴又设盐茶总司，似于统一有碍。景本白君以此诘问，两代表答以前系暂时办法，此后自当隶属于盐政局之下，与各场局所一例受省局节制。景君又提出数条大旨，皆统一后之办法，两代表均一一承认，遂散会。（《财政统一之会议》，《汉民日报》1912 年 2 月 27 日，新闻第三版）

2 月底，财政司统一财权，水陆各营薪饷仍应由司核发。（《越铎日报》1912 年 3 月 1 日，第三页）

2 月，财政司发布通告商民完纳统捐白话谕。（《财政司通告商民完纳统捐白话谕》，《汉民日报》1912 年 2 月 24 日，新闻第二版）

△ 财政司为应征盐课，盐厘加价事，呈文都督："惟现在浙西运销苏省苏、松、常、镇、泰五属盐斤，尚未确有办法，则浙省此时盐厘加价，收入数目，万难确定。是项解款，只能暂从缓议，一俟将来浙盐运销苏五属盐斤办法确定后，再行照案批解，除令知盐政局遵照办理外，是否有当？"（《财政司呈都督文》，《汉民日报》1912 年 2 月 26 日，新闻第一版）

3 月初，财政司改革官制，委派课长课员。新公布的财政司官制明确规定："佥事随同司长办理本司公务，有统辖所属职员之权"，"秘书承司长之命，有综核本司一切文牍之权。"

兹将课长课员已委任者照录于下：（总务科）文牍课：课长俞得升，课员吴光鼎、叶颋；收发课：课长汤兆谦，课员龚文凯、诸以壮、罗宗源、王国祥；庶务课：课长姚祐承，课员茅彭寿、史论；（征收科）田赋课：课长来长泰，课员李稷、沈毅、潘江、宋承殷、傅毓英；捐税课：课长沈家熙，课员朱其选、高炬、洪亮群、任壮图、汪原澄、来壮涛；杂收课：课长魏大名；课员茅元斌、张衡、周锡藩；（支应科）核放课：课长劳恭震，课员钱天受、任尔康、王奎成；核销课：课长魏在田，课员吴兆桢、金品黄、陈文明；（清理科）核算课：课长胡崇文，课员周旦、管震、钱文英、吴庆熙；调查课：课长（缺），课员孙焘、叶联芳、沈作则、盛开伟。（《财政司之新人物》，《汉民日报》1912 年 3 月 4 日，新闻第二版）

△ 财政司报经都督府照准，续拨旗民恩饷，"查民国成立满营旗民，亟须遣散。既经贵司长与该营代表德济等订定善后条约，允给恩饷洋九万元，

除旧历年内给发洋三万元外,应即续发洋六万元,准于旧历正月十五日以前提存中华民国浙江银行,以便该营旗代表迁出时,由代表分别给发支单领取"。(《准续拨旗民恩饷》,《汉民日报》1912 年 3 月 5 日,新闻第二版)

3 月 10 日,袁世凯在北京宣誓就任临时大总统。

3 月 12 日,财政司长高尔登发布《告属统捐局长文》。

> 浙军政府署财政司长高尔登谨告于各属统捐局长诸君子曰:方今革新伊始,需款殷繁。开办统捐,根据议案,凡诸办事规程收捐方法,更复一一厘订,奉准施行,无俟缕述,顾尔登所以不能不为诸君子告者。前清时代关于捐务上往往招物议者,半由主务官厅于用人之际,不忍割爱于亲戚、交游、门生、故吏,以致不利众口,而当局者亦卒无以自解。民国初建,从前积弊,务令澌除净尽,乃者所属各统捐局次第林立,赖诸君子热心匡助,担任局务。尔登诸君非有夙欢者也,第以诸君子或□司署办理征收事宜颇著勤劳,或筹办统捐事宜确有经验,或经正人志士推荐,乃始敢以斯役相寄。尔登虽无门生、故吏,岂无亲戚、交游,乃卒舍其爱恋亲戚、交游之心,以与诸君子相共者。惧蹈从前陋习而人言之可畏尤后也。抑尔登尤不能不为诸君子告者,病商之事不必巧取豪夺,瘠商以肥己也。少一分体恤之心,商民即多受一分之累。精明也,勤慎也,严密也,三者乃办捐者之所有事,然必时时事事存一体恤之心,而后精明不伤于刻薄,勤慎不涉于苛细,严密不近于留难。此在诸君子当以深喻此旨,而尤深望诸君恪守此旨也。至于巧取豪夺,瘠商以肥己,弊之彰明较著。吾父老伯叔兄弟实共监临之,尔登将惟舆论是决焉。他日者毋使尔登开罪于诸君子,斯幸已!(《财政司告属统捐局长文》,《汉民日报》1912 年 3 月 13 日,新闻第一版)

3 月 15 日,财政司为浙东南、漕南兵米征收事宜呈文都督,"现在京津乱事已定,浙军无庸北上,所有浙东西漕南等米,似应仍照《地丁征收法》第三条办理。为此呈请察夺,电令太平县查照,将该县本年南米,暂免征收,是否有当?"(《财政司呈都督文》,《汉民日报》1912 年 3 月 16 日,新闻第一版)

3 月 16 日,代表都督蒋尊簋参加盐政局改革会议,宣布改革政见。

> 盐政局议定官收商贾政策克日实行,兹于今日召集纲引肩住各商,假座法政学堂特开省大会,以期研究商贾办法。到会者约有二百余人。首由庄局长宣布开会宗旨,次由蒋都督代表虞君伯颀暨财政司长

高君子白宣布改革政见,继由范副局长与各商讨论组织公司办法。正在讨论间,忽有灶商某某等混迹场中,无理反对,扰乱会场秩序。浙东西各商深明大体,一再磋商,赞成者居多。惟商人尚未全体来杭。故由盐商赵鲍等君要求庄范两局长,展期三星期。斟酌尽善再呈局核夺云。(《盐政局开会纪事》,《汉民日报》1912 年 3 月 16 日,新闻第二版)

3 月 23 日,民国公会杭州支部发布设立支部事务所广告。

仆等受上海民国公会本部之嘱托,于杭州发起支部,现暂假下皮市巷柴宅设立支部事务所,不日开成立大会正式选举职员,有欲入会者,须有本会会员一人之绍介,径向事务所接洽可也。此告。

发起人:蒋尊簋、高尔登、朱文劭、周承鋆、吴钟镕、虞廷恺、吴震春、汤尔和、沈钧业、魏兰、张云雷、王嘉榘、汪嵚、许壬、许燊、石铎、钟寅、王垚、孙智敏、许炳堃、姚汉章、张廷霖、寿昌田、韩永康、钱家治同启。(《民国公会杭州支部广告》,《汉民日报》1912 年 3 月 23 日,告白第一版)

3 月下旬,浙江都督蒋尊簋颁布谱主参与修订的《暂行统捐法》,改良征收统捐办法,引发各界争议。

3 月 29 日,向蒋尊簋都督提交财政司佥事兼代理司长辞呈。

廷恺前奉委令,兼署财政司佥事,自维学识谫陋,一再力辞。只缘钧命谆谆,不敢不勉策驽骀,冀酬知遇。财政为全省命脉所关,因应筹维资任綦重,庸如廷恺所能久尸佥事之职。兹幸瓜代期届用。特批沥函,恳务乞俯准辞职。俾得早卸仔肩,免滋贻误,临书不胜屏营,待命之至。云。

按:虞君任事以来,不避嫌怨,使本省财政著著进步,即以统捐一项言之,已属成效昭昭,在人耳目。民国初立,人才不易,尚望勉为其难,勿萌退志,盼甚祷。振青特志。(《财政司佥事辞职》,《汉民日报》1912 年 3 月 30 日,新闻第三版)

浙中财政困难倍至,高司长明练英毅,辛勤擘画,渐见端绪,允宜久任,俾竟全功。如以军务方殷,参谋一席,未可久悬,则虞佥事似可继任。统捐盐税正在进行中,地税钞票更在筹备中,驾轻就熟,事半功倍。(《应君德闳致蒋都督书》,《汉民日报》1912 年 3 月 30 日,新闻第四版)

3 月 31 日,浙江都督蒋尊簋致电各军政分府,公布浙江统捐变通办法。

4 月 1 日,以财政司代表身份出席浙江省临时议会特别会议,报告去岁迄今收入支出综述,认为宜修正第一次议决统捐案。

> 本省临时议会开特别会议到员者已过半数以上,昨日开会其秩序如下:(一)振铃开会(二)宣读开会词(三)都督及各司长报告(四)议长报告(五)演说(六)振铃散会。是日,都督,民政、教育二司均亲莅,财政司委虞佥事代表。先由都督报告召集理由,次民政、教育二司报告,次虞代表报告(一)宜修正第一次议决案(二)报告去岁迄今收入支出总数,次各议员议决让改选参议员照袁大总统来电,选举五人以记名投票选举之,其选举手续不限议员内,凡属政界及首功有经验者俱得被选,以过半数为当选,分二次选举,一次选举参议员,二次选举候补参议员。旋由金兆棪君质问财政司代表统捐局种种违法事,虞佥事答以初次定章,诸多窒碍,惟望第二次议会修正之,遂由议长振铃散会。(《临时议会开会》,《汉民日报》1912 年 4 月 2 日,新闻第二版)

△ 孙中山正式卸任临时大总统。

△ 浙江省临时议会选举南京参议院议员,陈时夏、殷汝麟、周志成、王家襄、黄永贞五人为参议员,王文卿、金兆棪、王正廷、许燊、范贤方、阮性存、余名铨、张翅、蔡汝霖、黄群为候补参议员。

4 月 4 日,杭州民国公会支部致电澄清杭州动荡谣言。

> 民国公会致上海电(上海江西路六号民国公会转日报公会):鉴杭城近日稍有谣诼,但全无事实发生,全城秩序安靖如恒,杭沪相去,只汽车数小时路程。果有变乱,上海自应立即震动,岂有毫无凭证,但凭捕风捉影之谈,遽尔登载,知必有人从中煽动,希图破坏大局,以遂其私,而各报不察,遂为若辈利用。贵会主持公道,如何将各报取缔之处,应请裁夺办理。再此间各团体以各报妄登此种电报,淆惑人心,扰乱治安,均欲刊发传单,如《时》《民》《民立》《民权》《天铎》等报相戒,勿再购阅。现本支部尚在调停,如各报馆能切实更正,并约明嗣后遇有谣传,查实再登,当可将传单止发。希再电复,至要。(《民国公会致上海电》,《汉民日报》1912 年 4 月 4 日,新闻第一版)

4 月 11 日,统一共和党在南京举行成立大会,谱主当选特派交际员。

> 按:该党由谷钟秀发起的共和统一党、殷汝骊发起的国民共进会、彭允彝发起的政治谈话会三团体人士合并而成。共和统一党脱胎于宪友会,成立于北京;国民共进会成立于 1911 年 12 月,政治谈话会成立于 1912 年 2

月,地点均在上海。三会政见相同,方议合并,于3月间南京临时参议院议员吴景濂欲组成统一共和党,殷汝骊与吴景濂遂邀约三会与统一共和党合并。

统一共和党由谷钟秀、殷汝骊、彭允彝和吴景濂列名发起,四人均为南京临时参议院议员。谷钟秀来自直隶,殷汝骊来自浙江,彭允彝来自湖南,吴景濂来自奉天。该党职员选举结果:蔡锷、张凤翔、王芝祥、孙敏筠和沈秉堃任总务干事,殷汝骊、袁家普、陈陶遗、张树森和彭允彝任常务干事。另参议20人:许燊、黄序鹓、欧阳振声、王葆真、刘馥、阮性存、刘彦、赵世钰、沈钧儒、马邻翼、萧堃、席聘臣、景耀月、周钰、贺国昌、李载赓、张蔚森、吴景濂、陈景南、李素。特派交际员25人:仇预、杨年、洪荣圻、曾有澜、马步云、王鑫润、李日垓、李增、褚辅成、虞廷恺、莫永贞、封德三、尹廷辅、俞朱堂、邓愕、唐尔锟、孙志曾、朱念祖、郑楚珍、狄楼海、贺升年、杨策、赵铭新、刘文田、马良翰。
(《统一共和之大会》,《天铎报》1912年4月16日,第四版)

4月16日至5月下旬,《汉民日报》连续发表文章、评论,造谣攻击谱主与财政司。

按:《汉民日报》从4月16日就开始攻击虞廷恺,有的文章如《虞廷恺贼民记》《财政司中鬼怪录》《唤醒虞金事》相当偏激,甚至涉及人身攻击。从中选录一篇时评、一篇文章,从中可知造谣者之无中生有。

　　时评二　财政司长　吾浙财政司高司长因病辞职,虞金事兼理司长,其日久矣。财政所司较各司为尤繁,苟金事兼理司长而无碍于进行,则有司长可以无金事,有金事可以无司长。财政司然,各司之司长、金事更不妨于二者而去其一。若谓今无司长不图进行,但求敷衍以塞责,然财政非他事可比,迁延日久,病革全省,生命所关,谁尸其咎?记者有疑不敢不问,愿当轴诸公明以教我。(《时评二》,《汉民日报》1912年5月7日,新闻第二版)

　　五级金事　兼理财政司长、本署金事虞廷恺,原籍温州,薄知法学,曾充法校教员,平日行为素不理于众口,光复后得充财政部支厅副科长,不及星期一跃而升正科长,拍马有功,未几改充秘书。官制甫定,虞即谋升金事,今竟代理司长矣。然以金事任内,即照统捐茧捐三项贿卖差缺,所入亦不下五六万金。日前杭报痛揭其隐,确定为误国病民之罪。该金事犹不闭门思过,反敢登布广告,指为报纸造谣,称被害人将起诉。查贿卖差缺,交易而退,各得其所,彼目的既达,方感谢之不暇,

何来起诉之说？而虞佥事所云,不啻自尽供状矣。(《财政司中鬼怪录》,《民立报》1912年5月23日,第二版)

4月下旬,浙江财政司令杭嘉湖绍统捐局及所属分局认缴丝绢。

4月下旬至5月中旬,牵头并从中多方设法,成功借得二百万巨款,浙江政府财政极其困窘的燃眉之急得以缓解。此处选辑各方商议借款事宜来往电文及有关报道之一二。

△《国务院来电》 蒋都督鉴:养电悉。贵省艰窘情形,素所深悉。应俟借款有成,自当酌量拨济。浙商所拟息借华比款项各节,已呈商大总统允准,希饬该商妥议办法,电复核夺。国务院叩。

△《都督致熊希龄总长电》 上海熊秉三总长钧鉴:前奉复函,诸蒙关注,无任感荷。浙中财政,去岁迄今有支无入,只以安危所系,竭力通挪,秩序赖以相维,军民幸皆就范。现值军票兑现,宁军凯旋,浙军退伍,同时逼迫,万分焦灼。复因频年灾歉,饥民遍野,数以万计,赈籴之准备,工厂之创设,当商之借贷,皆与生休戚密切相关,又属刻不容缓。五中寸裂,自咎未遑,前昨迭陈大总统暨唐总理请将特济浙之五十万两早日饬汇,并恳以浙省盐课抵借□□银行一二百万两,专充军饷及救贫事业之用,行政消费,誓不滥支。今奉电令,幸荷允准,已派员赴沪,妥议办法,电陈核示。惟订约呵望有成,而交款实口预计。目前急切、军需仍属缓不济急,已电约朱葆三兄面恳尊处,借款内先拨二三十万两,以资周转,一俟□□款到,即行拨还,此系有着之项,并非通挪之款,且为中央所认许。我公于浙中近情知之最深,计之已熟,用特专电奉渎,为浙请命,务乞俯准,并候电复。蒋尊簋叩。有。印。

《虞佥事致上海浙江报来电》 朱葆三兄鉴:熊总长借款,蒙公允商借二十万,顷陈都督极感盛谊,务乞公即日约子白司长至熊总长处切商电复。现在盐课抵借外债,中央既已允准,不久必可交款。沪上钱业诸君并求代为设法。另有商挪巨款,以为目前周转,一俟□□交款,即行拨还。至祷。虞廷恺。有。

高司长电 财政司虞佥事急呈蒋都督钧鉴:昨嘱柏公转言借款,已商有头绪,惟此系特别借法,必须公莅临,始有秉承,务请明早车莅沪,急盼电复浙江银行。登叩。

蒋都督钧鉴:前后有电敬悉,盐课抵借款不属商,恐有误会。请再电声明,前允五十万追索尤善。王湘兄已到周湘翁处,俟商后奉复,并恳带空白委任状。

都督复电 上海浙江银行、高子白两电均悉。盐课抵借,系由公家担任,不属商家。且前电指明,专充军费及购米赈籴之需,中央自不致误会。沪上特别借款,昨已电致熊总长,声明由公与朱葆翁往商,自可代表尊篆。明早请柏公赴沪,会商办理一切,乞代主持。空白委任状,即当带奉。尊篆。寝。

高子白、朱葆三两兄鉴:盐课抵借外款,中央已允承认,必可定议。惟目前军票兑现为时已迫,势难久待,闻熊总长已借得二百万,明日交款,务乞两公即往商请。至少须先借二三十万,俟□□拨款后,即行缴还,秉公于浙事业,素蒙关垂,当可俯允,并恳商定后,电复为盼。尊篆。有。印。(《浙江省借款事往来电》,《新闻报》1912年5月1日,第二张第一、二版)

民政司 上海后马路浙江银行虞伯卿君函悉。旗营面积约计工部尺八四三七五平方丈,价虽无从估计,然下城僻地,亩值二百元以上,旗营紧旁闹市,可以类推。民政司褚辅成。印。(《民政司致上海虞君电》,《汉民日报》1912年5月1日,新闻第一版)

上海来电 杭州蒋都督鉴:顷据两浙盐商顾源茂等呈称,"浙省盐课抵借一案,经贵都督电明,系由公家担任,不属商家。见报载高司长电,王湘泉已到周湘龄处,俟商后奉复"各等语,不胜骇怪。查周湘龄劣迹昭著,光复后甲商裁撤,周复组织苏盐议会,以冀扩充势力,为他日盘踞把持之地。此次借款若令周虱处其间,妄为干涉,不特两浙盐商群起反抗,即借款进行,恐因多窒碍。呈请电咨贵都督,转饬财政司严行摈绝,勿使干预借款,两浙幸甚,等情前来。查明此次借款为全浙安危所系,盐商本无须干涉,呈称各节,乃于盐课抵借,知为全浙大局之故,意主赞成。而拒绝周湘龄,亦为使借款不生阻碍起见,应据情电闻,希察核办理。陈其美叩。(《汉民日报》,1912年5月5日,新闻第一版)

浙省新借款告成 浙省因军用钞票原定额发五十万元,于阴历三月二十五日为兑现之期,嗣以各县解省款项全被截留(并计不下二百万),财政司只有支出而无收入,每遇应发薪,不得不以纸币应急,甚至电促沪上赶造不及,随到随填随发,驯致不可限量。现兑期将届,庄号纷纷收集,事关信用,危迫万分,不得已而有借用外债之举。初议将浙东盐税所入向华北银行为抵押品,正在订立草约间,有人反对中止。于是代理财政司虞伯卿谋诸旅沪浙籍绅商,另筹救急方法,贷到一百万元,先交五十万,已于四号运杭,尚余一半,俟正式合同签字用印后,准三日内交足。故初五日午刻,由虞将携归之底稿禀承都督核准,特委财政司秘书钱寿先等赴沪缮就,以便成交,闻系华侨经理之印度银公司出借,而以旗营地产及纱厂官本暂作保证。(《大公报》1912年5月16日,第三版)

虞佥事得意之作 浙省借款一节早志前报,今得确实消息,此宗借款初由德商礼和洋行承借六百万马克(约银二百余万),以浙省盐课指抵,嗣因有碍大宗借款,拟易以丝绢所入为抵当品,该商尚有要求,都督未能决定。适有华侨银公司来揽是项借款,爰将旗营基地及刘庄抵押一百万,华侨拟灭其半,屡次磋商,未能就范,而德商已让步,于是德商之报告成,而华侨之款作为罢论云。(《浙省借款之确情》,《汉民日报》1912年5月14日,新闻第二版)

## 附:浙江借款合同之底稿

立合同德国克虏伯厂代理人礼和洋行,今承浙江都督蒋转奉大总统袁特授之权,由蒋都督担保,现在北京临时政府及以后之中国政府还款并料理一切。所订各条详列于左:(一)克虏伯厂允借与浙江省之款系德银六百万马克,除后开第七条所载,先扣付军械价款外,其余交付现银。(二)利息订明常年七厘,按阳历结算,借款数目并无折扣。(三)还款之期准于政府到第一批大宗借款,即将此项六百万马克如数归还,然至迟不得逾下文所列之期,计开收取此合同借款银两之日起,扣足十二月,还一百万马克,又扣足两年,还一百万马克,又扣足三年,还一百万马克,又扣足四年,还一百万马克,又扣足五年,还一百万马克。(四)照第三条之数,填给印票交与礼和收执。经都督并财政司盖印签押注归还日期,届时解付。即由礼和将印票检还,其按期应行之利息(每半年一次者)另给印票。如遇未到期时将归还,则利息亦算到收款之日止,□□还款,即将印票交还。(五)担保此项借款,即以浙省丝捐作抵。(六)交款还款,应以马克计算。(七)浙江都督向礼和洋行订购克伯虏厂军械厂值二百万马克,按照订购军械通例,立合同之日应付定银一百万马克,余一百万马克暂存礼和,作为货到验收后兑价之用。此一百万马克于兑价之日起息。(八)订购军械另缮清单,订立合同为据,但浙江都督能于订立此项合同后一个月之内,将克虏伯炮件枪弹等清单改动,惟需购之件至少须厂价二百万马克,若逾一个月,限克厂已将料件配齐,即不能更改。(九)礼和洋行于未交银之先,浙江省须请外务部承认此项合同,并正式咨照驻京德公使,证实此事。(十)除去军械厂价二百万马克外,尚余四百万马克,由克虏伯厂转经礼和洋行之手,分二期交付。第一期于此项借款合同由外交部咨会驻京德公使之第三日发一半,第二期于第一期交款后一礼拜交清。(十一)此项合同并交款等事,将来并无抽税等情。(十二)立此项华英文合同一式四纸,各执二纸存照,以洋文为凭。浙江都督府财政司高尔登上洋礼和洋行(方图章)西历一千九百十二年五月五号。(《浙江借款合同之底稿》,《新闻报》1912年6月14日,第二张第一版)

5月1日,民国公会发布紧要广告,决议并入共和党。

本会与统一党、民社、国民协进会、国民共进会、国民党五政团决议合并改名共和党,定于五月九号在上海张园安恺第合六政团共和党成立大会。先一日(即八号),本会在沪开全体预备会,凡我在杭会员务望早日赴沪到会,兹由祐圣观巷本会支部向浙路公司商购,团体乘车往返券,请于五月三号起六号止,亲诣支部报名以便集数购券分别赠送。俾各会员得于五月七号早车启行,特此通告。(《民国公会紧要广告》,《汉民日报》1912年5月2日,告白第一版)

5月3日,浙江省都督府颁布《统捐暂行法》审查修改案,此修改案谱主参与修订。

5月9日,商请都督同意,以西湖刘庄地抵押给侨商代表借款十万大洋,如期兑现浙省军用票支出。

杭省军用票以五月十一号为兑现之期,是项兑款通盘筹算,不敷甚巨。九号,由署财政司虞佥事商请蒋都督称印度中华按揭公司华侨代表陈利宾君,因旗营地抵押事尚居省垣,但现时用款紧急,不得已惟有先将西湖刘庄挽请商会协理王湘泉君向侨商陈代表抵押洋十万元等语。当奉蒋都督允准为时急迫,当于十号由王君商妥。陈代表即于十号夜在财政司署赶订合同,言明六厘起息,以六个月为限期,并请毛某为证。两造说妥成交,言明所押之现洋,准由陈代表于十一号由沪车装运到杭,以便转拨中华浙江银行,为军用票号兑现之支出云。(《赶交浙财政

司押款》,《新闻报》1912年5月12日,第二张第四版)

5月15日,呈请都督同意,以杭州满旗营地抵押给印度揭利公司借款五十万大洋。

> 杭州满营周围地皮二千余亩,前经财政司署虞伯颀佥事商请蒋都督将全营地亩抵押与举华侨代表陈玉亭君向印度揭利公司抵押洋五十万元,业于十五日签押成交,即日由沪汇款到浙。目下居住营内之各旗民,奉都督谕无论如何均须一律迁让。惟杭县署初次迁徙营内,前清杭都统衙署共和法校则设立于将军署内。现在营地已经抵当债务者,自必移权,所有杭县及共和法校础基,均须另择营外相当之地赁屋而居,以便交割收纳。闻共和法校有迁并西大街私立法政校舍之说,杭县署则移驻废弃之前清提学司署为办公所云。(《杭州满营地之交割》,《新闻报》1912年5月21日,第二版第二张)

5月16日,在《汉民日报》发布启事,声明该报所登相关消息与评论纯属捏造,要求三日内公开宣布确实证据,否则应负损害名誉之责。

其一云:

> 日来贵报登载廷恺纳贿及茧商借款酬谢等语,如有确实证据,应请贵报自五月十六日起三日内明白宣布,否则应负损害名誉之责。此启。(《虞廷恺启事一》,《汉民日报》1912年5月16日,告白第二版)

其二云:

> 日来报载廷恺纳贿及茧商借款酬谢等语,如有确实证据,应请被害人或关系人提起诉讼。此启。(《虞廷恺启事二》,《汉民日报》1912年5月16日,告白第二版)

5月22日,辞去财政司佥事职务。财政司佥事由刘某接充。

> 杭州廿二日专电:前浙江财政司长高尔登来杭,今日(念二)午刻交卸篆务,财政司虞佥事现已改委刘某接充。《时报》1912年5月23日,第二版)
>
> 杭州电报:今日午刻,新财政司胡铭盘君受事,高君尔登眼同交替一切,佥事已委刘某,虞廷恺仍回都督府秘书。(《民立报》1912年5月23日,第三版)

5月下旬,胡铭盘应邀来杭,接任浙江财政司长。

6月1日,报载谱主致电财政总长熊希龄,提出开征所得税实现决财政缓急相济之策。

> 财政总长熊钧鉴：吾国缔造方新，百端待举，整理财政，尤为当务之急。昨读总长莅院发表政纲，统筹硕画，钦佩无量。抑廷恺窃尚有鳃鳃过虑者。盐斤积重，改革需时；烟草专售，收效尚缓；募集公债，仍悬诸未定之天；改良地租，须待至期年之久。当此库储奇绌，需款浩繁，似非筹标本兼治之策，恐难收缓急相济之功。考近世财政学家趋势，类多注重于所得税。日本行之廿稔，收入渐增。吾国密迩东邦，不难师彼成规，导我先路。盖税法采用累进，人民之负担尚公。课税不逮穷檐，社会之生计无碍，调查手续可分寄于自治职员，征收机关可并归于行政官吏。律以租税原则，合辙同符，揆之吾国国情，言宜事顺，税法之良，斯为极轨。查日本近年所得税收入已达二千九百七十三万元。吾国面积大于日本十倍，即以四倍计算，岁入可得一万万余元，其又何惮而不为耶？如虑调查猝就，未能精密，或先办等级税，以树所得税之基础，税法单简，尤易计日程功。陈骊不留，去日益远，劫棋待救，人同此心。伏恳总长迅予提出草案，交院议决。一经公布，立见施行。廷恺承乏金事，兼摄司篆，感时增恸，中夜彷徨，用敢竭一得之愚，冒渎左右。是否有当，敬候卓裁。浙江财政司金事虞廷恺叩。（《浙江财政司金事上财政总长电》，《顺天时报》1912 年 6 月 1 日，第四版）

6 月 3 日，浙江省议会以"财政司金事虞"廷恺失职为由，向都督蒋尊簋提出弹劾案。

6 月中旬，致函浙江都督蒋尊簋，就个别媒体的恶意攻击逐条予以澄清，请都督予以查办。

> 廷恺寡德谬膺知遇，受命以来，自惭樗栎庸才，无补万一，然大法小廉之戒，颇窃自励。乃近阅《汉民日报》揭载恶迹，连篇累牍，几于无日无之。退而自省，百思不得，因于五月十六日登启事两则，请关系人或被害人提起诉讼，并求该报于三日内明白宣布确实证据。待命至今，彼所谓明白宣布者，仍不过尔尔。中夜彷徨，愈难自默。虽都督宽大为怀，一再慰勉，惟是官箴所在，国法攸关，纵都督为廷恺一人原，其何以对吾浙诸父老伯叔兄弟，又何以对吾浙有职守有言责者乎？用敢将该报逐日所载荦荦数大端，除茧商借款扣用一案，奉经各司核办议复，不复腼陈外，余则依次声明，另摺开呈。伏恳都督迅赐派员彻查虚实，照

律严办,以儆实邪而重舆论,否则若系该报因一时客气,借题发挥,或者掇拾浮言,以助资料,此则非廷恺之咎也。抑廷恺更有进者,民国初兴,首尊言论,若因该报所载不实而厚□责备,使世之人唾骂廷恺为钳制言论自由,各报因是而嗫嚅不言者,则又非呈请者之本意欤?(《浙财政司金事致都督书》,《太平洋报》1912年6月22、23、24日,第五版)

6月15日,浙江都督蒋尊簋就议会弹劾谱主案答复:当然先行调查,俟调查清楚即可查办。

六月三号,浙江省议会议事日程七种议案决后,蔡汝霖君对于茧捐暨财政司金事种种舞弊。前经本会向都督弹劾,昨据都督答云,此案当然先行调查银行对,俟调查清楚即可查办舞弊,虞金事失职处当然例办。财政司虞金事种种失职之处毫不提及,实属文不对题。议长言都督面称之话与来文不同,实在做此覆文者,有心开脱财政司失职之罪名。余名铨君言此折文,都督恐未过目,张翅君当请都督从严惩办。李平君言请都督即行查办,毋使舞弊者漏网,并请于闭会限期内定一尽法惩治。结果,李直君言当请都督定一覆期,闻都督答云,大概闭会期限内,当有一定办法。其次讨谓向礼和洋行借款问题,时已五点半钟,即摇铃散会。(《浙省议会提议两问题》,《新闻报》1912年6月6日,第二张第一版)

6月15日,辞去财政司金事职务得都督批准。

蒋都督批云:"来牍阅悉。该金事任事以来,时逾七月,苦心孤诣,备历艰辛。前因高司长赴沪,该金事以代行职务,势难久支,历次陈辞,早存去志。其时,本都督以新司长尚未接任,司署事繁,又值万分吃紧,遽易生手,滞碍进行,谕令勉留,共维大局。兹复固辞,情词坚决,应即准如所请,另行委员接替,以遂该金事之初愿。仰财政司转令知照。'"(《财政司金事虞陈请辞职批》,《浙江公报》1912年第127期)

6月18日,浙江临时省议会闭幕,都督蒋尊簋就议会弹劾谱主事作出答复,澄清谱主查无私弊。

浙省临时议会十八日上午为闭会之期,接都督答复,末段叙虞金事当代理财政司时代止,值大局岌岌可危,办事非常棘手,备尝艰难,始获有济,仅于茧商借款一事办理未能悉臻周密,良由一人精力兼顾不到,自属情有可原。现经查无私弊,应即免其处分。惟本都督失于觉察,此

则所深自引咎云云。(《虞金事查无私弊》,《新闻报》1912年6月22日,第二张第二版)

## 民政、财政两司会呈查复虞廷恺被报指斥各节均属讹传事实请毋庸议文

浙江民政、财政两司长呈:案奉钧府令开据财政司金事虞廷恺函呈,称以备《汉民日报》揭载恶迹,因于五月十六日启事两则,请关系人或被害人提起诉讼并求该报明白宣布确实证据。至今所谓明白宣布者,不过尔尔。用将报载数大端茧商借款加用一案,奉经各司核办议复,不复胪陈外,余则依次声明另折呈请派员彻查例办等情。据此查,该金事以报载各节有关名誉,是以特登启事,请关系人或被害人提起诉讼,并要求该报宣布确实证据。迄今时逾多日,依然不得要领。特将该报指斥各节分别开列清折,呈请派员彻查,即准如所请,以明虚实。除批复外行令会同,按照折开各节秉公彻查,据实呈候核办,毋稍徇隐等,因并抄黏清折到司,奉此遵经,按照黏单内虞前金事所陈,被报指斥各节吊齐卷宗,逐条查核,并以内有贿买局,差一层与余姚统捐分局长钱寿、彭有涉经本民政司饬,据该分局长切实函复前来。本司等会同复核,或则司署有案可稽,报载失实。或则报中语意含混,查究无从。惟虞金事呈请彻查之心以名誉攸关,不得不证明虚实。而在报馆逐条揭载之始,自以有闻必录,或不免误,据讹传是非既已昭然似可,毋庸置议,相应查明情形,逐款分叙,开折会呈钧府鉴核批示。此呈。

谨将遵饬查明财政司虞金事函呈被报指斥各节逐条开折呈送查核,计开:

一、报载虞前金事久兼总务科长不放一节。查虞前金事原充前财政部总务科科长,本年正月十三日始经前财政司高司长照会担任秘书,仍暂兼总务科长。未几以袁太任总务科长,不数日,袁科长辞职,总务科长即未委人。至三月初,官制实行,虞廷恺改充金事,奉都督令密保秘书科长人员,其时因无相当之员,未曾列荐,遂至虚悬,而总务科长官俸,迄亦未曾开支,有卷册及职员官奉簿可查,尚非虞金事有意久兼不放。

一、报载虞前金事对于统捐局长及茧捐委员之受贿或任用私人一节。查第一次委任各统捐局长在本年二月十四日,所有委稿均由高前司长判行。惟各茧捐委员系虞前金事代行司长职务时所委任。报纸载

称非以贿成，即以威胁，并未指出谁名，语涉含糊，无从查质，其钱君之手有某某贿卖证据一层，查所指钱君系指现充余姚统捐分局长钱寿彭而言，饬据钱寿彭函复。据称"前在财政司时与虞佥事曾起冲突，委无贿卖证据"等语，自属足信。至塘栖分局长沈鋆，由许某说合，以七百金为寿一层，卷查沈分局长委稿，亦系由高前司长判行，自非虞前事所能贿卖。

一、报载虞前佥事密派瞿、曹两库书盗窃藩库一节。查瞿、曹两库书盗窃库银一案，先由军法科处理，继复发回杭县审办。经本民政司函准杭县法院将杭县执法科及军法科原卷送司。检阅卷内瞿、曹两库书原供，并无牵涉虞前佥事之语。是虞前佥事确无密派，盗窃藩库情事，已可不辩自明。

一、报载虞前佥事用人某假冒图章骗取银洋一节。查支应科公役梅标伪造支条骗取军用票银一案，系本年二月初六日事当日发觉，次日即将梅标送杭县收审，初九日据杭县讯供呈复，又经批令严讯办理，三月二十三日复在梅标所存网篮内，收出伪造木质图章二方，函送杭县查核辨证，嗣由杭县将此案移交县法院判决在案，并无虞佥事曲为辩护及将课员开除情事。至发觉此案之王课员奎成，另因他事，甫于六月初三日辞职，与此案毫无关系。有该员辞职书可查，自系报馆传闻失实。

一、报载商定宴会一节。查五月二十八日浙江银行总理朱葆三及高前司长由沪来杭，杭行协理诸人设筵接待，招本财政司长及虞前佥事相陪，虞前佥事由电话机传语致谢，并未到行。查此举系属私人酬酢，与银行扣用一案毫无关系，即本财政司长亦无此种种不经之言。

一、报载前处州府萧文昭交案受贿一节。查萧前守交案内删除平粜洋二千元一款，查此项平粜洋元系丽水借用，并非萧前守私吞，岂能责令赔还？据该前守并未经收，自无责令缴出之理，故亦准其删除。至准销巡警费等洋七百九十元五角七厘一款，查萧前守兼理丽水县知事，并无征收平余，所有用款，既已删垫数千元，据该前守一再声请，自应准予列抵。全案具在，非可訾言。报纸所云，缴三千元在沪私放等语，实属无稽。（《浙江公报》1912年第194期）

6月前后，浙江都督蒋尊簋发布谱主主持起草并参与修订的《浙江省地丁征收法》《浙江省统捐暂行法》《暂行不动产转移法》《财政收支统一办法》等法案。

7月9日,临时参议院通过《中华民国国会组织法》《参议院议员选举法》《众议院议员选举法》。8月10日经大总统颁布实行。第一届国会选举准备工作迅即展开。

7月22日,临时大总统袁世凯颁总统令,准蒋尊簋辞浙江军政府都督职,委任朱瑞为浙江军政府都督。

8月11日,中国同盟会与统一共和党、国民公党、国民共进会、共和实进会组建合并筹备会,推宋教仁为主席。13日发布改组为国民党宣言。

8月21日,朱瑞由上海返杭州,正式就任浙江军政府都督。

8月25日,国民党成立大会在北京举行,推孙中山为理事长。孙中山旋委任宋教仁为代理理事长。

9月初,温州数发大水,与父虞介宸"大声疾呼,醵金巨万,生者赈济之,死者掩埋之。复施衣、赠药,以救贫病,因获生存者无算"。虞介宸出资在里岙底地方购山地筑百穴义冢,雇人将死者检之装殓入棺葬之。

按:温州全境5月10日至8月30日五次发大风大水,"8月30日,飞云江洪水泛滥,横尸蔽江。瑞安曹许乡入夜水满屋檐际。平阳昆阳镇和万全平原被大水淹没,晚稻淹涝3至7天。泰顺司前、莒江一带沿溪田庐淹没尤甚。此次大水灾,百年来未见。""八月大水,港乡一带人畜屋舍淹没甚众。"(民国《瑞安县志稿》卷一"大事记",《飞云江志》"大事记")

10月,因温州地区灾情严重,与李式夔、洪炳锵等致电华洋义赈会、温处义赈会、红十字会、沈仲礼、《时事新报》,请求赈济。

瑞邑连年荒歉,今又迭遭水劫,灾情奇惨,难于笔述。兹据切实调查,计人口淹死一万一千一百九十余口,房屋漂没坍坏四百七十一座,又一万三千二百六十九间半田围冲坍,及稻米淹没无取者约三十余万亩,待赈丁口九万三千零人,尚有山乡僻阻正在细查,灾巨如此,非有大宗米款,源源施赈,则人将相食,惨剧尤烈。现在官厅虽拨款急赈,惟是灾巨款微,救恤不暇,遑能善后?务请诸大善士大发慈悲,广募巨款,汇瑞放赈,俾我灾黎获延残喘,诚不啻皇天后土。瑞安李式夔、虞廷恺、洪炳锵等叩。(《温处乞赈要电汇录》,《申报》1912年10月21日,第七版)

11月,父虞介宸年届七旬之龄,民国临时副总统黎元洪题赠"璞玉浑金"

匾致贺;王家襄等也通过谱主道贺。

# 1913 年(民国二年癸丑)　三十四岁

1 月 10 日,当选国会众议院议员。浙江第四区众议院复选开票,同时当选者有殷汝骊、黄群、赵舒、徐象先、林玉麒、陈黻宸、杜师业与候补当选人傅师说。(《浙江国会覆选揭晓》,《申报》1913 年 1 月 18 日,第六版)

按:同年当选国会议员的张云雷有《第一次国会时浙江的选举》,对选举过程有详尽回忆,全文照录如下。

浙江省民政厅依中央命令,办理浙江省议会选举和国会参议院众议院议员的选举。先分区选举,全省分这样几个区:杭嘉湖一区、绍宁台一区、温处一区、金衢严一区。各区置选举监督一人,并派禁烟苗及贩卖鸦片监督一人。禁烟监督的工作仅三四个月就结束。

选举之前,各党各派纷纷积极准备。我是光复会的人,光复后,光复会的名字也就不成立了,改称国民公会。黄群(溯初)原来没有党派,这时也参加了国民公会。国民公会中办事最热心的是孙江东(原名孙藕耕,因参加革命,避祸南洋,改名孙江东)。因为陈其美指使蒋介石杀害我们光复会的领袖陶成章,所以我们国民公会的人对陈其美恨之入骨。而陈其美又是国民党的红人,因此国民公会和国民党总是讲不来。有个叫项骧的瑞安人,从美国留学回来,参加了以湖北为中心的民社。这时民社派他到浙江来扩大队伍。他见国民公会声势颇大,就建议国民公会和民社合并。国民公会和民社合并后,称为共和党,推民社的首领黎元洪为总裁。当时浙江的选举,主要是共和党和国民党的竞选。

温处一区选举的事,黄群对我说:"最好叫蒋叔南出来当选举监督,蒋叔南是自己人,好说话。"于是,我拍了一个电报给民政厅厅长屈文六。屈文六回电说:"温处选举监督已定为金华人蔡雨香,蒋叔南另派绍兴禁烟监督。"后来蔡雨香办这件事也比较公正。

分区选举省议会议员,初选是二十倍,再从二十倍中选出一人为省议会议员。选上的大都是地方老绅士。浙江省议会选举时,选出沈钧儒为教育厅厅长,高志白为财政厅厅长,朱劻丞为司法厅厅长。后来又设立实业厅,都督朱瑞推荐孙淑人为厅长。

浙江本省选举结束后,选举第一次国会参议院和众议院的议员。众议员的名额是根据各省人数的比例来分配的,浙江省四十名左右。当时选出的人,我现在尚记住的有:褚慧僧、朱劫丞、陈叔通、黄群、张申之、殷铸夫、杭心斋、徐慕初、赵舒、虞博卿等人。参议院议员的名额,每省限定十人,并且规定省议会内议员不得超过五人,在省议会之外再选出五人。当时国民党提出而被选的有王正廷、郑吉甫、陈其美、许达夫、金仲荪。北京开会陈其美不敢去,一怕袁世凯手段毒辣,二怕共和党报仇。共和党提出而当选的有王家襄、陆宗舆和我。王家襄为运动当议员,化[花]了不少力气。陆宗舆原是袁世凯政府里徐世昌的人,袁世凯政府拍了电报又派来人,请陈叔通先生帮忙而当选的。其余两个人的姓名,我一时想不起来。国会的议员选出后,浙江省的选举也就告结束。(张云雷口述,陈朱鹤整理:《第一次国会时浙江的选举》,《乐清文史资料》第9辑,1991年)

2月4日,参众两院复选揭晓,国民党获392席,为议会第一大党;共和、统一、民主三党仅得223席。

2月11日,孙中山赴日本考察铁路与工商业,积极争取日本各界对中国铁路事业的支持。在东京、神户国民党欢迎会上,他一再强调政党的重要作用,主张在中国实行"政党内阁制度"。

3月20日,国民党代理理事长宋教仁在上海火车站遇刺,22日凌晨抢救无效去世。

4月6日,出席共和党参众两院议员讨论会,当选交际干事。

共和党参众两院议员组织议员讨论会。连日在本部商订简章若干,既于前日开成立会,举定时功玖君为正会长,丁世峄君为副会长。是日,因为时已晚,所有各部干事不及选举,因于日昨午后,仍在本部开会,选举内部干事六人:王家襄、郑万瞻、籍忠寅、王振垚、杨廷栋、黄云鹏。交际干事二十人:侯延爽、李兆年、王兆鳌、胡源汇、汪彭年、陈太龙、牟琳、李槃、虞廷恺、陆大坊、刘景烈、祁连元、胡鄂公、李家桢、张伯烈、刘星楠、周择、阿穆尔灵圭、谷芝瑞、蒋宗周。(《共和党议员讨论会选举干事》,《亚细亚日报》1913年4月8日,第三版)

4月8日,中华民国第一届国会开幕典礼在北京众议院议场举行。最年长议员杨琼作为会议临时主席主持典礼,筹备参议院事务处委员长林长民宣读开幕词,各议员、国务员、政府特派员向国旗行三鞠躬礼,礼毕合影。临时参议院解散。

4月12日,参议院、众议院第一次联合预备会召开。

4月14日,民主党议员召开茶话会,决定共和、统一、民主三党联合。

4月15日,参议院、众议院举行第二次联合预备会。临时主席仍以年长者杨琼充之,临时书记仍四党各一人:李肇甫、林长民、张国溶、林万里。按四党代表会前协商结果,临时主席指定林长民等九人为《议长互选规则草案》起草员;表决通过两院各自开会、各自表决,确定16日各自召集会议表决议长互选规则。

4月16—17日,众议院召开预备会,国民党、共和、统一、民主四党大起冲突而散。

4月24日,众议院举行第一次正式会。会议表决:暂适用临时参议院议事细则、旁听规则,但须更改应更改之处;25日下午选举议长副议长;用抽签法假定议员席次。

4月25—30日,众议院开会,选举议长、副议长,党派之间纠葛不断,最终汤化龙以279票当选议长。

4月26日,袁世凯不顾各方反对,未经国会讨论通过,完全接受银行团所提苛刻条件,与五国银行团订立二千五百万英镑的"善后大借款"。

4月29日,参议院常会正式否决大借款咨文。

5月1日,众议院举行常会。赵藩为临时主席,会议推选陈国祥为副议长。

5月3日,众议院举行常会。议长汤化龙主席,商议政府咨借款合同。

5月5日,众议院举行常会。议长汤化龙主席,代总理段祺瑞就借款案作答复。表决本院不承认借款查照备案,咨还政府。

5月7日,众议院举行常会。会议主席、副议长陈国祥据《议事细则》拒绝国民党议员将前日表决案及借款合同即刻咨送政府的无理要求,遭到谷钟秀咒骂与抛物袭击。

5月10日,众议院举行第四次常会。王乃昌动议将抛击议长的陈策、吕复即付惩戒。会议表决以汪荣宝等14人为《院内规则》起草员。(《众议院纪事》,《宪法新闻》1913年第6期)

5月11日,进步党在磨盘院共和党俱乐部召开预备会,确定党纲与宣言书。

　　凡三党议员职员均到会,共计有千余人。二时后,开会公推梁启超为临时主席,报告开会宗旨,由主席推举丁世峰报告三党经过情形,丁君登台报告三党合并筹备事宜,丁君报告之后,即由主席咨询党章是否应逐条讨论,谓众应由主席指定一人朗读党章全文,如无疑义,即为通过。随由丁世峰及孙洪伊前后朗读党章,其中虽有争论,大致无甚关系,惟将理事七人改为十人以内,其余各条亦稍有修正之处,章程通过后,因时间已晚,所有应行决议之事,尚拟续开预备会一次,再行公决。兹将草定党章录后,其余详细情形明日续行宣布。(《进步党预备会之大略》,《申报》1913年5月17日,第二版)

　　共和民主统一三党商议合并改组为进步党,早经决定并各举筹备员筹备一切,现已组织就绪,所有进步党党纲并宣言书,具录如左:
　　甲、党纲
　　一、取国家主义,建设强善政府;
　　二、尊人民公意,拥护法赋自由;
　　三、应世界大势,增进平和实利。
　　乙、宣言书
　　今之中国,其存亡盖间不容发哉,政党之力,遂足以使之去亡而之存耶?内外人士多窃窃焉疑之。虽然,在共和国体、立宪政体之下,而言政治,舍政党,则岂更有他道焉,可以善其后者,使政体而终无可属望,则非袖手待亡焉不可也。夫一部分人士所以致疑于政党之作用者,则亦有故。凡政党政治发达之国,必其政党能集国中各种势力而代表之,政党以外,更无复有政治上之特别势力者存,故国命常托于政党,而政象之良窳,惟政党独专其功罪。今国中明有两种特别势力,其一则官僚,专尚隐秘,其势力凭借深远而不可拔;其二则人民,公行乱暴,其势力勃兴广被,而莫敢抗,以新造之政党虱乎其间,徒供利用,安足重轻,斯固然矣。虽然,曾亦思特别势力之所以能存在,所以常滥用其势力于轨道以外,其故皆坐无健全之政党,以为国家中坚,使政党果能自纳于轨道,而以轨道率天下,则外乎此者,其复安得以自恣,然则政党之不足重,毋亦由政党之不自重实召之已。是故特别势力存在之一事实,不足援以蔑政党,而正当援以勖政党也。又政党政治以两大党对峙为原则,必有一党焉能以独力制多数于国会,然后起而执政,失多数,则引退以避贤路，而自立于监督之地位。两党嬗代，以多数民意之向背为进退，则民视、民听之实克举，而政象日即于良。若小党林立，无论何党，皆不能以独力制多数，则必缘感情以生离合，运权术以行操纵，或迁就提携，而政策不成系统；或要挟结合，而政局易起动摇，以法、奥诸国立宪如彼其久，今犹病此。我国云胡能免此，亦谈政党者所宜兢惕也。虽然，我国现在情势非有种族之睽孤，非有地方之阋轹，非有宗教之争执，非有阶级之忌猜，凡他国召致小党分裂之恶因，我皆无之，则亦惟政治上渐进、急进、集治、分治等问题，可以为政党之徽帜以相号召已耳，故欲使我国政党成两党对峙之象，虽非甚易，亦非甚难，是在治党事者，共勉之而已矣。

又政党为国家而立，故以国家之生存发达为目的，而政党不过达此目的之一种手段，若误手段以为目的，驯至先党利而后国福，则政党反以蠹国，有之不如其无之之为愈，不宁惟是，政党之结合，全恃国家之公目的以为中枢，苟此中枢不存，则结合之具以失。究其弊之所极，将只见有个人，不见有党，政党之名虽立，政党之实全亡。我国各党新造伊始，瑕瑜互见，诚所难免，悯世之士愀然忧之，亦固其所。虽然，又安可以因噎废食者，惟当思所以提□党员之自觉心，使之循政党正鹄以行，但使徽帜既问中树，则人莫能以利，而向上之心自生。一党如是，则非此亦不能以永有，观而善为效，固可期矣。由此言之，政党之关系如此其巨，而改而进之于善，又非无道也。今国会既开，百度更始，人民望治慕切，然内之则国体虽号称统一，而地方各自为政，统治权殆呈分裂之象；政制虽号称革新，而固有之行政系统破坏殆尽，新建者无代兴之实力，官僚积弊甚于晚清，民权虽号称发展，然国之人民稍自爱者大率不欲与闻国事，惟群言庞杂，甚嚣尘上，日争意气，而国家百年大计动置不问，起视境外，则受国竞大势之簸荡，政治上生计上在在皆蒙莫大之压力，稍不自振，则国权一丧，万劫不复。盖自中华建国五千年以来，危急存亡，千钧一发未有甚于今时者也。我共和、民主、统一三党于一年来先后成立，其所怀抱之政见小异什一，而大同什九也。其策国家根本大计，与夫最近救时之略，往往不相谋，而悉相协。徒以机缘未会，分途发达，各集所知，联为声气，亦既支分部遍国中，同志作桴鼓应者，逾千数百万而贤智特达之乐观时变，超然于诸党外，以待翔集者不知凡几，其所策治国之方，又与吾三党之党义、党纲皆若合符契也。亦有缘历史之关系,列名他党历有年所,然察时势之迁移,图政见之良适,亦以此三党者为可与适道而不相遐弃也。于是群策胥谋,同舟共济,咸确信我国非有强善之政党,不能造强善之政府,而欲得强善之政党,莫如合不党之俊杰与夫现存诸党之志同道合者一炉而改造之。夫庶几可以一新壁垒,而作天下之气,树政党之真模楷,而纳政治于轨物也。夫处今兹物竞至剧之世,不进则退,凡百皆然,而政治又其枢也。然进之为用,盈科而前,则放乎四海,躐等飞越,则退速为病。吾党外鉴大势,内审国情,惩往昔瑕秽之丛,不能不厉日新之志,以摧陷廓清空积弊,防方来横流之祸,不能不守践实之义,以稳健孟晋树远图,将以使吾国政象缉熙光明,跬步千里,此进步之名所由立也,爱国君子,其有乐于斯,岂惟吾党之幸,国家实将赖之。(《进步党之宣言书》,《申报》1913 年 5 月 16 日,第三版)

5 月 15 日,众议院召开常会讨论如何应对湖南自由借款,江西自由称兵造反以及向六国大借款事宜。国民党议员群起质难,场中秩序复乱,议长不能禁止,遂散会。(《众议院议事录》,《宪法新闻》1913 年第 7 期)

5 月 17 日,众议院召开常会,因参议员谢持被军警抓捕,议决电请段祺瑞出席答辩;讨论大借款问题,因国民党议员李肇甫等纷纷起立发言,议长力止不听,秩序大乱,遂宣告散会。(《众议院议事录》,《宪法新闻》1913 年第 7 期)

5 月 19 日,众议院召开常会,国务总理段祺瑞就参议员谢持被捕答辩称,谢为暗杀党机关主要人,确有证据。乃派宪兵拿捕,搜出与他机关往来函送件,并炸弹等物,确系谋"二次革命"之暗杀犯。但因参议院议长函请释放,后被放出。(《众议院议事录》,《宪法新闻》1913 年第 7 期)

5 月 23 日,众议院召开会议,议大借款问题,议长提议将大借款咨文报告表决,遭王敬芳反对:行政机关是否违法姑且勿论,本院为立法机关第一不可违法。《议事细则》规定,凡一议案必经三读会方能成立,今此案未经二读会,遽将前次表决作为此案成立,则是本院违法。丁廷骞责国民党党员反复,前曾声明只反对政府借款手续,今竟彰明反对借款,太失信用。江西国民党议员卢元弼遂向丁议员挥两拳踢三脚,一时秩序大乱,多数议员主张卢系现行犯,应请议长交警察。国民党议员为之辩护,议长不能维持,遂宣告散会。(《众议院议事录》,《宪法新闻》1913 年第 8 期)

△　联署邵瑞彭、杭辛斋提出的《质问军政执法处滥杀人民书》。书云:

迩来京师常有枪毙杀人之事,或曰是军政执法处之诛罪人也。议员等以为民国法律具在,不应有此,颇滋疑惑。谨依据《临时约法》第十九条第九项及《国会组织法》第十四条提出质问书于国务员,并要求答复。

一、《临时约法》第六条,"人民之身体非依法律不得逮捕、拘禁、审问、处罚"。敢问军政执法处之杀人,是否处罚人民之身体。如系处罚人民之身体,则所依何种法律?

二、《新刑律》第三十八条,"死刑用绞,于狱内执行之"。敢问军政执法处之杀人,绞乎? 斩乎? 枪毙乎?

三、《新刑律》第四十条,"凡死刑非经司法部呈复回报,不得执行"。敢问曾否经此手续?

四、《新刑律》第一条,"本律于犯罪在颁行以后者,适用之"。又第二条,"本律于民国内犯罪,不论何人,适用之"。敢问民国二年五月《新刑律》曾否颁行,京师畿内是否在民国之外?

五、《临时约法》第四十九条,"法院依法律审判民事诉讼及刑事诉讼"。敢问不有刑事诉讼,何有死刑? 不经法院,孰能审判? 则军政执法处是否即法院也?

六、军政执法处之性质,是否即各国之海陆军裁判所? 如具此性质,敢问受刑之人是否俘虏,或系军人、军属? 且问大总统于何时依何法曾颁布法令宣告戒严?

以上六款均请依据法律逐一答复。幸甚,幸甚。

民国二年五月二十三日

提出者:邵瑞彭、杭辛斋

连署者:刘治洲、朱家训、马如飞、曾干桢、赵舒、褚辅成、王烈、田稔、蒋著卿、刘峰一、杨时杰、林玉麒、王恒、王定国、吴寿田、林文英、骆继汉、马小进、高旭、虞廷恺

按:6月25日,国务院转达陆军部答复称:

贵院咨送邵议员瑞彭等质问书一件,当经缄送陆军部答复。兹据复称,"一、军政执法处原有兼辖宪兵之职权。又其对于犯罪之人逮捕,系由宪兵为之。但既逮捕后,即属常人犯,须送付于普通检察厅者,亦应备文详叙案由。故不能不为一时之拘禁,以审问其犯罪之大概。至于处罚,则除军人犯及常人之为军事犯外,该执法处当然无此权限。

二、《暂行新刑律》死刑用绞,系指普通犯罪。而言至陆军执法机关,系用枪毙办法。查各国陆海各刑法处死刑者,多用枪毙。自光复以后,南京政府最先采用。三、死刑非经司法部呈复不得执行。此特指普通之犯罪,而言若军人犯及常人之犯军事罪者,自应按照《现行陆军审判章程》办理。应由陆军部呈大总统批准后,方能执行。四、《暂行新刑律》系适用于普通人民之犯罪。至军事司法之审判,现亦采用之者,缘《陆军刑法》尚未经由国会议决颁布,故暂行适用。此乃不得已不之办法,不能以《暂行新刑律》第二条之规定而即指为一律适用也。五、军政执法处为陆军司法机关,对于军事犯之公诉,由陆军检查官提起之,而宪兵营之官长,按照《现行陆军审判章程》,即带有陆军检查之责任者也。六、军政执法处即各国之陆海军裁判所,其受刑之人当然以俘虏、军人、军属为限。但常人之犯军事罪及与军人共犯之常人,照《现行陆军审判章程》亦有审问之权。缘一则以关系军事,自难付诸普通司法。一则以一案不能分割故也。总之,法律各项草案(如普通刑法及民、刑、诉讼法,陆军刑法,陆军治罪法等)未经国会议决颁布以前,所有审判权限以及执行逮捕搜各手续,非具有法律知识而又洞悉军事者不能明了,且普通司法审检各别,而军事司法则审检合而为一。此军政执法处之职权与普通司法迥异之原因也。惟军政执法处系在民国元年北京戒严时设立,其组织恐有未尽恰当之处。一俟将来正式政府成立,各项法制完备后,此项机关自可另行改组也。"等因。相应咨复贵院查照可也。

此咨众议院。

《众议院议决案汇编·质问书》,《北洋时期国会会议记录汇编》第9册)

5月26日,众议院召开会议。刘崇祐主张将《临时参议院院法》第十四章、第十五章惩罚委员会细则表决通过适用,得多数通过成立。讨论惩罚委员会是否亦由议长指任时,因国民党议员相率逃席而去,法定人数遂不足,议长宣告散会。(《众议院议事录》,《宪法新闻》1913年第8期)

△ 联署郭同提出的《质问孙黄组织二次革命,粤赣湘皖四督谋叛,王芝祥、谭人凤、唐绍仪假调停之说,电蛊国人,王并擅离职守偕谭入都肆为运动书》。书云:

共和国家所恃以立国者在法律。凡为国民均有服从法律之义务,其有畔乎? 此或破坏乎? 此者则国家之毛贼。在总揽政权者,有统一国权维持治安之责,所宜据法以惩究之者也。乃者,各报所载孙文、黄兴等在南中鼓吹第二次革命,电传口说,直言不讳,密派党徒谋勾军将。人证具在,逆迹昭彰,他如宋案,本司法范围内事审判未决,谁敢任意指诬。彼则通电断言,系政府所为是破坏司法之独立。关于宋案交涉及搜检证据,除司法官外,程都督、应民政长在职务上有呈报政府之责,而非他人所能代谋。彼则豫拟电稿,强令拍发,是干豫行政之职权。大借款案认否权在国会,除国民代表外,凡人对此只有陈述意见请愿国会之权。彼则长电数十,遍布国中,辄言誓不承认。甚乃私电各国之政府财团,乞外援以干预国政,是妨害立法机关之职务。其他种种谋逆事迹,报纸所传虽不可尽信,而按之事实皆出有因。此孙文、黄兴等之罪状也。粤、赣、湘、皖四都督谋叛传闻虽各异辞,考其近事,皆增兵数倍,广购枪弹。江西则陈师九江,逼近鄂境,湖南亦已出发,下窥荆、襄,安徽、广东亦星夜备战,不遗余力,其他对政府之命令则百端拒抗,对本省之政务则行动自由,似联邦之分土,等割据之称雄。此粤、赣、湘、皖等都督之罪状也。叛徒阴谋方日进而未已,而其同党王芝祥、谭人凤、唐绍仪等又假调停之说,电盅国人之听,近闻王、谭入都肆为运动,唐等亦将即来。夫政府果违法,则监督在国会;乱党果违法,则惩办在政府。盖国家大事以法律为解决。非感情私利所能解决,各报所载王芝祥等要求组织该本党政党内阁,及不更调粤、赣、湘、皖四都督等词是否属实,姑勿具论。唯孙黄及该四都督等既为叛国元凶,王芝祥等又为该叛同党,此等调停之来,是否为该叛掩饰罪状,或借以亲近政府,助长乱谋?抑系假调停之名,行个人之运动? 此等暗昧行纵在法均所不赦。且王芝祥前曾奉命署理九江镇守使,视事未久,潜往上海,迹亦可疑,近复入都,置重职于不顾,擅离官守,法所应究,此王芝祥等之罪状也。此等大逆不道破坏国家之罪人,政府自应按律惩究,以肃法纪,定国基,乃政府任其横行,坐视不究,岂政府之力不足以惩乱耶? 抑将以沽誉耶? 古者律有议功议贵,据条岂今之所号为共和元勋、革命巨子者,皆可循例邀此宽典耶? 不然何以一称伟人,便可口含天宪也? 议员等怀疑莫决,因据《约法》第十九条第九项,具书质问,希即迅复。

民国二年五月二十六日

提出者:郭同

56

连署者:曾有澜、陈光勋、王敬芳、张玉庚、王乃昌、郑万瞻、杨荣春、梁善济、萧晋荣、许植材、刘泽龙、梅光远、胡汝霖、葛庄、李国珍、丁廷骞、范熙壬、覃寿恭、王枢、梁文渊、陈国祥、王廷弼、张善与、陈邦燮、陈义、蒋凤梧、董增儒、孙光圻、余绍琴、毕维垣、侯延爽、廖希贤、虞廷恺、孟昭汉、王荫棠、康士铎、刘景烈、李庆芳、郭桂芳、任曜墀

按:国务院于 6 月 18 日答复称:

贵院咨送郭议员同等提出关于孙文、黄兴鼓吹二次革命,粤赣湘皖四都督谋叛及王芝祥等假调停之说蛊人听闻质问书一件,当分缄内务、陆军两部迅速答复。兹准内务部复称,查孙黄身经革命,备历艰难,其于共和法律谅知尊重,乃报纸喧传竟有"二次革命"之说,如果事迹确凿,政府自当办理等因。又据陆军部复称,查赣督李烈钧以不孚众望,业经奉令免官,陈廷训任命为江西要塞总司令,则王芝祥所署九江镇守使一职自应取消。至所称湖南出发,下窥荆襄,安徽、广东星夜备战,未查有实据,自不能以报纸传闻定为谋段罪状也。应请备文答复等因,相应咨复贵院查照可也。

（《众议院议决案汇编·质问书》,《北洋时期国会会议记录汇编》第 9 册）

5 月 28 日,众议院召开会议,议长汤化龙主席,继续讨论《参议院法》第二十六条。

5 月 29 日,参加共和党、民主党、统一党在京党员大会。大会宣布三党合并成立进步党,推选副总统黎元洪为理事长、梁启超等为理事。虞廷恺被推为庶务科副主任,陈黻宸等被推选为参议。

进步党成立业由大会选定理事长及理事九人,已见前报。照党章理事外,应设名誉理事及参议。现由党中公同推定名誉理事十余人,参议百余人。俟得理事认可后,即可发表。至执行党务之干事则分政务、党务二大部,其干事人员业由理事指定。姓名录下:政务部正长林长民,副时功玖、王荫棠;法制正主任汪荣宝,副汪有龄、饶孟任;财政正主任吴鼎昌,副解树强、褚翔;外交正主任林志钧,副赵管侯、克希克图;军政正主任罗纶,副王传炳、管云臣;教育正主任耿臻显,副陈廷策、萧湘;实业正主任张善与,副李素、王湘;地方自治正主任汪彭年,副于元芳、董昆瀛;庶政正主任张嘉璈,副胡源汇、戴声教;党务部正长丁世峄,副孙洪尹、胡汝麟;文牍正主任王家襄,副凌文渊、祁桂芬;会计正主任金

57

适,副胡瑞霖、张开屏;交际正主任黄为基,副李文熙、李俊;地方正主任梁善济,副郑万瞻、孙熙泽;庶务正主任张协灿,副虞廷恺、于邦华。《进步党干事之指定》,《申报》1913 年 6 月 5 日,第三版)

5 月 30 日,众议院召开秘密会。代总理段祺瑞、外交总长陆徵祥参加。会议中俄库伦协约后交涉问题。结果两党议员皆以此问题关系重要,请议长指定 11 名审查员审查。(《众议院议事录》,《宪法新闻》1913 年第 9 期)

6 月 2 日,众议院召开会议,议长汤化龙主席,孙钟出席报告院法迟缓之原因,声明星期六可提出本议题。继续讨论选举惩罚委员,表决数次未能就人数、限制之范围得出一致结果。(《众议院议事录》,《宪法新闻》1913 年第 9 期)

6 月 6 日,众议院召开秘密会,讨论中俄条约事件。

6 月 7 日,浙江都督朱瑞与云南都督蔡锷、四川都督胡景伊联名通电,劝各方息争,"宋案"待法律解决,朱瑞撰写《劝告各都督息争议涡猜疑文》。

6 月 9 日,袁世凯宣布罢免李烈钧江西都督一职。

6 月 9 日,联署汪彭年提出《质问司法总长违背约法呈请特赦焦桐琴书》。书云:

> 六月五号《政府公报》刊登载六月四号大总统命令,司法总长许世英呈称焦桐琴等前在甘省犯罪,经判定四等有期徒刑。惟查系随同起义,有功民国,请予宣告特赦焦桐琴,樊政、胡登云、郭成堉、王法一体免其执行等语。本员阅此命令,殊多怀疑,窃以法律平等为共和之要素,民国《约法》第五条规定:"人民一律平等,无种族、阶级、宗教之区别。"《刑律》第二条又规定:"凡在中华民国内犯罪者,不问何人,适用之。"欲求法治之功,首在保法律之威信,司法总长为焦桐琴等呈请特赦,竟以"随同起义,有功民国"据为理由。今姑不论焦等果有功与否,即使有功,而承认功可抵罪,则凡前此从事革命者不下数十万人,随同之众殆数百万。自彼一面视之,皆系有功民国。若其犯罪皆可逃刑,是国家法律将为此辈所屈,彼之行为概可溢出法律范围之外,将视先例为默许矣。现行刑法仅可施诸平民无功之人,而不能加诸号称有功者矣。所谓元勋伟人以及一般奔走光复翊赞共和者,势当隐然别成一种贵族阶级,不但民国之新刑律将为之废弃一部分,即《约法》之第五条亦因之失其效力,贻祸国家,莫此为甚。去年司法总长呈请特赦王金发一案,所据者系"有功民国"之理由,外间已多浮议,谓司法总长有受人运动之

事。今又援用此例,是以有功民国者必须赦免已成为习惯法,破坏司法独立,并违背《约法》人民一律平等之旨,实属违法举动。谨依据《临时约法》第十九条第九项及《国会组织法》十四条第二项,并据本院议决案得十人以上之连署提出质问书,要求政府于限期内明白答复为盼。

民国二年六月九日

提出者:汪彭年

连署者:李国珍、葛庄、邱国翰、梅光远、虞廷恺、曾有澜、汪咮鸾、王敬芳、康士铎、汪荣宝、张大昕、王振垚、黄裳吉、陶镕、刘景烈、许植材、林万里、王廷弼、毕维垣、宁继恭、符诗镕、王乃昌

按:国务院于 6 月 25 日答复称:

为咨复事。奉大总统交下。贵院咨送汪议员彭年等质问书一件,当经缄交司法部查照答复。兹准复称,查《临时约法》第四十条,定临时大总统得宣告大赦特赦减刑复权,而于宣告特赦并未定应具何种条件,应受何种制限。且甲案与乙案适然相似,既非《临时约法》第四十条所禁,自属不成问题。原质问以司法总长呈请特赦焦桐琴等一案与前此呈请特赦王金发一案,同以有功民国为理由,遂谓有功民国犯罪皆可逃刑,是国法将为此辈所屈行为溢出法律范围之外,将视先例为默许。又谓有功民国者必须赦免已成惯习法云云。岂彼时此时不许有同一之事实,彼案不容有同一之理由,事实同理由同恐其成为先例,成为惯习法,而必责以放弃《临时约法》上应有之特赦权,想无此理。至《临时约法》第五条定"人民一律平等、无种族、阶级、宗教之区别",又《刑律》第二条定"凡在中华民国内犯罪者,不问何人,适用之"。正与《临时约法》第四十条临时大总统得宣告特赦之规定不相抵触,并可互相发明。惟其"一律平等,无种族、阶级、宗教之区别",故凡在中华民国内犯罪者不问何人,适用《刑律》(但有第八条限制),亦惟其"一律平等,无种族、阶级、宗教之区别"。故凡在中华民国内犯罪者不问何人,适用《刑律》之外,临时大总统得宣告特赦。何至以赦一二人之故,而使一般所谓元勋伟人隐然别成一贵族阶级,使《刑律》一部分为之废弃。《约法》第五条因之失其效力,甚且贻祸国家,如原质问书所云,使果有此弊,何以《约法》规定特赦绝不附以条件加以限制,藉曰立法未善,亦属修正法律问题。在修正以前对于行使《约法》上特赦权者,谓为破坏司法独立,违背《约法》

一律平等之旨。如原质问书所云,恐不免厚诬《约法》。至原质问书称,去年司法总长呈请特赦王金发一案,所据者系有功民国之理由,外间已多浮议,谓司法总长有受人运动之事等语。据司法总长函称,前准国务院交奉大总统发下,浙江绍兴公民谢震及钮永建等呈请,并徐锡麒电请将王逸即王金发特赦。司法部曾于呈文内声明,查王逸殴伤汪彭年一案,高等审判厅判王逸仍处徒刑八月,罚金十元,情罪甚属允当,实无可原之理由得以赦免。如以为谢震等所呈,王逸有功民国,应邀宽典,则特赦系大总统特权,应如何办理,冀鉴核施行。嗣奉大总统令"本大总统依《临时约法》第四十条特赦王逸,免其执行"等因,先后登载上年十一月二十四日、三十日《政府公报》公布在案。试将原呈及大总统令参观互照,可恍然于特赦王逸决非由于司法总长之受人运动。世英自长司法以来,于用人行政及办理司法事宜从无受人运动之事,如议员王逸特赦一案及其他事件能指出司法总长有丝毫受人运动确实证据者,尽可向法庭告发,托为"浮议"、形诸"质问"未免自诬诬人等因,相应咨复贵院查照可也。

此咨众议院。

（《众议院议决案汇编·质问书》、《北洋时期国会会议记录汇编》第9册）

6月11日,众议院召开秘密会,继续讨论中俄条约事件,"开议未及半,石瑛登台发言达至十次以上,占去时间大半,议长无法维持,遂无结果而散"。（《众议院议事录》、《宪法新闻》1913年第10期）

6月15日,进步党在磨盘营俱乐部成立大会。到会者约三千人,由招待员30人在场招待。公推孙武为临时主席,筹备员丁世峄报告筹备之情形,刘崇祐报告宣言书,并朗读党章;陈国祥宣布理事长、理事名单;孙武传达理事长对党建的意见;梁启超、汤化龙、王印川发表演说。

十五日进步党在磨盘营俱乐部开特别会,公推梁任公主席。首由任公演说,略谓现今时局所亟应研究者为总统、宪法二问题,鄙见对于总统问题,主张仍推袁,惟现内阁则大半请假,几等虚设,非改组不可。对于宪法问题,则主张先定宪法,后举总统。外又议及宋案及大借款二问题,谓宋案纯为法律问题,谓国民党借口攻击,殊属非是,为今之计,宜速与德人交涉,引渡洪犯,自不难解决也。至于大借款之应借不应借,政府之违法不违法,均不成问题,目今对于借款之最要关键则为监督用途。鄙意则主张以此二千五百万镑存放代理国库之中国银行,作为准备金,但于此有一先决问题,则须用何种方法整顿此中国银行是也云云。演毕后,有某君登坛发言,谓顷梁理事所言,鄙人极为钦佩。惟此系梁理事个人主张,不能代表党见。今吾人曷不即以梁理事所主张者付表决,如得多数赞成,即作为本党主张,诸君以为何如? 坛下诸党员均以为然。于是遂推汤化龙代理主席。(因梁理事不能将自己意见付表决故)结果得多数通过。虽对于改组内阁问题略有讨论,然仍得多数赞成云。(《进步党大会纪》,《申报》1913 年 6 月 19 日,第三版)

按:据四川省档案馆藏《进步党成立概略书》(档案号 53/2),进步党本部职员名单如下:

理事长:黎元洪　理事:梁启超、张謇、伍廷芳、那彦图、孙武、汤化龙、王赓、蒲殿俊、王印川

政务部正长:林长民,副长:时功玖、王荫棠;法制科主任:汪荣宝,副主任:汪有龄、饶孟任;财政科主任:吴鼎昌,副主任:解树强、诸翔;外交科主任:林志钧,副主任:赵管侯、克希克图;军政科主任:罗纶,副主任:王傅炯、管云臣;教育科主任:耿臻显,副主任:陈廷策、萧湘;实业科主任:张善与,副主任:李素、王湘;地方自治科主任:汪彭年(未就职,加入新共和党),副主任:于元芳、董昆瀛;庶政科主任:张嘉璈,副主任:胡源汇、郭声教;党务部正长:丁世峄,副长:孙洪伊、胡汝麟;文牍科主任:王家襄,副主任:凌文渊、郭桂芬;会计科主任:金还,副主任:胡瑞霖、张开屏;交际科主任:黄为基,副主任:李文熙、李俊;地方科主任:梁善济,副主任:郑万瞻(未就职、组新共和党)、孙熙泽;庶务科主任:张协灿,副主任:虞廷恺、于邦华。

参议(共 255 人):丁赛、方贞、戈克安、为坊、王粮品、王赐泉、王玉琦、王丕煦、王同愈、王盛春、王廷弼、王皓坤、王泽邹、王璟芳、王明文、王振光、王玉树、王国琛、王敬芳、王汝圻、王善荃、王洪身、王燮、史久亨、史介民、白常洁、白坚武、阮毓松、阮忠枢、田骏丰、田应璜、贝久欣、朱清华、朱文劭、朱家馨、吉祥、延荣、江绍杰、向瑞琨、任可澄、邢端、辜宝慈、汪怡安、汪凤瀛、何震彝、何雯、邵从恩、余绍宋、余长骧、吴彝年、吴建常、吴钫、谷芝瑞、宋仰鲁、李景禾、李建德、李思慎、李致桢、李榘、李庆芳、李盘、李燮和、李文治、李鸿祥、李钟本、李景泉、李盛铎、李梦

鳞、李子干、李保邦、卓王、帕王、孟春、孟恩远、孟昭汉、屈映光、周振成、周肇祥、周大烈、金抡、金镕、易光弼、易顺鼎、林万里、林辂成、范云梯、马安良、马玉亭、侯效儒、南桂馨、胡宗瀛、胡源汇、胡寄闻、哈汉章、段永彬、乌里棍布、姚煜、姚桐豫、袁金锤、袁荣叟、袁思亮、袁习圣、桂丹墀、徐曦、徐佛苏、陆大坊、陆祐、陆乃翔、孙宝琦、孙发绪、孙百斛、耿春宴、梁善济、梁文渊、陶镕、郭同、郭先照、郭文鑫、乌泮春、时象晋、秦步衢、秦望澜、唐恩溥、唐理淮、夏维泉、夏清贻、夏寿田、班廷献、连承基、陈时夏、陈懋鼎、陈太龙、陈荣昌、陈介、陈敬弟、陈赓虞、陈非、陈蓉光、陈琪、陈登山、陈黻宸、陈蔚、项骧、陈铭鉴、蓂德惠、康士铎、康逸如、高巨瑗、高登鲤、高松如、贺良扑、换先远、崔廷献、曹汝霖、曹捆、曹锐、曹振懋、喇世俊、汤叡、许植材、许学源、张弧、张鸣岐、张作霖、张行志、张嘉森、张大咋、张伯烈(未就职)、张协陆、张振勋、张锦芳、张石生、张国溶、张益谦、张鹤弟、张书元、张澜、张国淦、张鸿南、张嘉谋、张名振、张坤、凌文渊、黄云鹏(未就职)、黄大暹、黄仲诚、黄义、黄群、黄佩兰、望云亭、塔王、夏仲阿旺益喜、舒礼鉴、舒鸿仪、胡骏、邓毓怡、邓玉麟、邓孝可、邓汇源、傅炳熊、贾济川、童挹芳、曾有翼、齐忠甲、杨廷栋、杨荣春、杨士琦、杨寿枬、杨兆麟、杨奎儒、杨绍中、叶景葵、叶蕙伯、雷奋、董崇仁、董其成、荣勋、魁斌、廖宇春、熊范舆、庆锡侯、蒋方震、蒋尊簋、蒋耀奎、刘崇祐、刘兴甲、刘成禺、刘泽龙、钱芥尘、韩国钧、韩汝庚、韩德铭、萧晋荣、谢石钦、谢书林、谢远涵、戴戡、薛大可、罗惇融、罗鼬、谭家临、蓝天蔚、顾鳌、阎仲璧、籍忠寅、严修、严天骏、窦以珏、党积龄、阚毓泽、兰向青、权量、龚焕辰、龚积柄。(转引自别琳:《进步党与民初政治1912—1914》,第228—229页)

6月16日,众议院召开会议,原计划讨论大总统交议一月至六月预算案与议员何雯提议请速组织宪法起草委员会案。因大理院判决无效之顾、曾两议员席次问题争驳竟日,遂无暇议及本议题。《众议院议事录》,《宪法新闻》1913年第11期)

6月19日,进步党召开特别会,听取理事汤济武报告善邻团、共和党分立、商会代表联合会问题。会议选举汪荣宝为干事长,王敬芳为副干事长。

6月20日,众议院召开会议,对于预算案,财政次长梁士诒出席受质问。议决由议长制定特别委员会审查起草退还政府对于宪法委员会选举案。国民党主张限制三分之二速记选举,进步党及超然派反对。《众议院议事录》,《宪法新闻》1913年第11期)

△ 联署范熙壬提出的《质问财政部委托交通银行代理金库书》，全文如下：

国家整理财政首在收支机关之统一，而统一收支之办法必以统一金库为先。吾国向无金库之设，收入支出之机关两相混合，故财政棼如乱丝，莫可究诘。改革以后设立中国银行代理金库，粗具雏形，而政府互相矛盾之政策层见叠出。国人不免益增疑惑，而财政前途不堪设想矣。查法律第六号公布《中国银行则例》第十三条，载中国银行受政府之委托经理国库等语。财政总长周学熙于本年五月初二日缮具金库条例草案，拟恳先准试办，呈请训令施行。业经临时大总统批"据呈已悉，应即照准，此批"等语。固明明根据第六号之法律以大总统训令实行统一国库之计划，虽其间所定条例草案未经议院通过，颇有未尽妥协之处，而揆诸各国委托国家银行代理金库之例尚为符合。又查本年三月四日临时大总统令，任命高凌霨督办改组各省银行及推行纸币、开办金库事宜，并命高松如会同办理。此等命令已与前项训令自相矛盾，然可作为以后令取消前令解释，闻改组各省银行督办处至今尚未裁撤，其中与中国银行权限如何划分，开办金库是否中国银行与督办处共□，实际内容未易窥测。国人谓中国有管理金库两种机关，非无因也。乃近日更有可惊可骇之事，莫如本年五月三十一日财政部第三号之布告，竟将《委托交通银行代理金库暂行章程》登报公布，是中国有三种管理金库机关矣，各国惟恐不能统一者，中国惟恐其不能纷岐。以法律方面言之，代理总长不能发表部令，此项布告当然不生效力，若以布告取消临时参议院通过之法律及总统公布之训令，代理总长不能辞其责也。以事实方面言之，交通银行人言藉藉群称为亏空甚巨，虽无确据，究非无因。然办理该行不善之咎，自应归前总理梁士诒任之，现在此项布告竟出自代理总长梁士诒之手，安知其不以国家之公币弥补其个人失败之私亏耶？揆诸法律，既如彼度诸事实，又如此即以统一国库之原则言之，亦断不容有此两种以上代理金库之机关，致自纷岐，难于收拾。查该布告，内称审计处以检查国库函请将《委托交通银行代理金库章程》早为规定等语。查审计处《暂行规则》仅以临时大总统教令公布，未经议会议决，当然不能作为委托该行代理金库之准据，且其《暂行规则》第四章只有检查国库之权，并无委托某某机关代理国库之权。审计处开办以来,究竟检查国库之绩成如何,未见报告,何以竟有函请委托规定章程之事?殊令人百思不得其解,应请大总统饬财政部将改组各省银行督办处,及五月三十一日财政部第三号之布告立即取消,并速将金库条例草案提交国会议决,以立统一金库之基础,并饬交通银行有无亏损情弊明白答复以示大公。谨依《临时约法》第十九条第九款及《国会组织法》第十四条第二款之规定提出质问书,即请转咨政府限期答复可也。

民国二年六月二十日

提出者:范熙壬

连署者:卢钟岳、徐秀钧、林辂存、彭汉遗、孙光圻、陈廷策、张大昕、张协灿、周树标、袁荣叟、王笃成、张耀曾、陈太龙、吴汝澄、虞廷恺、胡源汇、饶芙裳、夏寅官、金秉理、常堉璋、邱国翰、王乃昌

按:国务院于 7 月 11 日答复称:

为咨复事,奉大总统交下贵院咨送范议员熙壬等提出质问书一件,当经缄交财政部答复。兹准复称,"查范议员熙壬等质问书之意,以统一金库当完全委托中国银行,而以改组省银行督办处,与委托交通银行代理金库暂行章程为政府自相矛盾等因。除改组省银行督办处已由财政部呈请取消,刊登六月二十九号《公报》毋庸答复外,至所引法律第六号《中国银行则例》第十三条为经理国库之本而认《金库条例》草案为根据,该《则例》以发生,不免有倒果为因之弊。盖《中国银行则例》第十三条虽有经理国库之文,然不过规定自身之关系,至政府之若何委托,必俟《金库条例》经国会议决后方有授受之根据。故必先有《金库条例》之主法,而后《中国银行则例》第十三条之附属法方生效力。然财政部为统一前途计,关于各省请求设立金库,无不以《金库条例草案》为主,即如《委托交通银行代理金库暂行章程》,其第一条之规定即以《金库条例》为言。俟国会议决该章程取销,可知第二条又举交通银行代理之范围纳诸中国银行势力之下,诚以国库与金库有别,金库不过为国库之一部分,充其分际,交通银行亦只为中国银行代理之一机关,又何至如原问有三种管理金库之诮。查《金库条例草案》第六条'中国银行得酌量情形,委托其他各银行代理',故如《条例》议决后,中国银行以其他银行转托交迳可也,即不以其他银行相待亦无不可。因此项《章程》本系暂

行性质,财政部之委托实因时势需要而出此者,当《金库条例草案》呈请试办通行各省时,山东周都督、浙江朱都督无不以省银行为金库另订章程,福建孙都督则另订《金库章程》外,甚至否认国税厅筹备处,为根本上之推翻。财政部为维持法理计,迅催中国银行分往各省设立分库,徒以资本有限,信用未固,一时未能及远,则不得不择我国资本基础较固之交通银行,以扶助中国银行之不足。故此项章程当认为补助金库之进行,不当认为破坏统一之办法,况交通银行以历史上之关系,久已经理官款,为收回特别会计起见,不能不暂依习惯,先为名义上之收回。财政部此举方且特别为难,交通银行亦请求缓办,乃反不蒙国民相谅,甚或加以推测之词,未免与事实太远。要之,统一金库为我国数千年未有之创举,处今财政竭蹶,机关破坏,势难一蹴而尽如理想。中国、交通两银行实冀其联络扶持,为国家维持信用。财政部以统一为趋向,虽方法不同,而目的则一,所望立法机关持事实法理之平,而尽诱导维持之责,则财政前途庶有豸乎"等因。相应咨复贵院查照可也。

此咨众议院。

(《众议院议决案汇编·质问书》,《北洋时期国会会议记录汇编》第9册)

6月23日,众议院召开会议,议长汤化龙主席。议宪法委员选举规则案,表决由议长指定黄云鹏、陈敬第等15人审查;议禁烟约案,全体起立赞成将请付审查改为建议案,议长指定易宗夔、蒲殿俊、郑万瞻、熊成章、黄群、李载赓、齐耀瑄为审查员。(《众议院议事录》,《宪法新闻》1913年第11期)

6月24日,众议院召开特别审查会,审查宪法起草委员会选举规则。

6月26日,众议院召开会议,议审查会报告宪法委员会互选规则及审计院组织建议两案。临时发生顾视高、曾子书、欧阳启勋有效无效问题。复因质问段总理案中关于奥国借款秘密讨论良久,未入本议题遂散会。(《众议院议事录》,《宪法新闻》1913年第11期)

6月27日,众议院召开会议,议决宪法起草委员会选举规则,全案得议定通过。

6月29日,共和党在湖广会馆开特别大会,反对与统一、民主两党合并。

6月30日,众议院召开会议,用有记名连记投票法限制速记三分之二选举宪法起草委员会并候补委员,何云等30人当选。(《众议院议事录》,《宪法新闻》1913年第12期)

6月,大总统袁世凯下令全国尊孔崇学。

7月2日,众议院召开会议,报告宪法起草委员并候补委员当选人姓名。议长提议开会由下午改上午,虞廷恺得到147票。

众议院之宪法起草候补委员之选出

| 龚政 | 二百一十七票 | 黄赞元 | 二百票 |
|---|---|---|---|
| 陈发檀 | 一百九十五票 | 马小进 | 一百八十九票 |
| 刘彦 | 一百八十三票 | 骆继汉 | 一百七十八票 |
| 陈鸿钧 | 一百七十三票 | 谷芝瑞 | 一百七十二票 |
| 林万里 | 一百六十九票 | 沈河清 | 一百六十九票 |
| 孙洪伊 | 一百六十九票 | 李景龢 | 一百六十三票 |
| 杨廷栋 | 一百六十一票 | 范熙壬 | 一百四十八票 |
| 虞廷恺 | 一百四十七票 | 梅光远 | 一百四十七票 |
| 曾有翼 | 一百四十七票 | 萧湘 | 一百四十票 |

(《宪法起草委员会详志》,《宪法新闻》1913年第12期)

7月4日,众议院召开常会,递补为宪法起草委员会委员。表决适用旧院法之后,报告上次宪法起草委员会候补委员有梅光远、曾有翼、虞廷恺三人得同数之票,指定文驾周暨某议员抽签,虞廷恺当选。接着讨论弹劾案之提案手续,表决适用旧院法。李国珍报告上次预算案退还政府,得多数表决通过;两院事务厅官制案、中央学会资格咨询案,俱付审查。(《众议院议事录》,《宪法新闻》1913年第12期)

△ 两院宪法联合会成立。参众两院宪法起草委员均已举定,现已于初二日在参议院会晤,讨论联合上之各种手段,拟即于初四日开会,其修纂地址拟在众议院,一切详细章程俟开会后再行讨论。(《众议院议事录》,《宪法新闻》1913年第12期)

7月7日,众议院召开常会,讨论浦信铁路五厘借款案,决议付审查。

△ 连署议员王乃昌提出的《质问政府给银二十万为宋教仁铸像根据何种法律书》,指出"国家酬庸之典固不可废,而办理宜得其平,政府固有用之款权,而监督滥用,国会实责无旁贷"。全文如下:

> 近阅报载谭人凤要求政府给银二十万元,为宋教仁铸造铜像,已交银十万元等语。查政府支出必据预算,预算以外,有认为维持国家生存临时支出事后亦须求国会之承认,此立宪国之精神。而吾国《临时约

法》十九条所规定"参议院有议决临时预算及决算之权"之微意也。今政府所许谭人凤要求二十万之巨款未得国会承认,果依据何种法律给予之耶?谓宋教仁有功民国,不妨特别优待耶?然有功民国者岂独宋教仁一人?如唐才常之汉口起义,徐锡麟之刺恩铭,黄花岗之七十二烈士,石家庄之吴禄贞,武昌首义之三烈士,在扬被炸之徐宝山,其死之惨、功之烈,较宋教仁之同党相杀,岂可以道里计。何政府厚此而薄彼也?更有进者,要求铸像之文,办理铸像之事不出于临时稽勋局,而出于长江巡阅使,行政统系何存?官吏权限何在?谭人凤妄然请之,政府亦贸然许之,尤难令人索解。总之,国家酬庸之典固不可废,而办理宜得其平。政府固有用款之权,而监督滥用,国会实责无旁贷。兹依《临时约法》第十九条提出质问,请政府明日答复以释群疑。

民国二年七月七日

提出者:王乃昌

连署者:虞廷恺、张锦芳、邱国翰、王敬芳、李家桢、孟昭汉、汪哕鸾、刘志詹、周树标、李庆芳、常堉璋、祁连元、邓毓怡、黄象熙、郭广恩、韩增庆

本案未经答复。

(《众议院议决案汇编·质问书》,《北洋时期国会会议记录汇编》第9册)

△ 联署萧晋荣提出的《质问云南顾视高等、广西马君武等、湖北欧阳启勋等各取消议员资格办法书》,全文如下:

本院依照《临时约法》质问政府,迭经办理在案。查云南选出之众议员顾视高等二人、广西选出之参议员马君武等十人,因选举无效,由政府电饬各该民政长改选。乃云南民政长不惟不遵照办理,且屡电表示反抗。广西内务司长(都督兼民政长病假,委内务司长办理改选)则始终置之不理。事经数月,政府亦不闻有若何之处分,该民政长、内务司长皆中央之属官,有服从命令之义务,似此藐抗行政,统系何在?究竟政府自认前两项命令是否适法,如果自认违法,则何不迅速取销,自行引咎;如自信为适法,则对于违法抗令之属官,何以不予以惩处?马君武、顾视高等徽章、证书均未缴销,仍随时列席议院,则是议院之议案有已经丧失议员资格之人在内共同表决者,政府对此于等议决案是否认为有效?是否查照执行?顾视高等证书、徽章虽未缴销,然案之公报

已饬警厅强制执行,而马君武等之选举无效,湖北欧阳启勋之当选无效,取销议员资格,同为政府所发布之命令。乃政府对于顾视高等则强制执行,对于马君武、欧阳启勋等则置之不问,何以事同一律,办法两歧?以上各端,应请政府明白答复,特此提出质问。

民国二年七月七日

提出者:萧晋荣

连署者:孟昭汉、牟琳、梅光远、王乃昌、虞廷恺、李家桢、耿兆栋、张锦芳、董增儒、许植材、覃寿恭、刘志詹、邓毓怡、常堉璋

本案未经答复。

（《众议院议决案汇编·质问书》,《北洋时期国会会议记录汇编》第9册）

7月8日,众议院召开秘密会,代理国务总理段祺瑞出席,以中俄协约要求同意,得多数通过。（《众议院议事录》,《宪法新闻》1913年第13期）

7月9日,众议院召开常会,议盐斤加价案,表决付审查。

7月11日,众议院召开常会,国务总理段祺瑞秘密报告外交紧急事件。省议会分别审议本省预算、决算暂行法案,付审查;易宗夔报告审查废约禁运印土案,众议再付审查;张耀曾动议宪法起草员于起草期间免除常会出席之义务,获多数通过。（《众议院议事录》,《宪法新闻》1913年第13期）

7月12日,进步党俱乐部开两院第一次党务职员会,商讨议员缺席两院会议事宜。

△ 李烈钧在湖口召集旧部,成立讨袁军总司令部,正式宣布江西独立,通电讨袁,"二次革命"爆发。

7月14日,众议院召开常会,财政总长违法擅借奥借款、国务总理及财政总长违法擅借奥款、国务员全体违法失职等六件弹劾案同时付审查。国务总理段祺瑞作外交事件的秘密报告。（《众议院议事录》,《宪法新闻》第13期）

7月15日,江苏都督程德全在南京宣布独立。

7月16日,朱瑞接南京通电,知宁方有变化,当即召集师旅团营及政界诸领袖特开临时大会,均主张镇静,他省战事概不与闻,以保存浙境安宁秩序为唯一政策。（金普森主编:《浙江通史·民国卷上》,第50页）

7月16日,众议院召开常会,农林及工商总长出席受质问;审计院建议案、总统府官制案付审查;讨论各省省议会议决省预算、决算案大纲。（《众议院议事录》,《宪法新闻》第13期）

7月17日,进步党俱乐部召开两院议员讨论会,发布《特设宪法问题讨

论会通告书》。

为进步党开会,照料无事呈报事。

据巡长常保报称,"属内大磨盘院进步党俱乐部于今日午后三时余开两院议员讨论会。临时主席汤化龙报告:本党政务部干事业经指任,规则草案尚未通过。今开政务部全体职员会商订一切。当经各议员将该党政务部规则表决,作为试用。又,主席报告总统交议组织内阁人物:熊希龄、徐世昌二人。经各议员多数赞成熊希龄为国务总理,经众表决。并索取该党通告书及规则各一份。是日到会者一百五十员,至五时余闭会。长警内外监视照料,并无事故"等情呈报前来。理合谨呈警察厅总监。

计《通告书》及《规则》各一份。

内右二区警察署长查裕(章)

中华民国二年七月十七日

### 附:进步党政务部特设宪法问题讨论会通告书

制定宪法,为国民第一大业。顷参众两院已选出起草委员。本党对于宪法各种主张,亟宜沩为党议,以求多数国民之赞同。夫既曰党议,必其经全党党员之讨论,决于多数而始成立,而非党中少数个人之意见所敢专擅明也。惟是宪法问题极复杂,欲聚多数人以讨论于一堂,恐限于晷刻,不能各尽其辞。且本党党员,遍海内外。其在京师者,不及千之一。……殊不足以收集思广益之效。故今拟特设此会,用通信讨论之法,征集全党党员多数之意见,然后由政务部指派专员,裒集众说,沩成一有系统的草案加以说明,再经会特别通过之,认为党议。今仅将讨论范围及其重要问题,与夫本党应守之宗旨,开具左方。宪法良否,为国家盛衰安危所系。讨论之责,匹夫与有,况吾党素自任以天下之重者哉!凡我同人,各宜勉兹天职,毋或怠弃,咸抒伟谟,爱翊大业。岂惟本党之荣,抑亦国家之庆也。

第一讨论范围

既名为宪法讨论会,则范围自当限于宪法。惟是议院法、选举法、会计法、国务裁判法、审计院法等,其与宪法之关系至密,学者往往指为宪法之一部,故本会所讨论,宜并及之。

第二应讨论之问题

宪法上之问题,千端万绪,但其中有众所公认毫无争点者,拟省略之,今举重要问题如左。

(一)应否特设专条,规定领土。

(二)应否以明文规定主权所在。

(三)人民之权利义务,应为列举的规定?抑为概括的规定?若列举规定,则其项目如何?

(四)于立法、行政、司法三机关之上,应否设置最高之总揽机关?若须设置,则(甲)应规定何种事项属于此机关之权限?(乙)此机关之组织法应若何?

(注意:所谓最高之总揽机关者,例如法国之国民议会。属于此机关之权限,例如制定宪法、改正宪法、变更领土等。此机关之组织法,例如或混合两院,或混合而加以他分子。)

(五)地方权限,应否规定于宪法?若须规定,则(甲)其权限应为列举的?抑为概括的?(乙)地方之范围,应为全部的?抑为一部的?

(注意:以地方权限规定于宪法者,例如奥地利及英属之加拿大。又,所谓全部的者,谓所规定适用于全领土也。所谓一部的者,例如蒙古、西藏等。)

(六)大总统权限,应取列举主义?抑取概括主义?

(七)国会权限,应取列举主义?抑取概括主义?

(注意:此两机关之权限,不能双方皆取列举主义。因列举必有挂漏。双方列举,则不及列举者不知应保留于何机关也。)

(八)众议院应否有财政案先议权?参议院对于众议院议决之财政案,其权限如何?

(九)参议院是否应有特别之职权?若有之,其种类何若?

(注意:参议院特别职权,例如英国之兼行最高法院权,美国之同意任官权等。)

(十)缔结条约,应否必经国会画诺?如应必经,则(甲)指一般条

70

约？抑限于特种条约？（乙）须经两院？抑限于一院？（丙）若限于一院，则权属何院？

（十一）弹劾权是否两院得并行？抑仅限于众议院？若两院并行，是否各自行之？抑混合两院协议行之？

（十二）弹劾动议及表决有效之法定人数，应以何为标准？

（十三）国会是否可以解散？

（十四）解散是否限于众议院？抑两院皆得解散？

（十五）解散权是否得以政府单独意思行之？抑须参以他机关之同意？

（注意：所谓他机关者，例如法国解散下院须经上院同意。又如诸君主国，有必经枢密院之咨询始能解散者。）

（十六）解散回数是否应以宪法规定之？

（十七）大总统能否命国会停会？

（十八）国会开会，应由大总统召集？抑可以自由集会？抑应以宪法规定每年开会时日？

（十九）国会集会期限长短，应否以宪法规定闭会及延长会期，是否由两院自主？

（二十）选举大总统之机关及其手续如何？

（二十一）大总统任期年限如何？连任应否立限制？

（二十二）副总统应否设置？

（二十三）宪法上总统咨询机关，应否设置？

（注意：例如君主国之有枢密顾问，此种机关在共和国诚若不伦，然若政府有广阔之命令权，则此机关应否设置，定有研究之价值。）

（二十四）法律案应用总统交议名义？抑用政府提出名义？

（注意：此与责任内阁制颇有关系。）

（二十五）国会议决之法律案，大总统能否有不裁可权？或再交议权？若有之，则此权行使是否有限制？

（二十六）大总统能否颁发紧急教令，以代法律？

（二十七）大总统及各行政机关能否颁发独立命令？

（二十八）任命大吏应否经国会同意？若须经同意，则（甲）是否限于中央政府国务员？抑并及其他？如公使等。（乙）国务员须个别同意？抑限于总理？（丙）同意权是否两院并得行之？抑仅限于一院？

（丁）若限于一院，当属何院？

（二十九）官制官规，是否须由国会议定？

（三十）国会裁判院应否设置？若应设置，则其组织法如何？

（注意：国务裁判院者，国务员受弹劾，以此为最后之制裁也。）

（三十一）审计院之权限何如？

（三十二）平政院之权限何如？

（三十三）会计年度开始期，当定何月？

（三十四）预算应由国会编制？抑由政府编制？

（三十五）预算不成立时，救济之法如何？

（三十六）大总统能否颁发紧急教令为预算外之支出？

（三十七）勋章及其他荣典，应否设置？若设置时，大总统授与应否经他机关之同意？

（三十八）大总统行大赦特赦权，应否经他机关之同意？

（三十九）宪法之最高解释权，属于何机关？

（注意：宪法有疑义，或起立法、行政两部之争议，必赖有最高解释权。在君主国多属于君主，在共和国有以属诸最高法院者，有议别置机关者。）

（四十）改正宪法之手续如何？

以上四十条，刺举其重要者。此外，凡我党员认为应讨论之问题，仍望自由加入，以求完密。

第三　讨论根据之宗旨

前列诸问题，本以求党员自由讨论，自由发表意见。但本党原有党义三大纲，为我党员所共同遵守。今当讨论此国家根本大法，自应以党义之精神为根据，庶几能成一有系统的法案，以博多数国民之宗尚。今细绎党义拟为宗旨三条：

（一）绝对的排斥联邦主义，以保国家之统一。

（二）于立法、行政两部权限，不畸轻畸重，以杜一机关专制之弊。

（三）不存对人立法之心，免以补偏救弊误国家百年大计。

我党员当讨论诸问题时，能常率此精神以行之，自能不入歧途，而得一贯之主张，于以构成完美之党议，则党之幸也。

第四　讨论会之组织

（一）本会设于本党本部之政务部，以部长为会长。

（二）本会设特任审查员二十人,特任起草员四人,由会长指任。

（三）凡本党党员,皆为讨论会员,公同担任讨论义务。

（四）凡讨论者,照依前列各项问题,每题自抒己见,能逐条讨论最善,摘要者亦听。

（五）于前列各项问题外,更提他项问题者听。

（六）凡所主张,须叙理由。

（七）叙理由许用外国文字。

（八）在京党员限一个月内,各支、分部党员限两个月内,将讨论之结果,随时寄交政务部。

（九）各员讨论之结果,撷其菁英刊登报刊,以唤起全国舆论。

（十）讨论之结果,由审查员会同审查,认为合于党纲者,则采择衰集之,移交起草员。

（十一）起草员综合讨论之结果采择之,编为有系统的宪法草案。

（十二）所编宪法草案,经特别会通过后认为党议,移交两院中之本党起草委员,使提出之。将来两院正式开议宪法,本党所属议员,根据党议以为可否。（司马城辑:《进步党资料一束》,《近代史资料》总第73号,第178—183页）

△ 岑春煊在上海宣布任讨袁军大元帅。安庆独立,柏文蔚为都督;江苏松江独立,钮永建任松军司令。

7月18日,众议院常会以法定人数不足不能开议。

△ 广东都督陈炯明宣布独立,起兵讨袁;上海独立,陈其美任驻沪讨袁军总司令,通电讨袁。

7月20日,朱瑞通电全国,宣布浙江自保,以示中立。

△ 福建宣布独立。

△ 蔡元培、章太炎致函浙省军官,表示朱瑞、屈映光治浙腐败,促其早日醒悟,赞助独立,支持反袁。

7月21日,众议院常会以法定人数不足不能开议。

△ 浙省军官发表通电,坚决维护省内秩序,敢有破坏者,决"全力掊击"。（《赣潮中之浙江(五)》,《越铎日报》1913年7月25日,第四版）

7月22日,进步党召开职员会与特别会。梁启超报告开会宗旨,并提出对有违党规的广东都督陈炯明、江苏都督程德全除名案。汤化龙报告与政友会协商组织内阁等事,王赓报告政务部组织宪法研究会及起草问题,并节减政费案问题。

    为监察进步党俱乐部开会情形呈报事。据巡官欧永玺报称,"所属大磨盘院进步党俱乐部本日开职员会,当经带同长警前往监察。计该党于午后二时三十分开会,到会会员二百七十名。首由主席梁启超报告,广东、江苏两省都督有失本党党义,即应取消该都督等党籍,以保名誉。当经表决办理。次有汤化龙等报告党务,经众讨论至五时,遂即闭会。余无事故"等情。据此,理合呈报鉴核。

    谨呈警察厅总监。

内右二区警察署长查裕(章)

中华民国二年七月二十二日

    为呈报事。据分队长高凤林呈称,"据第五分队副队长洪锦奎、助手郭瑞年呈报:二十二日西单牌楼磨盘院地方进步党俱乐部,于下午两钟余,有进步党在彼开特别会,到会者二百余人。首由临时主席梁启超报告开会宗旨,并提出陈炯明、程德全有违党规,当然除名。次由汤化龙报告:本党提出征伐叛徒建议案,虽在两院未能通过,亦不必取消,宜改为质问案,再与他党协商提出动议,然后再行填入议事日程,并报告与政友会协商组织内阁问题。又由王赓报告政务部组织宪法研究会及起草问题,并节减政费案问题。以上各事均经表决,至四时余闭会。又有李国珍、曾有澜发起之苏皖赣鄂四省议员联合会,于四钟二刻亦在彼开会,莅会者四十畲人。首由临时主席许植材报告开会宗旨。次由曾有澜宣读电报草稿,大旨主张调停江西乱事,以免有阋墙之讥,而期国家巩固,是以通电各省述明理由。经众讨论,少有变更,并议决以汤化龙为通电衔名之领首。至五钟余闭会,暗护无事"等情。理合呈报,并将《宣言书》及《革命相续之原理及恶果》随文呈送。

    谨呈京师警察厅总监。

    计呈送《进步党宣言书暨党章》一扣,梁启超《革命相续之原理及恶果》一纸(略)。

侦缉队长李寿金(章)

中华民国二年七月二十三日

(司马城辑:《进步党资料一束》,《近代史资料》总第73号,第184—185页)

7月22日,孙中山发表《告全体国民促令袁氏辞职宣言》《致参议院等通电》《致袁世凯电》。

7月23日,众议院召开常会,第一案为任命国务院总理熊希龄求同意,投票结果得多数通过。(《众议院议事录》,《宪法新闻》第14期)

7月25日,众议院召开常会,否决盐斤加价案。(《众议院议事录》,《宪法新闻》第14期)

△ 湖南都督谭延闿正式宣布湖南独立。

△ 继朱瑞复函章太炎、蔡元培后,浙江军官吕公望、叶颂清、张载阳等复函否定蔡元培、章太炎之主张独立反袁。

7月28日,众议院召开常会,议查办违法逮捕议员之官吏案,表决付审查讨论《议院法》与《众议院规则》,表决并付审查;复议《组织审计院建议案》,表决开二读会。(《众议院议事录》,《宪法新闻》第14期)

7月29日,进步党俱乐部召开两院议员会。

> 为监察进步党俱乐部开会情形呈报事。本日午后,所属大磨盘院进步党俱乐部开两院议员会。当经先行电报,并一面派出巡官欧永玺带同长警前往莅会,以资监察。兹据报称,"该俱乐部于午后二时五分开会,到会会员八十八名。由主席汤化龙报告会议事件四项:一国民党主张政府违法,与本党对于政府之主张不合,须与国民党交涉;一选举正式总统问题,本党拟先提出;一参议院进步党议员须与国民党同意通过熊希龄为国务总理;一选举本会内务干事。以上四项经各会员当场讨论,除二三两项表决外,其余两项尚在讨论,未能解决。至四时余闭会,余无事故"等情。据此,理合呈报鉴核。
>
> 谨呈警察厅总监。
>
> 右内二区警察署长查裕(章)
> 中华民国二年七月二十九日

(司马城辑:《进步党资料一束》,《近代史资料》总第73号,第188页)

7月30日,众议院召开常会,讨论《税契法》至《民事诉讼印纸暂行规则》案,议决交付审查;参众两院事务厅官制案延期讨论。(《众议院议事录》,《宪法新闻》第15期)

8月1日,众议院常会以法定人数不足,不能开议。

8月4日,众议院召开常会,讨论《议院法》,三读讨论至第九条。

8月6日,众议院召开常会,续议《议院法》,表决至第三十五条通过;否

决大总统拟任施肇基为美国公使之提议。（《众议院议事录》、《宪法新闻》第 15 期）

8 月 8 日，众议院召开常会，续议《议院法》自第三十六条起，定岁费为三千六百元。（《众议院议事录》、《宪法新闻》第 15 期）

8 月 9 日，进步党本部开讨论宪法重要问题议员会。

> 为呈报事。窃据分队长高凤林呈报，"据第五分队副队长洪锦奎等报告：本月九日，太平湖地方进步党本部开讨论宪法重要问题议员会，到会者一百三十余人，下午二时余开会。首由临时主席林长民报告：方今国家多事，险象环生，自应选举总统在拟定宪法之先，以资裨益政治而维大局。次由梅光远、陈国祥、汪景明相继演说：宪法为国家根本，苟不先拟定宪法，则选举总统，以何为准绳？至四钟余终未表决，遂由主席宣告，俟再定期开会，续行讨论，以期早日表决。五时余闭会，暗护无事"等情。理合呈报。
>
> 谨呈京师警察厅总监。
>
> 附呈《进步党议员会简章》一份（略）。
>
> 侦缉队长李寿金（章）
>
> 中华民国二年八月十日

> （司马城辑：《进步党资料一束》，《近代史资料》总第 73 号，第 188—189 页）

8 月 11 日，众议院召开常会，续议议院法案，加增出席交际费，全法二读会议结，并议行政执行等案，表决均付审查。（《众议院议事录》、《宪法新闻》第 16 期）

8 月 13 日，众议院召开常会，三读《议院法》，表决全案通过。（《众议院议事录》、《宪法新闻》第 16 期）

8 月 15 日，众议院召开常会，议《税契法》审查报告案，表决付二读会；议政府修正《税契法》第三条案，表决付二读会；议《豫戒法》案，表决付审查；表决《国会组织法》修正案，否决；议制定《宪法》中一部分总统选举法及权限案，不足法定人数，因未表决。（《众议院议事录》、《宪法新闻》第 16 期）

8 月 18 日，众议院召开常会，讨论众议院规则案。（《众议院议事录》、《宪法新闻》第 16 期）

8 月 20 日，众议院召开常会，讨论关于院法协议会事，选举协议会委员。（《众议院议事录》、《宪法新闻》第 16 期）

8 月 23 日，众议院召开常会，议员徐象先报告浙江籍众议员卢钟岳昨晚被捕事件，议决电请政府派员出席众议院会，就此作出答复。

△ 联署朱文劭提出的《质问警厅逮捕众议院卢钟岳书》，全文如下：

　　为质问事。本月二十二日下午十时，本院议员卢钟岳从下斜街全浙馆出门登车，突来巡警侦探十余人，拘束手足，强拉至某处侦探队，即被拘留室中。同夜十一时，有巡警数人到施家胡同卢议员本寓，倾箱倒箧，恣行搜查，取无数之信札、簿记以去，并将同居亲戚张某及厅差、车夫一并拿送侦探队拘留。当时张某不服，并被巡警殴打。至二十三日上午十二时，由侦探队送卢议员至警察总厅司法处讯问，所问皆家常琐屑事，并无何等罪证，卢议员因问厅员以被捕原因，据答言有人告发私藏危险物品。由总统府交由戒严司令官交办之案，今搜查无据，待司令官复到即释等语。同日下午八时，由厅将卢议员等取保释放，所有书信各件留厅未发。此本院卢议员等被捕、被搜、被拘之事实也。查《约法》第二十六条，"议员除现行犯及内乱外患之犯罪外，会期中非得本院之许可不得逮捕"。今卢议员非以上各种罪犯，即私藏危险物品，事前无此嫌疑，事后无何证据，何以违反《约法》径行逮捕？此其一。北京宣告戒严，在行政、司法各机关有被限制之义务，在立法机关，戒严令绝无何等规定明文。盖行政、司法与居民有直接关系，即与军政有间接关系，其有异于寻常也。固宜立法机关本与居民无直接关系，即与军政无间接关系，不受戒严令之影响。前临时参议院在南在北常居戒严地域中，未闻此时议员稍失其《约法》之保障也。则显然违宪之行动有何根据，此其二。查《刑律》第一百八十二条，"意图他人受刑事处分，而为虚伪之告诉、告发、报告者，处二等至四等有期徒刑"。同律第三百四十六条，"审判或检察巡警监狱及其行政官吏或其佐理滥用职权、逮捕或监禁人者，处二等或三等有期徒刑"。今卢议员及其张戚人等业被搜查预审，无犯罪事实，则其被搜捕之原因，非私人之虚伪告发，即官吏之滥用职权，在《刑法》上当然有人承罪。今拘捕时，初无拘票能显知负责者为谁，释放时仅对卢议员使取保，又不闻反坐者为谁。此方则《约法》上之身体、家宅、书信各自由，与夫议员保障全然蹂尽，彼方则官吏、私人皆不负《刑法》上之责任。此案岂属于领事裁判权者所举发，此其三。《戒严令》第十四条第三款有检查私有危险物之规定。卢议员宅中，果有藏险嫌疑，执行搜检，搜检有据，即时逮捕，犹得言司法警察上之急速处分，或《刑法》上之避不可抗拒之危难也。今拘捕在二十二夜十时，而搜检在同夜十二时，拘捕在下斜街全浙馆门首，而搜检在施家胡同本寓，捕在先而搜在后，捕在西而搜在东。此等不法行为在事实上与法律上是否尚有宽假之余地,此其四。今议员等遭遇如此,人人自危,据《约法》第十九条为质问,请政府以上四端三日内明白答复。

民国二年七月二十五日

提出者:朱文劭

连署者:杜士珍、陈燮枢、陈黻宸、张传保、胡翔青、蒋著卿、戚嘉谋、褚辅成、蒋凤梧、张鹤第、黄肇河、徐兰墅、曾干桢、袁荣叟、欧阳振声、傅家铨、黄群、韩藩、王弌、丁僎宣、虞廷恺、王乃昌、王绍鏊、杨树璜、陈邦燮、陈光谱

按:国务院 8 月 25 日答复云:

为咨复事。奉大总统交下贵院咨送朱议员文劭等提出质问书一件,当经缄交内务部答复。兹准复称,"查朱议员文劭等质问书一件,系因检查卢议员钟岳之事。当因有人报告卢议员钟岳私藏炸药等情,又因关系议员,不得不妥慎从事,故令饬警厅派警引致卢议员到厅详细询问。又至其寓所检查,见有账簿二本,往来支付款项颇巨,且有不注明年月收陈其美巨款一节,不无可疑。卢议员声称所登各款均系前在杭州时,经手渔业股分收支之款。至陈款系前在日本东京所借等语,查卢议员虽无携带危险物实据,惟收入陈款一节,际此戒严期内,亦不能不详加调查。当于本日令将卢议员送回,周姓、张姓二人询明情形,即刻径行释放,并未一并引致。且此案派警引致警厅,并非逮捕,自无通知议院之必要。且该厅款之接待室,自引致至释回时间不逾一日,并非拘禁。既未拘禁逮捕,自无滥用职权之可言。至卢议员寓所检查时,与同居之亲戚张姓说明进内,亦非擅入家宅。可比此案原委,系由侦探报告交查,系属职权内之行为,既非私人可比,即无诬告可言。况陈其美系扰沪乱党首领,卢议员收其巨款,并不注明年月及证明收款正当理由,似不能毫无嫌疑。引致之时,卢议员适在全浙会馆会议,而其寓所则在施家胡同,地点既非一处,则施行之手续自不能无异。总之,戒严期内警察职守所在,固不得滥用职权,亦不得疏于防范,况此次案关议员,尤经审慎再三,未尝稍事疏忽"等因。相应咨复贵院查照可也。此咨众议院。(《众议院议决案汇编·质问书》《北洋时期国会会议记录汇编》第 9 册)

8 月 25 日,众议院召开常会,继续讨论众议院规则案。(《众议院议事录》《宪

法新闻》第 17 期)

8 月 27 日,众议院召开常会,议政府逮捕议员事,表决两院议长同谒总统。(《众议院议事录》,《宪法新闻》第 17 期)

8 月 28 日,众议院召开常会,汤化龙报告谒见总统询问政府逮捕议员情形,议决请政府将所捕八议员从押解途中调回待审判机关之确定,由议长指定委员会审查被捕议员是否违法、应由何处审判。(《众议院议事录》,《宪法新闻》第 17 期)

8 月 29 日,众议院召开常会,李庆芳报告被捕议员应由何处审判等审查结果;表决通过咨请政府将被捕议员交由大理院审判建议案;议《议员保障法案》,表决付审查。(《众议院议事录》,《宪法新闻》第 17 期)

△ 孙中山、黄兴、陈其美等被通缉,相继逃亡日本。

9 月 1 日,众议院召开常会,商议《国会议员保障法》案改为《议员逮捕法》,二读通过《议员逮捕法》及其他规定。(《众议院议事录》,《宪法新闻》第 17 期)

9 月 3 日,众议院常会不足法定人数,未能开议。

9 月 4 日,众议院召开常会,表决将《国会议员逮捕法案》改为《国会议员内乱外患罪逮捕法》,三读会全案通过;续议众议院规则案,二读通过。(《众议院议事录》,《宪法新闻》第 18 期)

△ 进步党本部特开两院议员会,讨论议案:一为通过新国务员;一为提前选举正式总统。

9 月 5 日,众议院召开常会,表决通过先举总统问题提请参议院同意,定期两院会合开会解决选举方法。(《众议院议事录》,《宪法新闻》第 18 期)

9 月 8 日,众议院召开常会,议大总统拟任六名国务员咨请同意案,表决通过:孙宝琦为外交总长,朱启钤为内务总长,梁启超为司法总长,汪大燮为教育总长,张謇为工商总长,周自齐为交通总长。(《众议院议事录》,《宪法新闻》第 18 期)

9 月 10 日,众议院召开常会,表决民国二年七月至三年六月预算案缓议、众议院规则案三读会全案通过、禁烟公约咨请同意案付审查、浦信铁路五厘借款案付二读。(《众议院议事录》,《宪法新闻》第 18 期)

9 月 12 日,参议院、众议院合会召开,议决选举正式总统方法,交宪法起草委员会起草,限五日内提出。(《第一次国民会议纪事》,《宪法新闻》第 18 期)

△ 熊克武放弃重庆。至此,持续两个月之久的"二次革命"终告失败。

9 月 15 日,众议院召开常会。因开会人数不足,未能开议。是日系夏历中秋节,故出席议员甚少,延长两次遂散会。

9月16日,进步党本部召开议员讨论会,主席汤化龙报告:凡中华民国人民,完全享有公权而年在四十岁以上,并居住国内满十年者,方得选为总统。又讨论宪法会议规则。两提议均经众人认可,遂表决。

9月17日,宪法起草委员会召开两院会议,参议院议长王家襄主席。议宪法会议规则案,通过九条。出席众议院议员399人,参议院议员184人。
(《两院会合会纪事》,《宪法新闻》第18期)

9月18日,众议院召开常会,议参议院咨交两院协议会法案,表决通过。
(《众议院议事录》,《宪法新闻》第20期)

9月19日,两院开会合会,议宪法会议规则案之第十条,表决不用审查会。

9月22日,众议院常会因不足法定人数,未开议而散。

9月23日,报载谱主与王家襄、陈敬第等旅京浙江同乡为众议员俞炜事致函申报馆函。

> 为众议员俞炜事。申报馆大主笔执事径启者:迳阅京沪各报载有关于浙省新闻,谓"省垣破获机关数处,多供为受俞炜指挥。俞本国民党,为众议院议员。前忽回浙,自不能无疑"等语。俞君以旧同盟会关系,虽隶国民党籍,平时行事主张却甚稳练和平,以顾全大局为前提。此次赣宁变起,浙中谣诼纷兴。同人以俞君本系军人,信用素著,敦促回籍,协谋安全。俞君亦顾念桑梓,毅然自任而去。事实如此,无可诬者。前项记载谅系访事人传闻之误。藉或有之,亦必乱徒隐怀恚恨,故为陷害。除电请朱督查明更正外,用特奉布,敬乞录载来函一门,以昭是非,曷胜盼幸。胡翔青、陈敬弟、张烈、陈懿宸、蔡汝霖、王家襄、虞廷恺、王烈、杜师业、王一、丁携赏、金秉理、杜士珍、韩藩公启。(《旅京浙江同乡来函》,《申报》1913年9月23日,第十一版)

△ 两院会合会第四次会议,以不足法定人数停会。

9月24日,两院开会合会第五次会议,续议宪法会议规则,二读通过。

9月25日,众议院召开常会,议陆军俸给法、海军俸给法、外交官领事官官制、外交官领事官官等官俸法、律师法律师考试法、司法官考试法、旧法官特别考试法、议员旅费表,表决均付审查,又议并全案通过咨请政府宣告解严案,又议查办奉天官吏违法案,二读通过。(《众议院议事录》,《宪法新闻》1913年第20期)

9月26日,两院开会合会第六次会议。续议宪法会议规则,三读全案通

过。(《两院会合会记事》,《宪法新闻》1913 年第 20 期)

9 月 27 日,众议院开会,因不足法定人数未开议。

9 月 29 日,出席两院会合会。续议《宪法会议规则》。

10 月 1 日,宪法会议开第七次会议,通过《大总统选举法》三条条文。

10 月 2 日,参众两院议员召开第一次正式宪法会议。

10 月 3 日,参众两院议员召开宪法会议,《大总统选举法》通过二读。

10 月 4 日,参众两院议员召开宪法会议,三读通过《大总统选举法》;召开总统选举会预备会。

10 月 6 日,进步党召开议员会,商讨选举总统问题,明日投票时一致行动。

10 月 6—7 日,两院召开总统选举会,选举正式大总统、副总统。袁世凯当选中华民国第一任大总统。

10 月 13 日,众议院会议因不足法定人数,未开议。

10 月 15 日,众议院召开会议,表决通过《禁烟公约》咨请同意案;议契税法案、浦信铁路五厘借款案,均三读全案通过。(《众议院议事录》,《宪法新闻》1913 年第 22 期)

10 月 17 日,众议院召开会议,讨论《行政执行法》第七条修正案、治安警察法案,均无结果。

10 月 20 日,众议院召开会议,讨论《行政执行法》第七条修正案,表决付二读;议治安警察法案,表决再付审查整理;议豫戒法案,表决通过审查报告;议参众两院议员旅费表案、咨请查办奉天北路洮南各县官吏违法案,三读全案通过;表决不允许议员孟森、杨廷栋、拉什辞职,许萧萱辞职。(《众议院议事录》,《宪法新闻》1913 年第 22 期)

10 月 22 日,众议院召开会议,讨论《豫戒法案》,表决付三读;议楚豫两省剿办白匪善后事宜建议案,三读全案通过;议中央学会选举资格咨询案、陆海军理事考试法、陆海军测量标条例案,均无结果。(《众议院议事录》,《宪法新闻》1913 年第 22 期)

10 月 24 日,众议院召开会议,讨论《豫戒法案》,三读通过;议中央学会选举资格咨询案,表决交政府自行办理,议长指定郭同等 5 人起草致政府答复;《请废烟约禁运烟土案》因审查委员均未出席,延会审议;咨请查办黑龙江原都督兼民政长宋小濂案,表决付审查。(《众议院议事录》,《宪法新闻》1913 年第 23 期)

10 月 27 日,众议院会议选举全院委员长,经两轮投票,张耀曾当选。

《众议院议事录》,《宪法新闻》1913 年第 23 期)

10 月 29 日,众议院召开会议,选举各股常任委员。指定江天铎君等 8 人为监票员,迨投票时各议员随投,遂散。(《众议院议事录》,《宪法新闻》1913 年第 23 期)

10 月 31 日,众议院召开会议。检视选举票,仍未竣事。(《众议院议事录》,《宪法新闻》1913 年第 23 期)

10 月,宪法起草委员会定孔教为国教,载入《天坛宪法草案》。

11 月 3 日,众议院召开会议。议查办福建国税厅筹备处长案,表决付内务股审查;二读治安警察法案,未终议。(《众议院议事录》,《宪法新闻》1913 年第 23 期)

11 月 4 日,大总统袁世凯以国民党参与"二次革命"为由,命令解散国民党,并追缴国民党籍国会议员证书、徽章。此举导致国会因不足法定人数而无法开会。

11 月 5 日,众议院会议因国民党籍议员被取消资格,不足法定人数,改开茶话会。公布各股常任委员当选名单:法典委员骆继汉、江天铎、陈敬第等 35 人,预算委员张知兢、朱朝瑛、黄群等 71 人,唐玠、虞廷恺、王定国等决算委员 71 人,胡汝麟、张恩绶等外交委员 21 人,毕维垣、张则林等内务委员 27 人,李克明等财政委员 35 人,杜士珍、张澜等军政委员 21 人,彭运斌等教育委员 21 人,陈士髦等实业委员 21 人,文笃周、苏祐慈、张琴等交通委员 25 人,李有忱、覃振等请愿委员 37 人,李春荣等惩戒委员 21 人,方贞等院内审计委员 21 人。(《众议院议事录》,《宪法新闻》1913 年第 24 期)

11 月 6 日,进步党召开议员会,议大总统命令解散国民党并取消该党议员资格,导致国会出席议员已不足法定人数情况下进步党的态度,尤其如何维持国会、照常进行宪法问题的办法。

按:由内右二区警察署长查裕呈送京师警察厅总监的监视报告称:

> 下午一时,进步党开议员会,由汤化龙主席,到会议员一百四十余人。主席宣言谓"本月四日大总统命令解散国民党,并取消该党议员资格。惟现在国会议员隶于国民党一部分者,既经取消以后,国会出席议员已不足法定人数。本党应持如何态度,请各议员发表意见,总期直接维持国会,即所以间接维持国家"等语。遂由各议员提议谓:既欲维持国会,必须讨论维持办法,并与各政党接洽。其调查方法有三:一在七月十三日以前脱离国民党者;二脱离国民党须在报纸登有广告者;三以电报文字足以证明脱离关系者。再通电理事长,设法维持国会。催促当选候补议员从速来京,以足法定人数。以上办法主席付表决,经多数

赞成。复经全体议决:嗣后本党以议员于国会开会时,均需照常出席,本部议员会仍按期开会,对于宪法问题照常进行云云。三钟余散会,均无事故。(司马城辑:《进步党资料一束》,《近代史资料》总第 73 号,第 190 页)

11 月 7 日,众议院会议因国民党籍议员被取消资格,致不足法定人数,改开茶话会。(《众议院议事录》,《宪法新闻》第 24 期)

11 月 10 日,众议院会议因取消国民党议员,致不足法定人数,改开茶话会。(《众议院议事录》,《宪法新闻》第 24 期)

11 月 14 日,众议院召开谈话会,决定提出质问政府者质问书,举丁世晖、黄云鸥为起草员。(《众议院议事录》,《宪法新闻》第 24 期)

11 月 17 日,与邓毓怡等 194 人提出《质问追缴国民党议员证书徽章影响及于国会书》,要求政府于三日内明白答复。全文如下:

民国不能一日无国会,国会议员不能由政府取消,此世界共和国之通义,立宪政治之大经也。近阅报载大总统十一月四日命令解散国民党并追缴隶籍该党国会议员证书徽章。夫该党本部与南方乱党勾结,政府依法律委任,以行政命令解散不法之结社。凡我国民无不认为正当,独是国民党与隶籍国民党之议员在法律本属两事,其处分自不能从同。假令议员而与乱党通谋确有证据,勿论隶何党籍均得按法惩治,否则确与乱事无涉,即隶国民党籍亦不能牵连取消。盖党自党,而议员自议员,二者性质不侔,即不能并为一谈。查《议院法》第八条,"议员于开会后发现不合资格之疑义时,各院议员得陈请本院审查,由院议决,选举十三人组织特别委员会审查之",据此议员资格之疑义,其审查权属之两院,院法规定彰彰可证。今政府以隶籍国民党之议员,早不以法律上合格之议员自居为理由,岂非以政府而审查议员资格,侵害国会法定之权限乎?至于追缴证书、徽章,直以命令取消议员。细按《约法》,大总统无此特权,不识政府毅然出此,根据何种法律,此不能不怀疑者一也。十一月四日命令之结果,国民党议员被取消者三百余人。次日又追加百余人,遂过议员总额之半,两院均不能开会。查议员中有已早脱该党党籍改入他党,或素称稳健曾通电反对赣乱者,亦一同取消,政府确为惩治内乱嫌疑耶?则应检查证据分别提交法院审判,不得以概括办法良莠不分,致令国会人数不足,使不蒙解散之名而受解散之实也。近复报纸纷传政府将组织行政委员会修改《国会组织法》,改组国会,此种传说是否属实，姑不具论。究竟政府方针对于民国是否有国会之必要，对于国会是否以法律为正当之解决，此不能不怀疑者二也。议员等对于国民党素深恶绝，当南方无事，政府敷衍伟人之时，于彼破坏主张，无不严厉攻击。及湖口乱起，天下震动，亦曾连名通电声罪致讨。今政府以去害群扶正气为前提，实与议员等素志符合。唯去之之方是否适法，扶之之道是否诚心，群怀疑虑，势难缄默。兹依《议院法》第四十条提出质问，应请政府于三日内明白答复。

民国二年十一月十七日

提出者：邓毓怡、韩增庆、张云阁、刘景沂、王锡泉、耿兆栋、张滋大、孙洪伊、李家桢、贾睿熙、王振垚、张则林、张敬之、王双歧、常堉璋、王荫棠、焉泮春、张嗣良、曾有翼、范殿栋、莫德惠、王玉琦、齐耀瑄、杨荣春、田美峰、陈耀先、孟昭汉、陈士髦、朱继之、吴渌、姚文楠、谢翊元、徐兰墅、陈经镕、邵长镕、陈义、孙炽昌、王汝沂、陈允中、董增儒、孙光圻、蒋凤梧、凌文渊、汪秉忠、许植材、张埙、王多辅、何雯、戴声教、汪彭年、吴日法、江谦、陶镕、彭昌福、宁继恭、黄象熙、黄懋鑫、葛庄、曾有澜、郭同、李国珍、吴宗慈、黄裳吉、陈友青、陈韡宸、蔡汝霖、张世桢、朱文劭、王烈、虞廷恺、杨树璜、曹振楙、陈蓉光、陈承箕、连贤基、刘崇祐、黄荃、林辂存、杨士鹏、陈堃、邱国翰、王笃成、范熙壬、黄肇河、张伯烈、李尧年、郑德元、刘万里、覃寿公、汤化龙、陈邦燮、查季华、冯振骥、汪哕鸾、彭汉遗、时功玖、郑万瞻、张则川、程崇信、张宏铨、曹瀛、周庆恩、郭广恩、董毓梅、侯延爽、李元亮、阎与可、张玉庚、王之簶、周祖澜、周树标、耿春宴、任曜墀、张善与、梁文渊、于元芳、王广瀚、贺升平、张协灿、郭涵、郭光麟、韩胪云、张坤、金焘、侯元耀、梁善济、刘祖尧、康慎徽、谷思慎、王兆离、郭自修、贾缵绪、李增秋、裴清源、王国祐、侯效儒、祁连元、杨润身、段维新、继孚、张万龄、刘寯伦、米家骥、罗润业、秦肃三、李文熙、黄璋、余绍琴、周泽、张瑾雯、刘纬、廖希贤、郭成炆、黄云鹏、傅鸿铨、蒲殿俊、萧湘、王枢、萧晋荣、陈绳虬、严天骏、陈祖基、牟琳、陈太龙、王乃昌、程大璋、陈光勋、沈河清、符诗镕、杜成镕、孙世杰、陈廷策、万贤臣、刘尚衡、阿昌阿、富勒珲、熙钰、林长民、张国溶、汪震东、吴渊、唐宝锷、蔡汇东、花力旦、楞住布、颞录、薛大可、方贞、康士铎、阿旺根敦、一喜讬美、石凤岐、王弋

按:国务院于 12 月 23 日对此作出如下答复:

径启者。接准参议院咨开,"查参《议院法》第九章'质问'第四十条'议员质问政府时,得以二十人以上之连署提出质问书,由各院转咨政府,限期答复',兹据本院议员张其密等依法提出关于《政府以命令取消议员资格致两院不足法定人数不能开会》质问书一件,相应咨达贵院查照,务希于三日内答复。复准众议院咨开《议院法》第四十条,'议员质问政府时得以二十人以上之连署提出质问,由各院转咨政府限期答复'等语。兹由本院议员邓毓怡等一百九十四人提出关于《追缴国民党议员证书徽章》质问书一件,相应咨请大总统查照,即希政府答复各等因。到院查《议院法》第四十条,提出质问书之规定系根于《约法》第十九条暨《国会组织法》第十四条之规定而来。质而言之,议院质问权之行使应以《约法》暨《国会组织法》为主,《议院法》为从,盖一则属于根本法之性质,一则属于普通法之性质。以普通法之规定补充根本法之所无,则可;以普通法之规定变更根本法之所本有,则不可。依《约法》第十九条暨《国会组织法》第十四条之规定,质问权为议院职权之一,非议员职权之一,其义甚明,故质问权之行使,无论《议院法》有如何连署之规定,虽不必经由院议公决,要不能不经由议院公决,要不能不经由议院提出,是以议员迭次依《议院法》而提出质问书,均于议院。有《国会组织法》第十五条所定,'总议员过半数之出席得以开议时,由议长于开议日期报告文件之际,提出报告',此执行《国会组织法》暨《议院法》之通例,实为两院所现行,断未有不经此项手续而可以滥行质问者也。兹来咨既称两院不足法定人数不能开会,则议院所有之质问权,当然因不能开会之结果而不能提出。若谓《议院法》第四十条之规定,仅以得二十人以上之连署为限,此外均属自由,则必本条无提出由院转咨之明文而后可。本条既明明规定提出质问书应由各院转咨矣,则《议院法》所称之各院应即为《国会组织法》第二条所称各议员组织之院,暨第三条所称各议员组织之院,该两条所称之院欲行使《约法》第十九条、《国会组织法》第十四条之质问权,其质问书应于有《国会组织法》第十五条总议员过半数之出席得以开议时提出。盖咨称质问书系规定提出于各院,非规定提出于各议长也。若不于此时提出,则不能以不足行使议院职权之各院率行转咨,此为《约法》《国会组织法》《议院法》相互间之精神所寄,未便以不能开会之少数议员而可意为出入于其间也。查两院议长业于十一月十三日以两院议员不足法定人数不能开议,不得已于十一月十四日起停发议事日程等语通告有案,此次质问书之提出,在议院议长通告停发议事日程之后,既已停发议事日程,何能提出质问书?且查当日提出质问书之情形,系发生于两院现有议员之谈话会。以法律规定所无之谈话会,而提出属于法律上议院职权之质问书,实为《约法》《国会组织法》《议院法》规定所未特许。政府为尊重国会起见,对于不足法定人数之议员非法所提出之质问书,应不负法律上答复之义务。惟查各该质问书于追缴隶籍国民党议员证书、徽章及令内务总长分别查取本届合法候补当选人如额递补各节,不无所疑,不能不略为说明,以免误会。查十一月四日大总统命令,曾声明此举系为挽救国家之危亡,减轻国民之痛苦起见,并将详细情形布告国民。盖以议员多数而为构成内乱之举,系属变出非常,不特《议院法》未规定处理明文,即各国亦无此先例。大总统于危急存亡之秋,为拯溺救焚之计,是非心迹昭然天壤,事关国家治乱,何能执常例以相绳,所以令下之日,据东南各省都督民政长来电,均谓市民欢呼额手相庆。议员张其鐄等所称举国惶骇,人心骚动,系属危言耸听,殊乖情实。且现已由内务总长核定调查候补当选人,画一办法令行各省依法办理。议员邓毓怡等所称对于民国是否有国会之必要,尤属因误滋疑。总之,前奉大总统命令,业已郑重声明,务使我庄严神圣之国会,不再为助长内乱者所挟持,以期巩固真正之共和,宣达真正之民意"等因。各议员果能深体此意,怀疑之点,当能释然。除函答参议院议长外,相应函请贵议长转达贵院现有各议员查照可也。此致众议院议长。(《众议院议决案汇编·质问书》,《北洋时期国会会议记录汇编》第9册)

11月20日,致函汤化龙与黎元洪,为袁世凯肆意解散国民党、取消曾参加国民党议员资格,导致国会名存实亡,期望有所挽救。

按:谱主自发起民国共进会后,又加入民国公会,既而民国公会并入共和党,嗣为进步党党员。而民国共进会则并入统一共和党后,该党复改组国民党,乃兼为国民党党员。虞廷恺以政党之离合不在形式而在精神,既已断绝关系,何贵登报声明,而于此次事变,遂毅然自请解职。尤其对于国会,仍具维持之意,乃上书副总统兼参议院议长黎元洪、众议院议长汤化龙。

《致众议院议长汤化龙函》：顷闻两院议员凡挂名国民党党籍者，不问确在该党与否，一律追缴证书、徽章。廷恺原系共和党党员，跨统一共和党党籍，统一共和党既改组国民党，当然取得国民党党员资格。虽自春间入京以来，忝任共和党交际员，进步党成立，复任庶务科副主任，事实上与国民党断绝关系。然国民党党籍尚未脱离，虽警厅未派警追缴，然法令所在，未敢弁髦，理合将当选证书及众议院徽章奉缴，务祈察收，分别存交。其所以不交警厅而径送尊处者，盖保立法机关之尊严，而全个人之廉耻也。区区私衷，幸祈鉴察。（《国党解散后侃侃陈词之虞议员》，《申报》1913 年 11 月 21 日，第六版）

11 月 28 日，与郭同、萧晋荣、梁善济、胡源汇、汪彭年、牟琪、萧晋荣、龚焕辰等筹备成立宪法期成会，与郭同、汪彭年、牟琪、龚焕辰当选筹备员。旨在研究一完全之宪法草案，通电各省以为恢复国会前提。筹备会发布宣言书如下。

窃维近世文明国家之所以异于专制国家者，在于立宪、非立宪之分。质言之，即其国有宪法与无宪法而已，自十八九世纪以来，平民贵族之争，人民、君主之争，以引起政海之大波者，无非发动集中于此之一点。求之而不得，不惜捐身家倾财产以殉之；求之而即得，犹不惜□精神糜口舌以护之。民国成立，二载于兹，正式元首始经选定，而大宪未成，一切设施犹沉滞于《约法》时代，国人怅怅有如失路。自《宪法》草案脱稿，其内症结，揆之历史国情，如何窒碍，方待悉心修正，以底完成。不幸事变之来，牵及国会，立法机关因而停滞，而根本大典亦同束阁。同人等外鉴大势，内伤危局，以为宪法一日不立，国本一日不固。爰不揣绵薄，纠合同志，发起斯会，名曰"宪法期成会"，集思广益，精心研究，务期会通法理事实，以求完美法典早日观成。凡我国会议员负立法之重责，自当表此同情，即国会以外有热心爱国具有高深学者，赞成本会宗旨，同人亦极意欢迎，共成盛举，无任盼切之至。列名者：郭同、陶镕、许植材、龚焕辰、胡源汇、吴炬、陈黻宸、萧晋荣、王乃昌、陈光勋、哈得尔、王汝沂、徐兰墅、曾有澜、胡汝麟、郭涵、张国溶、吴渊、曾有翼、刘兴甲、王玉琦、刘新桂、刘景烈、虞廷恺、郑江□、陈邦传、赵时钦、余绍琴、熙钰。（《申报》1913 年 12 月 1 日，第二版）

11 月 29 日，进步党召开职员会。主席汤化龙报告：刻下本部经费奇绌，应设法撙节,拟即并科裁夫,以节靡费。经众赞成,交审查再议。

11月30日,进步党召开该党两院议员会。据巡官章宗楷报称:

> 今日午后一时余,进步党本部开本党两院议员会,呈报前来。当经电知行政处,由本署警佐曹文琳暨巡官章宗楷等至该党监视,并会见警察厅警佐闵持正到场。至二时半,由主席汤化龙报告:国会自国民党议员取消,多日迄无结果。前见总统及国务总理,均言国会须当维持,然无一定表示如何维持之法。且现届岁费应领之时,财政总、次长意见迄未一致,应如何进行。等语。继由龚焕宸发言:维持国会须由宪法期成会,及此次取消议员纯系国民党籍,与本党无涉,本党议员字应在京候政府最后之解决,不可辞职或出京。田应璜言:不能仅恃宪法期成会,须研究他项对待之方法。王家襄言:挽回此次取消本党议员,经朱总长交国会筹备事务处,查其从前党籍是否国民党,并催各省候补者到京,以维持国会。萧晋荣言:维持国会,政府既无维持进行方法,须举代表质问。后经表决,最后众人纷议决定举代表改见黎副总统征诸意见,惟刻下饶汉祥到京,须开会欢迎,问其曾否授〔受〕副总统之表示,再议代表前往与否云云。至四时余散会,计到会议员一百六十一员。所有监视进步党本部开会无事情形,理合谨呈警察厅总监。(司马城辑《进步党资料一束》,《近代史资料》总第73号,第191—192页)

12月1日,列名宪法期成会筹备员函报京师警察厅开会日期。

### 汪彭年等发起宪法期成会函报京师警察厅开会日期

> 敬启者,同人发起宪法期成会,专以研究完美宪法,期望早日成立为宗旨。爰定本月三号下午一时在铁门安庆会馆开成立大会,理合遵章报告,幸希察照为荷。此颂
>
> 公安
>
> 宪法期成会筹备员:牟琳、萧晋荣、龚焕辰
>
> 同启:郭同、虞廷恺、汪彭年

(刘苏选编《宪法期成会》,《北京档案史料》2011年第3期,第279—284页。)

12月3日,宪法期成会成立大会在安庆会馆召开。汪彭年报告开会宗旨,筹备员萧晋荣、龚焕辰、牟琳、虞廷恺等删改该会章程,大会公举干事员16人。

宪法期成会发起以来，两院议员赞成加入者已有二百余人之多。由发起人设法进行，已于本月三日在安庆会馆开成立大会，先期由发起人通知各赞成人，于是日下午一点钟陆续到会。是日到会者一百数十人，分散宣言书及会章毕，当场推定汪彭年君为临时主席。开会后首由汪君登台报告开会宗旨，约分二项：一就宪法上论，汪君略谓国会搁浅，宪法亦因而迟顿，宪法为一国之大纲，岂能任其迟顿？发起人等此次组织宪法期成会，在促成民国之宪法。故本会宗旨亦即以宪法为范围，宪法一日告成，则本会立即解散。且本会组织之意在于有此研究讨论之机关，则全员即可为研究讨论之手续，其补益于宪法殊非浅鲜，故本会专以研究宪法为职，不分党界，不分意见，殊途同归，以观宪法之成。宪法一日不成，则本会一日不懈，此就宪法上言也。二就责任上论，本会发起人等均系两院议员，现在国会搁浅，已不能开议，然本会发起人等既负父老之委托来京，负立法机关之重任，自不能因国会之搁浅而置宪法于不问。故有发起此会之事，无论力逮与否，总以尽责为是。在京可不旷职，回省亦可见本省之父老，此本会发起，由责任上论也。主席宣布开会宗旨后，复将会章逐条朗读，请各发起人赞成人陈述意见及改订其意旨语句，并声明会章为暂用草章。第一、第二两条均无异议，第三条由众发起人磋商，第三、四两条加以删改，其第九条则删去大会之一大字，其余各条均无更动。主席报告毕。复提出干事员，由公众举定十六人，姓名列下：陶镕、龚焕辰、胡源汇、陈黼辰、萧晋荣、陈铭鉴、张国溶、虞廷恺、赵时钦、王振尧、牟琳、祁连元、陈善、孟昭汉、范熙壬、郭同。此外，尚有交际员，各省听便推举。其会所暂时设在廷寿寺街新社会日报馆。（《宪法期成会成立大会详情》，《申报》1913年12月8日，第二版）

北京电（通告发起宪法期成会）：武昌黎副总统、各省都督、民政长，将军、都统、护军使、镇守使、省议会、各政党、各报馆钧鉴：近世君主国体犹尚立宪，矧我共和，其何能阙？粤自肇造二载于兹，群情水动，国本沙浮。前者议院开幕，举国殷望，以为根本大法指日可成。迨暴徒逞乱破坏大局，党界之争集于国会，立法事业迄无良果，重以宪法草案亦多戾于国情。风波迭起，国会因之搁浅。焕辰等忝列代表，无力挽回。幸望国民党诚亏厥职，惟宪法为国命所托，因议院之不幸，而使宪法几于束阁,如国家何? 爰集合同志,发起宪法期成会,对于法草案如何修正之处,对于《国会组织法》及《选举法》如何修改之处,皆凛集思广益,用底于成,区区之心,惟此而已。世多爱国君子热心远识,鉴此微忱,倘辱电表同情,加入赞成之数欢迎盛谊第私情,除即日开会成立再行电告外,现假常寿寺街二十号为临时事务所。并此奉闻。宪法期成会发起人龚焕辰等谨叩。(《要电》,《新闻报》1913年12月5日,第二版)

《宪法期成会第一次宣言书》:"吾国人所以捐身家、忍苦痛,以事改革者,何为乎? 曰求共和也。吾国人所以厌弃专制,而不惜出最重代价,以购此共和者,何为乎? 曰将建立宪代议政体也。自正式国会开幕,他务未遑,即有宪法起草委员会之设。时阅六月,宪法草案乃经脱稿,事属草创,其内容症结,质之历史国情不无窒碍,此则吾同人所不必坚执自讳。然要不可不谓为宪法进行程序得一部之成立。不幸事变之来,集于国会立法机关因以停滞者,行匝月矣。顾宪法良否为一问题,宪法有无又一问题,草案之不良尚待大会磋议,即议定矣,犹有修正之余地。至并此不良宪法而无之,民主立宪之谓何? 自国会阻滞,因而发生极相反之严正的法律论与豁达的政治论,群言纷纷,莫可究诘。然国家多故,波澜先起于立法机关,大可痛也。因立法机关之影响,使吾根本法典同于束阁尤不可忍也。吾言至此难者将曰正式元首已定,约法固与宪法同效力也。何汲汲于宪法? 噫,是亦惑矣。民国成立二载,于兹草草,金陵遗此委蜕,其不周于用,何待多言。盖元首者人的关系,而宪法者,法的关系,有治人无治法,岂所论于共和法治国家,以临时元首执行《约法》可也。以正式元首执行此不明不备之《临时约法》,其可乎美之独立也。在千七百七十六年,而其宪法之制定也。在千七百八十七年,当时固有所谓联邦条规,而此十一年中,合众国国家犹不为完全成立也。法以千八百七十年第三共和宣布,而千八百七十五年宪法始经告成。其前二年麦克马洪固已当选总统,然此五年中,法之共和政体犹未确定也。夫美以联合组织其各州,宪法衰然固在,法则拿坡仑三世之宪法除与共和抵触外,可适用者犹多。然一则鲍多因哈密尔吞等之先事奔走经营,一则共和派与王党几经冲突者,又岂一日。吾国今日情势,岂彼二国当时可比,而犹有此五年、十一年之余暇以待吾从容撰定耶? 总之,临时期间则吾国家吾人民所亟待脱离之一境。所谓临时者即合临时政府与《临时约法》而言，今幸正式政府告成，而此《临时约法》，凡我国人岂忍与之终古哉！同人等不揣绵薄，因创斯会，曩者满清专制所谓"立宪预备"，宪法期成，仁人志士犹且前呼后应，一唱百和，匆际共和而群相沉浮于有政府无宪法之中，后顾茫茫，曷其有极？嗟乎，人之欲善，谁不如我，世有同志，盍归乎来？"（《宪法期成会第一次宣言书》，《新闻报》1913年12月8日，第三版）

12月5日，宪法期成会开职员会。讨论宪法问题，表决之大纲如下。

> 一、国会取一院制或两院制。（表决）主张两院制。二、行政取总统制或内阁制。（表决）主张内阁制。三、众议院对于阁员之不信任投票及大总统之解散权。（表决）信任投票须得出席员三分之二之同意，大总统解散众议院，须得参议院过半数之同意。四、国会对于大总统任免国务员之同意权。（表决）不规定。五、国会委员会。（表决）不设置。六、审计院之组织。（表决）审计院长由大总统提交众议院得其同意者任命之。七、平政院。（表决）应设置。八、关于大总统、副总统及国务员之弹劾案。（表决）由参议院及大理院选出同数人员组织审判之。（《宪法期成会之发轫谈》，《申报》12月10日，第二版）

12月9日，进步党本部召开两院议员会，到会130多人。主席汤化龙、理事梁启超报告：报纸登载谓政府主张有五年不开国会之说，此等言论实为无稽之谈。本党如能承认11月4日之命令，国会尚有复活之余地。牟琳提议承认11月4日命令为有效，政府须恢复已被解散之部分议员（在湖口乱事以前登报声明脱离国民党者；或以电报文字反对乱党者），国会能足法定人数照常开会，即可追认命令为有效。获表决通过，主席指定牟琳、陈铭鉴、刘景烈、陈善为代表向政府交涉。

12月10日，进步党召开两院议员茶话会，提议宪法期成会手续当着力进行。值此副总统到京之际，拟将宪法草案另日定期表决。

12月11日，副总统黎元洪到达北京。谱主曾赴湖北筹商维持进步党之策。

> 参议院议长王幼山、众议院议长汤济武及秘书长林宗孟均于前一日（即初十日）下午三点偕同大总统代表梁士诒等前赴保定欢迎。……又闻副总统对于此次国会风潮力主维持，且黎为进步党理事长，故进步党日前曾公推虞廷恺、萧晋荣君前往湖北请示筹商维持之策。黎谓既

系共和国体,万不能无国会,此次入都必为竭力维持,使目前之政治进行不致妨碍,且使民国将来之基础不至动摇。(《副总统到京后之种种报告》,《大公报》1913 年 12 月 13 日,第三版)

12 月 16 日,出席宪法期成会会议并发言。会议在大磨盘院召开,讨论宪法修改事宜,表决宪法草案修正理由三条:不信任投票一条,表决取消,不加入宪法正文规定;解散众议院问题,表决参议院改组后由参议院议员过半数表示解散之;国务员由议院信任之议决之条,表决删除。72 人参加会议。(据《内右二区警察署呈报宪法期成会开会情形》,12 月 16 日)

## 附:宪法草案修正理由书

一、不信任投票问题

国会为监督机关,政府失政溺职,必有制裁以随其后。立宪国家所以政治进化,日臻于强盛之域也。制裁之法维何?即以不信任投票推翻旧政府而产出新政府是也。顾各国大都由政治习惯递演而成,而以成文规定于宪法者卒鲜。似宜让之习惯,不必列为条文。不知议会行动,必以法律为根据,宪法既未赋予而贸然行使,苟政府以违法相诘,将何道以济其穷?且前清资政院弹劾政府,屡见不一,见以根据《资政院章程》也。《临时约法》第十二条,参议院对于国务员失职或违法时,得弹劾之。是固明明勒为条文,以资运用。惟弹劾性质属于违法问题,其结果归于特别法庭之审判,不信任投票属于政治问题,其结果归于内阁辞职或议会之解散。性质既异,分别规定,较为适宜。惟是政府更动频繁,决非国家之福。苟投票额数不加限制,则议会滥然行使,内阁日在动摇之中,俾有力之政治家不得久于其位,竟行其志,将何以图治理而臻富强乎!故对于不信任投票,须有三分二以上之同意,方得议决。庶几法理、事实两不相妨。此修改《草案》第四十三条之理由也。

二、解散众议院问题

议会代表民意者也。认政府施治之不当而出以推翻之手段。政府苟自信其政见足以得国民多数之同情,则解散议会,重行选举,以待国民之判决。故不信任问题与解散问题,为立法府与行政府相对之武器。惟是议会之解散也,补行选举,全国骚然,财政上、经济上皆受莫大之损害。政府者与议会立于相反之地位者也,苟不慊于议会而滥用之,则立法机关动遭政府之蹂躏，民气不张，国谁与立？故对于不信任投票既取严格之票额，则解散众议院亦必附以相当之限制，则参议院之同意为不可少矣。惟《草案》第七十五条规定，大总统解散众议院须得参议院三分二以上之同意，无乃限制太严，俾政府毫无运用之余地。故拟改为过半数，一面保障政权之滥用，一面节制民气之偾张，俾政海波澜，参议院常立于调和之地位，而国基可固矣。或者谓吾国参议院议员与众议院议员其资格、地位无不相同，众议院攻击内阁时，参议院必取同一之态度，要求同意是无异与虎谋皮，必不可得之数也。不知参议院组织不能表示上院之特质，多数舆论主张修改《国会组织法》已为定评，改组问题不难解决。固不能以彼难此也。

众议院认国务员施政不当时，有列席议员三分二以上之同意，得为不信任之决议。

大总统经参议院列席议员过半数之同意，得解散众议院。

### 被弹劾之大总统副总统及国务员，应由参议院与各法院各互选出同数委员公同组织特别法庭审判之理由

查世界共和国大总统、副总统、国务员因犯罪或违法行为，多由下院弹劾，上院审判。美利坚、法兰西、巴西等国皆是也。我国《临时约法》第四十一条采用由法院审判主义者，因约法上仅有参议院而无所谓众议院也，且既受参议院弹劾，断无复受原弹劾机关审判之理。今宪法草案规定参议院既无弹劾之权，则居间调停是乃天职，况将来参议组织改善，自渐趋于保守、稳健一派。如是则审判大总统、副总统、国务员之特别法庭，似不妨令参议院与最高法院公同组织，以昭平允，且判决为有罪或违法时，仍以列席员三分二以上之同意成之。如各规定，庶足以昭慎重而免偏畸矣。

### 行政诉讼宜归平政院裁判之理由

查《临时约法》第十条，人民对于官吏违法、损害权利之行为，有陈诉于平政院之权。第四十九条，法院依法律审判民事诉讼及刑事诉讼，但关于行政诉讼及其他特别诉讼，别以法律定之。据此条文，则行政诉讼之裁判权属于平政院，《约法》上已早为规定矣。今宪法《草案》以行政诉讼裁判权隶属于普通法院之下，不但启人民轻视官吏之心，有损行

政之尊严,且恐无以保行政与司法双方之平衡也。故关于行政诉讼事宜,另设平政院以裁判之,则行政与司法两权可以确保其平衡矣。

第五章国会委员会

第五十一条删。

第五十二条删。

第五十三条删。

第五十四条删。

谨案,国会委员会之设置仅限于国会闭会期内行使。第四十九条许可议员之逮捕或监视及受理政府之报告理由。第七十一条认大总统无戒严之必要,应行宣告解严。第八十条第二项,国务总理出缺,同意大总统之任命署理。第一百四条议决财政紧急处分,及本章第五十三条受理请愿并建议及质问种种职权。而其委员额数则为参议院议员二十名,众议院议员二十名,在参议院中仅占议员总额十三分之一,在众议院中仅占议员总额三十分之一,其不足代表全院议员之意志,较然甚明。乃其可议决之事项,如议员之逮捕、监视,大总统之宣告解严,在国会闭会期内似无由立法部干涉之必要。且议员被捕在开会期间以宪法为之保障者,防立法权为行政权所蹂躏。或以人数不足之故不能自由开会,非因议员之身份较高于普通人民,遂定特别法律以回护之也。至于大总统之戒严、解严,纯系行政部之军事作用,非有内乱外患之发生,不得一遇,即偶遇之,亦非少数之国会委员所能担其危险。其他若署任国务总理之同意,则与责任内阁制度殊不相容,应照众议员任命总理同意权一律抛弃。又议决财政紧急处分,已于但书声明。次期国会开会后七日内,须请求众议院议决追认。若国会委员会事前可决,而众议院不可事后承诺,则其议决为无效。若谓国会委员会业经可决,在事实上众议院不能予以承诺,则宪法条文何必复定此众议院之追认权。叠床架屋,二者必居一于此。况国会委员系两院选出,而宪法草案,任命国务总理之同意权及财政紧急处分之追认权,明明规定为众议院所独有,两院权限纠葛不清,法理法文自相抵触,以矛陷盾,不能不概予芟夷。至于受理请愿、建议、质问,在草案第四十五条、第四十六条、第四十七条,应由两院各别行之,乃糅杂之于两院共同组织之国会委员会,亦不啻自乱其例。且受理请愿而不能直接议决,改作法律,建议政府,而不必书会期中立予实施。质问国务员而不能要求出席为口头之答复,是行使此项职权与不行使无异。故本修正案主张将第五章各条全行删改,并将第四十九条第一项、第二项第七十一条"或国会委员会"六字各删去。第八十条第二项全删,第一百四条删除"经国会委员会之议决"九字,以昭划一。

第八十条,全删。

谨案,宪法草案第二十条,中华民国之立法权由国会行之。第五十五条,中华民国之行政权由大总统以国务员之赞襄行之。第八十四条,中华民国之司法权由法院行之。是宪法草案之立法精神,原采用三权分立制度。又,第八十一条第一项,国务员赞襄大总统对于众议院负责任。第二项,大总统所发命令及其他关系国务之文书,非经国务员之副署不生效力,系采用责任内阁制度。大总统为行政最高机关,行政权之行使不能自由表现,必依国务员之赞襄,始得行使国家主权之一部。而为国务员中之领袖之国务总理,非经众议院议员之多数同意,不得直接任命。是行政部组织国务院之前即受立法部一部分之众议院之束缚。又,宪法草案第四十三条,众议院对于国务员得为不信任之决议。第八十一条,国务员受不信任之决议时,大总统非依第七十五条之规定,解散众议院应即免国务员之职。又,第七十五条第一项,大总统经参议院列席议员三分二以上之同意,得解散众议院,但同一会期不得为第二次之解散立法部中之一部。众议院对于国务员得为不信任投票,大总统遇众议院为不信任投票时,必于解散众议院及免国务员之职中审择其一。而解散众议院,非得参议院议员三分二以上之同意,不能解散。是解散众议院之实行殆陷于绝对不可能之境域,其势惟有勒令国务员辞职而已。是行政部组织国务院之后,复受立法部一部分之众议院之无端推倒。而代表行政最高机关之大总统,竟无从为之救护,其势非驱迫□行政部上责任之各国务员胥仰众议院之鼻且不止,而宪法精神之行政独立权之作用为之尽失。无论中国今日事实上绝不相宜,贸然行之必酿成众议院专制之恶习,而内阁时之摇动,一切政务无从进行。于国家前途实有极大危险。故以绝对分权主义言之,任用国务总理同意权及不信任投票权,二者均属立法干涉行政之范围,关于行政独立最为妨害。但现今世界各立宪国政局之趋势,三权似不能截然分离,故行政部有提出法案之权,而立法部有监督政府之权。与其事前为同意权之制限,毋宁为事后之不信任投票,稍与行政元首之自由选任。谈其政见不

95

合,确有供人指摘之实据,乃始从而推倒之,其名较正,其势亦自易行,且与责任内阁制度尤为适合。英吉利之任命国务总理,不经国会同意,而实行不信任投票之通常方法,即其例也。盖任用国务员同意权,惟美国上议院有之,而其性质与国务总理不同,且对于国会不负政治责任,其政治责任仅由大总统一人负之。吾国宪法草案既不取美国之总统制,独于国务总理袭取其似是而非之同意权,颇与立法精神背驰。故本修正案主张将八十条第一项、第二项全行删除。

第百〇七条审计院之组织及审计员之资格,以法律定之。

第百〇八条审计院长之任命须经众议院之同意。审计院长关于决算报告,得于两院列席及发言。

谨案,审计院为财政司法之一种特别机关,与大理院性质相同。其审计员似无须由参议院选举,且审计员应采用法国制度,为终身官,非依法律不得减俸停职或转职,非受刑罚宣告或惩戒处分不得免职。故其任期亦无庸于宪法中明为规定。但审计院最重要之职务有二,一为辅助两院监督各国务员之执行预算,一为考查及监督国库出入之会计。若纯由行政最高机关自由任命,则与宪法上议定此种特别机关之精神不无违背。故本修正案主张,任命审计院长由大总统以众议员之多数同意之。不取参议院选举制,以保持财政司法之独立,且使审计员得终身从事于会计职任,车轻路熟,半事倍功,既省选任更迭之繁,亦乏顾忌瞻徇之弊。庶几两院议决之执行及国库收入支出之监督,其效方可实现。否则,行政部有城狐社鼠之凭依,审计院为本,吏地牢之刻画,绝腰以求,举鼎掣肘,而索工书,乱丝益棼,美锦难制,所谓财政司法之独立机关者尊而已矣。(刘苏选编:《宪法期成会》,《北京档案史料》2011 年第 3 期,第 279—284 页)

**12 月 18 日,宪法期成会开会议宪法修改事宜。**

首由郭同报告修改本会会章暨设立各省分会事件。一修改会章,预推出起草员二人,因修改只有数条,即由文牍员起草,不必另推专员。至本会以讨论宪法为唯一宗旨,本会虽系进步党会员赞成居多,此次修改宪法并无党界见存,总期共和时代能有一完全宪法为目的。就竟国会可能存在与否,即此次不能成立,亦必合力维持,使新国会再见于民国。然时期甚远,本会组织团体,改订宪法,作一预备,以期速成为目的,必先有一定办法。就维持中央现状一方面说,本会能否持久,经济上一大问题,现款约有八百余元。本会会员昨见黎副总统时说知此举,亦甚赞成,如请求协助数百元似可允许。即不然,各员亦可酌量协助,每人各出三五元,集腋成裘,亦可支持半载。延至彼时政界上对于国会如何状态亦可见有一定方针。如果新国会成立,此次议修宪法亦可见有成效。但此次对于宪法必征求各省人民意见,所以各省均须推广设立分会,拟定办法。如独立会所恐难办成,无论何项党会均可附设,最是正当办法。至议宪法一节,或主张先将宪法拟成,再行分寄各省通议一过,似觉完善。现今政体日更,于此时草草拟定,且恐后时未必适合,不如由本会于每届会期开议时提出数条,议定后分致各省,由各省再议。如此办法,节节进行,到可见有完全效果。或谓设立分会亦可想一变通方法,各省均设通信处,如有表示意见之处,均可函商,似属可行。抑或将通信处附设于外省各县自治所内,尤为简便。拟于下会期改定会章时公同协议。当即表决。时至四时余散会以外,并无事故。(据《外右三区警察署呈报宪法期成会开会情形》,12月18日)(刘苏选编:《宪法期成会》,《北京档案史料》2011年第3期,第285—286页)

12月24日,出席宪法期成会会议,作为会章拟稿人对修改会章逐条作说明。郭同报告修改会章宗旨。会议表决通过个别文字修改后的会章。到会21人。

为达智桥宪法期成会开临时职员会弹压情形呈报事。本日侦知宪法期成会午后一时开会,本署警佐张允升带同巡长郑肇文、罗德顺等前往监视弹压。到会者郭同、曾有兰、萧晋荣、陈光勋、陈耀先、何云、彭昌福、王广瀚、陈堃、张则川、傅谐、韩胪云、郑德元、龚焕辰、杨荣春、曹瀛、范熙壬、虞廷恺、李兆年、范殿栋、牟琳等二十一人。时至下午三点余开会。首由主席郭同报告上次开会提议修改会章,现时草拟章程十六条,公同讨论,俟议定表决后,再付刷印。次由虞廷恺报告修改会章应按条次第讨论,先说第一条。萧晋荣发言,此会究竟算一种什么会,并非国家授意,系本会会员自由组合而成,应认为代表民意。若论君主国亦不当以一般官僚主张意见制定宪法,何论民主国!且我辈议员不能存在,亦不过是人民分子,就为人民代表征求民意,造成完全宪法。并不是反对政府或谓后来修改条件难免有政府看为抵制的意思,将来就解散此会,亦所不惜。或谓如以政府一面看来,此会简直不能成立。萧君又云"造成"二字可改"研究"二字,应用征求民意,研究宪法之句。郭君主张改作"速成完全宪法为宗旨",公同赞成。第二条前次有两院议员为限之说,然既以民意定宪,当然添入公民资格。第三条从前各党会均以二人为介绍,应改作一人介绍。前次以有徽章证书者,得为会员。现改为有一人介绍,得向本会报名。范熙壬发言,二、三两条可并作一条,凡赞成本会宗旨,具公民资格者,由本会会员一人介绍,向交通处或分会报名入册,均同意。第四条,或谓此条可取消或谓"赞成"上可加"名誉"二字。郭君云,有赞成即有不赞成,或赞成并不入会,此条可仍照原文。第五条照旧。第六条虞廷恺云,"总机关"应改"总会",不必用"总事务所",并将"总理全国会务"一句删除,"其上海"一句,"其"字不用。范君云,各省下删"省会"二字。均同意。第七条、第八条当并作"本会设会长、副会长各一人,干事十人,公举之。"再另添一条"本会设交际员,每省二十人以上,由各区域会员公推之。"均通过。第九条定为"会员三分以上之要求亦得开会。"第十条改为"本会专设宪法研究会,规则另定之。"余均删除。十一条仍照原拟。十二条"经常捐每年一圆,特别捐公募之。"余下各条均如拟。当即表决。

## 会章

第一条　本会以造成完美宪法,促进成立为宗旨。

第二条　凡赞同本会宗旨,具公民资格者,得为本会会员。

第三条　凡入会者,须由本会会员一人介绍,在本会所在地得向本会报名入册,在交通处或分会所在地得向交通处或分会报名入册。

第四条　凡具高深学识,未入会而赞成本会宗旨者,得由本会推为赞成员。

第五条　会员有违背本会宗旨者,由职员会多数议决,得宣告除名。凡以个人行为丧失公民资格者,当然消除本会会员资格。

第六条　本会设总机关于国都,总理全国会务。其上海、汉口等处设交通处,各省省会及内外蒙古、青海、西藏设分会。

第七条　本会设会长、副会长各一人,代表全会。会长、副会长由大会公举之。

第八条　本会设干事　人,协同会长、副会长办理会务。干事由大会公举之。

第九条　本会大会日期由职员会决定,另行通知。但有会员若干人之要求亦得开会。

第十条　本会专设宪法研究会,以现任国会议员组织之。每月开会在二次以上,须有会员三分一以上出席,人数过半数表决方为有效。

第十一条　本会每月开职员会一次,决议一切通常事件。其有必要时得开临时职员会。职员会以在京本会职员组成之。

第十二条　本会经费以左列各项充之:

一、经常捐每人每　元。

二、特别捐自由应募。

第十三条　本会□入款项,由会计干事每月造具表册,经会长、副会长核定,交职员会审查之。

第十四条　本会职员会办事细则由职员会定之。

第十五条　分会及交通处通则另定。

第十六条　本会会章由本会职员会提议,或分会代表三分之一提议时,经代表大会过半数议决得修改之。(刘苏选编:《宪法期成会》,《北京档案史料》2011年第3期,第287—289页)

12月25日,出席进步党为两院议员举行的饯行会,并撰写《进步党议员送别会序》。王家襄希望议员回归地方后,仍需维持党务,"等待时机,终能国会复活"。谱主曾提议成立进步党浙江支部。

据巡官章宗楷等报称:下午一时,进步党本部开特别会,当即电知在案。是日本署警佐陈钟汉带同巡官章宗楷,会见〔同〕行政处警佐金光伦暨速记生在场监临。届时因人数寥寥,至二时余始行开会。由理事梁启超主席报告:自去岁至今,先后两年,本党所经困难已达极点,而共同对于党务兴会,复能异常之隆。嗣反对党势力澎涨,党势受各方面影响,精神不免涣散。欲求地盘巩固,宜先规画一定方针,表明态度,以便进行。可见兴会减者,大半不知以政党为生活,徒挂其名而已,实际上政党性质、政党作用,多不明了之故。议会如此结果,虽受外界刺讯,兴会更当振起。目下社会状态,自革命后新知识发达,旧思想尚在浮沉,凡事均未能依次第进行。不过国体、政体万不可动摇。处此时令亦不可对抗过力,宜取稳健主义,或者可以调和。本党对于国家既负此责任,不能发挥作用,乃政党自身之不良,如在议会有力量,必可做出事业。国会如是结果,本党对此不能不负责任。惟是彼时尚未够一政党,第不过发生太早。回首进步党一年来历史,三党二、三年来历史,不尽感慨。而今前进方法应如何,庶方针有定,始能进行。今日究取积极扩张主义或消极保守主义;或借他种势力主义,或独立进行主义。此外经济问题,人的支配问题,而今国会散后,不能不团聚政党,须行一种经费,有一种人材,方能支配一切。办大党难,办小党易。英美政党发达,始终如一,即首先经济能支配到底,本党究能支配到何时? 数月来,对于本党不负责任甚多,皆因种种原因不能茬场。彭介石谓:理事维持国会究竟如何? 政府是否已上轨道? 应照从前本党表决维持主义。维持者,非维持现有国会,维持将来国会,维持宪法。宪法为国家根本法,制定者应为民定,现在成一种官定之法。所抱维持者,民定之宪法也。维持舆论,现在竟以各省都督之电报,二三官僚之主张为舆论。将来宜以正当之主张,作舆论之标准。胡汝霖谓:本党加入阁员乃取赞成主义,非党议加入(指进步党员强入熊希龄内阁一事)。俱乐部两次讨论颇有不同之点,如以党议加入,此时可以辞职;以个人资格加入,经本党赞成,此时可以不必责其不能以党议争胜于各方面,但求有一份力即尽一份维持心。萧晋荣谓:国会经过之重大议案,种种维持之苦心,如大借款,如选举总统各事,受反对党之讥刺,而今国会如此落脚,现在第一办法要在法律中维持。王敬芳谓:外面怀疑本党,而本党又分内阁、国会两派,皆由态度不明了,因而发生种种之误会。王乃昌谓:主张拥护特殊势力,维持民定宪法。牟琳谓:在轨道以内,不问何人之主张皆赞成之,否则极力反对。于是众议纷纷,有谓不认行政机关修改国会,试问现在各省代表是否民意所办,是否全合舆论? 有谓永远维持国会之法:人格要高,道德要重,法律知识要精,不主破坏,不怕穷,不怕死,到底维持。有背党议者,无论理事、党员,□群起反对、惩戒。有谓政府现在是否在轨道上作事? 阁员是否能做到责任二字? 且遇事理事不公布,究因何故? 请梁理事报告。梁复谓有能公布,有难以公布者,且每因事匆忙,不能到党接洽,亦系罪无可辞。后大众又请主席以政府年内召集国会付表决,民定宪法付表决,均经多数赞成。是日到会者一百三十余人,在场照料,下午五时余散会,余无事故。(据内右二区警察署长查裕

《为进步党开特别会监临情形呈报事》，民国三年一月五日）（司马城辑：《进步党资料一束》，《近代史资料》总第73号，第194—196页）

支部诸执事大鉴：读致本部书，敬稔众执事维持热忱，曷胜佩慰。支部成立由分部代表选举，此诚当然手续，亦至当办法。弟等一致赞同，正与他方婉商，一俟就绪，即行奉告。惟各省新党支部早告成立，吾浙为东南观瞻所系，党员尤占多数而优秀者。若必待正党解决而始进行，无如先组一临时支部。部长即如前议，各党各举一人。即可消弥意见于无形，复得雍容坐谈之机会，一举两得，计无善于此者。此弟等于徐君果人主张，犹不能不赞许也。要之。执事所持者法理，弟等所望于诸公变通办理者在事实，事实或有转圜之日，法理必无违背之时，潜移默化，时过情迁。弟等不敏，愿与诸公共勉之。不然宁为玉碎，毋为瓦全。此岂吾辈缔造政党之初意哉？区区微忱，幸祈鉴纳。即颂公安！
（虞廷恺先生手稿）

# 1914年(民国三年甲寅)三十五岁

1月5日，进步党召开特别大会。梁启超为主席，要求吾党以后应如何预备，以期进步展开讨论。彭介石、萧晋荣等纷纷发言。通过王乃昌提议：吾党今日应表示于国中者厥有二端：（一）本年必须召集国会；（二）宪法必须由民选机关制定。

进步党表决党义之通告　本月五号，进步党曾开特别会，表决党义，兹将其函告各支部原文照录如下："执事钧鉴：自政府解散国民党，并以命令取消多数议员，立法机关遂致停滞，从此国会何时复开，宪法如何制定，茫然无期。夫世界无一年不开国会之立宪国，亦无不由人民制定宪法之民主国，乃道路传闻，报章纪载，或谓暂停国会，以行军政，或谓官派议员，以议宪章，是直举民主立宪国原则而破坏之矣。夫悠悠之口，容非事实，而涓涓不塞，或成江河。舆论既无精确之主张，政府亦无明白之表示。本党素以维持民国自任，岂能委心任运，听其所之？当于本月五日开特别会，表决党义。一请政府务于本年内召集国会，二宪法必由民选机关制定，此实民主国之真精神，立宪国之大经，毫无反对之余地者也。除具呈政府并分行各支部、各交通处外，用特专函奉布，即希通告党员并转知各分部，万众一心，分途猛进，务期达到目的，以完本党责任，是所企祷。"(《进步党表决党义之通告》，《申报》1914年1月17日，第三版)

1月6日，与陶熔、范熙壬、彭介石、牟琳、傅谐、吴渊、耿春宴、李兆年、龚焕辰、陈铭鉴、刘光旭、张金鉴、张永麻召开宪法期成会职员茶话会，商讨印发第二次宣言书等事宜。牟琳报告宣言书起草经过和宣言书大意。

下午二时开职员茶话会，本署警佐张允升带领巡长郑肇文等前往弹压。到会者陶熔、范熙壬、彭介石、牟琳、虞廷恺、傅谐、吴渊、耿春宴、李兆年、龚焕辰、陈铭鉴、刘光旭、张金鉴、张永麻等十四人。首由牟琳主席报告第二次宣言书叙言经过情形。前半大意以组织宪法为必要，后半大意以国会发生，总以民选机关为主。国家无宪法，即不能有完全政府。宪法不采民意，亦不能成完全宪法。国会主体必由民选机关采择民意，制定宪法，方成完备。共和国无国会，究与专制有何区别？一般反对政府之人借词发难，一有事故，国家之危亡可虑。所赖以宪法为国家之保障，全从国民心理合力赞成。国会可以复生，非徒具有形式，必须以宪法之精神，巩固国家根本，采民选制度而组成。宪法为民意之代表，方成真正共和国家，庶不致有朝鲜、波兰之惨。默观往事，实为寒心。皆从全体会员心理中发而为表示意见。此二次宣言书之大略也。方今政府设立政治会议，议员之资格当然取消。此时不用政党，另立机关，组织宪法，果较议院制度为优胜，自然赞成。无如政府方针不对，人民当然力争，以政治会议组织宪法，与人民心理既不相合，与共和精神恐亦反背。本会会员皆隶进步党籍，专以政党资格维持国会，对于大总统固有绝大关系。即如国民党请总统辞职及国民党种种议案，若非进步党员全体设法抵制维持，何有今日！即对于人民一无所愧，必从人民心理组成宪法，方是至当，不易亦不过。生为国民，各尽一番心力，以达到完全共和目的为宗旨。将此宣言书即由庶务科油印，分送各机关，并用快信分寄各省各分会及登入报纸，不必另行排印。随后再组织请愿团。至此，有谓请愿团不必另组，本会各员一致同意，即列名上呈大总统亦无不可。众鼓掌。又报告上月开支数目约可十六元零，月支预算表大概相同。经常数目尚难预计，雇员必需书写一人，其薪支亦未算入，随后再议。余无事故，时至三时二刻余陆续散会。(京师警察厅外右三区署长张厚田《外右三区警察署呈报宪法期成会开职员茶话会情形》，1月6日）（刘苏选编：《宪法期成会》，《北京档案史料》2011年第3期，第289—290页）

宪法期成会之第二次宣言书　宪法期成会成立于上年国会搁浅之后，其所持以为号召之旗帜者，一即维持国会，二即拥护宪法草案。其第一步主张已于无形中打消，于是又一变其套本欲求舆论之援助以达其最后之目的。兹记其第二次宣言书如下：立宪国家所以维持于不敝者，夫亦曰宪法而已。惟是国家之有宪法，不在有宪法之形式，而在有宪法之精神。精神维何？即国民之信仰心是也，人民信仰宪法之意挚则团结力固，而国以又安；人民信仰宪法之意微则团结力弱，而国以多故。盖信仰之意挚则拥护之也，惟恐其不周而宪法之根本为之稳固，信仰之意微则破坏之也，亦惟恐其不至而宪法之根本为之动摇。夫至于宪法动摇而国家之受祸，宁可胜道？故欲强固国家，必自强固宪法始，欲强固宪法，必自强固国民之信仰心始。然则必如何，而使国民生信仰心乎？亦曰由民意而制定之宪法是也。乃者政局风云，国会停搁，于是制定宪法之机关经此波折已无复活之余地，此后二三年内吾国是否有代表民意之机关，民国宪法是否由民意机关之制定，皆非吾人所预知。惟吾人所应研究者，宪法为国家之根本法，将使上自元首下逮平民一致率由，罔或逾越，共和国家以民意为主体者也。苟制定之始仅由少数人之意旨自议决而自执行，则国民对于宪法无由生其信仰之心，有大力者出，则可藉口于宪法之不善，而思所以推翻之破坏之，则因信仰心之不固，而国家之根本将随而动摇，是宪法不足为维持国家之信仰，适足为破坏国家之利器，国家亦奚赖此宪法为也？故吾人第一宗旨认定民国宪法非民选机关不能制定，违反此义而产出宪法，皆吾人绝对不能承认者也，君主立宪之国皆不能。一旦无国会共和国更无论矣，现在之国会虽经政局之波折以致停搁，设使亘长期间无此机关以代表民意，在国民之眼光视之，将认为专制之复活，则因猜疑而生误会，因误会而走极端。豪强者利用之酿成激剧之暴乱，亦意计中事。共和告成秩序未复，人民受痛苦久矣，风雨飘摇，再经丧乱，则国将不国安。南朝鲜之已事可为寒心，消弭乱源，培养国脉，则国会之成立为不可缓矣。故吾人第二宗旨认定代表民意之国会亟宜从速发生，凡延宕迁徐以愚给吾民者，当视为破坏国家之具也。舆论为事实之母，同人虽能力绵薄，窃愿本此主义，求嘤鸣于友声，世多达人当为将伯之予助，安知政府不采健全之舆论以达吾人最后之希望也？爱国君子有表同情于本会者乎，则舆论之造成殆不远已云云。（《申报》1914年1月11日，第三版）

宪法期成会之在今日，已无成立之余地，而会员犹急急进行。今且有第二次之宣言书出现矣，其言之最足伤心者，则为"宪法反为破坏国家之利器"一语。呜呼！宪法何罪，而蒙此破坏国家之恶名？吾恐世界立宪国之宪法，从未受此不白之冤也！虽然，各国之良法，行于中国而蒙恶名者，岂仅宪法而已哉？（《杂评二·宪法期成会之二次宣言书》，《申报》1914年1月11日，第七版）

1月10日，大总统袁世凯宣布停止参众两院议员职务，一律资遣回籍。

春，与张淑婉在北京未央胡同南口宅邸结婚。张淑婉生于光绪二十四年四月十八（1898年6月6日），江苏苏州城人，苏州齐门女子私塾学堂毕业。

4月26日，进步党召开特别会议。理事长汤化龙报告与大中党合并事宜，部长王家襄报告党务，地方科主任梁善济报告现况，党务副部长孙伯兰演说。

5月17日，进步党开会，讨论政务。

首由理事王印川报告开会宗旨及本党经过、历史之困难，政务部未能成立之原因，并声明汤理事长本日未能到会，暂推林长民君为临时主席，顷由政务部副长张树森君陈述意见，略谓本党原定有政务部规则，只以分科办事，组织不易。又兼国会解散，本部职员多不在京，以致政务部迄未成立。现拟仍根据于政务部原定规则而以简单组织之通力合并，不必分科办事，以期进行较易，并宣读所拟之草则数条，请众讨论，而林长民君之主张则因政务部成立不易，拟于政务部外设一政务研究会，以本部在京职员组织暂不分科，但设干事三人，料理会中事务，而亦将所拟暂行规则请众讨论。于是牟琳君、陈善君、胡峻君及某君等先后发言，互有辩驳，大约不外根据原规则及另设研究会两派，后经公共讨论，旧规则本有并科会议一条，现既谓分科不易，不如即实行此条，不必另立章程，以免与政务原定规则抵触。胡峻君因请主席付众表决。于是，主席宣告赞成原定规则并科办法，不必订规则者，请起立，多数起立。后又接议开会日期，拟每星期开会一次，亦得多数赞成，主席乃宣告散会，时已四钟后矣。（《进步党开会讨论政务》，《申报》1914年5月22日，第六版）

104

5月29日,到太平湖进步党本部参加进步党成立一周年纪念会。理事、部长暨各科主任、干事及在京党员约千余人到会。

6月4日,被副总统兼参政院院长黎元洪聘为民国参政院佥事。《命令》,《申报》1914年6月5日,第二版）

11月,以瓯海矿业公司代表身份与孙氏家人协商,达成协议:孙氏家人决定以富强公司所办未成之孙坑铅矿,委托瓯海矿业公司继续开掘。原订约继续有效,矿区计广70余亩,当时即曾开掘,但纯用土法。

按:《孙衣言孙诒让父子年谱》载:"是年,瓯海矿业公司代表虞柏顾（廷恺）与孙氏宗人协议,决定以富强公司所办未成之孙坑铅矿,委托其计划进行。原订约继续有效,矿区计广70余亩,当时即曾开掘,但纯用土法。""民国初年,开发矿产受到普遍重视。永嘉银坑铅锌矿,早在1911年就有黄群、胡荣铨等雇100多名工人进行开采,结果亏了本。1914年,冯之云又租用大双坑铅锌矿试采三个月。同年虞廷恺等集资一千元,设立瓯海矿业公司,呈准注册,土法试采一年。"（胡珠生:《温州近代史》,第278页）

11月28日,经农商部矿政司批准,获得浙江永嘉县孙坑铅矿开采权。呈文与批件如下。

浙江永嘉县孙坑铅矿□瓯海公司虞廷恺卷一宗　民国三年十一月廿八日

详为详报事。窃奉钧部第一五六零号批开,"详悉,据称探矿案照例系由各署核定,准驳无逐案详报之规定,拟此后凡属核准探矿之案,按月汇考一次,即将矿图随详呈送,以资考核等语,事属可行,应即照准。此批"等因,奉此查本署十月份内,据瓯海公司代表虞廷恺请探浙江省永嘉县十七都孙坑前山铅矿,业经核准注册给照在案。兹检呈该公司原呈矿图一份,以资考核。理合具文详请总长察核备案。谨详农商总长。附呈瓯海公司矿图壹张。

署长　黄群

民国三年十一月二十八日农商部矿政司收［一五八一号］

农商部批［第一八〇七号］　据第三区矿务监督署长详报,十月份发给瓯海公司试探浙江永嘉县孙坑前山铅矿执照,并检呈该公司矿图,请察核。前案等情已悉,应即准予。前案矿图存,此批。

邢

（中国第二历史档案馆藏北洋政府档案）

# 1915年(民国四年乙卯) 三十六岁

2月22日(正月初九),三女喜云生于北京,为张夫人所出。成人后嫁给马屿五甲吴毓青。吴系瑞安中学毕业。

4月2日,致函报馆,表示按月交救国捐。

原函:"顷阅贵报载有我国民发起救国捐,足见我同胞热心为国不乏其人。鄙人于上星期曾已邀同小行华经理徐君及诸同事,决议于四月一号起,各将薪水项下按月以九五扣提。一俟经收机关出现之日,自当逐月解送(下略)。三马路光耀洋行虞廷恺上言。"(《虞廷恺函》,《申报》1915年4月2日,第十一版)

5月15日,致函父亲。函云:

日前,接到本邑林知事函,云有人在内务部控告来安乡私种烟苗。又云:夏、林二案,查明确属诬陷,已详省请示办法等语。此案现在如何了结?儿与林知事从未通信,探其来函之意,不外两种作用:(一)恐儿在屈巡按使前挑剔,故先作一人情。(二)明知此事已错,乃想出系铃解铃之计,自掩其丑。渠函内道及大人及家中款待情形,极其客气。儿复书中亦有提及"以后地方诸事,须顾全民气"等语,并露出有事可与大人商酌之意。不知渠日来对我乡举动如何?正朗在鄂抱病,仅三日而死,实属可惜。戴希侠、陈宗宸二人,迭次函询运柩及杭州眷属如何处置。儿以此事未与其父商定,不便冒昧作答。究竟正朗家中如何打算,请详细一商,示知。崇樾今年读书习算确有进步,讲解亦颇了然。喜梅目疾三月不发,人亦长大,读书颇留心,可拼四五句,尚不大谬。眷属均平安。谨此,禀请钧安!

5月17日,致函父亲。函云:

前日一禀,详陈林知事来函内述情形,计己递到。夏、林二案,据林公来函云云,当俟巡按使批回后,方有办法。此公貌虽纯厚,察其托大人调查及开会会议、递公禀种种举动,颇为□口。好在为夏、林二人洗冤,亦不妨任此劳也。官场作事,处处都是手段,请留心对付。六房屋前基地凑成片段甚好。儿所译书尚须自加批评,故下月出版与否,尚难预料。

崇让在家读书,方法不甚合宜,已另作书告之。儿身体强健如常。大人究定何时来京,请早日示知,以便安排一切。儿下月归省亦未定也。顺叩金安!

6月4日,致函父亲。函云:

古历四月初九日手谕敬悉。屈使到瑞,尚无确期,届时但须偕张君云雷前往一见便可(张君在郡,人极笃厚,与儿交情甚厚)。张君与屈极有交情,并通普通话。如会同本地士绅去见,必至偾事,吾乡□□能干绅士也。大人赴郡时亦须秘密。

孙坑铅矿,技师已到,事务所暂租鼓楼下陈来兴栈。张君云雷每日在此,大人赴郡之便,可走访之(并可细谈)。兹附去介绍书一封,请嘱茂绩、崇让二人速持函求见,听渠发落。崇让态度,须令其从容宽和,切弗带一种矜躁之气。吾乡人作事往往失败,即此种气习使之也。崇让拟入志愿队,窃以为不可。寄去邮政票四张,请转交崇让受用。

正朗灵柩究于何时运回,其在杭眷属应如何处置,属渠父须早日决定方好。石君位置已详复寿谷函内,请大人取阅,便知其详。北京天气日热,未稔我乡如何?顺叩金安!

6月16日,致函父亲。函云:

□□□□算学,英文时间可减少□□□□□□□□,□□来京,仍须延师也,且大局未□□□□□外,即多费一分心思。喜莲可托迈侯带□□□□。养正学校染成喧嚣习气,日久难治也。王醒黄□□□须厚,每月送十元太轻否?此款由儿寄付。费□□□□内,盖同学虽五、六人,而注重则在崇樾,故可归儿一人负担。况教育侪辈亦份[分]内事,何必计较。二兄□□□□。

7月31日,复函父亲。函云:

阴历六月初五日手谕已收到。连年水旱,必非国家之福,故儿上次禀内,力陈劝令吾乡种植森林,以为治本之道。夫旱极必水,水极必旱,此古人所谓物极则反之理也。惟种植森林,既可防旱,又可避水,此东、西洋农学家积年试验,无或爽者。查世界森林统计,英法德美诸强国,无不注重森林,以其与军事及水利皆有密切关系。惟我国几可称为无森林之国,此各省连年水旱所由来也。大人接见乡人时,可将此意时时告之。最好自乡组织一森林公司,将所有宜于森林各山,悉租归公司种植尤妥。

自乡近已得雨否?如再不雨,今年秋间必有大水,请先事预防。

上港学生款,如有妥人来京,可托伊带来三百元,余则暂存家内。儿前次致崇让信,说明何时用款,何时去取。今如已送到自家,无庸再说,如未送到,请不必往催,免得取来算利。余二百元预备作矿务之用。

铁路股息,据公司董事言已发过六期,何以自家仅收到三期,请询□□。□□为人颇不可靠,利己心尤重,惟可与面交而已。

昌梅、邦鼎嫂去年动身时,自家代买衣料等值价若干,请开一单寄下。邦鼎嫂应付还二嫂一元,又交众银本利共一元二角(交士国母转付)。又八角拟作春秋祭祀之用,共洋三元,请照付。此款已划存儿手。昌梅之意伊家种田工资,令其妻照付,余不可浪用。渠家内谷米够否?下涂女婿家,待其女如何,均请代询。

届使想已到郡,大人晤及时如何?崇樾作文稍有进步,惟算学以心思太粗,殊难领会。姜增坦近在寓内,已属其随时规劝矣。

北京每日下午雷雨,暑气稍退。大人何时北上,请先期示谕。张云雷函来,崇让须于阴历七月间方可赴山,届时公司必另有函邀。味兰及其夫人近在何处?

此禀,敬请金安。

8月12日,致函父亲。函云:

昨上一禀,计已收到。姜梓卿姑丈从前似有包办温州城府及外县酒捐之意,可催其从速调查,将详情快信函告。或他处有厘卡缺出,亦可调查。惟盐关目前不易着手。此等语作为大人意思,不必说出是儿说出。

崇让拟定在浙省谋一位置,劝其弗来。吾乡欲谋位置者必多,此等人不善官话、文理又浅,不便在衙门内安插。只好组织一包办公司,消纳最好。(须订明合同,免得日后纠葛不了。)此事可令□□图之。仍请大人善为安排,盖□□但知自利,不尽利人也。(何生如尚可靠,即令何生出面亦可,以其人公事较熟也。如愿组织公司,万不可任意妄为,损坏名誉。)李叔诚之弟味纯,日昨持叔诚函来,向儿借去中票十元,含大洋七元五角,晤时不妨道及。叔诚对于吾乡事尚有为难之处否?文谟、王荣字尚清雅否？佐时想已到家完婚。吾乡戚友如急须安插者，请即用快信示知，不能再缓，缓则他人捷足先得，无能为力。石君如何，如愿赴杭少候，亦可。并催其速复一信。（劝戚友万弗来京，京中实无法可想。儿公务太忙，实无余暇善为人谋。惟戚友谋定告儿，如可设法，决无不设法之理。）以上各语作为大人意思较好。

9至10月间，援助刘景晨出狱离京。

按：《张棡日记》"四年七月廿六（阳历9月5日）"条记载："忽见周孟由自郡城来，久阔乍逢，为之畅然。著谈之顷，孟由言：予友刘君冠三，于旧岁保荐知事入京引见，掣签分发，定于前月二十号引见，突于十九号被巡警捕去关禁。闻其在署缙云知事时将某革命党枪毙，近其兄某赴京上控，已经邀准，故冠三遂遭此祸。闻其现押警署，断绝交通，一字不能寄出，而同寓池君仲龄、黄君仲荃均为同乡好友，故代为通信温郡，请人设法救护之也。今此次保荐知事，方谓青云日上矣，而意外飞灾忽来身上，可见祸福所倚，塞翁之言有以夫。"（《记晤周孟由知刘冠三为缙云知事误毙革党被其上控在京师受押》，《张棡日记》第4册，第1619页）

参与奔走营救的黄式苏《潜庐以事被诬，为奔走营救不得解，感而有作》认为："固知公冶冤非罪，岂有曾参妄杀人！"

《张棡日记》九月十九日记其从北京回来的侄子张醒同处获悉："是时池、黄二人非常恐惧，旋探得刘之被捕原因乃由缙云县命案发生，二人始放愁怀。然有人谓此案即由奏章之事，政府所以更外严禁，则两人恐亦未必脱然无累。不然醒同出京时，二人自言旅费用罄约同回乡，岂知醒同出京后，留寓于杭又数天，而池、黄仍未出京，此中正非无故也。"（《闻犹子言刘冠三为缙云案被拘》，《张棡日记》第4册，第1625页）

《刘景晨年谱》：1915年九、十月间，在瑞安同乡、首届众议员虞廷恺（柏卿，亦作博卿）援救下得以出京。作诗追忆："忆我都门初入觐，讦者中之遘逮刑。博卿奔走白无他，槛车方免递诸郡。"（《哀仲弟》）又自述："至是被讦，返杭城待罪三载。"（《母氏陈大夫人六十寿叙》）（卢礼阳、李康华编校：《刘景晨集》，第548页）

按：刘景晨（1881—1960），字贞晦，号冠三、潜庐、梅隐、梅屋先生等。永嘉（今浙江温州）人。早年就读京师大学堂，曾执教于温州府学堂（温州中学）。1922年，递补为国会众议院议员。1923年拒曹锟贿选，毅然南下。

12月12日，袁世凯申令接受帝位，次日接受百官朝贺，以1916年为洪宪元年。

12月25日,蔡锷与唐继尧等组织护国军政府,宣布云南独立,武装讨袁,以蔡锷为护国军总司令,率兵入川,护国战争爆发。

12月31日,致函父亲。函云:

> 十四日快信读悉。崇樾近作,已嘱其抄出数篇寄呈。朱案如此结局甚好。周君如有被人控告与此案有关系者,儿可函致省中当道,代为剖诉。周处向未通函,不便说话,还请大人便中道及。寓中平安如常。此次同乡周伯丹君(即今年塾师,渠住平阳二都六尺地方)回里(阴历廿二动身),托带黑羔皮袄一件,即请派人往取。如嫌太小,可另设法。附去复仲兰一信,请转交。祗请金安!

△ 三子崇域生于北京。为黄夫人所出。又名北生,号朔如,后从南京安徽中学、国防部交通兵学校毕业,为中央考试院合格生。后娶曹村乡绅施象椿公女施娟容为妻。

按:施象椿(1883—1963)系当年曹村第一大户,助资修路、建桥、重修寺庙,济贫助弱等善事不胜枚举。其女施娟容(1915—1983)。

# 1916年(民国五年丙辰) 三十七岁

1月,加封少大夫衔。

2月9日(正月初七),复函父亲。函云:

> 手谕敬悉,崇樾文凭收到,无庸补寄修业证书。七日后即拟亲送崇樾赴保定中校上课(去年年内考取)。该处民情俭朴淳厚,与自乡无异。闻校内管理亦较京校认真,又有增坦及同乡何莘夫(军官学校教官)在此,可以招呼一切。校长处,亦转托至友属其留意关照,当可放心。周养庭去腊来一书,当即婉词复之。养正学校学生捐共收过若干?石谷来书,允以后继续捐助。茂惠有信来,拟由各学生捐助,仍办两等,儿复以须与石谷、味辛诸人细商,不知究竟如何?黄养素病已愈否?今年校长拟定何人?学生共到若干?去年县税领过否?前托周伯丹带儿呈皮胚,渠在申来书云已交石君带回,未知已收否?士庭在矿务公司失去英币五十元,究竟查有端倪否?云雷为此事颇不快。如未查明,请大人秘

密托人细查。闻此人向不安分，未悉如何。季朴在滇平安如常，三礼拜前有一函儿，言之颇切。

寓中平安如常，旧历过年，悉照家中习惯，厅上设案，供奉祖宗二日，如红枣茶、分岁酒等俱备。

衙署减薪之说，尚未实行。娟姆家中想无事，渠昨赴庙求签，签诗似云：伊家常有口角。心颇焦急，亟图返里，儿虽力阻，然此人量浅识短，终觉耿耿。京中酒价奇贵，拟自行酿造，请寄红曲来（须加入茶叶瓶内，四面围以茶叶，中搁红曲，否则，如被邮局查出，加倍重罚，则吃亏矣），或托妥人照上说方法带来更好。

崇让何以久无信来？今年仍在祠堂读书否？外附复仲兰一书，请派人送去。

3月22日，袁世凯宣布取消帝制，仍称大总统。

4月10日，参加闸北火会会议。议决添购抽水汽车一辆，其款若有不敷，再向本段各铺户劝募。

闸北二段救火会开办以来，已历五稔，前缘困于经济未有进步。自去岁更举会长职员后，积极进行，成绩颇著，先后制办扶梯家生车，并添购皮带马匹等项，已支付三千余金。兹又以闸北地方辽阔，非用汽车不能迅赴事机故，特于昨日邀集全体会员在会讨论筹款方法。午后三时会长邬彬生、周肇咏、陈贤庆，会董甘烬初、邓雨农、文秉朝、陈维瀚、窦耀庭、洪文廷、姚佩兰、李珪有、尹村夫，队长徐少棠、虞廷恺等相继到会讨论。《闸北火政之进步》，《申报》1916年4月11日，第三张第十版）

闸北火会之会议。闸北救火联合会队长暨一、二、三段正、副队长王彬彦、郎炳楚、徐少棠、李文光、王维善、陈世馥、虞廷恺、邓业成诸君前日特开临时会议，……议决，各段全体会员轮班值夜，何段发生火警，除本段救火器械、皮带车应完全出发外，其余各段只须出发皮带车一辆，会员半□仍留，半数驻防各该段，以免他处同时发生火警，有顾此失彼之虞。《闸北火会之会议》，《申报》1916年4月16日，第三张第十版）

4月12日，浙江宣布独立。此前，广东于4月6日宣布独立。

4月19日，陆荣廷、梁启超在广东肇庆宣布成立护国军两广都司令部，以岑春煊为都司令、梁启超为都参谋，开府办事。

5月8日,滇、黔、桂、粤等省在广东肇庆成立护国军军务院,以唐继尧为抚军长,岑春煊为抚军副长,梁启超为政务委员长,蔡锷等为抚军。

5月18日,中华革命党总务部长陈其美在上海被张宗昌派人行刺去世。

5月中旬,具名联合抗议书,对袁世凯称帝不成企图赖位的行为联合抗议。签名者有官绅将学等各界人士13971人。其中有广东唐绍仪、温宗尧、王宠惠、邹鲁等3336人;湖南谭延闿等448人;湖北汤化龙、刘成禺等545人;四川胡景伊、陈廷杰、杨庶堪、蒲殿俊等316人;江苏唐文治、张相文、董增儒、凌文渊、王汝圻等3740人;奉天吴景杨等584人;江西彭程万、徐元浩、吴宗慈等448人;浙江虞和德、田世泽、徐定超、方于、王正廷、虞廷恺、俞凤韶等2838人。《二十二省旅沪公民唐绍仪等之宣言》,《申报》1916年5月19日,第六、七版)

5月25日,与黄群、陈敬第等200余名国会议员联名发布《国会议员集会通告》。

> 袁逆叛国,义师致讨,全国风从,大局即定。惟袁逆尚负固呈凶,诡变百出,国基未固,靖乱无由。议员等忝受国民委托,彼袁氏非法蹂躏,有职莫举,忽忽三年。值此国变非常,允宜依法集会,查《临时约法》第二十条,参议院得自行集会开会闭会。第二十八条,参议院以国会成立之日,解散其职权,由国会行之。是国会议员得自行集会、开会、闭会,为约法所规定,议员等鉴于时势之必要,已自由集会,先后莅沪者达二百余人。兹特正式通告,凡我两院议员,除附逆者外,统限于六月三十日以前齐集上海,以便择定相当地点,定期开会。《国会议员集会通告》,《民国日报》1916年5月25日,第一版)

6月6日,袁世凯卒于北京,年五十七岁。

6月7日,黎元洪就任中华民国大总统。

6月11日,与王正廷、殷汝骊、陈敬第等16名浙江籍国会议员联名致函大总统黎元洪,要求明令废除伪制,规复民国元年《临时约法》。

> 北京黎大总统鉴:天祚中国,公依《大总统选举法》第五条继任就职,薄海同庆。惟袁氏祸国实由擅改约法,以伪乱真,为僭制妄作之渐。今宜以明令废除伪制,规复民国元年《临时约法》,誓守勿渝,以固国本。临电毋任。盼切。浙江国会议员王正廷、殷汝骊、许荣、张浩、张烈、张传保、周珏、卢钟岳、蒋著卿、虞廷恺、陈敬第、杜士珍、杜师业、俞凤韶、金兆棪、童杭时同叩。真。《浙江国会议员致北京电》,《申报》1916年6月12日,第三版)

6月29日,民国政府申令恢复民国元年《约法》与第一届国会。

6月30日,大总统黎元洪委任段祺瑞为国务总理。

7月2日,致函父亲。函云:

顷接崇让函,知大人已于廿六日返里,不及趋待,孺慕无极。国会奉令定八月一日召集,儿拟即在京静候开会,已有函告崇让收束沪寓一切事务,俾便迁移来京(令让侄同来)。此节请弗告知三媳,恐又引起出门思想也。崇樾来京已五日,拟令其在此温习功课,兼学英语。倘复南旋,不但天气炎热来往不便,且于学业亦多妨碍(年假可回里)。俟天气稍凉,即请大人来京一游。至路上一切,儿自当托人接待。喜莲读书资质颇佳,儿终不忍听其在家暴弃。如有妥人来,可托其连同崇枢带来最好。此二年内,专令三媳在家料理大女嫁事,事毕出门。如此双方顾到,似最妥当。浦西黄家房屋已说妥否?何时迁移?请托峻甫诸人徐徐劝导。前日味辛函来,茂和已得浙江督府一等军医差,月薪八十元,可喜之至。祇请钧安!

附言:北京通讯处暂用未央胡同中原公司。尚有夏衣多件,如有妥人来京,请托其带来。

7月上旬,参与筹备国会事务局事务,并曾被推荐暂传参议院秘书长。

参议院开会在即,前任秘书长张家璈方任中国银行上海副分行长,不能到院。闻王院长已定荐沈钧儒氏任该院秘书长……国会开会为日已近,议员报道之期既经开始,所有各省议员均已陆续启程来京而在上海之议员团刻又决定于两星期内北上,以后各地之议员车尘马足俾当络绎于途。闻黎大总统为优待一般之代议士起见,已特派员二人,筹备国会事务局亦派出招待员二人赴津埠,预备招待之一切矣。(《国会开会前之筹备》,《时事新报》1916年7月12日,第二张第三版)

北京电:参院秘书长决定沈钧儒,筹备事由虞廷恺暂任。(《专电》,《申报》1916年7月9日,第二版)

国会是否果于八月一日开会,各方面传闻颇不一致,而情势上似个中亦有数种问题,约略计之。一为议长问题。众议院方面尚无纠葛,参议院方面在张溥泉确无再争议长之意,议员中确多有反对王幼山者。闻王幼山有拟于开会后即行辞职之耗。一为议员问题。旅沪议员尚无来京确期，目下在京报到者参议院已有五十人左右，众议院已有七十人左右，预计将来两院议员除辞职者及丧失资格者众议院当可足法定人数。参议院则尚难知。一为秘书长问题。参议院秘书长预定为虞廷恺，众议院秘书长预定为陈光寿。惟虞系众议员，陈系参议员，将来恐不能分身出席，亦为开会后之难事。现闻参议院秘书长已改定沈钧儒矣。一秘书厅问题。众议院秘书厅虽已派员筹备，然派出者只十余人，亦未见如何着手。参议院则尚无头绪，惟闻议事科长已派定殷松年，庶务科长已派定陈一麟，余外尚无消息。王幼山近因议长未定，颇有怠于组织之意，而副议长王儒堂又已南旋。则上说似又恐未确。近闻大总统与段总理急盼沪上国会议员从速北上，曾一再电促束装起行。闻九日大总统复有手函一件，派员赍交议员代表张继诸人，请其转电催沪上各议员勿逾二十日以前一律来京，并道美慕之意。内务部筹备国会事务局长于宝轩氏亦以上海议员团北上在即，特具公函敦请沈钧儒、孙熙泽二君赴沪致欢迎之意。部中亦不再派人，而外间喧传谓二君系受内部之委派，二君自以与内部素无关系，不能受其委派，遂将公函缴回，辞不肯行。经于局长再三磋商，并允将公函在《政府公报》发表，以明二君为内部所敦请，而非内部所委派，二君以情不可却，已仍允今日出都南下矣。该局内部之筹备已着手，惟并不为议员设置招待所，只于西城议院附近设置议员俱乐部一所，已觅定东铁匠胡同宜园地址。目前各政党尚在若有若无之间，自无如元二年国会时代遍设招待所之事，但闻有人仍举办此事，不用党之名义。每省各委托一人分省组织招待所，以便联络一切。浙省招待所已有人在象坊桥北觅定某洋房矣。又据政界消息，《临时约法》业经恢复，旧国会亦将于八月一日实行，召集届时制定宪法当为一最大问题。但民国二年所订之《大总统选举法》，本为旧国会完全通过者，故今日多数政客对于该《选举法》皆认为无改正之必要。惟据政界一部人士之主张，谓该《选举法》虽是略近完善，然以今日时势论之，并就政治经验考之，尚有少欠妥善之处。故此次国会开会，制定宪法，同时再将该《选举法》详加改正，殊为要图云云。然此等无责任之议论，亦不至有何问题发生也。(《国会召集中之北京筹备》，《申报》1916 年 7 月 14 日，第三版)

7 月 14 日，寓沪国会议员召开茶话会，并邀集各省旅沪国会议员等各界士绅讨论北上及此后建设事宜。孙熙泽、沈钧儒受筹备国会事务局长于宝轩派遣到上海,欢迎国会议员北上。

> 参众两院议员于八月一日在京开会,经参议院议长汤济武氏赴京与黎大总统、段总理筹商一切,妥协后旋即由京返沪。因关于开会时首先提议之重要问题,须商诸在沪参众两院议员及南方各领袖同意以期一致进行。因此各议员尚未来装北上。现筹备国会事务局长于宝轩君以筹备手续均已布置完成,屈指开会日期瞬息即届,特请孙熙泽、沈钧儒二君为代表欢迎国会议员北上。闻孙、沈二君已由津浦铁路南下转由沪宁火车于昨日抵沪,暂寓公共租界某旅舍,拟先与张溥泉、汤济武二君接洽后,即遍访各议员,代达欢迎之诚意,且拟在沪小作勾留,将与两院议员同时北上云。(《欢迎两院议员代表来沪》,《时事新报》1916 年 7 月 15 日,第三张第二版)

7 月 18 日,黎元洪电促在沪两院议员急速赴北京。议员电复:准于本月 31 日以前抵京。

7 月 19 日,致函父亲。

> 六月十一日手谕读悉。三媳用款,须待妥人回里,或银行划汇通后方可寄去。周勤介绍书已发。儿日来身体如常。至致瘦原因,一以年来政治变迁无定,感触脑筋太甚;二以家务繁重,环顾子女(诸侄中悉无当意者)将来恐无一可恃,且用费日增,而进款毫无把握,故早做夜思,无一非足以恼人者。

> 大人饮食复原否?小妾等已于前日到京,平安无恙,现寓宣武门内顺城街八十号。崇让仍令其每日读书写字,但愿彼能循序而进,则儿心安矣。祗请金安。

> 再,日来承参议院院长王君幼山之嘱,组织秘书厅事务,较前稍忙。俟沈秘书长来京,便可交卸。

7 月 20 日,孙中山在上海欢送参众两院议员。

7 月 24 日,业已抵达北京,被任命为参议院秘书兼会计科科长。

> 参议院秘书厅早经组织完成……文牍科。秘书兼科长张善裕。一等科员李子荣。二等科员伍步桪、张廷琇。三等科员刘钟藻。议事科。秘书兼议长殷松年。一等科员段炳元(兼议长室办公)。寒先桀。二等

科员伍崇儁、朱钟琦。三等科员朱守仁。速记楸科。秘书兼科长张僧鸾。一等科员朱义康。二等科员徐汝梅、陈谟、陈鹏、王灏、陈培章、冯杰、朱绍洛、王毓芬。公报科。秘书兼科长龚凤锵(兼副议长室办公)。一等科员王世裕,二等科员陈积澍、吴麟阁。三等科员周九龄。会计科。秘书兼科长虞廷恺。一等科员杜子棪,二等科员史晟。三等科员沈鋆、沈炘。庶务科,秘书兼科长陈一麟,一等科员谷钟瑶,二等科员张庭辉。三等科员陆绍鸿、林鹏。(《参议院秘书厅题名录》,《大公报》1916年7月24日,第一张)

7月25日,致函父亲。函云:

前日崇樾到,带来手谕一件,并前邮寄两次手谕均读悉。□□□为人不甚可靠,以后如有与渠接洽之事,万弗用儿名义,免得在外招摇,致伤名誉。诸事但须对二、三知己言之,不必告之人人。现在人心不古,一经喧传,恐多未便。在儿本属好意,而他人不察,未免视儿从中渔利,岂不大冤。

陈有光信想已转交,可属其早日赴杭。文模已到,正在寻访学校。塾师已聘就,为保定高等学堂卒业生,曾充中学校教员,闻各科学均好。现与胡君合租一屋,离寓甚近,令崇樾同住彼处,以便朝夕过从。近来寓中来往人多,太纷扰也。酒捐事须缓缓设法。让三劝其仍理旧业最好,政界薪水不多,花费又大,殊非发财之道。附上复雨田、星一、仲兰各函,请分别遣人送交。敬叩金安。

7月29日,两院议员召开正式会,商议参众两院筹备各事。

二十九日午后二时,参众两院已到京议员就众议院中间小会场开谈话会,商议开会时应行筹备各事。届时到会者三百余人。由参议院议员王家襄主席提出各事项,一一讨论,结果决定如下:(一)本届开会正名为民国议会第二届常会。(二)定于八月一日午前九时两院议员会合于众议院行开会式。(三)开会时大总统若亲自出席,亦可于此时补行就职宣誓。(四)开会时议员一律着甲种大礼服,或乙种常礼服。(五)发给徽章事。由主席每省提出二人查明分给以归简便,并符同乡议员几人证明之意。(六)应发议员旅费。应侯查明上海方面已发出之数,再行发给。是日之会发言之人不多,当商议第一节时,有主张为临时会者,有主张为继续二年度第一届之常会者。前者因法律上并未规定每年常会日期,故无称临时会之必要。后者因第一届议会已于法定会期四个月之后延长,又将及四个月加以年度屡更,未便再称继续,故二□□□成立。(《两院议员之谈话会》,《时事新报》1916 年 8 月 1 日,第一张第三版)

8 月 1 日,国会第二期常会举行开幕礼。参议院议长王家襄致开会词,大总统黎元洪致颂词,全体向国旗行三鞠躬礼。黎元洪就职宣誓。全体合影留念。

8 月 3 日,前浙江都督朱瑞(介人)于天津病逝。谱主与陈敬第(叔通)联名送挽幛:"泽被枌榆。"(《朱兴武将军哀挽录》,丁编,幛字)

8 月 4 日,参众两院议员在众议院召开议员谈话会,会议议决组织院外谈话会。讨论议员资格,国务员同意及副总统选举事宜。(《时事新报》1916 年 8 月 7 日,第一张第三版)

8 月 8 日,众议院召开正式会,商讨选举临时议长。

8 月 14 日,众议院开正式会,商讨省议会事宜。

8 月 18 日,众议院会议开会,选举彭允彝为全院委员长,会议以限制连记记名投票法选举产生了 13 个常任委员会委员,谱主当选众议院审计委员会委员,后被选举为审计委员会委员长。

院内审计委员长:虞廷恺

理事:彭占元　彭施涤

委员:罗永庆、石铭、王恒、陈纯修、朱观玄、彭占元、寸品昇、彭汉遗、鲍喜、王定国、杜华、赵良辰、王式、尚镇圭、谭焕文、张则林、邵长镕、刘景沂、杨士骝。

罗永庆一百二十六票,石铭一百二十五票,虞廷恺一百二十四票,王恒一百二十四票,陈纯修一百二十一票,朱观玄一百二十一票,彭占元一百二十一票,寸品昇一百十七票,彭汉遗一百十六票,鲍喜一百十六票,王定国一百十三票,杜华一百六票,赵良辰一百三票,王式一百票,彭施涤九十六票,尚镇圭九十六票,谭焕文八十九票,张则林八十九票,邵长镕八十四票,刘景沂八十四票,杨士骝八十三票。以上二十一人当选为院内审计委员。(《众议院公报》1916 年第 2 卷第 3 期,第 32 页)

8 月 20 日,致函父亲。函云:

梓丈诸人来,交读手谕敬悉。儿在外收支款项,年来均一一记账,大人来京之便,可细细查阅。总计,儿欠人家之款在四千元以上(内选举费三千元、矿务公司三百余元)。而人欠(儿)之款不过三四百元。今年年内必须偿还者,如福建陈君子袭千贰百元,陈惠臣壹百五十元,姚味辛壹百元,家中欠款亦在其内。如议会平安过去,岁费不减,能如数领到,年内或可还清。惠臣之款本拟稍缓,大人既如是催逼,只好提前办理。报章所载,月俸五百元,及膳费之说,不知由何而来?查《议院法》规定,岁费五千元,每月匀支,仅四百十六元零。膳费为《议院法》所无,岂能凭空发给?此皆有法律可查,非可臆造。若旅费及参政院薪水,除还上海借入款项外,所余无几。崇让在申、在京,连川资在内所用之款总在百元以上。寄交三媳之款,先后共贰百元(连施武志划款在内)。大人回家川资及小妾来京川资,均靠院薪旅费支给,更何余存。总之,儿年来亏空自苦自当,决不累及家中一文。而家中所欠之款,亦另行设法归还,方安寝食。喜莲仍送入师范学校。梓丈及雁秋、味辛均住在寓内,当殷勤款待。崇让急欲回里,无法阻止。已于阴历廿四日搭天津轮船赴申,

至上海埠头及栈房一切,已用快信分托潘岱焕梅暨张和卿招呼,当无他虞。渠归心太急,否则随梓丈等回里更觉放心。儿以公务太忙,故仅送至天津。闻三媳身体甚瘦,不知何故?请大人诊视之,应食何种滋养料?请示知,当可购寄。雁秋来云,大人体气康健,至慰。崇让文理亦大有进步,可喜。崇让共带去了四十三元,连川资在内。

8月21日,众议院召开常会,议大总统提出《特任段祺瑞为国务总理咨请同意》案,听取大总统代表黎澍说明后,以无记名投票进行表决。总票数414张,同意票407张,以绝对多数通过段祺瑞为国务总理。参议院23日也以绝对多数票通过段祺瑞为国务总理。

8月23日,宪法起草委员会办公处成立。设在众议院内,派定林学衡充任办公处书记长。

8月23日,出席众议院常会,并在议胡瑞霖贪赃枉杀贪财案时发言:"照院法第二十七条'关于法律财政及重大议案非经三读会不得议决,但因政府之要求或议员十人以上之动议经院议可决者得省略三读会之顺序',现在请求省略三读会之顺序者,恐不止十人以上矣"。(《众议院公报》1916年第6期,第41页)

8月25日,众议院召开常会,会议讨论提前制定宪法建议案,表示若参

议院同意即函致参议院一致进行;咨请政府赶造民国四年度岁入岁出报告书、五年度岁入岁概算书、六年度正式预算案决付审查;请废除县知事兼理司法,恢复各县专审员,复设省司法行政机关以维司法建议案付审查;律师规则决付审查。

8月26日,宪法起草委员会召开谈话会,商议起草宪法草案理由书。

8月28日,众议院召开常会,议议员伍朝枢辞职案、请废止惩治盗匪法及惩治盗匪法施行法建议案、废除枪毙平民及其他非刑非法建议案、请查办河南省长田文烈暨政务厅长陶琪财政厅长顾归愚肆恶殃民案。

△ 复函父亲。函云:

> 七月廿一日手谕读悉。崇让本早有返里之意,因儿一再劝留,情不可却,故迟至阴历廿四日方行,廿七日定可到沪。如温州轮船即日开行,日内当能到家。三媳必欲晋京,惟有令小妾回苏,平彼之气,省得儿多添一重烦恼。试问今年出门,明年喜梅出嫁,又复返里,来往川资应需若干,彼当知之,以节川资偿还债务,岂不甚好。何必闹此等无谓意见,重儿负担乎?儿日来每念身世,便觉索然无味,不如及早还山养命,较为得计。惟积债未偿,终觉歉然。□□竟如此催逼,是直欲索儿之命,遂彼快乐也(□□□□□□,请劝三媳稍平意见,弗为己甚)。请劝三媳稍待须史,略将身后诸事布置就绪,听彼处分可耳。此禀到后,三媳意思究竟如何,请即赐示,以定行止。议会岁费,本月仅领贰百元,余则尚无定期。大局日非一日,亡国之祸,当在目前。周养庭事,容再与当局商之。养庭并无信来提及此事,故儿未便作复。姚、姜二君约三、四日后南下。身体平安如常。家内欠款,拟向别处设法移借。先托姚、姜二君带回二百元。余则容年内逐渐设法,总求悉数还清,请大人放心。至总数若干,乞赐示!

8月30日,众议院召开常会,表决总统补提段祺瑞兼任陆军总长交院咨请同意案;听取总理段祺瑞报告关于军政外交之事件;表决将袁政府所公布之参政院议决案交审查;议恢复县议事会及城镇乡议事会建议案,表决交审查;议取消行政长官监督司法以谋司法完全独立建议案,表决交审查;表决通过妥筹贫苦党人生计建议案,对为民国牺牲性命之人妥筹生计。

8月31日,致函父亲。函云:

> 顷接崇让自申来书,确于阴历卅日抵申,拟待普济开行,即便搭回。

此次所以船中多耽搁数日者，实因浪阻，幸身体平安，堪慰远注。姚、姜二人已于日昨搭车赴申，到时或可晤及。兹交雁秋带回壹百元，偿还家中欠款，余容陆续筹还。此处觅上海钞票，颇不易也。又托带回十元，送交山前三姊。崇樾已赴保定学校十二日。儿体躯如常，崇让书牍文字大有进步，可喜之至。

8月，与褚辅成、常堉璋、徐兰墅、胡汝麟、金秉理、王双岐、梁善济、耿兆栋、方贞、陶保普、汪彭年、彭运斌、覃寿公、吴荣萃、牟琳、夏寅官、时功玖、陈义、蒋凤梧、萧晋荣、杨廷栋共同联署凌文渊提出的《请将中国银行先行兑现并即清理交通银行以维金融而彰国信建议案》。全文如下：

窃查自中交二行停兑以来，国家金融机关信用顿失。幸中国银行勉力支持，尚未破坏殆尽，然以京津二行停兑之关系，其影响于财政金融已非浅鲜。自大总统依法继任，即斤斤然以恢复二行为念。全国人民翘足而待，乃时经匝月，中国京行之停兑如故，交通之纷乱如故，以国家求一完全之金融机关而不可得，国信荡然，商业凋敝，犹如人身血脉停滞不行，其他病象相因而至，结果所届必至破产，埃及前车可为殷鉴。夫当此军需浩繁，国帑空虚，欲筹巨款，以救金融，固属难能之事，同人亦何敢以此责政府。顾行政贵乎权轻重分缓急，若能急其所先，缓其所后，庶几财力可以相应，政务不至废弛。乃今之政府非特不知轻重缓急，且以借债为唯一法门，以为凡百行政非外债不举，此种政策固属便宜一时，岂知国权已丧失于无形乎？况金融机关为国家命脉所系，若此次再借外债以救二行，则二行监督管理之权必操之外人而后已。以区区钞票之推持，宁以国权断送于外人，世界各国安有是理乎？故同人意见以为政府财力力足以救二行则救，不然则择其重要者先救之。中国银行于二年四月十五日由政府公布参议院议决法律，承认中国银行为国家银行，已为法律所确定，世界所公认。国家银行之信用实国信所系，故二行之中，中国重于交通，不待言而自明。且中行停兑止北京一处，为数亦止八百万。政府果为国家金融计，自不宜以二行共同维持为名，置中行于不问，应先筹措三四百万元交中行，从速开始兑现，以维国信。至交通之钞票特权，本属一时权宜之举，且一国之内不容有二国家银行同时并行，宜即趁此时机将交行宣布清理。其钞票国库特权，均统一于中行，已有钞票查明数目，一元以内者（以大半皆在中等人民之手）

似宜一律兑现，以恤商艰。现查交行全体尚存现金五百余万元，以之开兑当可敷衍，五元以内分二期归还，十元以内分四期归还，期限之长短，以命令定之，十元以上者期限得延长之。目下交通钞票尚能流通于市面，设政府果宣布兑现时限，其信用必更著，仍必能流通于市场盖无待言（即以天津论，方中行兑时，现交行票价并不跌落）。一面由政府发行公债，许人民以交通钞票十足购买公债，庶使交行钞票有行用之途，其不愿急需现款者，必购公债以得利息，则交行钞票之信用必增。至若商存及商股改给国库证券，是交行得以清理，而从此国家银行亦收统一之效，计莫善于此也。又中国银行既为唯一之国家银行，凡发行钞票，一律改归中国银行发行，所有国家收入亦一律统交中国银行。俾中外人民咸晓然于政府之力求统一，永不至于再失国信也。兹事关系国家财政金融，至重至大，依《院法》第三十七条提出建议案，即请大会公决咨达政府采择施行。（《要件·国会议员请将中国银行先行兑现并即清理交通银行以维金融而彰国信建议案》，《大公报》1916 年 8 月 20 日，第七版）

△　与褚辅成、陈策、方贞、王源瀚、梁善济等 41 名议员共同联署凌文渊提出的《财政当局何以任令中国银行总裁徐恩元轻与外人鲁克斯订充该行副经理之契约质问案》。全文如下：

自徐恩元任中国银行总裁，即聘麦加利银行大办鲁克斯充该行副经理，举国舆论哗然，徐竟始终悍然不顾，财政当局乃复始终袒徐。对于举国舆论，亦悉置不理。夫举国舆论所以反对如是其急切者，咸以此举关系国家存亡问题而然也。今日国家命脉全在财政问题，可不待言，乃财政当局整理财政，舍借债无他法，而借债除抵押品外，又徒以聘用外人监管，我国财务行政与借外力自固为交换条件，则借款成立之日，即国家破产之日。埃及惨祸必在目前，此次大借款发生伊始，适徐恩元聘用鲁克斯，闻其内容与二年善后借款草约初定先聘丁恩监管盐税办法相同。夫□□今日国家收入机关如海关、铁路、盐政诸大端悉由外人监管，苦痛奚可胜言！即以盐政一端论，自丁恩稽核盐税，各处遍设稽核分所，外人侵入内地，监管我国财政，已较海关、铁路所受苦痛仅限于交通地点相去不可道里计。试闻所谓善后借款之数，今则不知消化于无何有之乡，人民苦痛固万劫而不复，即政府用人行政亦何尝不服从于丁恩意旨之下，幸我金融机关惟中国银行尚属纯瑜，及停止兑现，沪行

121

首义，维持信用益著，政府正宜力予扶植，以维持金融前途一线生机，此实国人所日望财政当局而有如大旱之于云霓者也。不料于中行兑现办法及根本计划一无所闻，徒见任徐聘鲁以固黑幕而已。虽然大克斯英人也，假使此次借款竟与五国银行团有关，则一鲁克斯必至有其他四鲁克斯同至，结果所届不至断送中行于五国银团以监管不止，且将举各省分行及各处兑换所无往而不断送外人监管，则又较丧失盐政权相去更不可道里计，然则全国人民所蒙福利于财政当局者，不过速其继埃及已耳。且此次借款告成用罄后，若本财政当局此种政策□之必又继续借款而可特为大宗抵押品者，海关、盐税、铁路、银行而外，止有田赋，并此断送外人监管，亦何不可之有？若谓不然，中国银行既属国家银行，外股且不许入，何以竟聘外人经理我国库，内容使其洞悉无遗。易制我命而不惜，颇闻徐犹曲为之说，谓契约所定职权有限，岂知既予以副经理名义，其所掌理必非限于一部份者，可比当日丁恩受聘，何尝不仅予以稽核总所会办名义，不观今之职权，亦已广漠无垠乎？又谓行弊精久，非用外人不能经理，岂知身为总裁不能自清行弊，是为溺职。对总行且然，更何望有整理全国行务之一日。财政当局应即换易胜任之人，方为正当办法。乃徒从徐尸位素餐，借外自固，不知是何居心。又谓因有某国人将要求充任该行副经理，乃聘鲁以抵御之。因政府向该行借款漫无限制，乃藉鲁以抵御之。岂知前说适足引起某国人之加入，后说直认鲁克斯处于该行主人公之地位，不益谬乎？以同人调查所得，凡此皆属托辞，实则此次借款苟非先聘鲁克斯充中行副经理，即有不能成立之势。大凡政府借款手段初步，称意纳交各国银行买办，以间接各国资本家。自徐聘鲁克斯，无非较诸纳交买办者进步，纳交外人，以便直接各国资本家，更有其他关系，益不得不借外以自固，乃敢不恤人言，一至于此。否则取消契约，偿以聘金，在法律及事实上均无丝毫问题，可为最易了结之事，何至于舆论哗然，不为稍动，宁可牺牲中行，以祸国家，不可责徐退鲁，以顺舆论。盖财政当局必有不可告人之作用在也。同人咸以此举关系国家财政金融至重且大，按照《临时约法》第十九条第八项、《国会组织法》第十四条第二项及《议院法》第四十条之规定提出质问案，应请转咨政府，即日答复。

提出者：凌文渊

连署者：陈策、方贞、王源瀚、梁善济、覃寿公、陶保晋、褚辅成、王乃昌、温世霖、萧晋荣、方潜、凌毅、徐傅霖、李璧甫、高登鲤、李国珍、杨廷栋、汪彭年、陈鸿钧、张国溶、蒋凤梧、时功玖、华夏声、王枢、吕复、易次乾、夏寅官、陈义、胡汝霖、张树森、骆继汉、王廷弼、徐兰墅、常培璋、虞廷恺、金秉理、牟琳、吴荣萃、梅光远、王玉树、韩增庆、张恩绶（《众议院议员质问政府之第一声》,《时事新报》1916 年 8 月 23 日,第二版第二张）

9 月 1 日,众议院召开常会,议大总统提出的特任八名内阁成员咨请同意案,听取国务总理段祺瑞介绍提名人选履历后,以无记名投票通过:唐绍仪为外交总长,陈锦涛为财政总长,程璧光为海军总长,张耀曾为司法总长,孙洪伊为内务总长,范源廉为教育总长,许世英为交通总长,谷钟秀为农商总长。但唐绍仪因张勋为首的督军团一直通电反对而未就职,外交总长由陈锦涛兼任,而陈一再提出辞去兼职。（谷丽娟、袁香甫:《中华民国国会史》,第 862 页）

9 月初,参众两院商定组织宪法会议秘书厅,办公处设众议院内。

9 月 3 日,与梁启超、王家襄、汤化龙、林长民等 150 多人发起组织宪法研究同志会。

宪法会议开议有期,有一部分议员热心研究,群冀结合一会去党见以集众思,遂约王家襄、陈国祥二君出为提倡,复各自援引同志。三十日,王、陈二君在石驸马大街前煤油事务局宴集之便,发起组织宪法研究同志会,到者一百五十余人,全体承认作为本会发起人,嗣后遇有同志随时加入,亦一律作为本会发起人,当场决定简章,不日即将开会,从事研究商议。既毕,聚餐而散。兹录其公启及简单如下:

启者。同人星散久矣,癸丑之季,宪法草案方从委员会中卒卒脱稿,仅提出于国会未及议,同人亦各播越坎滞,无从商略,以尽其职志也,迁延迟恨于今三年,今兹国会百务待决而重大之任仍在制定国宪,同人既兴于创造之业,将何所秉持而从事宏制,以建国家于磐石而垂之千祀万祀也。将来此法典中,凡一语一字皆足以祸福全国,而为全国人民子子孙孙之所托命,悉心研精,敢稍怠哉? 去党见,以集众思,爰结斯会,以萃阅达邦人君子幸赐教之,附拟简章即俟公订。

宪法研究同志会发起人(以到会先后为序):张云阁、张宏铨、胡源汇、陈铭鉴、莫德惠、张雅南、范殿栋、王湛庐、丁箬、郭涵、刘云屏、萧承弼、陈瀛洲、张树森、范樵、张荫亭、刘景烈、黄懋鑫、黄象熙、塔旺布、理甲、拉阿、昌阿、陈善、沈河清、徐承锦、李耀忠、蒋凤梧、陈义、姚文楠、汪秉忠、张烈、王式、李兆年、邹毓怡、周大烈、常稷生、李国珍、金还、孙光坼、林长民、陆大坊、董毓梅、郭广恩、曹瀛、王广瀚、王之策、周祖澜、阎兴可、张玉康、马荫荣、杜凯三、魏丹书、李元亮、王谢家、熙钰、吴渊、克希克图、熙凌阿、王銮声、噶拉增、刘丕元、祺诚武、布尔格特、鄂多台军、林桑都、布荣厚、陈洪道、虞廷恺、杜师业、杨绳祖、王锡九、杨振洲、杨福洲、徐希之、赵成恩、萧文彬、娄鸿声、李膺恩、齐忠甲、毕辅廷、陈士髦、王汝坼、谢翊元、董增儒、董继昌、王家襄、陈国祥、陈允中、刘可均、陈祖基、王荫棠、鄢泮春、孙乃祥、刘兴甲、张嗣良、富元、赵连琪、苏毓芳、张益芳、程崇信、陈毅、姚守先、祁连元、马英俊、杨润身、马良弼、陈光焘、谭焕文、岳云韬、王鸿宝、白常洁、李增、许植材、陈光焘、宁继恭、刘鸿庆、汤松年、彭昌福、姚华、孙世杰、恩咏春、江天铎、辛汉、张金鉴、周学源、刘光旭、王卓甫、谷万堂、贾洞元、张则林、韩退庆、王双歧、耿兆栋、吕泮林、张恩绶、王振喜、张敬之、崔怀灏、张滋大、刘壬三、宋桢、张其密、刘尚衡、谢书林、唐士行、陈友青、蓝公武、陈敬第、李瑞椿、张国溶、蔡汇东、刘祖尧、林辂存、高登鲤、黄荃、连贤基、王敬芳、胡汝霖、籍忠寅、唐仰怀、唐瑞铜、金承新、布霖、齐耀瑄、吴悚、朱继之、李文治、翁恩裕、葛庄、陈径镕、李增秋、侯效儒、杨廷栋、夏同龢、石璜、严天骏、张联芳、吴文渊、唐理淮、王多辅、恒诗峰、黄镜人、吴作莱、吕金锅、李竟瀛、李保邦、王文芹、汪震东、孟昭汉、金桂山、田美峰等公启(《宪法研究同志会之出现》,《时事新报》1916 年 9 月 4 日,第一张第三版)

△　刘崇祐等则发起组织宪法案研究会,发表宪法案研究会宣言书与简约。(《时事新报》1916 年 9 月 5 日,第二张第二版)

9 月 5 日,参众两院召开宪法会议。对宪法起草委员会提交的《中华民国宪法草案》进行初读,由起草委员分别以书面或口头说明宪法条文。秘书长张东荪朗读宪法条文,起草委员长汤漪说明理由,起草委员杨铭源说明第一章理由。

众议院三百一十四号(虞廷恺):议长适间之咨询,似于规则不合。汤委员长对于第九条之条文是否有疑义?如有疑义,始可咨询大众。若对于条文并无疑义,何必咨询?(《宪法会议公报》第 1 册,速记十八)

9 月 7 日,众议院召开常会,讨论先议众议院议员选举法之解释问题与各特别区域仍归原属省会监督建议案。

9月8日，宪法会议召开，继续初读《中华民国宪法案》。

9月9日，财政总长陈锦涛、农商总长谷钟秀与日本兴亚公司签订实业借款合同，借日金五百万元，经营安徽太平山、湖南水口山矿业。但兴亚公司不过是金融掮客本田、长滨的皮包公司，湖南水口山锡矿并非国有，安徽也无太平山，更无太平山铁矿。(谷丽娟、袁香甫：《中华民国国会史》，第897—899页)

9月11日，孔教会总干事陈焕章等上书众参两院，请定孔教为"国教"。

9月13日，宪法会议开会，续初读《中华民国宪法案》。宪法起草委员继续说明逐条主旨。全体起立赞成本草案付审议会。

9月14日，宪法研究同志会与宪法案研究会实行合并，定名为宪法研究会。成立会通过研究会简章，以研究宪法及其他重要政务为宗旨；凡国会议员有与本会宗旨相同，愿入本会者得为本会会员；非国会议员有与本会宗旨相同，愿入本会者，由本会会员三人以上之介绍亦得为本会会员。

9月18日，众议院开秘密会议，以兴亚公司借款事质问农商总长谷钟秀。财政、农商两总长25日与兴亚公司改订契约，规定须由国会议决。

9月20—29日，宪法会议开会，表决通过讨论终局之动议。宪法会议咨行政府调取六项要案，促迅速咨复，以便订入宪法。闻其所咨取者：(甲)省制案(乙)内外官制案(丙)司法制度案(丁)总统府官制及权限案(戊)军权隶属案(己)特别区域案。

9月21日，宪法研究会开会，讨论宪法案中第二章"国土"、第三章"国民"。决对于国土取概括的规定，保留对于保护状之规定、第十九条第二项国民教育以孔子之道为修身大本之规定。推定编译员八人、干事员十五人，谱主当选为会计。

　　二十一日午后，宪法研究会在石驸马大街该会事务所开会，两院议员到者二百余人，公推汤化龙主席。就宪法案中第二章国土、第三章国民两章之大体详加讨论，结果公决对于国土取概括的规定，对于保护状之规定，有主张将其删除者，表决时多数主张保留。讨论至第十九条第二项国民教育，以孔子之道为修身大本，有主张保留者，辨[辩]论最烈，结果付之表决，亦决定保留云。

　　内部之组织。宪法研究会成立以后，节经推定编译员八人、干事员十五人，其议定编辑部简章及文书、会计、庶务各科办事细则亦均已议定，兹特采录于后。

编辑员：蓝公武、陈光焘、林长民、陈善、贾庸熙、孙光圻、彭运斌、吴日清。干事员（文书）：王家襄、陈铭鉴、曾有翼、陈光谱、刘景烈；（会计）梁善济、周大烈、虞廷恺、郭涵、王锡泉；（庶务）凌文渊、刘星楠、胡源汇、张树森、杜成镕。（《宪法研究会近讯》，《时事新报》1916 年 9 月 25 日，第二张第二版）

9 月 24 日，宪法研究会开会，讨论宪法案中第四章“国会”，“多主张维持原案，仍用两院制，但以为两院之组织及特权，须各有特殊之点，应加修改。”（《宪法研究会之集会》，《时事新报》1916 年 9 月 27 日，第一张第三版）

9 月 26 日，众议院召开会议，议长汤化龙主席。会议对新到院议员郑衡之、李茂桢、姚桐豫、邓俊德、李梦麟、傅师说当选证书审查事件审查报告进行审查并表决通过，审查并表决允许议员孙洪伊、谷钟秀、汪荣宝、蹇念益、张澜、莽哈赍、张耀曾辞职，表决将《律师法案》交法典股审查。

9 月，复函父亲。函云：

八月廿四日手谕敬悉。陈雨臣欠款，义所当还。惟儿为伊家事帮忙不少，而儿正值负债累累之时，彼竟居然受之不疑，视同路人，未免人情太薄，可为太息。

浩媳之病，除延医诊治外，尚须劝其平心静气，将世间富贵利禄，看得稍轻才可。此人体气本不弱，惟其养气工夫太浅，故易得疾。儿年来亦犯此弊，故月来痛自革除，精神稍稍振作。复每早五、六时起，七时骑驴出城，至古庙、古刹空气清净处游览一周，九时办公务，下午六、七时回寓，晚间十时就寝。

参议院会计科长一席，本不必兼，此系王议长怜儿年来亏空太多，特以此为弥补之计。且从前会计科长不甚得力，故令儿出而整顿。此外，尚有关于各派接洽事务颇多，因人的关系不便拒却。若此，一、二年内稍有余裕，足以自食，便拟择一干净地读书养气。惟王议长之意迭次劝儿做官，此本非儿意，然为显亲扬名计，似不可辞。毛义棒檄为亲之存，此之谓也。儿近来做事颇被乡人指责，想将来当有明白处。根本不伤，则一枝一叶之枯，尚无大损。

浦西黄家房屋与桢甫已妥洽否？前附上黄岳母匾字，想已收到。崇让近来在家看读何书，渠书札内白字太多，劝其留心为好。学堂既不停办，请劝校长教员尚须认真办理，万不可误人子弟，恶孽不浅。欲使中国不亡，唯此辈青年足以任之。迈侯、味辛均好。季朴屡欲来京，但尚无相当位置耳。（烦交郑大钱带呈陕西潼关酱甘蔗一包计四块，请□□口，此人送儿八块，留下四块自食。）

再禀者：前日早车赴保，检查崇樾功课，较上年确有进步。英语最为谙熟，惟国文课本不甚相宜，故无甚进境，已将此中情形转告校长矣。近来精神极活泼，儿与之比较腕力，亦甚强壮。冬衣均齐，此次又送去三件、鞋三双，遂将旧衣换回。校长招呼甚至，诸事可以放心。姜佐时体气亦佳，惟渠望进之心太切，不免伤及身体耳。闻渠家时时催其回去。此实少年求学者太忌。凡做事业，必先具远见，非若农家种谷，春耕便可秋收业也。崇樾冬间回里与否，须看假期长短如何。请大人以后弗催渠回里，免乱心思。（佐时之父如晤，请婉劝其放开眼光为要。）

△ 联署众议院议员苏祐慈提出的《中华民国宪法宜规定孔教为国教仍许信教自由请定专章修正案》。全文如下：

反对十九条二项原案之论调可分两派。一以维持原案，反令孔教范围日狭者。一以原案为妨害信教自由者。由后之说则有意大利及其他各国宪法之成例在，其说不击自破，且同人各具意见言之甚详。由前之说则言之成理，而于孔教之意蕴若有所未尽。关于扶翊圣教，维系人心，本席不敏，以为不如规定孔教为国教，其势较顺而事易行。谨提议请定专章为（中华民国以孔教为国教，仍有信仰宗教之自由，非依法律不得限制）。谨具理由敢为诸公一陈之。

（一）不必以中国非宗教国而不规定国教。外国以宗教立国，即以宗教祸国。十字军之后，继以新旧教之争，中国历史未闻教争之祸，谓中国非宗教国信矣。虽然谓中国无教争则可，谓中国无宗教则未见其可也。中国虽无宗教之形式，实含有宗教之精神。孔子继尧舜文王周公之后，号为素王，以儒生而集群圣之大成立儒教，以号召天下。沿及汉武罢斥百家，崇尚六艺，学者宗之，孔教之规模于是乎大备。后人虽有儒释道三教之称，而以儒冠首，洵乎天之未丧斯文也。夫立国精神在于教化人民，心理之趋向苟不定于一尊，则不啻自撤其藩篱，亡国败家每相随属。吾国数千年所赖以维系人心，保持国本者，孔教之力，实左右之。循至今日，治化凌夷，教衰俗弊，宪法成立明定国教，是固孔教之一曙光明，抑亦国家转弱为强之朕兆也。外国教争，致启战寰，莫非恐人心散涣，国本动摇，故不惜牺牲一时以为永久之治安计。吾国本无教争,倘以固有之国教不为之光大,而反毁弃之,岂为得计哉?要之,中国宪法未成立以前,以前孔教之为国教已成为一种不成文宪法。今日正当宪法成立之时,应即定孔教为国教,亦因势而利导耳。

(二)应时势之要求中国宜速定国教。或诸孔教自秦汉以逮唐宋,曾有佛老之学说与之竞争,而孔教之精神至今不灭,当时何有所谓国教,故以孔子之圣不必定为国教而始光大,亦不必以不定为国教而有所损益。国教之果规定与否,本无与于孔教也,不知中国虽无国教之名称,实定有国教之事实。自汉武定儒教于一尊,辽世祖且以佛非中国教而祀孔子,元世祖且奉之为大成至圣。是外国人入主中夏,尤不忘尊崇孔圣以范围人心,实质上孔教之为国教,殆无疑义。方今民国复活,编定宪法之时,欲举固有之国教弃如弁髦,且并欲将第十九条二项亦删除之,以甘犯天下之大不韪,有国家观念者固不宜出此也。故鄙意以为今日之宜速定国教,更有种种之关系,兹再分别言之。

(甲)存国性。吾人自束发受书即服从孔子之教,故自通都大邑下至穷乡僻壤,牧竖村童询以中国为何教,无不知有孔子者,斯实一国精神所在,国性也。即所谓国性也。国性之关系如衣服饮食语言之不能须臾去身,今十一条既许人民信仰自由矣,而本国固有之国教不明为规定,是舍己从人,何异自灭其国性耶?此定国教所以存国性者一。

(乙)定人心。民国以还,政体屡变,而国家之政令朝令而夕改也。教育之方针又无一定趋向也,国家之政令不行,民间之风俗日坏,所恃以维系人心者赖以孔教未灭耳。自国教问题发生,有持反对之论调。在反对者以为徒快一时之论,不知无知小民遂以圣教为不足法而好为放辟邪侈之行,即乡曲父老反以共和宗旨以废弃孔教为前提,其厌共和之心遂生,人心动摇而国基日坏矣。及今图之,速定国教犹恐不及,倘必存破坏是诚何心,此定国教所以定人心者又其一。

(丙)从舆论。吾人忝列议席,负代表国民之重任,当然宜服从舆论为前提,天视民视,天听民听,孔教中之精义在此,共和之精神亦在此。若以人心所愿定为国教者,国会竟违反大多数人民之心理而服从少数他教徒之要求,则国民将必以共和政体终属空言,不过少数之专制,是推翻共和之精神,反为吾辈所首倡,违背舆论,代表国民之资格已不存在,反生国民不信国会,蔑视宪法之思想,国体因之动摇是固可惧也。此定国教所以从舆论者,又其一。夫国性不存,人心摇动,违背舆论,有一于此,国乃灭亡。民国肇兴于兹五稔矣,国民之憔悴于虐政,固引领而望宪法之早成矣。倘宪法不明,定国教将欲福民,反以祸国,本席所期期以为不可也。

(三)苟以国教不当规定于宪法,则信教自由一条亦当删除。夫宪法既规定信教自由,则对于宗教实持开放主义。然孔教本为中国固有之教,以固有之教不定为国教,而信他教者,又许其信教自由,是宗教范围徒有开放而无保守,己教之范围日狭,而他教势力膨胀,将无已时。是真奖励人民之信仰他教,而蔑视其固有之教也。夫信教固可自由,而固有之教亦不能蔑视,其利害关系,已详前节。要之,吾国之以孔教为国教,固已为不成文宪法,而唐宋以后世人之信仰佛教。虽专制时代国家固不加以制裁,亦何尝不为不成文宪法耶?法律之成立,本根乎习惯,由不成文而变为成文法,为成立法典之一原因,故规定国教并许信教自由,实理之至顺。苟徒得信教自由而固定国教,是何厚于他教而薄于固有之教耶?故国教不规定则信教自由一条,实无存在之理由也。

综而言之,吾人代表国民凡关于尊孔之意思,莫不此心同此理同,且维持孔教之言论,同人发挥尽致,本无待本席之赘言,但恐或有流一偏之见,至以为定国教为不急之务,不能同一之主张,故不避侏儒之诮,心所谓危,不敢不于同人之前,更进忠告。是否有当,幸垂察焉。

提出者:苏祐慈

连署者:孙光庭、赵炳麟、梁成久、郭人漳、王兆离、李文治、虞廷恺、张琴、郑懋修、李自芳、赵鲸、萧凤翥、林绳武、李英铨、杨梦弼、许峭嵩、黄汝瀛、郭宝慈、朱兆莘、周廷劢、夏同龢(《宪法会议公报》1916年第16期)

△ 与杜成镕、王敬芳、孙光庭等20名议员联署郭人漳提出的《请定孔教为国教列为专章仍许信教自由议案修正案》,与范殿栋等23名议员联署王敬芳提出的《请明定孔子之教为国教并准信教自由议案》,强烈要求在宪法中规定孔教为国教,同时仍许人民有信仰宗教之自由非依法律不受制限。

郭人漳提出的《修正案》全文如下:

为提议事。窃以为中国数千年来所以能维持与不敝者,实赖有孔子之教,三尺童子皆知孔子为圣人,况乎昂昂七尺之躯者,束发受书即已相与尊崇,顾可忽而背弃耶?且今世界各邦无论国势之大小强弱,国体之君主共和,皆有国教以为立国之根本。中国自来虽无国教之名,然一切政化礼俗皆以孔子之言为准绳,历代推崇,垂之典章,著为令甲,罔敢或越,较各国之勒诸宪法定为信条者实有过之无不及。今者国体已定,宪法方修,乃违反人民之心理,屏弃各国之成规,不以孔教为国教,无乃于法律、于事实、于情理均有不可。况宗教与教育有别,定孔教为国教,教育上之问题,信教自由,宗教上之问题,两者并入宪法,实相成而不相背。天坛宪法第十九条之规定,以孔子之道为修身大本,其立意诚是矣,然不明定孔教为国教,仅曰孔子之道于国家扶树教化之盛心究有未尽,且宪法草案国土、国权各立专章,而于此国民共仰之国教竟付阙如,实属不当。故本席之意,请于国土、国权之章后,国民之章前加入国教一章,庶与各国先例、人民心理无不符洽,谨依宪法会议规则及审议会表决先例,认为大体提出议案,列为专章,请付审议会公决。

第 章 国教

第 条 中华民国以孔子之教为国教,仍许人民有信仰宗教之自由,非依法律不受制限。

提出者:郭人漳

连署者:杜成镕、王敬芳、孙光庭、张琴、虞廷恺、赵良辰、孟昭汉、王兆离、苏祐慈、刘盥训、陈景南、张雅男、朱继之、曾有翼、王锡泉、张昇云、赵炳麟、李克明、梁成久、陈祖基、萧湘(《宪法会议公报》1916 年第 17 期)

王敬芳提出的《请明定孔子之教为国教并准信教自由案》全文如下:

第一、修正条文。

第一条 中华民国以孔子之教为国教,但不妨第十一条信教自由权及第四条于法律无种族、阶级、宗教之别,均为平等之规定(应加入何章何条俟第二、三读会决定之)。

按此条系合采瑞士辨尔纳州宪法及普鲁士宪法所规定,兹附载二国宪法条文于下。瑞士辨尔纳州宪法第四十八条文曰:"新教、罗马旧教、基督旧教三种宗教为认定之国教,得传行于各信仰之教区内。"普鲁士宪法第十四条文曰:"基督教者关于教务执行为国制之基础,但不妨第十二条所担保宗教自由权。"

第二、修正理由。

本案既为请定孔教为国教之案,发抒理由之先,欲有所声明者。

一 本案非孔子人格之研究,故凡孔子经过之历史及批评孔子人格之议论,概不阑入。

一　本案非孔子学说之研究,故凡孔子学说之内容及批评孔子学说之议论,概不阑入。

界说既定,兹将主张本案及辟驳反对本案之理由分别胪列于下。

一　关于主张定孔教为国教之理由

(甲)根于国情需要

政治以法律为根基,宗教以道德为根基,此义人人知之,然考世界各国,当民智蒙昧、人心涣散之时,借宗教之力直接以维系人心即间接以巩固国基者,其功自不可没,试问中国今日民智之蒙昧奚似?人心之涣散奚似?假令中国无孔子之宗教,犹宜提倡他宗教焉,而况有之。假令孔子之教不适宜于今日及将来之社会,犹宜保存之,并改良焉,而况孔子之宗教为世界最适宜之宗教,此按之国情需要,应定孔教为国教之理由也。

(乙)根于人心趋向

凡能以其感化力于长久时代内,博上中下各等社会所信仰而借以为维系社会之中心者,宗教家也。试问中国二千年来,自学士大夫以至于闾巷妇稚所依为精神上不成文之信条者,舍孔子而谁?悬想自今以往,欲借其感化力以维系人心巩固国础者,孔子而外尚有何人?此按之人心趋向,宜定孔教为国教之理由也。

(丙)根于保存国粹

凡立国于大地,莫不有其独具之精神,所谓国粹是也。中国亘数千年之历史,萃数万万之民族而能生息于一国家统治之下者,非偶然也,必有其统一之中心焉。中国家族之制,欧西学者往往甚艳美之,其是非得失既不在本问题范围之内,姑不具论。然家族之关系、社会之组织,既能成此伟大民族,则亦非偶然也,必有其感化之中心焉,此中心者之为孔子,既彰彰乎不可掩矣。今使执途人而问之,曰中国之国粹维何,吾知无论答者何人,所答何词,其脑海中并时必现一孔子小影,此虽善毁者亦不能否认之也。反对定孔教为国教者,不啻将国粹之基础从根本推翻之,若摧枯拉朽,然征论于心不安,抑亦为道至险。此为保存国粹计,宜定孔教为国教之理由也。

(丁)根于孔子教义

宗教之利既如前述,然亦有害焉,则酿生教争是也。查西洋宗教战争之惨不忍睹,闻盖因其宗教皆以排斥他教为前提之故。孔子之教有维系社会之利,无酿生教争之害。试观中国二千年来,孔子之教固为维系社会之中心,而其他如本国产生之道教、外来之佛教、回教、天主教、耶稣教等,莫不任其自由发展于神州赤县,从此无宗教战争之祸。虽近数十年偶有教民与非教民争斗之案,究其内容,多关于民刑诉讼之范围,而非孔教排斥他之原因。所以然者,因孔子之教主张兼容并包,择善而从,信孔教者准其并时有信仰他教之余地故也。中国有此最完善、最进步,有百利而无一害之宗教,本可以夸耀于世界,若反唾而弃之,岂非大惑?此按之孔子教义,应定为国教之理由也。

(戊)根于宪法性质

各国宪法成立之历史及其规定之详略,虽千差万别,然其内容要不外下列数项:

一　规定国体与政体。

二　规定国家成立之要素。

三　规定国家各机关之组织及其权限。

以上三项与本案无关故不论。

四　未定宪法前,人民所感受最痛苦之事项以明文规定,其保障此项与本案之关系俟后论之。

五　未定宪法前,社会不成文之习惯法用明文规定之。

试观中国二千年来,一切政治、教化、风俗,盖无一焉不受孔子教义之支配,是孔教为国教而并准信教自由,乃我中国历来不成文之习惯法,事实具在,彰彰可考。此按之宪法性质,应定孔教为国教之理由也。

二　关于辟驳反对定孔教为国教之理由

(甲)辟中国非宗教国故不应定孔教为国教之说

人民于未定宪法前所感受最大痛苦之事件,应以明文规定其保障,既为规定宪法性质之一,欧西各国有教争之祸,故不得已牵涉宗教于宪法中,中国向无教争之祸,而宪法中牵涉宗教,毋乃无事自扰是说也。本员于天坛起草宪法时,即主张之,然有一事焉须声明者,不定孔教为国教,并不规定信教自由之条是也。若谓宪法牵涉宗教为无事自扰,试问中国既向无教争之祸,而乃于宪法中规定信教自由之条,岂非无病而呻?此本员当时之主张也,及今平心思之,此种主张盖亦有疑问之点三焉,即:

（一）《约法》中既定有信教自由之条，今忽去之，是否生他种宗教之误会。

（二）征之前述宪法性质，第五项所谓人民不成文之习惯法应以成文规定之者，是否未尽相合。

（三）征之前述国情条内所言，中国今日急宜提倡宗教以为维系人心之要端者，是否相合。

因有此三疑问，以故本员今日之主张明定孔教为国教而并准信教自由，善之善也。国教与信教自由并删去之，抑其次也。若但循数年内《约法》之规定，而蔑弃中国社会数千年之习惯，徒为快口过高之论，而不顾亡国粹、失人心之祸，断断乎其不可也。

（乙）辟孔子非宗教家故不应定孔教为国教之说

今日一提宗教二字，学者谬于世界多数宗教之事实，而神之一字即相连发现于脑海，孔子非宗教之说于是乎起，而不知此大误也。欲明孔子是否宗教，则考查世界各宗教发生之原因与其传布之效果为其先决问题，请分别研究之。

（一）就发生之原因以研究宗教，世界各宗教之创教主莫不抱一共同之目的焉，即增进人类社会道德是也，就此点以观察孔子与其他各宗教，其完全相同不待论矣，即各创教主所采之方法亦有其共同之原则焉，原则维何。

一、各根据历史相传之经典而发挥之。而改革之所以改革之者，一则恐违反现世之情状，一则欲达其理想之境域也，所以必根据其历史相传之经典者，盖恐蹈中庸，所谓虽善无征，无征不信，不信民弗从之，弊也。就此点以观察孔子与其他各宗教何异者。

一、各根据其时代人民之程度及其思潮之趋向以立言。佛氏曰："众生根器不齐，故说法亦不齐是矣。"此孔子与其他各宗教形式上所取方法不同之点，亦即孔子与其他各宗教精神上所取方法相同之点也。世界各创教主，其产法时代莫不在一千五百年以前，考进化学家言，去古愈远，人民之智识愈低，智识愈低，信神之程度愈高，此定例也。试查孔子以外各教主产生之时代，其人民之程度及其所受经典影响而生之思潮信神道者，盖居多数。纵令孔子生于其地，欲达其增进人类社会道德之目的，试问能违反一世神道之思潮而创一人道垂教之说乎？否乎。至于孔子虽产生比较各教主尚早，而实在中国文明大启之时。我中国近世进化迟滞,固不容为之讳然。战国以前诸子百家之学说,至今欧西学者往往咋舌惊叹或且疑信参半焉。尔时社会文明程度之高,稍治中国历史者类能言之。盖以所受经典影响而生之思潮,又偏于人道者多,而偏于神道者少。纵令孔子以外其他各教主生于此地,欲达其增进人类社会道德之目的,试问能违反一世人道之思潮而创一神道垂教之说乎? 否乎? 然则即就此点以观察孔子与其他各宗教有何异者。

　　据上所述之理由以为,论断征之物理,凡物之内容与形式完全相同者,其为物必同,所抱之目的,内容也。所采之方法,形式也。孔子与其他各宗教,其所抱之目的及所采之方法既完全相同。故吾敢断言曰,孔子与其他各宗教皆宗教也。更据方法第二项所述之理由,以为论断曰,孔子之宗教为人道宗教,社会程度较高时代之宗教也;其他各宗教而神道宗教,社会程度较低时代之宗教也。吾固不敢扬己抑人,谓孔子之为人高出于其他各教主,然不能不谓孔子所创之宗教为比较适宜于进化时代之宗教,而论者乃因有神无神之故,而妄谓其他宗教为宗教,孔子非宗教。其说根本上无存在之余地,断断然矣。试设譬以明之,当世界民主国未产生之时,试设一断案曰"有君主者为国,无君主者非国"。吾知赞成此说者比比然也。今则五尺之童皆知君主国、民主国皆国矣,彼以无神而非宗教者何异认无君主为非国乎? 试更设譬以明之,人莫不衣服御寒者,其目的也。被之于身者,方法也,无古今中外一也。假使有人焉,见西人衣短而遂谓长者非衣服,见西人衣毛而遂谓布帛非衣服,然则我四万万人所被于身以御寒者果何物也? 人莫不饮食果腹者,其目的也。啖之以口者,其方法也,此亦无古今中外一也。假使有人焉,见西人之食用刀叉而遂谓用箸者非饮食,见西人之食皆个人而遂谓合坐者非饮食,然则我四万万人所啖之以口而果腹者,果何物也? 彼谓孔子非宗教者,观此有不哑然失笑者乎?

　　(二)就传布之效果以研究宗教,凡能以其感化力于长久时代内,博上中下各等社会所信仰,而借以为维持社会之中心者,为宗教家。吾前既言之,问有征乎? 曰有泰西之亚里士多德、柏拉图、梭格拉的诸贤,其所持之学说未始不高,然其影响及于学士者多,而及于普通社会者少,故耶稣为宗教,而亚里士多德、柏拉图、梭格拉的等非宗教。中国之尧舜禹汤、文武周公诸圣为孔子所称赞者屡矣,然其影响及于政治者多,而及于普通社会者少,故孔子为宗教,而尧舜禹汤、文武周公等非宗教。

然则中国二千年来，自学士大夫以至于里巷妇稚，其家族之关系、社会之组织，莫不依其教义为精神上不成文之信仰，如孔子者，尚谓其非宗教，岂非梦呓之言哉？

（丙）辟定孔教为国教与五族共和有碍之说

五族共和宗教多异，若定孔教为国教，蒙、回、藏各族难免不因而离。此一部分人所持之理由也，然而过矣，以余观之，其立论之误点有二：

（一）对内统治权行使之程度及对外疆域划分之范围，此完全为政治问题也，及国力问题与宗教问题毫不相涉论者，顾鳃鳃焉。以五族离二为虑，试问今日蒙古之关系对俄问题乎？对蒙问题乎？西藏之关系对英问题乎？对藏问题乎？倘平心一考察之，其立论之误不待烦言解矣。

（二）以孔教为国教，既为中国历来不成文之习惯法，查自五族合治以来，虽或有离二之时，然从无以孔教为口实者，后之视今，亦犹今之视昔，彼杞人忧天之论，大可以不必也。

抑吾更有一事焉，足以征明之者。闻当民国元年十一二月间，内蒙某王曾以明文宣布曰："本王非欲服从库伦，奈中国数千年所有之孔教尚自弃之，将来必不能保存佛教。本王为保存佛教计，故脱离中国。"云云。吾前既言此种问题为政治问题、国力问题，彼之所言固不免于任意借口，然《约法》中信教自由之条恐亦不无几多之影响，而论者所虑乃适得其反，以此言误，误可知矣。

（丁）辟定孔教为国教，恐酿欧洲战争之祸及招西洋各宗教反对之说。

欧洲战争之惨既为人所习闻，故为此说者颇足以危词耸听，兼之服习欧教之士，其中亦有以耳为目反对中国定国教者，遂愈足以主张持此说者之焰，及平心思之，其观盖由于误会谬确论也，何以言之？

（一）考各国战争之祸，皆在宗教势力足以支配政治之时代，时至今日问尚有一国焉，其政治受宗教势力所支配者乎？必曰无之以故。虽以具排斥他教之力，最强如基督教者，普鲁士曾于宪法中明定为国教，尚不至酿教争之祸，而反加诸兼容并包之孔教谓非謷言，其谁信之？

（二）孔教为中国历来不成文之国教，前既言之，已往既从无教争，而谓将来有之，岂非过虑？

（三）定国教之最足以招他教之反对者,约有数端:妨碍他教之传布,一也;元首为大教主,二也;限制非信某教者不得被选为元首及任各种公职,三也。此种现象皆笃信神道宗教者始有之,孔教既为人道宗教,无排斥他教之性质。且宪法草案中第四条曰:"人民无种族、阶级、宗教之别,均为平等。"第十一条曰:"人民有信仰宗教之自由。"第十五条、十六条则规定:"有选举及被选举权,有从事公职之权。"第五十六条则有:"中华民国人民完全享有公权,年满四十岁以上、居住国内满十年以上者,得被选举权为大总统。"之规定均无宗教之限制,其无反对之必要,明矣。窃意他教中之反对定孔教为国教者,盖谬于泰西国教关系之重,而不知其拟于不伦,较之主持恐酿教争之说者,其观察之误殆伯仲也。

抑吾于此说,亦欲设譬以明之。今使有售书者于此,为保利益计其排斥他售书者,必视其力之所能,何也? 同类相妨故也。对于售笔墨者必无所用其排斥,因不同类,故不相妨也。孔教为人道宗教,他教为神道宗教,夫既明明不同类矣,而乃反对其为国教,岂非大惑不解之事? 吾知他教中明达之士,其主张必异斯也。

（戊）闻美、法各国民主国皆未定国教,故中国不应定国教之说。

在主张此说者曰:"法国人民与天主教关系之密切,人多知之。英新教徒渡海而西,为创建美国之始祖,其信教程度之高可想而知。斯二国者乃皆未定国教,岂非民主政体与国教不兼容之铁证?"其为说诚辩,然以余观之,其误谬之点盖有二焉:

（一）论断误谬。凡在学术上下一论断,必吻合伦理学之程序,方足为确切不拔之定义,今试问国教与政体有何因果之关系者? 既不能得其因果之关系,纵令世界各君主国皆有国教,各民主国皆无国教,尚不得不认为偶然之现象,而况征之事实更有大谬不然者乎。

（二）考据误谬。谓国教适宜于君主国,何以日本无国教? 谓国教不适宜于民主国,何以瑞士联邦中之辨尔纳州宪法第八十四条有"新教、罗马旧教、基督旧教三种宗教为认定之国教"之规定? 其不可通不待论矣,且即以法、美二国论,法国宪法之不完整乃学者之公言,试观其内容,不过规定政权制度、政权关系及两院议员选举法而止,即人民之权利、义务且不及焉,得谓法国之民无权利、无义务乎? 至于美国及其各州之内容,则适得论者之反。查美国国会两院各有牧师,每日以祈祷

136

而开议,每年秋收之终,大总统宣告大众执行感谢祭或有时定断食祈祷之日,州立之普通学校公然诵读圣经,虽有争论仍而不改;现洼满底及底纳华尔竟明定于宪法曰"各宗派不可不设礼拜式",底拉华尔且申言之曰"必守主之日",而南部六州不认天主之存在者,不使就官。此外,如滨西洼尼及典纳西亦规定曰"不信神、不信未来之赏罚者,禁选为官。"马理兰及亚尔干萨斯则并禁此等人为陪审或证人。由上所列举者观之,则美国及其各州宗教之平等自由尚且未能圆满,而顾引为反对国教之证,岂果不知也耶?抑知之而故为此指鹿为马之说以欺人耶?

(己)辟孔子多言尊君,不适用于民主国且易为奸雄所利用之说。

孔子学说之内容概不阑入,此余对于本案立言之体例也,然欲辟孔子尊君之说,不得不少破此例。在指孔子为尊君者,不但萃论语中关于君臣之言以为诟病,并欲罗织汉儒三纲之说尽归狱于孔子。夫三纲之说非孔子之言,固不待论,试思孔子生于君主之时代,至其偶涉君臣亦属常事。若必以此为孔子咎,试思民重君轻之说创自孟子。孟子固自认为私淑孔子者,则其授受所自,盖可想见。公羊学家发挥孔子张三世之说以为据乱、升平、太平。时代不同,治术亦异,微言大义,各有师承,此岂后儒所能伪为?孟子曰"孔子,圣之时者也",然则随时代以立论,固不足为孔子病也。且即以孔子之言征之《周易》乾卦上九之象词,曰:"群龙无首,天下治也。"此言当作何解?《礼运》所载孔子之言曰:"大道之行也,选贤与能,天下为公。"此言又作何解?况所谓"不独亲其亲,不独子其子"之说,为至今泰西社会党人所梦想之境而未能实现者乎,反对者乃取其据乱世之言之一端以为得闻,蚍蜉撼树,多见其不知量也。且余之主张定孔教为国教者,盖以其感化力足以维系社会之人心,非以其政治谈可以用为国家之政策也。明乎此,则不惟反对之言不值一噱。即余上所征引,适于共和之说亦束之高阁可也,因其于定国教之宗旨无涉也。至于易为奸雄利用之说,盖惩于去岁帝制运动之己事,然试思袁氏帝制之发生及其扑灭始终,皆系政治问题,与孔教有何关系?以此为反对国教之资料,可谓深文周内之至矣。

(庚)辟不规定孔教于宪法中而但以普通法律规定之说。

中国必须定孔教为国教,前既再三言之,且定之宪法又非自我作祖,反对赞成一言可决,何必为此迁就调停之说?今日中国人心浮薄,但以普通法律规定之,其为道至险,且不足以示尊崇而系人心,恐难免于一般人民误会信教自由为黜孔教而提倡他教之意。盖因教之一字习闻于普通社会,实始于海通以来"教民、教士"之称谓故也,今试举一例。因《临时约法》规定信教自由,故民国元年,广东政府即行文通省学堂谓按照《临时约法》所规定,人民有信教自由权,从前学堂中遵奉一家教主者应即废去。噫,此非黜废孔教,而何一省政府尚且如此,又何怪人民之误会者。如欲唾弃中国数千年之国粹,推翻中国维系人心之教主,唾弃之而已矣,推翻之而已矣,何必为此骑墙之说哉?

(辛)辟他种简单反对定孔教为国教之说。

观上述七种辟驳理由,则反对定孔教为国教者,其理由之不充分审矣,其他尚有种种简单反对之说,兹设为问答萃而辟之。

问曰:"宪法中既规定信教自由,若又定国教,亦自相矛盾否?"

答曰:"否。一方面规定信教自由,一方面规定国教,此例西洋君主国、民主国多有之,可查考也。"

问曰:"中国向无国教之规定,今何必多此一举?"

答曰:"此误解也。孔子之庙遍中国,国家且以祀孔为最大典礼,其他数千年来,表章孔教之举不一而足,此非以孔教为国教?而何未以明文规定者,中国向来无宪法故也。使有宪法,早规定之矣。故今日于宪法中规定以孔教为国教,殆如用摄相器摄已往成迹之影,非创举也。"

问曰:"世界进化日新不已,若明定一国教以为标准,不与进化之说相违反乎?"

答曰:"此系将形而上为道、形下为器之二者并为一谈之故,其误解与彼虑孔教不适于民主政体且易为奸雄利用之说略相等,不必再辩答也。"

问曰:"闻有谓孔子道大定为国教反小视之者,其为说何如?"

答曰:"孔子确为宗教家,吾前已言之。他宗教家皆不因定为国教而小,孔子何以独异?且为此说者率非由衷之言,孟子曰:'遁词知其所穷',此之谓也。"

以上各节谨依《宪法会议规则》第三十条、第三十一条之规定提出修正案。请求公决。

提出者:王敬芳

连署者:范殿栋、李膺恩、齐耀瑄、陈铭鉴、刘星楠、莫德惠、张维南、胡汝麟、陆大坊、张嘉谋、杜树勋、张昇云、方镇东、赵炳麟、张玉庚、王广

瀚、谢书林、虞廷恺、李盘、任曜墀、陈士髦、王之襄、陈善(《宪法会议公报》1916 年第 17 期)

10 月 1 日,宪法研究会召开全体会议,讨论时局,公推汤化龙起草应设法遏绝逾越常规、造谣生事之举动的宣言书;决定向国会推冯国璋为副总统之候补者。(《宪法研究会之集议》,《时事新报》1916 年 10 月 4 日,第一张第三版)

10 月 3 日,众议院常会开会,讨论大总统《拟任陆徵祥为外交总长咨请同意案》,听取国务总理段祺瑞介绍陆徵祥简历后投票表决,因陆徵祥曾为洪宪帝制时期的国务卿,否决同意案。复会时因不足法定人数,遂采易宗夔等提议,闭门点号唱数,查点无故逃席之议员提付惩戒。

10 月 4 日,宪法会议续议《中华民国宪法案》,议第四章及第五章大体。

10 月 5 日,众议院常会开会,听取外交、财政总长及交通、农商总长报告事件,讨论特别行政区域仍归原属省会监督会建议案,决付二读;表决通过中国银行兑现、交通银行俟清理之后再行兑现案。

10 月 6 日,宪法会议开议中华民国宪法案,审议第六章第五十五条及第六十三条至第七十七条大体。

10 月 7 日,与叶夏声等 51 名议员共同联署议员凌文渊提出的《中行聘用洋经理之再质问》。全文如下:

前以财政当局违拂舆论从令徐恩元聘用英人鲁克斯充当中国银行副经理,曾经议员等屡述祸患提案质问,方冀财政当局力图挽救消患无形,不料一面登载伪答复书于沪报淆惑舆论(见九月十九日《申报》附粘,若谓不负责任,何以并不更正),一面宣示性质绝异之新旧合同于《京报》,借事疏通,又一面以与沪报不同之答复书咨复本院。综观财政当局对付此案手段,不惮作伪如斯,未免心劳可笑矣。其实伪答复书当置勿论,而聘鲁合同内容要害,即本行副经理五字,余皆关于无足重轻条件之规定,而副经理主持行务之大权,除答复书正式承认外,则皆规定于行章之内,若仅以合同示人,其将谁欺,尤无驳斥价值。至于答复本院各节更觉语多蒙混,欲盖弥彰。议员等按节推寻,益足证明从徐聘鲁贻害中行不浅,应即再就答复书疑义最著及其不得要领之处,分节质问如下。

(一)答复书所称中行聘鲁克斯一案,系因停兑以来信用减损,外人疑惧,得一信用素孚而为中外知名者介乎其间,殊与中行有裨等语。查鲁克斯系以上海麦加利银行书记资格代理麦加利京行管理,为时不过数月,信用亦可想见。及就中行职,又叠经股东会函电交阻并向政府控告,所谓中外知名者乃竟如此。究竟鲁克斯名闻中外、信用素孚,事实何在?此再应质问者一也。谓其有裨中行,何以停兑中行所发钞票初则有限,及鲁就职,竟发至一千六百万元,而票值乃自九五跌至八四。本借口信用之昭著,乃愈启滥发之弊端,金融日慌,信用益损,果于中行何裨?此再应质问者二也。

(一)答复所称民国二年,该行曾聘用义人巴雪梨、英人麦云充当稽查司账等职。此次援例聘鲁克斯充京行副经理,并非总行职员,所管限于一部等语。查国家银行决不聘用外人充当要员,本为世界各国通例。民国二年为袁政府专制时代,利用外人丧失国权,且习以为惯,继任中行聘用麦云、巴雪梨更不成为问题,顾当时主管全行之孙多森,犹于违法之中示以限制之意。盖稽查、司账等职均属机械性质,若副经理则主持行务者也,京行副经理则含有处理全国分行之责任者也。岂可与稽查、司账等职同日而语。查《中行金库章程》第十条规定,总金库关于汇划、兑现、贴水等事项均托由京行办理等语,观此则名为京行而实权与总行何异,名为京行副经理而实权与总行主要职员又何异?乃谓京行副经理所管限于一部,何昧于行章一至于此?此再应质问者三也。

(一)况中行无论为总为分,其为国家银行一也。国家银行可援违法先例,聘用外人主持行务,则财政当局是否对于袁政府财政上一切违法先例皆援用以定今日财政方针,否则何以仅仅对于中行违法先例,迳行援用而不能忘情于袁政府,此再应质问者四也。

(一)答复书所称鲁克斯决无干涉总行全部之事,金库情形无从洞悉等语。查鲁克斯任京行副经理,财政当局业既认为主持行务起见,则对于京行及金库得以干涉,而情形无从洞悉,自不待言。但参观聘鲁克斯合同第二条规定,该聘员应遵照总裁或副总裁之命,奉调前往,无论何处分行办事等语。足见全国分行及分金库情形,鲁亦可假"奉调""办事"名义得以干涉而洞悉,又不待言。然则总行及总金库系由分行及分金库所集而成,而总行及总金库情形奚待干涉,始能洞悉。况京行本为总金库所在之地,实为中央财政出入之枢,如国防、外交、军事等费均由库款支付,此种政费在欧美各国视为财政上之秘密,一使外知,不击自毙。故聘鲁合同第九条亦有勿泄露职务上秘密之规定,可知必有秘密乃防泄露,假使鲁克斯任期以内,竟有国防、外交、军事问题发生,而鲁克斯乃以国家利害上关系,势必泄我财政秘密,制我死命,则事前如何防御,事后如何办法,此再应质问者五也。

(一)答复书所称中行兑现以来叠经筹划,增设兑换所、平市官钱局,市面赖以维持等语。查中行原设兑换所只有三处,此外皆托钱商代理,停兑后各代理店悉行解除,乃改托警界二十区代办兑换事宜。一时穷民劳动持票兑钱,拥挤道途,自朝至夕,市面危险,已非一日,及鲁就职未几,即取消警区代办兑换,改设兑换办事处六处,实视钱商及警区代办为数较少,以致当地中行票价立跌八四,市面危险较前更甚。所谓增设兑换所市面赖以维持者,何于事实不符若此。此再应质问者六也。

(一)至于平市钱局之历史,则更有令人可异者。查该局初由财部设局发行铜元券,本为接济市面起见,后又设立货币交换所,即将该局并入办理后,又将该局并入中行办理,并同时由中行发行铜元券。夫以国家银行发行铜元券,实为世界绝无而仅有,后又觉其有失政体,复将中行发行铜元券事移交平市官钱局接办,津行首先照办,并取消铜元券,限制兑现,行务称便,贫民受惠尤深。惟北京总行迄今仍代该局发行铜元券,徒与贫民争利,不知有损声誉信用,莫此为甚。而京师贫民永受铜元券限制兑现之苦,尤为社会痛心,所谓增设平市官钱局市面赖以维持之说,何于事实不符又若此。此再应质问者七也。

(一)答复书所称江宁本未停兑,因海军独立,兑现络绎而来,当经筹款维持,得免危险。芜湖则因院令公布后,群情汹惧,拨款二十余万元接济,业已照常等语。查江宁所受京行维持之款,实系京行应还宁行之款,芜湖所受京行筹拨二十余万元之款,亦系京行应还芜行之款,是则京行对于宁、芜分行履行债务,有何接济维持可言。若谓不然,则宁、芜分行对于京行即当履行债务,此中关系绝难稍涉含混,究竟所谓维持筹拨之款,孰为债权,孰为债务,应令责任分明,以免私相授受。此再应质问者八也。

(一)答复书所称各省亦均时有接济,至开兑一节,现正悉力赶筹等语。查停兑院令发表后,各省分行兑现如故,惟有京行迄未开兑,方且自顾不暇,谓能接济各省,其谁信之? 否则如广东、四川、归绥各处分行,亦未开兑,何竟置之不问。究竟所谓接济各省之处是否即指广东、四川、归绥而言,抑指他处分行而言,均须明白宣示,庶免京行自造谣言之弊。此再应质问者九也。

（一）又京行开兑一节，赶筹之声已数月，今乃徒恃大借款方可开兑。又谓借款并与聘用鲁克斯全无关系，岂以有借款而无鲁克斯其人者，则京行即无开兑之能力乎？否则赶筹开兑，竟非聘用鲁克斯不可，究有何种关系。此再应质问者十也。

以上质问共有十端，均关中国银行前途生命之存亡，苟无正当解决，则如财政当局答复所称各节，徒知捏造事实，回护徐恩元，聘用鲁克斯，其坚徐恩元借外自固之心，为祸犹小，其予鲁克斯以借口邀功之保证，必使中国银行断送外人，为祸实大。仍照《约法》第十九条第八项、《国会组织法》第十四条第二项及《议院法》第四十条之规定再提出质问案，应请转咨政府限七日答复。

提出者：凌文渊

联署者：叶夏声、徐傅霖、王乃昌、张伯烈、王源瀚、郭涵、陈嘉会、陈策、陈光谱、罗永绍、王锡泉、李国珍、王玉树、克希克图、高旭、何雯、李景濂、孙镜清、胡源汇、梁善济、张传保、彭占元、李增、李肇甫、虞廷恺、张相文、黄云鹤、陶保晋、时功玖、曾有翼、吴荣萃、易宗夔、朱溥恩、蔡汝霖、张瑞萱、吕复、张树森、方潜、杜成镕、汪彭年、胡兆沂、陈义、赖庆晖、牟琳、易次乾、陈子斌、茅祖权、孙钟、蒋凤梧、屠宽、陈士髦、王敬芳、魏肇文（《众议院第二期常会公报》1916年第21号）

10月9日，宪法会议续议《中华民国宪法案》，审议第六章第七十五条至第七十七条及第七章大体。

10月10日，北京举行国庆大阅兵典礼。以众议院委员长（秘书长）资格与参议院议长王家襄、众议院议长汤化龙出席典礼。

10月11日（九月十五日），致函父亲。函云：

九月初四手谕读悉。浩媳溘逝，殊为可惜。鹤年体气如何，请嘱让媳等善抚视之，使崇浩放心出外作事也。地方既有时疫流行，自家饮食起居，须求洁净，以防不测。三媳疟疾已全愈否？前托郑大钱带回酱菜，因渠临行匆匆，故未带去。北京政局稍定，至属令回家一节，儿早有此意，但为娱亲计，不得不隐忍须史，再定行止。伯群何以至今未得差使？

昨日黎大总统赴南苑阅兵，儿以众议院委员长资格，得有入场券，与参议院王议长、众议院汤议长同坐汽车前往,沿途军警共有万余人,荷枪鹄立护卫,操场中演操军队共一师一旅,连炮队、马队计二万余人,自十一点半演至下午二点分散。场内备有西餐,阅兵毕,参观员均入餐室分食,殊极一时之盛。是日,中央公园张灯放焰,各衙署结彩,恭贺国庆。吾邑县署想必举行。

10月12日,宪法起草委员会续议《中华民国宪法案》,审议第八章法院、第九章法律、第十章会计,表决赞成第一〇四条原案。

10月13日,宪法会议续议《中华民国宪法案》,审议第十章及第十一章大体。

10月16日,两院议员在众议院开会合会,讨论副总统选举日期。到者五百二十三人,汤化龙主席。王洪身主张从缓选举,立论偏于政治问题,对人问题以徐州会议为借口,为赵世钰等十余人所质问,谓为讨论出范围以外。(《两院会合会纪事》,《大公报》1916年10月18日,第三版)

10月17日,众议院常会开议大总统《拟任汪大燮为外交总长咨请同意》案,听取国务总理段祺瑞的说明后进行表决,因汪大燮与洪宪帝制关系极深,否决同意案。

10月19日,众议院常会。首先报告国务院来函略谓:议员邹鲁等所提之禁绝广东赌博建议案,除查照办理外,相应咨复贵院。会议表决对中途退席、未请假而未出席之议员皆照院法第八十条办理;议尊孔法案、收买制钱借以筹建新币制以杜漏卮而裕国财建议、查办张勋等案,表决付审查;否决减轻租税负担请愿事件案。

10月23—25日,宪法会议续议《中华民国宪法案》,继续审议增加省制、主权、教育、国防、神圣各章问题;议员焦易堂、蒋羲明、吕复、宋渊源、程修鲁、秦广礼、吕志伊、吴日法、梁昌诰等分别领衔提出提案。(《今日之宪法会议》,《大公报》1916年10月23日,第六版)

10月26日,众议院常会讨论议员丁炳炎为国事奔走病死医院,多数赞成照例抚恤;议《众议院议员选举法》第五章选举解释案;总理段祺瑞等国务员报告与法人交涉法强占天津老西开事情形,接受借款等事接受质问。

10月29日,致函父亲。函云:

> 九月廿二日手谕读悉。闻自乡尚有疫症,请苦劝乡人,饮食起居,力求洁净,避疫无他法,对于患疫者,万弗接近。对于未患疫者,务令其

避污秽之物。药房有避瘟水一种,可以杀毒。可属崇让赴郡多购几瓶,随时洒地,极好极要!茂和接家电回里,当已到家。其父究属何病,悬念之至。茂和来京时,请令三媳捡出狐腿小袖马褂一件,绒裤二件,喜莲小衫裤带来为好。虾米、鱼鲞自处较贱,可多带数元来。茂和带去阿胶六大块,系最佳者。三块奉大人,余三块交三媳。

儿日来颇讲究卫生,每日早眠早起,每晚温水洗浴,早起静坐半点钟。如此者将二月,精神比以前大振,胃痛亦愈。再过一、二月后,身体定可发胖。寓内费用力求节省,已陆续将京中友人债务偿还,弗念。验契一节,适浙江财政厅长在此,拟当面询明后再定办法。自乡收成甚好,可喜之至。再,儿在参议院充秘书兼会计科科长,下次信封请弗书会计员。

10 月 30 日,国会两院在众议院议场举行副总统选举会,王家襄主席。议定:一次不能选出二次选举,二次不能选出再行决选,今日定当选出。王家襄还命警卫严格把守会场,不许议员随便离开。第一轮投票:冯国璋得票431 张,陆荣廷得票 176 张,为最多的两名,但皆不足法定当选票数,其余岑春煊、黄兴、唐继尧、蔡锷、梁启超、段祺瑞等十几人自十几票至一票不等。下午进行第二次投票,冯国璋得 528 票,陆荣廷得 180 票,其余黄兴、岑春煊、蔡锷、唐继尧、梁启超、李烈钧、段祺瑞、李根源、贡桑诺尔布仍得一票至十几票不等。第三次投票在得票最多数之两人中行决选,至下午五点半开票:冯国璋得 520 票当选为副总统。

10 月 31 日,黄兴因病在上海寓所逝世,享年四十三岁。

△ 众议院召开常会,汤松平临时动议以本院名义电唁黄兴逝世,众鼓掌赞成。以众议院名义电唁,并全国下半旗以表哀悼之诚。

11 月 1 日,宪法研究会等五大政团向黄兴之子黄一欧发出唁电。

黄一欧兄鉴:克强先生奔走国事垂二十年,手造共和,功在天壤。今国基初奠,政局未安,警觉提挈,端资先进。乃大星遽陨,天不憖遗。同人等惊闻噩耗,愈念时艰,拟题有道之碑,凄听山羊之笛。春申南望,无任神伤,谨以芜词,藉申吊悃。宪法研究会、宪法讨论会、宪法商榷会、韬园、益友社同唁。东。(《北京五大政团电》,《时事新报》1916 年 11 月 7 日,第一张第三版)

11 月 2 日,众议院常会。因外交次长夏诒霆出席报告老西开交涉情形,交通次长王赮炜亦出席报告以全国邮电抵借外债事项,改开秘密会。

11月3日,宪法会议续议《中华民国宪法》案,继续审议增加主权、教育、国防、神圣各章问题。

△ 国会开议员谈话会,有人动议联合两院同仁为袁政府非法解散国会之日开一纪念会,即时商定办法,众无异议。

> 启者。本日谈话会提议,以本月四日为袁政府非法解散国会之日,公决于是日(星期六)下午二时,假西直门外农事试验场开会,以示纪念。凡两院议员请佩带[戴]各本院徽章,准时莅会。特此通告。两院秘书厅。十一月三日。(《四日两院议员之纪念会》,《时事新报》1916年11月7日,第二张第二版)

11月4日,国会议员参加袁政府非法解散国会三周年之日纪念园游会。

11月6日,以政治团体"宪法研究会"代表身份参加在丙辰俱乐部召开的追悼黄兴发起会。

> 昨日(六)下午二时,丙辰俱乐部开追悼黄克强发起会,各机关各政团及其他团体之代表到会者计二十余人,在政府机关者步军统领衙门代表为奚以庄君,京师警察厅代表为李白民、陆震,公府军事幕僚处代表为全敬存,公府秘书厅代表为刘钟秀,在商界者京师总商会代表为刘守训,在政团者宪法研究会代表为陈善、虞廷恺、曾有翼;宪法商榷会代表为顾余,宪法讨论会代表为司徒颢、克希克图、张知竞、王文瑛,平社代表为贺升、高杞,韬园代表为邱国翰、王乃昌,丙辰俱乐部代表为刘芷芬、白逾桓,在报界者新闻俱乐部代表为周达孝、吴光熙,报界同志会代表为徐一士,《国风日报》代表为景定成君,《日知报》代表李仲衡,《中华日报》代表为余筹君,《亚东新闻》代表为李基鸿。三时由各代表推刘钟秀为主席,略谓黄公克强为手造民国之伟人,功在万世,一旦溘逝,国人无不悼痛。开会追悼,虽追悼死者,要使共和精神印于全国人之脑中永久不忘,则黄公虽死犹生云云。嗣由白逾桓等相继演说,并报告今日筹议事件有五:一商定筹备事务所,二推定筹办员,三开会地址,四开会日期,五经费,以上五项请大家公决。嗣公决定名为黄克强先生追悼大会筹备事务所,暂设于丙辰俱乐部,并发通告于各团体限三日内推出筹办员数人,常驻办事。至地点、日期、经费等项,俟筹办员推定后,再行决定,并须拟定事务所启事,登载各报,以便各界吊唁黄公者之挽词、悼

文等件,早日惠投。(《都中追悼黄兴之发起会》,《申报》1916 年 11 月 9 日,第三版)

△ 宪法会议续议《中华民国宪法》案,议是否增加教育、国防、神圣、陆海军各章,表决反对加增"教育"章。

11 月 7 日,众议院开常会开会。因陕西督军陈树藩反对省长,唆使土匪二千余人捣毁省议会,众议决咨请政府查办陈树藩;改开秘密会,由外交次长夏诒霆报告与法国人交涉天津老西开事件情形;复常会,议大总统《拟任伍廷芳为外交总长咨请同意案》,听取总理段祺瑞说明伍廷芳之历史后,由议长指定虞廷恺等八人为监票员,遂由秘书散票后仍用点唱投票法,各议员依次投票表决,以多数票通过伍廷芳为外交总长。

11 月 8 日,蔡锷因喉疾在日本福冈医院病逝,享年三十五岁。

△ 冯国璋在南京就任中华民国副总统。

△ 众议院、参议院议决:为悼念蔡锷,休会一日,下半旗志哀。

11 月 10 日,与赵鲸、翟富文、董毓梅等数十名议员到太仆寺街衍圣公府开会,议定设立国教维持会,并与姚文楠、陈寿、孙光庭等 42 人签名成为国教维持会发起人。

11 月 11 日,众议院召开常会,谱主动议要求财政总长到会就中国银行限制兑现存款不付接受质问。改开秘密会,对财政总长陈锦涛进行质问。复常会,就此表决由议长指派 13 名特别委员,将中行内部情形调查明晰;表决许议员朱朝瑛、俞凤韶辞职,新到院议员萧必达、秦楷、阮毓崧、黄明新、张佩绅、邱珍当选证书付审查;议众议院议员选举法关于第五章选举诉讼法律解释案;改开秘密会,听取外交次长夏诒霆报告天津老西开事件交涉情形。

> 昨午一时开会,汤议长主席,宣告延长两次,二点四十分始开议,并报告请假议员曹振懋等二人。又报告本院自开会以来,每届开会查点出席人数,中途缺席至二三次者,已不乏人,《议院法》规定中途缺席至三次,应作缺席论,由九月十九日起算,而中途缺席者往往有之,此事应付院议。何雯云请照院法办理,谷芝瑞临时提起动议关于天津老西开中法交涉事件,请国务总理及外交次长一同出席,以便质问(何雯等附议)。议长遂以谷君之动议付表决,赞成者大多数。虞廷恺动议要求财政总长出席质问中国银行限制兑现存款不付是何理由,议长谓现在财政总长已经到院,是否即请出席,众议员云请即时出席。财政总长出席后,议长谓诸君质问时,必须报号发言,不可移座于前,王谢家云报告财

政事件,应开秘密会。马骧反对谓无秘密必要,虞廷恺方欲质问财政总长,陈锦涛君即要求开秘密会答复。议长乃宣告开秘密会,遂请旁听人退席。

三点余钟秘密会毕,继开大会,议长宣告休息二十分钟,三点四十分休息后,复开会议宣告。虞廷恺动议提出一事,系调查中国银行现有存款若干,所有抵制票存之资财是否相符,请由本院派特别委员将中行内部情形调查明晰,报告大会。议长又朗读提出原文,遂付表决,大多数赞成。议长咨询大家特别委员应若干人,于是有主张十一人者,有主张十三人者,有主张二十七人者,有主张九人者,议员先以二十一人付表决,少数;又以十三人付表决,多数。议长谓所派特别委员,由本席指定抑或选举。马骧云按《院法》应由议长指定。郭人漳、孙润宇等主张既由议长指定,务希慎重指定明白财政人员,事关重要,不可大意行之。议长云本席当慎重从事,指定何人,在下会报告。(《十一日众院常会记》,《民国日报》1916 年 11 月 14 日,第一张第三版)

△　联署符诗镕提出《质问防止破坏中行办法》。

议员符诗镕等质问政府对于破坏中行一切谣言行为如何防范禁止,其文云:自中交两行停兑以后,金融艰涩,市面恐慌,此次政府毅然令中行首先开兑,实系维持大局必不可缓之办法。开兑之日,商民无不欢欣鼓舞,气象为之一苏。乃日来外间谣言甚多,有谓该行业已实行限制兑现者,有谓该行故意延长兑换手续者,详加调查,并无其事。惟因交通银行收买大宗中钞取兑囤储,而新华储蓄银行则不收中行钞票,春华茂各家钱商又造作谣言在外散布,以致无知商民闻风疑惧。查新华储蓄银行与春华茂钱店皆交通银行机关,是此种谣言之发生全由于交行有意造成,情迹显然,万一因此发生危险,不独中行信用扫地无余,而国家财政市面金融将一坏而不可收拾。此事关系甚大,政府不能不任其责,究竟对于破坏中行之种种谣言、种种行为如何防范禁止,是否筹有办法。兹特依《约法》第十九条之规定提出质问,限政府于三日内切实答复。

提出者:符诗镕、王枢、牟琳

联署者:李增、杜成镕、王恒、祁连元、唐瑞铜、凌钺、唐理淮、孟昭汉、马小进、李秉恕、阿昌阿、谢翱元、邵长镕、焉泮春、张宏铨、张继、严天骏、李有忱、刘崇祐、陈承箕、段永新、张相文、曾铭、刘峰一、魏肇文、曹瀛、黄序鹤、于元芳、魏丹书、张传保、刘隽伦、张琴、黄云鹏、董增儒、廖宗北、刘冠三、梁善济、张玉庚、张升云、范熙壬、黄象熙、黄懋鑫、秦广礼、程大璋、刘尚衡、万钧、詹调元、刘泽龙、姚守先、刘昭一、萧晋荣、王乃昌、彭昌福、刘鸿庆、陈义、虞廷恺、张雅南、杨荣春、袁弼臣、徐兆玮、毕维垣、曹玉德、蒋著卿、陈策、胡沂、夏同龢、李芳、李克明、朱继之、程崇信（《申报》1916 年 11 月 9 日，第三版）

按：10 月 25 日，北京中国银行以现款筹备充足，在北京恢复京钞兑现，最初两天情况尚好，前往兑现者并不十分拥挤。然从第三天起，兑现人数骤然增多，原先期待的外国借款又未及时而至，银行即陷入难以维持之困境。中国银行总裁徐恩元乃令中行于 11 月 3 日发出布告，每日限制兑现 4 万元，每人每次限兑 200 元，但仍无法满足兑现之需求。11 月 30 日又改为每人每次限兑 10 元，实际等于停兑。此举引起各界抨击。

11 月 12 日，参加湖广会馆举行的国教维持会成立大会，并当选章程起草员。

> 到者多系参众两院议员，计一百余人，公推姚文楠为主席，王君敬芳宣告本会成立理由，略谓上次审议会对于宪法草案第十九条第二项，本系多数赞成，乃因相差数票，竟致未得通过。同人等乃生一种觉悟心，知必结有团体积极进行，方能使赞成者其气愈壮，中立者化为赞成，反对者人数减少。此为疏通各方意见计，发起本会之第一种理由也。前次审议会议决后，见有投票者询其反对之故，往往有因主张国教即反对第十九条第二项者，同人等乃又生一种觉悟也。知必结有团体积极进行，方能步武整齐，不至因同志者一部分之参差，致表决时之失败，此为整齐□或计发起本会第二理由也夫。李文治、陈善、王谢家、曾有翼、郭人漳、牟琳、王敬芳等相继讨论，一致主张定孔教为国教，应由本日到会人，分省疏通意见，务求贯彻本会目的。王敬芳复声明本会唯一目的在维持孔教，决不含有政团意味，参与他项政治。全体鼓掌赞成，旋由主席指定王敬芳、赵炳麟、陈善、虞廷恺、郭人漳五人为国教维持会章程起草员，限三日内提交大会议决，遂散会。（《国教维持会之成立会》，《时报》1916年 11 月 15 日，第一张第二版）

△ 致函父亲。函云：

> 十月初四日手谕读悉。黄迈侯想已到家。峻甫叔病有起色否？此

人天性纯厚,想必不短命而死。娟梅去年在京时,克勤克俭,寓中获益不少,日来卧病在床,家中谅不足自给,请令三媳酌量补助,以示眷念旧仆之意。迈侯带去《曾文正嘉言钞》一册,想已交崇让,须令崇让每日细阅力行之。此书共买五十册,分送至友。中国败坏至此,非从道德着手,万难挽回也。近又发起国教维持会,该会宗旨拟将孔教规定于宪法之内,以后逐渐设法阐扬孔教,保存好我国四千年来文教。故儿日来先就自身振刷一番,每日实行数事:(一)早眠早起;(二)静坐;(三)早起读《大学》数遍。俟行有成效,再劝告同人为之。

验契一节,已询过莫厅长,渠似不甚清楚,拟再商之财政部,求其减轻。至官中一事,闻吕督军已咨请财政部撤消,未知结果如何。周养庭反复无常,此实少年不学之故。不但养庭一人然也。来君肖卿如能用伯群更好,否则,另向他处设法,必不使此人赋闲。京寓平安如常。喜莲读书颇有进步。

11月13日,宪法研究会召开专题会议,决议维持现任内阁。

近来内阁摇动之风说日甚一日,各政团对于此事之态度益为世人所注意,宪法研究会特于十三日午后开会讨论,对于时局之态度,多数主张维持现内阁,以为现内阁虽非大满人意,但推翻现内阁之后,究竟继领政局之人能否较善于今日殊属疑问。且现内阁本可不倒,而因一二宵小贪恋禄位之故,百计欲牵倒之是,又乌可坐视者? 况改组谈何容易,运动推挽必多未知,须经过若干时日方能大定。故为目前计,仍非竭力维持现内阁不可,结果决定维持办法三项:(一)发表宣言书。说明现内阁必须维持之理由。(二)公推代表警告当轴,勿任宵小生事妄动,凡煽动军人、挑拨感情之举动,亟应严行禁止。(三)公推代表向同志各政团从事接洽,约为一致之行动。(《宪法研究会维持现内阁》,《时事新报》1916年11月17日,第二张第二版)

11月14日,众议院召开常会,表决由议长指定王源瀚等13人为特别委员,调查中国银行事宜。王源瀚声明谓:本员以为调查中国银行有两种困难,第一时间太促不能详细调查,第二财政困难调查后无善后的办法。

11月16日,致函父亲。函云:

读初八日手谕,骇悉浚甫叔作古,哀悼良深。天既不祐善人,其奈之何? 茂绩人极纯厚,又能作事,以后地方如有公务,可拉他出来帮忙,预备将来替手。曾文正云:办大事者,以多选替手为第一义,此之谓也。迈侯请一月假,已向校长说过,嘱其放心。但开吊不宜过迟,恐荒职业。挽联预备二副,一副代大人拟,另函寄上。又属味辛做一副。味辛约下月初回里。儿日来精神顿振。家中尚存冬天洋服一套,计上衣裤子各一件,系墨绿色毡呢颇厚,即令三媳检出交邮寄来。如一包不便寄,分作两包。儿日来喜穿洋服,以其操作较便故也。京寓均安,喜莲自上星期起,每晚责其作日记一篇,虽不甚佳,尚觉通顺。崇枢稍知规矩否,此儿好动,须渐渐约束之。寄上女子修身教科书,再交喜梅读之。如太深,可另购三册寄去。

11月17日,宪法审议会会议继续审议《中华民国宪法》案,议增加省制一章与增定法官任免问题。对增加省制一章,李涵、李述膺、凌文渊、褚辅成等相间发言赞成,议员克希克图等相继发表激烈之反对言论,两方争持甚力,议场秩序紊乱,彭允彝提讨论终局之动议,附议在五十人以上,旋因争持表决方法,秩序遂大乱。审议长无法维持,请议长复席,而在场议员已一哄而散。(《昨日宪法会议审议会纪要 秩序大乱 一哄[哄]而散 毫无结果》,《大公报》1916年11月18日,第二版)

11月18日,众议院开会,讨论总统提出议案、审查报告与提案。

11月19日,宪法研究会开专题会议,研究追悼黄兴、蔡锷事宜,被推选为筹备员。宪法研究会议决订于本月二十五日在先农坛设位追悼黄兴、蔡锷二公,推定周大烈、梁善济、陈铭鉴、曾有翼、孟森、凌文渊、姚华、杜成镕、陈善、虞廷恺、刘景烈、郭涵、陆大坊、张树森、李文熙、刘星楠、罗惇曧诸君为筹备员。(《宪法研究会之追悼》,《时事新报》1916年11月20日,第二张第二版)

△ 以筹备事务所之名义发出悼念黄兴、蔡锷二公的通电。全文如下。

黄克强、蔡松坡二公同为民国元勋,天不慭遗,相继殂落,全国同深悲悼,北京各界联合组织追悼会,经各团体公决先设追悼会筹备事务所已详前报。此次筹备进行,业经同人议定十二月一日在中央公园特开大会,惟会中所需经费孔殷,前经议决,由各机关担任捐助,现距开会期迫,已由筹备事务所推定专员携带捐册即日前往接洽,并函达各界查照。该所事务所,亦已移设中央公园南首水阁内,定于本月十八日(星期六)午前十时,开会讨论一切筹备事宜,所有各机关派出筹备各员,届期齐集公园妥定办法。昨日由筹备事务所通电各省机关团体联络一致

同致哀悼矣。原电已志昨报。(《筹备事务所通电》,《时事新报》1916年11月20日,第二张第二版)

11月20日,宪法研究会大会讨论省制入宪等问题,决定主张如下。

宪法研究会反对省制入宪,本不仅省长民选一端,凡某设所布草案之足以破坏国家统一者,无不竭力反对。昨开大会决定主张如下:(一)省为国家行政区域。(二)省长由大总统任命,不加制限。(三)省长执行国家行政事务,兼监督地方官治事务。(四)省于制限条件之下得征省税募省债,但须政务会议许可。(五)省议会以三分二弹劾省长,由国务会议解决。(六)省长呈请解散省议会,由参议院解决。(七)省警备队不必定于宪法,该派将来能否赞成大纲入宪,当视他派能否容纳此种主张为断。(《时事新报》1916年11月22日,第一张第二版,注云:20日下午一时发,夜三时到)

△　作为追悼活动筹备员,呼吁国葬蔡锷先生,并将蔡锷先生与黄兴先生合葬。

都中所设之黄、蔡二公追悼会筹备事务所,于今日上午十二时由白逾桓邀同总统代表刘钟秀君、参议院代表陆绍鸿君、众议院代表王郁骏君晋谒总统,面述追悼会之意:所以崇报元勋,矜式国人,惟需款浩繁,请总统提倡捐助,并备公启一捐册一呈阅。总统极表赞同,谈及两公勋业盖世,天不假年,不禁潸然泪下,亲笔书捐洋两千元。

一面又由该事务所发出通启文云:启者。黄、蔡二公相继升祖,天荟哲人,同怀隐痛。现在京内各机关联合开追悼大会,拟于十二月一日在中央公园举办,邦人君子表崇景仰,谅有同情,用将开会日期登闻广告,如有鸿章巨制乞于会期以前,送米市胡同本会筹备事务所,汇齐公设,谨以预闻云云。又闻该事务所同人以会中所需经费孔殷,前经议决由各机关担任捐助,现距开会期迫,已推定专员携带捐册即日前往接洽,并函达各界。查照该事务所亦已移设中央公园南首水阁内,定于本月十八日午前十时开会讨论一切筹备事宜,所有各机关派出筹备各员,届期齐集公园,妥定办法。(《国葬松坡与合悼黄蔡》,《申报》1916年11月21日,第一张第六版)

11月21日,众议院开常会,议《国葬条例》,表决付审查;议中、交两行金融借款案,表决通过;议查办徐树铮案,公决付内务股审查。

　　△　宪法研究会代表李国珍、黄懋鑫、凌文渊专程拜谒徐世昌,讨论时局。

11月24日,众议院开会,议《拟任任可澄为内务总长咨请同意》案,决予否决。

11月25日,宪法研究会同仁等240人在先农坛公祭蔡锷将军。议员汤化龙主祭,非议员熊希龄主祭。

11月27日,致函父亲。函云:

　　十九日手谕敬悉。行状俟迈侯带到时便可下笔。日来,儿事务加忙,因参议院、众议院、宪法研究会三处每日接洽事宜太多,几无片刻闲暇。下月拟将会计科长辞去,俾腾出工夫读书。至静坐、茹素、洗澡三者,无论如何冗忙,每日必不使间断。盖以此不但延寿,且可立身也。大人近来起居饮食,均与前相同否? 天气入寒,老人腰腹,须常以布护暖,弗使受凉为要。

　　崇樾于十八日回京,明年令其入北京中学,以便照料。此儿身体甚佳,长短、大小几与儿相垺。亲事可缓缓访问,不必十分着急。儿在北京另托人介绍。若自处有相当门户,总以自处为最宜。京寓平安如常。《楹联丛话》四本,请令崇让检出交邮寄下。三媳在家兴致如何? 喜梅体弱,万弗令其坐夜过久。崇浩续弦如何? 崇让之子想安稳愈恒。

11月28日,众议院开会,讨论各省添设教育厅案。

11月,与苏祐慈、郭人漳、王敬芳等27名议员联署参议员陈善提出的《删除宪法原案第十一条》(中华民国人民有信仰宗教之自由,非依法律不受制限)提案。

　　原案第十一条　中华民国人民有信仰宗教之自由,非依法律不受制限。

　　主张全文删除。

　　中国有礼教之教,有教育之教,固无所谓宗教也。自欧风东渐,耶教流入中国,于是有宗教之名称,然自中国数千年历史考之,人心风俗以一孔教为趋向。且孔教不具排他性质,匪特中国本部向有之回教、道教、释教,固兼收而并蓄,即欧洲流入之耶教、天主教亦兼容而并包。信教自由,中国数千年来之不成文宪法,亦信孔教有以致之也。兹制定宪法"信教自由"四字,既为吾国不成文宪法,理宜还之为不成文宪法,断不可轻率列为宪法条文,致启人民之误会。何则?"信教自由"之名词,非创自中华民国,实抄袭外国宪法条文而来,欧洲十四、五世纪因宗教之战争,沿为政治之革命,故以信教自由规定宪法,以作各教徒之保障。中国向无宗教之争,与外国历史大不相同,似无规定信教自由之必要。且信教之条既属抄袭各国宪法条文,而各国宪法有信教自由之规定,因宗教战争之结果。中国数十年来教案繁多,官府之文告,人民之论说,不曰教徒而曰教民,不曰民教相安而曰民教相仇。据是以观,信教自由之教字似专指耶教、天主教而言,中国向有之回教、道教、释教亦未必包括在内,至孔教更无论矣。今宪法条文强以"信教自由"列为第十一条,"孔教"二字全不提及,是明明提倡外教,将中国数千余年之国粹全行打消。揆之世界万国立国之公例,已属不合,而况风雨飘摇之中国,当此道德堕落、人心败坏之秋,汲汲提倡孔教犹恐不及。若摒孔教于宪法之外,专以宪法条文保护外教,本员期期以为不可,谨依《宪法会议规则》第三十一条得二十人以上之连署提出修正案于二读会,主张将第十一条原案全行删除,是否有当,统希公决。

提出者:陈善

连署者:苏祐慈、谢书林、梁成久、赵鲸、赵炳麟、韩胪云、董毓梅、曾有翼、杨士鹏、姚文楠、黄鹤铨、李景濂、孙光庭、李光明、翟富文、贾庸熙、虞廷恺、方圣徵、陈景南、李文治、余棨、郭人漳、王敬芳、程大璋、马沣春、詹调元、阎与可、姚守先、曹瀛、张玉庚(《宪法会议公报》1916年第17期)

△ 与魏丹书、杜成镕、谢翊元等30名议员联署议员王广瀚、张玉庚提出的《为兑现拥挤不便于贫民财政当局对于兑换所有无改良办法质问书》。

窃自中行限制兑换以来,各区设立兑换所,原有救济贫民一时权变之计,乃迄今中行兑现仍复停滞。值此天寒地冻,贫民生计益绌,兑现者因益拥挤,兑现所又复限以时间,以故兑现者多于夜间十钟即争赴兑换所门前,枯立守候冀排班在先,翌日或得兑现,否则逾时即无所得,一日饥饿难忍,故甘受冻苦不敢暂离所立,因一元现洋彻夜露处,其惨苦悲寒情状,实有不忍言者,哀此穷民,其何以堪。乃报纸登载,日前竟有冻僵者,悲惨如此,使人闻之莫不泪下。因救民转以殃民,又至于如此其极,实有妨于牧养之治也。近又闻兑换所人员皆加支双薪,是为办事辛苦,格外体贴,而兑换仍不能轮流周转,随时应付,以济贫民一时之急。岂因现金凑集不及,故意延宕时刻耶?抑玩视民瘼,不急公务耶?人员仰偃于内,贫民受冻于外,仁治之政,岂宜有此。睹此惨状,实难缄默,比闻实业借款已交付矣,于酒税已报解矣,盐税余款已拨交矣,为数已不为细,想财政当局已易措应,即当妥筹良法实行救济之策,勿再敷衍苟且,以贻害贫民。谨依法提出质问书,请咨达政府迅思改良,即速答复。

　　提出者:王广瀚、张玉庚

　　连署者:魏丹书、杜成镕、谢翊元、孙光圻、王枢、王之箓、陈士髦、杨润、张万龄、李元亮、邵长镕、黄懋鑫、范熙壬、梁善济、王多辅、陈光谱、虞廷恺、连贤基、张嘉谋、蔡汇东、曾有翼、王锡泉、莫德惠、梁文渊、方镇东、刘尚衡、孙世杰、宁继恭、张雅楠、万钧、王弌(《众议院第二期常会公报》1917年第60号)

12月5日,众议院常会议政府将五年以前所募公债及抵借外债之案交院追认等案。

△　国会通告:本届常会会期延长至下届常会召开之前一日。

12月7日,众议院召开会议,讨论《查办甘肃省长兼督军张广建》案。

12月8日,宪法会议开会,上演武斗情形。

12月12日,众议院召开常会,议教育厅官制、实业厅官制等案。

12月16日,众议院召开常会,讨论当选证书审查事件、请将各省官产收入画出五成作为地方教育基金建议案、请咨政府下令禁绝广西赌博请愿事件。

12月19日,众议院常会通过《国葬法》、恢复地方自治、纪念日等案,并决议国葬黄兴。

12月20日,与褚辅成、郭人漳、覃振等33名议员联署众议员李芳提出的《蒙藏地方制草案附说明》,"确取两不相悖之宗旨:一方面容纳贵族,俾其各有攸归。一方面贯彻共和原理,以期蒸蒸进化。斯为本草案之特点,亦巩固国家,启迪边陲之良计"。

### 蒙藏地方制总说明

　　蒙藏地方,横亘东北以迄西南,占吾国幅员之大半,其民族攘攘数百万,又同为组织中华民国五族之一。今日宪法会议订定国案根本大法,亟应特别注意于蒙藏。一以改良地方政治,以期发展地方能力,巩固中央谋统一之幸福。一以维系蒙藏人心，启迪人民思想，借御外侮消阋墙之隐患。考蒙藏部族之兴衰，历有史乘，无烦觊缕，而前清对蒙藏施以牢笼，多所愚制。究不省民愚国弱之公例，驯至蒙藏固有之精神，销磨斯尽，而遗现在之结果。然吾人秉立法之重责，将为万世不朽之典，本所有国内地方人民悉举而内之法中，将成一完全法治国者。是吾同人，日夜焦劳，有所希冀者焉。蒙藏地方如此之大，人民又如彼之多，殆将置诸不问，津津于内地，造成半身痿痹之国家者，宁有是理乎？本员敢断言绝无也。无如言法诸公或据法理评断，究不能期诸事实或存畏难苟且之心，亦将启外人置喙之地，即如此次提出草案，诸公对于蒙、藏地方制大纲问题，有让诸其他法律者，有谓取得省之资格时援用省制者，是皆未悉蒙藏地方情形暨原有制度而然。在提案者未始非苦心斟酌，而格于见闻，一时骤难断定，不得不留再为研究之余地也。观宪法草案中人民章所指，中华民国人民应有权利义务，当然对于五族人民而言，人民既取得宪法上之保障，对于人民公共之组合弃而弗论，其于个人之单位既详且尽。仅于他方制则宪法中有省而无蒙藏，似不无遗漏之憾，且恐滋误会之渐也。矧蒙藏地方制以无明特之规定，因陋就简，江河日下，不但前清愚政之不除，将恐欲得前清末叶之结果，而不可矣。据此前项理由是，蒙藏地方制诚有不能稍缓之势，本员前因省制加入宪法问题，以蒙藏有此种种理由，内政外交均关至要。若不详细研究，草草规定，恐发生极大危险，故曾提出意见书以供大雅参考。现既多数认为省制理当加入宪法，本员亦何敢谬执管见。窃与蒙藏同人详细研究，拟具数条，用备两院诸公采择焉至。地方制草案中省之地位及其职权兼组织之分配，前此提出各案，虽有见解之不同，各方亦为发挥尽至。故本草案略而不言，兹专就蒙藏方面未经有人道及者，逐条说明以免繁复。然研究蒙藏地方制者最当先决问题是蒙藏人民旧有阶级也，如蒙藏王公世爵改建之初定有待遇条件，抑将保其固有乎，有背民国立宪之精神；或将划除特权也，于事实多未能容。本草案详加讨论，确取两不相悖之宗旨：一方面容纳贵族，俾其各有攸归，一方面贯澈共和原理，以期蒸蒸进化。斯为本草案之特点，亦巩固国家，启迪边陲之良导也夫。谨本斯意提出草案，可否之处，仍请公决。

计开条文。

第　章

第　条　地方为左列二种。

一，省

二，蒙古、西藏、青海所分区域及其他未设省之区域。

前项蒙、藏、青海及未设省地方区域之划分，以法律定之。

（说明）省指地方最大区域而省之一字，系沿有元行省之名词。现定宪法是否沿用及其地位之如何，学说纷如，姑不具论。蒙古、西藏、青海命名或以地方，或以种族，亦各有其相沿习惯。然吾国《临时约法》既以规定用作地方之代名，亦无不可。然以蒙古、西藏、青海方同一省，诚有不然者矣。即如蒙古向分内、外，内蒙有六盟，察哈尔、额济纳、新旧土尔扈特、阿拉善、额鲁特不与焉。外蒙四部落，乌梁海、科布多、阿尔泰不与焉。东自内与安岭西迄阿尔泰山蔓延三千余里，横亦相等，其间人民繁兴、种族习惯之错杂，非以匀人民之稀密，抉短补长，度交通之便利，衰多益寡，划作若干区域，不足以资控驭，不得收发展之效也明矣。前清有见于斯，择其扼要处所，曾设行政首长监督其地方行政，相安久矣。至西藏、青海合而计之，于内外蒙古地方面积亦相埒，藏有驻藏办事长官，青海则有西宁办事长官，其应划区分治者自属当然之事，蒙藏内治之有阶级制度也。立法者，动谓不能与内地行省制地方并论。斯言也固有研究之价值，然细绎蒙藏内部现行制度，确有与共和原理地方自治情形遥遥相合者不少，即以近似者扩而充之，似不难举而措之，一跃而为最完全之法治也。兹就其内容略陈梗概。蒙古、青海地方向例分旗治军旗之下分设参领、佐领之职，表面似乎纯然官治，而各旗旧制每于春、秋两季大会，本旗职员耆老宣布旗政兴废方针，其间人民多所陈述，隐然即成自治之设备。况前清设将军都统之官，只居监督地位，内政行止断乎，未有过问之权也。各旗设扎萨克一人，而该旗王公得应是职者，方有政权监督之责，其他王公世爵不过承其先人遗泽享有尊号，由国家支给些须禄糈而已。在地方亦与平民权利同，绝无妄干政治之特权，俗所谓闲散王公者。此有此以上种种情形，蒙、藏、青海自不难入手治理，亦不能不纳诸宪法之中。况现在以吾国家宝藏所寄之，蒙藏一变而为外交最冲之蒙藏，溯厥由来，不能不归咎政府操纵之失策。吾人立法须于全国著眼，行政部之缺失正可以良法规而施补救，何可缘其稍有繁难置而不言，遗将来之追悔耶。且英之于藏、俄之于外蒙，贪让可怕。吾人宪法中不列蒙藏稍贻口实，必将起而间挟焉！故本员取列举规定并主张以法律划定其区域者,因此说者谓外蒙已有条约承认其自治,如有干预,恐惹国际交涉。本员亦曾详为研究外蒙,虽有自治条文中明明认吾为宗主国,其地又为中华民国领土之一部分,宪法中取与之间不无研究之余地。然本草案概以蒙古二字统之,俟定划分法律时,必能有折衷至当之办法,较比不规定者实含有无限之伸缩地也。藏情略似,兹不重复为也。

第　　条　省为国家行政区域及地方自治区域。

第　　条　蒙古、西藏、青海及未设省之地方所分区域均与省同。

(说明)论省之地位以划分官治自治为归宿,学说既伙,将必折衷至当。本草案专言蒙藏,于省之分既当从简略,而蒙藏地方既属分旗设治,如前所述,以初级自治之城、镇、乡,即可用于参佐领,以县自治即可拟作旗务公署,最高级之自治当然即是划定之区域,各区域必有长官以为监督也。论者谓,既有相同之等级何不可直改省制,免却骈指之为愈耶!岂奈蒙藏人民开化较晚,知识尚在初萌,骤然改省不且地方担负有所掣肘,而人民脑海中不悉改革竞进,几视加此省之一字,举所有土地人民不啻被人攘夺也者。即现在近省蒙藏人民讳言省字,似甚蛇蝎。倘以名义中些须改革,致启误会,远不若以原有制度汰冗崇实,事半功倍之为得也。且以法律划定区域必有一番斟酌,分配组织尽可仿省制,完全设备地方制之良善,全国期成一致,曷惜数条空文,不俾以便当之裁制乎。又以长官之职权,本草案并未列定,故云均与省同者,将以各该区设立地方最高自治团体均有完全之人格。质言之,一区即一省之变名也,况省字是否沿用,尚未解决之问题乎?

第　　条　前条所分区域于地方自治事项,得由国库支给金额以助其发展。

(说明)蒙古、西藏、青海概皆土旷人稀,宝藏遍地,诚为一段天荒,是吾国家之将来府库,外人之擦掌磨拳、垂涎莫得者比比皆然。徒以该地人民或泥风水之谬说,或无发达实业之能力,迄为置废,将来地方自治办起,文明输入,必有普兴勃发之一日,无如由庶而富,其间必有经济之问题,只徒由地方而办地方之实业,力小而功薄,故必须由国库支给金额,以助其发展,比诸商业家本不充而望有余利者不可得矣。

第　　条　省设省长一人,前条所分区域各设办事长官一人,省长、长官为该省区行政首长,监督地方自治。

省长暨办事长官之任用由大总统任命。

（说明）蒙藏、青海之有办事长官，是沿用旧有官称，不过其间有都统将军统辖之者，此则纯用办事长官名义者，取其划一也。行政首长取元首任命主义，已是大家共同之心理，而放蒙藏长官自应照法。惟揆以现在蒙藏情形，仍宜拣命蒙藏熟谙治理之王公充任，既获人地相宜之效，并可安置其特殊势力之人，于任命中条文可否加以制限。本员未敢妄拟，只有听诸公议。

第　条　省设省议会、区设区议会为本省、本区之立法机关，省议会、区议会之组织及职权，以法律定之。

（说明）本草案既专就蒙、藏、青海言应有设置，似不必逐件规定。然此等最高地方会议，宪法大纲中确当列入者，且组织区议会仍有与其他地方不同之处，故特列此专条，理由于本案无关，俟再述。

第　条　省区各设参事会襄助省长暨办事长官参与地方行政事务。

参事会之组织及职权以法律定之。

（说明）参事会纯为行政机关，其组织分子无论如何而来，在蒙藏方面自以容纳贵族为相宜，本案因未列组织之法，兹不论及。

总之，立法贵乎行之无碍，故有时应时势之要求，准国是民情之习惯。查现在之状况，思将来之危险，欲巩固吾国本，保全我疆域，在宪法草创时最关紧要，莫逾蒙藏若秩然列入蒙藏地方制度也。深虞多所掣室，欲以暂不规定耶。又恐借为口实，生出种种误会，操纵两难，进退无当，本员杞忧在抱，妄拟数条。虽具补救之诚，可否不敢自信，因就鄙见所及，提出蒙、藏、青海地方制大纲草案，以质高明，幸赐乘鉴匡正。焉为祷。

提出者：李芳

连署者：张雅南、王双岐、康士铎、张华澜、布霖、孙钟、诺门达赖、阿旺根敦、罗桑班觉、吴景濂、陈策、张其密、刘景沂、叶显扬、王振垚、褚辅成、郭人漳、覃振、狄楼海、张滋大、石凤岐、易宗夔、萧必达、唐宝谔、张我华、王用宾、陈九韶、汪震东、一喜托美、恩和布林、虞廷恺、陈祖基、李克明、孙镜清（《宪法会议公报》1916 年第 21 期）

12 月 21 日，众议院常会只到百余人，不足法定人数，未开议。

△ 孙熙泽等在北京组织宪法期成会,发表宣言,通电诋毁国会。

12 月 22 日,国会议决:故勋一位陆军上将蔡锷"应予举行国葬典礼"。

12 月 26 日,众议院召开常会,讨论财政总长陈锦涛与农商总长谷钟秀违法借款案、大总统府官制案、咨请政府查办江西省长戚扬贪赃违法案等案。

△ 宪法研究会召开大会,审议地方制度大纲草案。多数意见对该草案大体可以承认,但对仍有未甚满意之内容提出修改意见。

12 月 27 日,连署孙润宇等 34 名议员提出的"地方制度议案",规划省级行政制度。全文如下:

第　章　地方制度

第一条　地方最大区域如左

(一)省

(二)蒙古、西藏、青海及其他未设省之区域

第二条　前条区域之设置或区划以法律定之。

第三条　省设省议会,其组织及选举以法律定之。

第四条　省议会以不抵触中央法令为限,有左列各职权:

(一)议决本省单行条例。

(二)议决本省预算、决算。

(三)议决省税及使用费、规费之征收。

(四)议决省债之募集及省库有负担之契约。

(五)议决本省财产及营造物之处分并买入。

(六)议决本省财产及营造物之管理方法。

(七)答复省长咨询事件。

(八)受理本省人民关于本省行政请愿事件。

(九)关于本省行政及其他事件之意见,得建议于省长。

(十)其他依中央法令应由省议会议决事件。

第五条　省议会对于本省省长认有违法行为时,得以出席议员三分二以上之可决提出弹劾案,经由内务总长提交国务会议处理之。

第六条　省议会认本省行政官吏有违法行为时,得咨请省长查办之。

第七条　省议会议员对于本省行政事项有疑义时,得以十人以上

之连署提出质问书于省长,限期答复。

第八条　省议会议员对于省长之答复认为不得要领时,得要求省长到会或派员到会答辩。

第九条　省设省长一人,由大总统任命之(不加制限)。

第十条　省长依法令执行国家行政,并监督地方自治。

第十一条　省长认省议会有违法时,得省参事会之同意,提出解散案呈大总统,咨交参议院议决之。但同一会期不得为二次之解散。

第十二条　省设省参事会赞襄省长。

第十三条　省参事会以左列人员组织之:

(一)省议会选出者六人。

前项省议员当选者不得过三分之一。

(二)省长推任者六人。

第十四条　省参事会以省长为会长。

第十五条　省参事会之职权以法律定之。

第十六条　蒙古、西藏、青海及其他未设省之区域,其制度以法律定之。

提出者:孙润宇、朱兆莘、黄赞元、林绳武、张国溶、黄云鹏、解树强、蓝公武、梁善济、林森、吴景濂、狄楼海、王用宾、白常洁、陈洪道、张大昕、陈九韶、陶逊、吴文瀚、钟允谐、梅光远、张伯烈、何雯、胡璧城、汤松年、苏毓方、阮毓崧、潘江、刘彦、黄佩兰、康士铎、叶显扬、张滋大、李芳

连署者:刘兴甲、赵连琪、谢书林、焉泮春、富元、翁恩裕、曾有翼、仇玉珽、陈瀛洲、张光炜、张嗣良、马小进、乌泽声、陈受中、郭生荣、罗润业、于宝轩、谭瑞霖、徐际恒、夏同龢、杨荣春、谭文骏、胡寿图、王鸿庞、苏祐慈、富勒珲、黄锡铨、江天铎、辛汉、吴荣莘、噶拉曾、李克明、杜成镕、符诗镕、谢翊元、段雄、恩华、张相文、刘文通、王立廷、阎光耀、陈光勋、郭涵、高旭、石铭、杨时杰、胡兆沂、李含芳、裴廷藩、李梦彪、贾缵绪、段永新、范振绪、赵连琪、马良弼、张鲁泉、高家骥、张大义、王源瀚、刘万里、刘炳蔚、曹玉德、刘盛垣、赵世钰、刘楚湘、詹调元、蒋应澍、周震鳞、杨铭源、常恒芳、陈嘉会、李增、刘英、李式璠、张鼎彝、李述膺、王湘、董昆瀛、刘成禺、蒋义明、陈世禄、骆继汉、时功玖、蔡汇东、易宗夔、郑树槐、杨树璜、陈邦爕、刘泽龙、林伯和、胡祖舜、冯骥、郑江灏、彭汉遗、赵时钦、李文治、陈祖基、符鼎升、李自芳、赵鲸、李正阳、郑斗南、许桑、杜

士珍、许植材、周学辉、袁荣处、胡翔青、郭相维、赵连琪、曹瀛、王凤蕎、
岳云韬、张杜兰、郑际平、范振绪、尹宏庆、萧承弼、万宝成、车林桑都布、
祺克坦、刘新桂、王三箓、祺诚武、李英铨、孙光庭、刘映奎、马荫荣、王多
辅、刘丕元、李庆芳、克希克图、盛时、姚翰卿、朱甲昌、金鼎勋、祺诚武、
杨福州、林绳武、许峭嵩、张知𫘧、张其密、布霖、田应璜、赵连祺、王文
芹、金永昌、刘景沂、刘懋赏、诺门达赖、汪震东、车林桑都布、耿臻显、石
凤岐、班廷献、谷芝瑞、李保邦、王振尧、陈瀛洲、恩和布林、苗雨润、范振
绪、马荫荣、周克昌、孙钟、彭占元、揭日训、贺昇平、王伊文、李克明、万
宝成、杨振春、娄鸿声、冀鼎铉、石璜、景耀月、刘治洲、廉炳华、贾鸣梧、
姜毓英、毛印相、王兆离、李秉恕、侯天耀、赵成恩、萧文彬、谷嘉荫、袤玉
昆、李绍白、富元、周克昌、杨润、钱崇恺、秦肃三、继孚、吴涑、陈义、李汝
翼、杨肇基、吴莲炬、王安富、黄汝鉴、奉楷、周择、高杞、由宗龙、廖希贤、
袁弼臣、姚守先、周泽南、饶应铭、余绍琴、张瑾庆、熊兆渭、胡应庚、李梦
彪、谭焕文、王桢、裴廷藩、徐兰墅、陈黻宸、黄宝铭、王汝圻、郭成炆、向
乃祺、王绍鳌、黄攻素、黄序鹓、舒祖勋、杜华、瞿启甲、徐兆玮、邱冠莱、
程铎、邹树声、邹继龙、卢元弼、卢式楷、辛际唐、彭施涤、钟才宏、罗永
铭、张宏铨、王恩博、赵良辰、赵炳麟、黄汝瀛、丁超五、郭宝慈、杨梦弼、
李英铨、司徒颖、刘尚衡、寇遐、马骧、秦广礼、焦子静、丁惟汾、石璜、冀
鼎铉、邱麟章、禹瀛、李锜、田永正、张我华、周珏、宋渊源、马英俊、刘荣
棠、刘峰一、史泽咸、郭广恩、祁连元、张维、刘可均、张坤、万鸿图、王廷
弼、张嗣良、夏寅官、张敬之、谢鹏翰、仇玉珽、刘志詹、张昇云、方镇东、
王荫棠、高增融、李兆年、杨润、杨诗浙、潘祖彝、邹树声、韩胪云、马良
弼、贾缵绪、罗润业、毛印相、郑化国、陈鸿畤、孙正宇、岳秀夫、艾庆镛、
徐绳曾、刘昭一、邱国翰、金焘、段永新、刘景烈、刘光旭、段大信、董增
儒、张玉庚、曾有翼、张联魁、杜成镕、方贞、张杜兰、彭运斌、阎鸿举、郭
光麟、罗黻、陈铭鉴、凌文渊、王泽颂、李盘、任曜墀、蒲殿俊、罗纶、萧湘、
李文熙、陈敬第、黄群、刘显治、籍忠寅、周大烈、梁文渊、陈士髦、陈光
谱、杨润、汪秉忠、李振钧、方镇东、王泽颂、宁继恭、张伯衍、李茂桢、王
多辅、吴汝澄、唐理淮、蒋凤梧、许植材、吴日法、讷谟图、虞廷恺、金兆
棪、丁铭礼、王谢家、郑衡之、侯汝信、鄂博噶台、李发春、周继洲、金尚
诜、金秉理、王枢、张嘈、杭辛斋、卢宗岳、金溶熙、戚嘉谟、韩藩、张世桢

12月28日,众议院开常会,表决变更议事日程,先议《咨请政府查办江西省长戚扬贪赃违法》案,表决即咨政府办理;议《参议院华侨议员选举施行法》(参议院提出)审查报告,付三读表决多数通过;议恢复地方自治机关案(参议院提出),众无异议即成立。

12月28日,致函父亲。函云:

> 迈侯来,备述大人气体康宁,家中自二兄以下均安好,欣慰无似。手谕所云各物件,已一一点收无误。分家一节,请大人斟酌便可,儿决无他意。惟儿读书二十年,有损于家,毫无益处,问心惭恧无地。所有家中上年选举垫款,当陆续偿还,不知尚欠若干。三媳迁居浦西之说本甚好,如彼必不愿去,总须另图一暂时变通方法,待喜梅出阁后再作计议。分家约在何时,届时极思返里。儿在外债项,年内拟先拨还一千元,故家中寄款,目下无力做到。屈君寿联已送,用大人出名,附入二兄及儿名。联句抄后。行状稍暇改就便寄上。儿年内拟赴南京一行。因汤、王二议长托儿贺冯副总统寿期也。南京约住二三日便返。
>
> 近山水居,其人必寿,自古天台称福地;
>
> 有诗书气,生子多贤,即今令德作名卿。
>
> 又,白莲堂联:
>
> 流水半湾,尺土中成极乐国;
>
> 到门一笑,十年前是读书乡。

12月,与莫德惠等三十余名议员联署滇籍议员李燮阳、杜成镕、严天骏提出的《质问政府对于云南正当请求之军饷迟迟不发,而对于孙中山无理要求之巨款转允拨给案》,"究竟政府曾否允给孙文二百八十万之款,及云南所请军饷何以迟迟不发?"。全文如下:

> 是何理由:近日都下各报载钮永建、李烈钧、吴大洲、谭人凤均向中央索款。诸人兴师护国,身与戎行,现时或解兵柄,或尚未解。而于兵事首尾,未即完结,需款多寡,容当别论。所最离奇骇人听闻者,为前临时总统孙文,其索款竟至二百八十万,此次发难是否为文,海内无不知者。既不能明张旗鼓,直指燕云,事成乃自己为功,已属可怪。借令暗相援应,倾囊资助。然毁家纾难,豪杰之常。时过求偿,历史未见。且文亦安所得如此巨款?辛亥之役,文所挟以俱来者,适成笑柄,今日国库如洗,政府倚外债为生。埃及之辙,明知故蹈。事无可奈,识者寒心。

文大伟人，不求所以救亡，转因以为利。此则百思不得其解者也。并闻政府已允其要求。查去冬首义，实惟云南边瘠之区，外资绝少。军兴而后，按籍派捐，用兵半载，财尽民穷。前该省特派代表入都请款，至如旱望岁，如婴待哺。今政府不稍接济，而于文无理之要求，慨然承诺。此尤百思不得其解者也！究竟政府曾否允给孙文二百八十万之款，及云南所请军饷何以迟迟不发？谨依法提出质问书，请即确实答复。

  提出者：李燮阳、杜成镕、严天骏

  连署者：虞廷恺、莫德惠三十余人。

（《孙中山索款之质问》，《时事新报》1916 年 12 月 15 日，第二张第三版）

# 1917 年（民国六年丁巳）　三十八岁

1 月 1 日，段祺瑞会晤徐世昌，倾向解散国会。

△　浙江省督军兼省长吕公望通电，原拟因病辞职，各界坚决挽留后，"力疾供职"。黎元洪令准吕公望辞职，任命杨善德为浙江督军，齐耀珊为省长。浙省军警长官及省议会、教育总会等各界人士纷纷电请中央收回成命，要求浙人治浙。

1 月 3 日，《民国日报》今起连续刊文，从反对省制、妨害表决等方面抨击宪法研究会破坏宪法。（《宪法研究会破坏宪法之阴谋》，《民国日报》1917 年 1 月 3 日，第二张第六版）

1 月 6 日，宪法研究会召开欢迎黔军师长王文华大会。王文华于滇黔起义时，卓著勤劳，日前到京代表督军刘显世与政府接洽要务。

1 月 8 日，宪法会议讨论"以孔教为国教，仍许信教自由"的国教问题。

  主席：本席尚有声明，按照《宪法会议规则》第四十条第二项之规定，凡无记名投票法以为可者，投白票；以为否者，投蓝票。今对于此项国教问题，即赞成修正案者，投白票，反对者投蓝票。投票时应先投名刺，嗣即投票于票箱内，最后投废票于废票箱内，再现在所发票数均系标有号码。合并声明。

  众议院六号（卢仲琳）：请声明标题并赞成投白票，反对投蓝票，俾众共喻。

众议院三百二十四号（虞廷恺）：观所粘标题为"以孔教为国家,仍许信教自由"云云。其实并非修正案,若为修正案,则应于二读会时提出,现在审议会中仅能谓之大体。

主席：此即大体,并非确定之修正也。

众议院三十三号（黄汝瀛）：请仍以加入与否付之表决。

主席：即系此意。

（《宪法会议公报》第 23 册《审议会会议录九》）

1 月 10 日,宪法审议会一读结束。自 1916 年 9 月以来,宪法审议会开会 24 次,讨论宪法原案 14 项,通过者 8 项,删除者 1 项,未决者 5 项;议员提议增加者 9 项,通过者 4 项,否决者 3 项,未决者 2 项。其余无疑义之草案各条,无须讨论皆付二读。26 日开二读会。

1 月 12 日,众议院常会议议决通过恢复地方自治机关案（参议院议决移付审查报告）。

△ 宪法会议发布通告,取缔议员随意请假,"履行规则处分,通融绝无余地"。

1 月 13 日,宪政讨论会、宪法研究会、宪法协议会、益友社、政学会、平社、衡社、静庐、渊庐、潜园、宪政会等十一政团在湖广会馆联合召开欢迎梁启超、蔡元培两先生大会。（《梁蔡二先生欢迎大会》,《时事新报》1917 年 1 月 16 日,第一张第二版）

1 月 16 日,众议院以秘密会讨论吉长铁道借款案,外交总长伍廷芳派委员出席报告交涉经过情形;开常会,否决连续请假之九人的申请;开秘密会,听取外交总长报告到任以来所办各项交涉情况,之后复举行常会,开议限制议员请假之执行。

1 月 18 日,众议院常会表决通过缺席在三日以上者照《院法》八十条规定,应停止其发言权。三读并表决通过恢复地方自治机关案（参议院议决移付三读）;二读表决通过国会议员在任期内死亡者应给恤金案（参议院议决移付二读）、律师法案,否决各省添设教育厅、各县恢复劝学所均定为学务专官,并宽筹教育经费建议案。交通总长许世英因报载交通银行向日本银行借款五百万事出席接受质问。

1 月 19 日,宪法会议开会,议长王家襄以本会议议员请假在三次以上者暂由议长按次许可,俟届第四次再行提付会议决定咨询全会,众无异议。审议长王正廷报告审议中华民国宪法案结果,议长宣告付二读会,并声明本会议每星期开会三次。众无异议。

1月20日，众议院召开常会，因宪法起草委员会委员王印川、黄章、谷钟秀、汪荣宝、张耀曾、孙洪伊、陈发檀等辞职，表决按补人法递补之；议华商保利银公司借款合同及收炼制钱合同案，表决以本国人为限。开议余利原案：财政部五成、公司七成、各该省三成，众议院前次修正为各得五成。

1月26日，宪法会议常会，《中华民国宪法》案第一章第一条至第二章第十九条二读。议员邵瑞彭等说明提出修正有关条文之主旨，表决通过第一条原案、第二条原案。

1月27日，众议院因国务院通知有外交上紧要事件急待报告，临时召集特别会。外交部委员报告郑家屯案经过情形。

1月29日，宪法会议二读《中华民国宪法》案第三章第三条至第十九条，表决通过原案第三条（凡依法律所定属中华民国国籍者谓中华民国人民）、第四条（中华民国人民于法律上无种族、阶级、宗教之别，均为平等）、第五条（中华民国人民非依法律不受逮捕、监禁、审问或处罚；人民被拘禁时，得依法律以保护状请求法院提至法庭审查其理由）。

1月30日，《甲寅》杂志发表李大钊《孔子与宪法》，痛斥宪法草案中"国民教育以孔子之道为修身大本"为"怪诞之事实"。

1月31日，宪法会议二读《中华民国宪法》案第三章第五条至第十九条。多数否决议员贺赞元所出第五、六条修正案，表决通过原案第六条，第七条开审议会审议。

1月，信教自由会与国教维持会商榷国教入宪问题。

> 北京信教自由会通告云，近忽发见国教维持会油印一纸，兹表之如下。

> 敬启者。本会今日开会，表决结果对于孙君光庭提出国教专章加入草案第二章之后一案，定于本星期五开宪法会议时提出讨论，一致赞成，期达此最后之目的。盖以国教未定，则此种宪法不幸告成，敢断其无施行之实益。如果此次表决失败，则以后对于宪法，无论何种问题一概消极反对，俾非圣无法之宪法不致产出，尚可有救我国危亡之余地，为此通知，务请先生届时出席，一致主张为荷。再讨论终局至关钜要，如非本会会员提起，万万不可赞成，国教维持会谨启。一月二十四号。

> 就以上之言观之，则该会有心破坏宪法，实为全国之罪人，按该会

所谓"俾非圣无法之宪法不致产出",不知宪法与圣人有何关系,以宪法尊圣人,全球各国宪法之所未闻,乃该会之私见。国会大多数议员非之,不过以该会之私见为非耳,非国教维持会者,岂遂为非圣乎?尊圣为一事,宪法又为一事,不以宪法为尊圣之用,不为非圣即不为无法,该会以非国教维持会者,为非圣无法,是该会直以圣人自居也。不赞成该会之私见者,该会即"对于宪法无论何种问题一概消极反对"使宪法不致产出,是该会真为非圣无法矣。夫议员为代表民意者也,制定宪法须视民意,按国势而为之,今民国为五族所组织而成,五族所信仰者,有佛、道、儒、回、耶五教之别,儒教不过汉族中一部分人所信仰,且又本非宗教,若以信仰佛、道、回、耶五族人民所信仰儒教之人数相比,其多少之差,不啻十之与一,以本非宗教之儒教又为最少数人民所信仰者,乃该会欲强迫多数议员从其私见而定为国教。如此行为,而能有成,世间焉得复有公理?况全国函电,对于参众两院反对国教及第十九条第二项者,何止数百起。民意之真,于斯可见。国教维持会岂独不闻不睹乎?不图逞私见之议员,因大多数议员从民意、审国势,主张法理,不徇该会之私见。近知国教及第十九条第二项不能通过,遂倡取消信教自由之说,不知传教条约及优待条件中,民国已早许国民信教自由。该会谅无能力足以取消之,但观其主张,在宪法上取消国民已在《约法》上所得信教自由之私心,不独足以表现其非圣无法及破坏约法、宪法之罪而已。其私心殆谓民国宪法必须如其私意而后可以产出,遂因定国教及保存第十九条第二项或并信教自由而打消之,以是而民国分裂至于覆亡亦在所不恤耳。呜呼,如是之议员,岂非全国之罪人哉?(《信教自由会宣布国教维持会之罪状》,《民国日报》1917年2月11日,第七版)

1月,《挽黄兴蔡锷联》发表于上海《丙辰》杂志第二期。

人间评将略,直欲拟宋鄂王汉淮阴侯,抑得知全者昌,只三百健儿莫平禹域;

天下论英雄,真不愧华盛顿西乡隆盛,太息假年何促,剩满腔热血洒向神洲。

△　中华佛教会上书国会,为避免"宗教战争",请不要定孔教为国教。

2月1日,众议院常会公决通过董增儒动议,改开秘密会,请调查中国银行特别委员江天铎、孙钟等报告调查情形。因报告调查结果似无甚头绪,闻有再向财政总长提出质问之说。

2月2日，与汤化龙、林长民等议员连署议员陈光焘提出的《宪法草案第二十二条修正案》。

原案：参议院以法定最高级地方议院及其他选举团体选出之议员组织之。

修正：参议院以左列之议员组织之：

（一）各省省议会及省参事会选出之议员；

（二）蒙古、西藏、青海各选举会及华侨选举会选出之议员；

（三）法定商会互选会、学会互选会及其他法定之互选会选出之议员。

（理由）：原案之规定沿于旧有众议院之组织，旧制之不善，已为后世诟病，与众议院之性质不分一也，不能调节下院、缓和政争二也，以是二端参议院遂失其存在之根据，今以采用两院制为前提，则原案不得不修正焉，兹述其本修正案之三标准如左：

（一）参议院宜兼含参事院之性质。参议院一方为两院之一院，与众议院共同行使立法权，以救济双方之偏弊，一方为参事院独立行使制限行政权以调和行政，实际上之一切困难，其详细说明见拙作对于国会制度意见书中。

（二）参议院宜包罗各种特殊社会之代表。一般社会之代表大都包罗于众议院，假使参议院之组织不包罗各种特殊社会之代表，就制度上言则有骈枝之弊，就政治上言则全般社会之意志无由显也。

（三）政治上有资望、能力、经验之人不可不罗置于参议院。两院性质比较的下院倾于急进，上院趋于保守，几成为两院制之国家之通例。有政治上有资望、有能力、有经验之人，不罗置于内。在议会方面既无以调节急进与保守之性质，在社会方面使是等人才置于闲散之地位，则有种种隔阂之虞，而政治现象欲望其安稳进行，不可得也。

或谓本修正案属于《国会组织法》上之问题，宪法上不应为如是烦琐之规定，曰不然。组织法参定于宪法中，各国宪法不乏其例，且本修正案与原案相对照不过概括规定，与列举规定之不同，与节外提出其他问题参入不相类也。又或谓此条加以修改，即与原参议院组织不同，而宪法公布之日，则原参议院势必不能存在，因而连及众议院，必至危及现时国会根本,曰又不然。夫宪法之力虽强不能取消,法律已发生之效力,原参议院之组织根于《国会组织法》,不到改选之期,万无中途变更之理。虽参议院议员之改选每二年仅为三分之一蝉联,而下终无全数改选之期,然每达二年去其旧议员三分之一,即依照新法律加入新议员三分之一,如是行之,递及六年,则新参议院始能完全成立。夫是之谓新陈代谢,绝无急递之变更,致碍法律及事实两方也。

提案人:陈光焘

连署者:范熙壬、宁继恭、李茂桢、贾鸣梧、黄明新、郭广恩、焦子静、汤松年、牟琳、雷述、韩玉辰、高仲和、刘显治、曾有翼、邱国翰、杨润、梁善济、汤化龙、陈国祥、陈允中、吴涑、王立廷、朱甲昌、于元芳、郑斗南、恒钧、温雄飞、秦锡圭、何畏、蒋羲明、黄树荣、蔡国忱、马伯瑶、刘可均、张烈、孙江东、傅家铨、韩藩、张世桢、袁荣叟、姚桐豫、杜师业、傅师说、邓镕、王枢、胡源汇、祁连元、恩华、曾瀛、毕维垣、胡汝麟、虞廷恺、方圣征、杨士鹏、刘万里、宋梓、李槃、任曜墀、张昇云、黄懋鑫、葛庄、刘景烈、郑化国、张雅南、李兆年、刘星楠、岳云韬、富元、方镇东、孙正宇、方贞、侯汝信、张坤、贾济川、林树勋、阿昌阿、赵连琪、刘纬、傅鸿铨、陈国玺、罗纶、蒲殿俊、萧湘、李文熙、周择、周泽、江椿、曾铭、朱文劭、陈善、张傅保、程大璋、胡翔青、黄佩兰、陈堃、李正阳、孙光庭、李庆芳、李国珍、李耀忠、金还、孙光圻、陆大坊、杜树勋、籍忠寅、董增儒、林长民、黄群、刘崇祐、王戈、董毓梅、刘尚衡、万钧、刘光旭、符诗镕、蓝公武、徐承锦、王泽敩、杜成镕、周大烈、王谢家、李振钧、唐理淮、李发春、杨荣春、袁振黄、王多辅、张伯衍、邵长镕、汤松年、许植材、陈绳虬、王文璞、刘振生

附:宪法草案第二十二条修正案之修正案

参议院议员  陈光焘

第二十二条  参议院以左列各议员组织之:

一,由各省省议会选出者,每省五名,

二,由蒙古选举会选出者,一四名,

三,由西藏选举会选出者,六名,

四,由青海选举会选出者,二名,

五,由华侨选举会选出者,四名,

六,由教育会互选会选出者,六名,

七,由商会互选会选出者,六名,

八,由特简任司法官互选会选出者,六名,

九,由特任行政官互选会选出者,六名,

十,由海陆军上中将互选会选出者,六名。

(说明一)原修正案取列举主义,然于第三项中所谓其他法定互选会有与概括主义混同之弊,今改正为第八、第九、第十各项取一律也。

(说明二)原修正案有省参事会选举会一项,今重加精审,一则省参事会非原有机关,今后省参事会之有无及其性质如何,又尚未定。二,顾名思义,省参事会必为行政的会议团体,今既有第九项之规定,以删除之。

(说明三)原修正案未定名额,今查与参议院组织根本有极大关系,故增入之,第二十二条后增加一条。

第二十三条　前条各项所规定之参议员,当于参议院改选期间各照所列名额选出三分之一。

(说明)法兰西于一千八百八十四年于宪法上改正元老院组织,曾有关于元老院改组之规定,义在免法律上之争议也。今则之。(《宪法会议公报》1917年第29期)

△　宪法会议二读审议《中华民国宪法》案第三章第七条至第十九条,表决通过原案第七条(中华民国人民通信之秘密非依法律不受侵犯)、第八条(中华民国人民有选择居住及职业之自由非依法律不受限制)、第九条(中华民国人民有集会结社之自由非依法律不受限制)、第十条(中华民国人民有言论著作及刊行之自由非依法律不受限制)。

2月5日,宪法会议二读审议《中华民国宪法》案第三章第十条以后加一条至第十九条。议员布尔格特、魏肇文等说明有关条文之主旨。魏肇文、刘恩格等提出第十一条修正为:中华民国人民有信仰孔子之道及其他宗教之自由,非依法律不受制限。其尊孔典礼另以法律定之。马君武则极端反对"以孔教为国教"加入宪法,亦不赞成"以孔子之道为修身大本"。

2月6日,众议院常会因再质问交通银行借款事,改开秘密会。

2月7日,宪法会议二读审议《中华民国宪法》案第三章第十条以后加一条至第十九条。议员李文治等主张把"中华民国人民奉孔教为国教。其他宗教与国教道德不背者,仍许其自由信仰"之类条文列入宪法。连署者都在

20人以上。

2月9日,宪法会议二读审议《中华民国宪法》案第三章第十条以后加一条至第十九条。议长王家襄请假,副议长汤化龙代理主席。议员易宗夔动议修正第十一条条文为"中华民国人民有信仰孔教及其他宗教之自由,非依法律不受限制",引发热烈讨论。议员李含芳提起讨论终局之动议,获多数通过;否决易宗夔、魏肇文、刘恩格等议员关于把尊孔内容列入宪法之动议与修正案,通过褚辅成动议,以原案第十一条付审议会审议;表决通过原案第十九条二项。

2月13日,众议院常会讨论中国银行质问书、律师法案等事宜。

2月14日,参加宪法研究会讨论国际问题的专题会议,被推为赴众议院协商代表,并拟赴总统府面谒大总统。

> 此次我国各重要人物之会议国际问题也,其主持议论虽有不同,要皆以国家安危为一致之目的,所发言论皆从良心上之主张,毫无党派私利之争执。说者谓系中国前途之好现象,中国之外交政策其影响所及,竟能使诸党派各捐除其小团体之片面利害,而求国家之公共进益,实中国莫大之幸福也。即以各政团而论,多于昨日午后开会研究,就其所知者言之。一为讨论会。昨日午后五钟开会讨论时,赞成加入与反对加入者,双方均发挥得淋漓尽致,其结果如德国不听抗议,赞成先事断绝国际外交关系,至必要之时机赞成加入协商国。又对于益友社、政学会方面所拟之今日下午十时在众院开政团外交联合协议会一节,全体赞成,所举之代表为孙润宇、朱兆莘、克希克图、林绳武四君。一为研究会。昨晚八时开会讨论之结果,于外交问题暂不表示态度,举定蓝公武、黄群、虞廷恺等八人今日赴众议院协商,并拟赴总统府面谒大总统。一为平社。昨日开会讨论甚久,其结果对于政府对德通牒为失当,此后一切问题应亟详细讨论,并以为遇有相当机会,当劝告政府对于国会宜推诚共济。至于今日之赴众议院开各团协商会,并未推定代表,大约由黄云鹏、解树强等前往。一为大同俱乐部。此团为协议会、苏园、宪政会所合成,昨日开合并成立会,对于外交问题举定金鼎勋、胡壁城、吴渊、康士铎、王用宾、李芳等六人为协商代表。一为宪友会,昨日开会其态度闻与平社相近,推定张伯烈等为协商委员。一为丙辰俱乐部,昨日开会大多数认为中国对德抗议未免失当,且以为中国对于德国与美国

不同，断绝国交及加入战团，均不赞成。（《对德抗议后政团态度》，《申报》1917年2月15日，第三版）

△ 宪法会议二读中华民国宪法案第三章第12条至第19条第一项。

2月16日，宪法会议常会二读审议中华民国宪法案第四章第二十条至第三十条。

2月18日，国会议员在北京发起成立"外交商榷会"。

2月19日，宪法会议常会，二读审议中华民国宪法案第二十二条至第三十条。与黄群等一起向宪法会议提出《宪法案第二十三条修正案》。

（条文）众议院以各选举区比例人口选出之议员组织之，每人口满一百二十万，选出议员一名。人口总调查未毕以前，各省及蒙古、西藏、青海选出之名额如左：

直隶三十名、奉天十一名、吉林七名、黑龙江七名、江苏二十六名、安徽十八名、江西二十三名、浙江二十五名、福建十六名、湖北十七名、湖南十八名、山东二十二名、河南二十一名、山西十八名、陕西十四名、甘肃九名、新疆七名、四川二十三名、广东二十名、广西十三名、云南十五名、贵州九名、蒙古十五名、西藏六名、青海二名。

（理由一）宪法草案第二十三条，既规定众议院议员选举方法取代表人口主义，而不兼定人口比例之定率，实有不明不备之憾。查各国宪法，除俄、意、日本等少数几国之外，若德、法等国则规定议员总额，若美、比、智利、瑞西、墨西哥、土耳其等国则皆规定比例定率，因其为国会根本不欲付之普通法律，致随时可生变动也。今吾国亦应从多数国宪法通例，将此项比例率订入宪法，以定众议院组织之根本，况《国会组织法》内容各条什九已收入宪法，所余仅第二、第四、第五等三条而已。参议院之组织已有人主张在宪法中列举规定果尔，则第二条亦可收入宪法。再如本修正案第二项，将第四、第五两条一并收入，则《国会组织法》可完全归并于宪法之中，寥寥两条本不必独立成一法典也。

（理由二）现在众议院员额时论颇谓失之过多，上次各省选出之名额，本依《国会组织法》第四条第二项所定，人口总调查未毕前暂定之名额。而依同条第一项每人口满八十万选出议员一名之比例，吾国人口夙称四万万，当出议员五百名，似较今数为少。然近年人口实已大增，将来总调查毕时，为详确之比例，恐议员名额已距今数不远或且过之。

夫议员人数过多,或谓于议事上深感不便,然中国为世界大国,人民代表宁取其多,夫亦何可非议。惟就目前而论,国内智识较高之人,止有此数,设尽收入中央议会之中,则地方一面必甚形寂寞,自治事业断无发达之望。故不若将国会员额稍稍缩减,为地方留有余之才之为得也。查各国议员名额,英国最多,法与我国相埒,余若美、德、日本等国大抵皆在三百至四百之间。今若酌定比例率为每人口满一百二十万选出议员一名,约计议员总数当在三百名以上四百名以下,是亦不嫌其少矣。其在总调查未毕以前暂定之名额,则依《国会组织法》之名额,以八十万与一百二十万之反比例而得者也。

按《众议院议员选举法》第九十六条,蒙古之选举区划本分十四区,如哲里木盟等十一区各得二名,科布多一区得三名,阿拉善、额济纳二区各得一名,故总额为二十七名。今将三名者减为二名,二名者减为一名,一名者仍旧,总数为十五名。

西藏选举区域分前藏、后藏,《选举法》原定各得五名,今减为各三名,总数为六名。青海原定三名,今减为二名。

提出者:黄群、刘显治、董增儒、周大烈、陈敬第、陈光焘、陆大坊、蓝公武、李耀忠、陈国祥、李国珍、籍忠寅、刘崇祐、梁善济、王式、张烈、陈善、虞廷恺、孟森、孙光圻、林长民(《宪法会议公报》第33册,速记录二十三)

2月20日,致函父亲。函云:

正月初八、十七两谕均读悉。开年后所发之禀,想可收到。以后当可随时禀告。因会务太忙,日间轮往参、众两院,晚间除应酬外,又须赴各处小会(小会计有三、四处),筋疲力尽,故无意再作书礼。来谕云:喜梅嫁资须七八百元,与去年所云五百元之数相差甚巨,究竟实需若干,请逐件开单谕示。儿意总从节俭方而着想,衣着首饰皆消耗品,徒费金钱,于事实毫无益也。三媳旧存衣服不少,不如将此衣服一并送他,另做几件出外应酬衣服,岂不甚好。若陈家嫌衣服太旧,嫁奁太薄,则此等计较货财之亲戚,尽可置之不理。儿以目前经济论,毫无自立能力,且负债累累,势难久稽,何可从井救人,自讨苦吃。请将此意细告三媳,借债经商有利可图,借款嫁女则真不合算也。崇樾日间入校,夜间请周伯丹在家课算。国文、历史等由儿责令温习,似较前稍得门径。崇让何以又有来京之意。此儿不惯出门,仍令居家为宜。闻养正学校聘渠为督理员,位置似尚不低。朱鲁泉来京,拟谋何项位置? 彼等欲望甚奢,非儿所可为力也。京中谋一书记,极费气力。况彼向非局长、知事等职不为乎? 吴晴初家境日退,似属无妨,但须女儿聪明,身体强壮为要。凡额高而阔,目瞳黑而有光者必聪明。请大人亲自往阅,并察其应对举止如何。否则,暂缓亦可。儿茹素将半年,近来多看道书,颇有归隐之意,不愿闻人世事。世道人心如此,良可浩叹!

△ 众议院常会为公债二千万收买上海烟土事请国务总理出席质问。

2月21日,宪法会议二读审议中华民国宪法案第四章第二十一条至第三十条。

2月24日,众议院常会议新到院议员陈焕章当选证书审查事件、议员惩戒事件、律师法案等事宜。

2月26日,宪法会议常会二读审议中华民国宪法案第四章第二十二条至第三十条。

2月27日,致函父亲。函云:

正月廿六日手谕读悉。崇樾风寒早愈,每日赴校,夜间回寓。除算学由周先生补课外,余悉归儿责令逐项还说一遍,似觉比去年进步稍速。此儿身体甚好,躯干与儿不相上下,气力亦大,与儿十五、六岁时相同。吴晴初之女,须请大人亲看,方可放心,盖他人万无此等眼光也。酒捐电服并未到京。

崇枢除认字外,尚有别种课本否? 喜梅体气如何,弗令其夜间久坐,恐惹起目疾。躯干比去年回家时长大否? 北生何时断乳,断乳后可令其多饮洋奶,小儿食流动质多,易于长进。

冯副总统到京,欢迎者甚多,颇极一时之盛。此公来意:(一)拟改组内阁;(二)将与德国宣战。目下金融殊觉停滞,下月官署俸薪拟搭发公债票。众议院岁费约搭四成,计可六十元。参议院议长不日改选。儿拟下月将会计科长辞去,从此,每月收入,仅得现金贰百四十元矣。去年至二月止,进款除偿还福建陈承箕君(众议员)壹千二百元及他人款项三百余元外,尚余九百元。拟先买中原公司股票。该公司去年年底结账确有四分红利(壹百元、五十元、六十三元、壹百元),将来煤炭畅销当不止此。家中欠款及高子白、沈受恒等处拟今年余款陆续拨还。行状须另做过,故费工夫。

　　△　众议院常会议交通银行代理国库案、律师法案、咨请政府迅将京外盐官制草案提交国会案、请拨款救济维持汉口华景街被灾商民请愿事件、裁撤中央将军府建议案等事宜。

　　2月,联署参众议院议员张琴等十人提出的《宪法修正案》。全文如下:

　　第四条　中华民国人民于法律上无种族、阶级之区别,均为平等(原案"宗教"二字删除)。

　　第十一条　(原案"中华民国人民有信仰宗教之自由,非依法律不受限制"全文删除)

　　修正理由如左:

　　中国数千年来,固以孔教立国,然亦翕受各种宗教,使之并行不悖,自由传布。于法律上,原来平等并无区别,今为民国,此种历史上之习惯自然依旧存在,何须著于宪法,反有提倡外来宗教之嫌,而启人民迷信之心,以酿宗教之纷争乎。夫天主、耶稣两教均受条约保护,其效力更强于宪法,亦无借于宪法加入"宗教"二字也。存留"宗教"二字于宪法毫无利益,徒滋流弊,故必须于第四条删除"宗教"二字,并将第十一条全文删除,以习惯法还之习惯法,方合于中国之历史与国情也。且宗教行政不过内务行政之一种,只当让诸普通之规定,尤无须定诸宪法也。谨提出修正案敬候公决。

　　提出者:张琴、王泽敟、赵炳麟、孙光庭、郭人漳、陈善、沈河清、李文滋、赵良辰、余棨

　　连署者:程大璋、李保邦、高杞、窦应昌、程崇信、梁登瀛、杨润身、罗润业、李克明、王定国、贾鸣梧、张杜兰、张联魁、李景泉、康慎徽、彭占元、阎与可、曹瀛、王广瀚、董毓梅、杨士鹏、陈堃、连贤基、陈承箕、郭章鋈、宁继恭、许植材、吴日法、李振钧、李茂桢、曾有翼、毕维垣、莫德惠、孟昭汉、张雅南、朱兆莘、陈光焘、刘盥训、王用宾、马小进、陈景南、金焘、张坤、刘治洲、刘景沂、张云阁、张滋大、范殿栋、马文焕、刘志詹、梁善济、郑化国、陈敬棠、狄楼海、张昇云、周克昌、郭德修、冀鼎铭、梁文渊、班廷献、杨润、邵长镕、陈士髦、马荫棠、姚守先、张金鉴、王廷弼、李发春、张嘉谋、段大信、席绶、杨荣春、徐承锦、黄明新、吴文瀚、于宝轩、方圣征、侯汝信、虞廷恺、谢翊元、邱珍、葛庄、王沚清、王伊文、廉炳华、张则川、范熙壬、郑斗南、翟富文、王谢家、蒋应澍、赵鲸、张伯衍、刘盛

174

垣、梁成久、李正阳、张全贞、刘光旭、黄元操、方镇东、刘炳蔚、苏祐慈、汤松年、石璜、梅光远、刘兴甲、唐理淮、陈光谱、王多辅、杨士聪、钟才宏、罗永绍、欧阳钧、王源瀚、凌文渊、李燮阳、盛际光、陈受中、魏毅、丁骞、岳秀夫、郭涵、郭光麟、彭运斌、孙正宇、袁振黄、阎光耀、李槃、恒钧、杜成镕、方贞、张玉庚、陈瀛洲、徐纯曾、贺昇平、詹永祺、胡寿嵎、曹振懋、胡源汇、阎鸿举、万鸿恩、刘彭寿、饶应铭、夏同龢、严天骏、蒋义明

（《宪法会议公报》1917年第23期）

△ 联署参议院议员孙光庭提出的《修正案十一》，全文如下：

宪法草案第二章之后拟加一章，依法提出修正案条文如左：

中华民国人民依历史习惯以孔子之教为国教。

（理由）人而无教则近于禽兽。国者人之所积而成，其不可无教也。审矣。我国开化最早，文明礼教，至孔子而集其大成，孔子者不啻我国人民高尚优美之代表。二千余年以来印入人之脑筋，遍于妇孺而皆然。此实良善习惯，提倡保护之不暇，忍摈斥于宪法之外乎？我人民既举制定宪法之权，奉之于国会，国会同人忍置我人民所迫切呼吁者于不顾，而大拂逆之代表民意之谓何。试一扪心，何以自解，信教自由，我固标目以许人矣。我为保我国粹，顺我民意而定我国教，于人何与？而其他教会妄言恫喝，纷来请愿，岂我许人以自由，而人反不许我以自由乎？无是公理也。据本席等所调查，彼皆奸细之所唆使而然，非若我人民请愿赞成者皆出于天良之作用，我国会同人其为矫诬民意之代表乎，抑为真正民意之代表乎？且昔人有言，凡举事勿为亲厚者所痛，而为仇怨者所快。今眈眈环伺者，狡焉思逞，我冥然悍然而拂逆与情，是不啻予人以可乘之隙，而假为他日收拾人心之计，则为渊殴鱼之隐忧巨患，有非本席之所忍言者矣。今不禁垂涕泣而道，愿我同人听此忠告，征考历史，察纳舆论，近之不酿内讧，远之不召外侮，在我同人一反掌间耳。否则阋墙构寡，国会前途不堪设想，而国家之元气与俱斩，国将不国，何有议会，何有宪法？与其后悔无及，何若早自解散。此大拂民意者而别求能表民意者之为得也。奉职无状，本席实首尸其咎，今椎心泣血而为最后之宣示，曰必有国教，乃有国会，乃有宪法。非然者，宁国会之解散，宪法之停滞，而不甘我国教之销沈。摅此血忱，昭告天下，知我罪我，所不计也。谨依法提出，伏希公决。

175

提出者：孙光庭

连署者：王人文、赵炳麟、夏同龢、李文治、陈善、沈河清、陈祖基、梅光远、杜成镕、俞之昆、董毓梅、曹瀛、阎与可、陈士髦、蒋应澍、余棨、贾鸣梧、王廷弼、赵良辰、侯汝信、王谢家、李英铨、王广瀚、李增、刘盛垣、张嘉谋、李正阳、窦应昌、高杞、张杜兰、马小进、苏祐慈、蔡突灵、黄锡铨、王泽颁、赵鲸、程大璋、邵长镕、莫德惠、陈景南、李自芳、张则川、李述膺、曾有翼、饶应铭、吴莲炬、范殿栋、张琴、马文焕、朱兆莘、刘芷芬、李景濂、蒋举清、李国定、董增儒、刘成禺、蒋羲明、程莹度、周择、黄明新、陈祖烈、赵成恩、陈光勋、讷谟图、刘治洲、张联魁、万宝成、段大信、陶逊、李兆年、李克明、万钧、车林桑都布、梁文渊、吴作棻、布尔格特、周学源、方圣征、张玉庚、刘光旭、李槃、李发春、黄元操、梁成久、张全贞、张金鉴、刘炳蔚、汤松年、符诗镕、张昇云、鄂多台、王定国、黄佩兰、梁登瀛、杨荣春、张雅南、连贤基、虞廷恺、由宗龙、郭人漳、方贞、李振钧、吴文瀚、杨润身、袁荣叜、王桢、严天骏、万鸿恩、邹树声、许植材、何畏、程崇信、李汝翼、陈瀛洲、李燮阳、张敬之、郭章鏊、欧阳钧、刘彭寿、鄂博噶台、郭光麟、魏毅、陈绍元、刘楚湘、刘映奎、王观铭、魏肇文

附启

参议院六号临时变更，请以本席修正案专章改为专条，列于第十条之后，请议长提付讨论。孙光庭启。（《宪法会议公报》1917 年第 23 期）

△ 联署胡源汇、郑万瞻、戴书云提出的《为大总统给予徐恩元三等宝光嘉禾章赏罚无常疑虑滋大依法质问书》，全文如下：

据《政府公报》载，本月十一日大总统令，徐恩元给予三等宝光嘉禾章，查颁给勋章约法所载，总统自有特权，但既名为勋章即所以奖励有功，滥予则功过不明名器扫地矣。徐恩元为中国银行总裁，此次办理改行兑现，事前毫无筹备临时张皇失措，忽而开兑、忽而限制、忽而发牌挂号隔日取款，致令兑款之人风餐露宿、忍饥啼寒之惨状，不可目睹，人心怨望，舆论沸腾，政府亦岂茫无所觉。前由本院组织特别委员会往改行调查，原期得其真相，布诸国人，以释群疑，而该总裁又左支右吾，所报告款项数目与财政总长在本院报告者歧异甚多，即该总裁一人之报告其口述与函复者亦有参差，故本院曾以全院名义提出质书在案。乃质问书尚未得答复，大总统忽给予徐恩元以三等宝光嘉禾章，此次大总统

颁给徐恩元勋章是否即认该员办理中国银行著有殊勋,抑或于办理银行之外,尚有他种功绩可言?赏罚无常,疑虑滋大,谨依《约法》及《院法》提出质问,并要求政府于五日内答复。

提出者:胡源汇、郑万瞻、戴书云

连署者:张伯衍、王多辅、余绍琴、岳秀夫、邓镕、虞廷恺、张雅南、胡鄂公、杭辛斋、袁振黄、王安富、吴日法、罗永绍、康士铎、梁善济、王锡泉、翟富文、李东璧、陈义、易宗夔(《众议院第二期常会公报》第75号第二附录)

3月1—17日,全国财政会议在北京开幕,讨论国家税与地方税、中央与地方相互协济等六项要案。

3月2日,宪法会议常会二读中华民国宪法案第二十二条审议报告及第二十三条至三十条。

3月4日,段祺瑞及全体国务员到总统府,请黎元洪令驻协约国公使,向驻在国磋商与德国绝交条件。黎元洪不同意与德国绝交,主张对德绝交案须先征得国会同意。段祺瑞即离京赴天津,通电说明与元首外交政见不同,辞去国务总理职务。(谷丽娟、袁香甫:《中华民国国会史》,第961页)

3月6日,众议院常会讨论国家总预算案、国务院官制案等事宜。

△ 经冯国璋调解,黎元洪答应不变更内阁所定外交方针,段祺瑞回京复职。

3月7日,宪法会议常会二读审议中华民国宪法案第二十二条审议报告及第二十三条至第三十条。

3月9日,宪法会议常会二读审议中华民国宪法案第二十三条至第三十条。

3月10日,众议院表决通过对德国绝交案。次日,参议院亦表决通过。

3月12日,宪法会议常会二读审议中华民国宪法案第三十一条至第四十条。

3月13日,众议院常会讨论预算案、各部官制通则案、交通部内国公债条例案等事宜。

△ 联署众议员符诗镕提出的《查办贵州省政务厅长何麟书案》。

原案大略如下:(一)张咏霖,为何麟书之岳丈,民国二年任松桃县,因贪赃被人告发,经高审厅判决处以二等有期徒刑。何麟书任民政厅长,即将释放,复令张咏霖更名张日新,委任绥阳县知事,大肆威权,并借禁烟为名,讹诈乡民赃私巨万。(二)李明时,为何麟书之玩友,善吹弹。民国二年，何长内务，因得为册亨县知事，朘削小民，无恶不作，由地审厅上诉经大理院判决处以死刑，尚未执行。何任民政厅长，即将释放，并委充遵义禁烟委员，此为蔑视法律败坏官常之一证。（三）陈大经，遵义人，在何任内务司长时，运动得充丹江县知事。携著名土娼绰号小沙马赴任，因闹出种种笑话被撤。迨何任民政厅长，陈复借小沙马与何内弟冉昌交好之力，向何游说，得委下江县知事，仍将小沙马携往任所，廉耻道丧，官常荡然。（四）唐万钟，松桃人，为哥老会首。因充侦探时诬諂松桃士绅欧涂两家，得委八寨县知事，贪污被人告发下狱，何为开脱，委任江口县知事，到任次日，亲批局串骗婚案有云，将钱买生妻反被他夺去。此等大奇案，千古所未闻。着即押候，再提吴明经破镜重圆，复见于今，两家皆配好了，一人娶妻榜样，切勿黄昏。此批。其履历有云，由童生考取俏生，何以此等人而为民上，足见一斑。（五）王其光，江苏人，前清时曾充知县。杨某跟丁得薄资，捐从九品，在黔候差，后委修文县知事，为人巧滑恭顺，不脱跟丁气习，调首县后为龙巡按撤省查办，而复利用从前面目，恭维何麟书，得复原位，人皆耻之。（六）聂瑞麟，平越人，初反正，委安南县知事，贪婪无厌，被控撤究，因与何有师生之谊，为之弥缝无事。何复委为定番县知事，人民又将受害无穷。以上所述，均系实在情形，其最伤心惨目者，何麟书于禁烟一事，不禁于未种之前，而独于已种之后，委员所过地方，先枪毙贫民数人以示威，使殷实之家纳贿以免，而烟苗之铲与否，并不认真顾问。将来贻误大局，夫岂有涯？云云。提出者：符诗镕。联署者：李增、牟琳、孙世杰、罗纶、虞廷恺、王枢、邱珍、刘景烈、刘尚衡、李文熙等。（《黔议员请查办何麟书案》，《申报》1917 年 3 月 14 日，第六版）

3 月 14 日，宪法会议常会二读审议中华民国宪法案第三十三条至第四十条。

△　大总统黎元洪发布对德绝交布告。

3 月 15 日，致函父亲。函云：

初六日手谕读悉。喜梅嫁妆内所需金器、首饰、皮货、绸缎等物，以适用为贵，待儿带回。应需若干，及其格式如何，请令三媳详细开单寄来，以便预备。陈自强将来总要出门，诸物当使其便于出门应用最妙。故除渠亲戚分送物件，如拦腰、被单等，可将三媳旧存者，悉数移转外，余则不必求多,但求适用为要。此儿之意,请告三媳,以为何如?

陈自强两次来函,云已得渠伯父许可来京读书,未知实在情形如何?瑞安中学办法实不甚好,故转学之说,儿极赞成。如果渠家确有此意,须待婚事毕后,明年开春或今年年内来京。

崇樾今年读书确有进步,所有功课,如国文、历史、地理等,每日回家必令还说一遍,极其清楚(大字有进步,惟小字无暇练习)。算学据周先生言,亦得门径。如此不懈,可大有望。盖去年在保,无人照料,无怪成绩不良也。身体比去年强健。

崇让暂在本校任事甚好,俟有妥善机会再令出门。校内脩金何以比去年减少?学生捐去年收到若干?请令崇让将学生捐开一清单,内注明姓名、洋数寄下。

行状即可寄上。茹素之说全为卫生起见,以肉类脂肪太多,种类太杂,不易消化。儿年来所以身体羸瘦精神疲怠者,时事激刺,虽为主因,然胃力消化不良亦其一原因也。自去冬静坐以来,兼行茹素、温水摩擦等卫生方法,而食量日增,中气较旺,肌肉亦增长不少。兹寄上相片一枚,阅之便可了然。程、朱、王阳明诸大贤,均言静坐。日本且有静坐会,入会者数万人,著书不少,儿取而习之,参以道家修炼之理颇有效验。日来专习运气填补丹田,与拳师所云起肚力颇似。盖政界尘嚣殊甚,非以此等清净方法洗刷脑筋,不但促寿,且不足调摄精神。至前禀所云不愿闻人世事,实因其时愤政潮激烈有感而发,非有他意也。

外舅母病稍愈否?味兰想已回里。黄子威日来挥霍如故,去冬代迈侯汇款壹百元交渠收转,闻竟被花尽,捏造款未收到。如此诈欺行为,焉能令其管理银钱。盖银行人员最重信用,信用一失,此后便无啖饭之地,请力戒之。如长此不改,儿亦未便代谋位置。凡保荐人须负担保之责,倘一不慎,在彼所关尚小,儿则甚大也。儿细察子威为人,终觉愚而奢侈,恐无言能挽回,奈何?奈何?大嘗林师儒之子,在北京农业学校读书,前日借去现洋五十元,说明由渠家划送自家,何日送到,请谕示。崇枢读书,居然灵敏,可喜之至。近来每课认字若干,除认字外,尚有别种功课否,每日共有几点功课,均请详示。喜莲可成大器,崇樾如从此顺序而进,当不失为中人,加以崇枢复能读书,岂非吾家之幸?喜梅身体如何?北生已断乳否?断乳后仍可饮罐头牛奶,及牛奶粉等流动物。

3月16日,致函父亲。函云:

子威到京,寓在公馆内,位置尚须徐徐设法。渠等年少,未尝甘苦,故有此结果。儿已苦口劝之,希望其从速自新,将来方有立足之地。否则,天演淘汰,日甚一日,惟有自取灭亡而已。闻子威言,大人气体康健如常,雪中赴郡,毫无寒意,可喜之至。复述大人转谕三事:(一)造屋一节,今日接到二月十四手谕云,已作罢论,不必再议。所云借与演九作营业资本,究竟何项营业?(二)八旬大寿,京中亲友预贺一节,儿本有此意,未便明言,大人既有此意甚好,但未知大人喜何种物件?或泥金寿屏(京中寿礼重者为数人公送寿屏),或绸扎寿星及其他物件,请即谕示。(三)汇款一节,拟即寄由温州中国银行张益平转上(先汇壹百五十元作目前嫁奁之用)。(本日汇出共贰百元,内五十元为收回黄家房屋之用。)何日汇到,即由益平通知(已告以通信地址),自家遣人赴取。

本日来谕所云,晴初之女纳聘事,以家贫作罢。儿意不然,择媳但闻其贤与不贤、相貌智愚与否,贫富均无关也。女家而贫,将来来归后,易于管束。如恐其父母贷借讨厌,自有办法对付,请大人得便仍往看为是。(但看时不必说定。)贫富贵贱无常,全在人为耳。黄味兰如归家,劝其速将房屋赎回,免得后来纠缠不了。款由儿垫付,或由仲兰出名借去,每年付利,或即由味兰出名借去,仍以此屋作押,利息总比他人减轻,即无利亦可。但望此屋早日收回为好(总在外舅母在时收回最好)。崇枢顽横,请设法治之,总须宽柔相济。暑假中如国会闭会放假,儿拟返里,带其来京。

放大相片,计半身,长二尺三寸,共二张已就,毕肖真形。连配镜框共二十八元,拟亲自带回。京寓平安如常。中原公司目前营业甚好,总理(众议院议员)系知交,当无他虞,请放心。

△ 宪法会议常会二读审议中华民国宪法案第四十一条至第五十条。

3月17日,众议院常会说明、讨论预算案与官制案。"全体国务员俱到,政府委员随同出席者,亦多至二十九人,为从来未有之热闹,为国会开幕以来仅有之盛事。"

3月19日,宪法会议常会二读审议中华民国宪法案第五章第五十一条至第五十四条,第六章第五十五条、第六十三条至第七十条。

3月20日,众议院常会开议六厘善后公债条例案、普通营业税法案等事宜。

3月21日,宪法会议常会二读中华民国宪法案第四十九条及第七十一条至第七十七条。议长王家襄主席。用起立表决法通过对议员曹汝霖、唐瑞铜惩罚事件照审查报告(停止发言二次);否决议员褚辅成、杨永泰提出的修正第四十九条动议与议员秦广礼、王侃、狄楼海、邵瑞彭修正第七十二条动议及原案第七十二条,通过王伊文提出的第四十九条修正案、原案第七十一条(大总统依法律得宣告戒严,但国会认为无戒严之必要时,应即为解严之宣告)。

3月22日,联署《查办浙江省省长齐耀珊》案。

> 众议员褚辅成君等提出查办浙江省长齐耀珊案一件,称(上略)该省长到任以来,腐收情形,指不胜屈。近更专权自恣,不待国务院核准,擅行通电各县裁撤审检所,不独非法干涉,破坏司法之独立,抑且越职侵权,违背中央之命令。若各省起而效尤,尚复成何政治?查现行官制,法院之设置废止,为司法部之职权,该省长擅废各县审检所,显系违法云云。其署名议员系褚辅成、金溶熙、田稔、杭辛斋、董增儒、张大昕、吕复、骆继汉、王枢、虞廷恺等五十余人,已于日昨提交该院矣。并闻政府对于此案颇为注意,司法部以职权所在不容侵越,特提出国务会议。昨已议决电令该省长停止处分,候部派员前往查办后,会同办理。部中已派秘书沈钧儒君前往,俟沈君报告如何办理,再行续志。(《查办浙省长案通过阁议》,《申报》1917年3月24日,第三版)

> 消息云:齐耀珊擅将浙省各县之审检所裁撤后,报告政府。政府因见浙省人士反对甚烈,曾电令齐耀珊暂缓裁撤,孰知齐反大发脾气,以去就相胁。昨日政府接到彼之电报,略谓审检所已撤,不能挽回,余已不愿再干,请另简人,或交督军兼任,云云。语气之间,异常激烈云。(《褚辅成提议查办齐耀珊》,《大公报》1917年3月23日,第二张)

3月23日,宪法会议常会二读审议中华民国宪法案第七十三条、第七十四条,又第四十三条及第七十五条至第七十七条。

△ 保利银公司宣告解散。

3月26日,宪法会议常会二读中华民国宪法案四十三条及第七十五条至第八十三条。

3月27日,众议院常会讨论咨请政府不得收买烟土议决案与泄漏秘密案等事宜。

3月28日,宪法会议常会二读中华民国宪法案第四十三条及第七十五条至第七章第八十三条。

3月30日,宪法会议常会二读审议中华民国宪法案第七十九条至第八章八十五条。议长王家襄主席。参议院议员出席174人,众议院议员出席447人,出席议员不足三分之二以上,议长宣告延会。

春月,作《林星衢公行述》。

> 公氏林,讳锦涛,字万全,号星衢。曾祖懋德,祖继聪,先考讳凤芝。兄弟三人,公居长。公生而敦厚,状貌魁伟,年幼稚,颇知世故,辄为乡里族人所器重,授室吴氏。后承先人药业,克勤克俭,家道小康,年二十二失怙。公性友爱。胞弟星樵,资质敏慧,读书过目不忘,年十二辄熟经史,家中无力求学。公乃节衣省食,积资俾出就傅。咸丰丙辰,县试冠军,院试入泮,名以冠军。弱冠膺孝廉,一生成名立业,率多仗公之力。公尤有胆略,当同治壬戌年发匪窜入。郡邑骚然,公与弟共办民团,奉张道启煊之命,率众灭馘余酋,勇往直前,未尝稍懈,公独不自矜。公素慈祥,于光绪二年本里兴造浦西桥,公与黄公际清、族叔成熙等首先倡捐,募集巨金,不一年而告竣。他若庙宇毁坏、道路倾坍,公亦莫不倡始筹金,力任艰巨,迄今人皆称道勿衰。至若邻里雀角之争,公出力为排解,俾不至于涉讼。公之善举纷纷,不胜枚计。公年五十,步履如常。公常语人曰:吾所以昕昕精理若业者,非为利计,实存济世之心也。后家道渐隆,置良田,构华厦,俨若封翁。年五十有八,微疾卒于家。公配吴氏,生丈夫子二女一。

按:林星衢(1859—1917),瑞安马屿浦西的开明乡绅。其弟林星樵系饱学之士,孙诒让弱冠之年曾受业于其门下。

4月1日,与李述膺、童杭时等发起成立财政学会。

> 我国财政益陷悲观,端赖有学识经验者,仿各国成例集会结社,研究斯事,得以维持现状,计划将来。兹悉参议员童杭时、财政博士马寅初邀致参众两院李述膺君、陈洪钧君等,暨财政部章宗元君、吴乃琛君等组织财政学会,借资讨论。闻不日开成立会矣。(《财政学会之组织》,《大公报》1917年2月18日,第六版)

> 两院议员李述膺、童杭时、虞廷恺等联合财政界人组织财政学,曾于昨日(一日)午后在中央公园来今雨轩开成立会,到会者约一百余人,

公推李述膺主席,讨论章程毕,原拟实时推举正副会长,因手续上尚多未完毕,故尚须定期再行□举,即摄一影而散,闻会长一席大家多属望于章宗元云。

财政学会缘起

一国之盛衰,系于政治之隆替,政治之隆替,系于财政之治乱。财政者国家之命脉也。满清末造,财政纷乱,有不可究诘者,驯至百度废弛,变乱相乘,民国建立以来,秩序未复,国用尤艰,仰屋兴嗟,恃债以活,长兹不振,国将安存?即使尽复前规,而出入相悬,所亏犹巨,收支适合,岂易猝言?根本空虚,亡其何日?夫以神州天府,地大物博之中华,稍事整理,殷富何难,不为美利坚,乃至将为埃及,此岂惟财政当局之责?凡我全国人民与有辱也!东西诸国率有学会之设,以究斯事,学者之论议发之于前,政府之设施往往应之于后。盖谋精虑密,收效乃宏,国事至重,非一手一足之烈耳。同人等有见及此,爰自集合创立斯会,务期以翔实之调查,为讨论之根本,参以适中之学理,不为高远之空谈,财政将来或冀有裨万一。但同人等学浅识陋,虽自永矢,大惧无功,我邦人君子,惠然肯来,共发说论,借筹危局,则同人等有厚望焉。(《财政学会之成立会》,《大公报》1917 年 4 月 2 日,第二版)

4 月 2 日,宪法会议二读审议中华民国宪法案第七十九条至第八章第八十五条。

4 月 1—2 日,《益世报》刊登《对德绝交两院议员责任论》,"对德绝交问题关系国家前途不小,两院对此问题赞成反对,既用记名投票,自应宣布国人,以明责任",并将投票两派人名列出,谱主名列赞成与德国绝交议员名录。

4 月 3 日,众议院常会讨论查办浙江省长齐耀珊违法案、交通银行代理国库案、《醒华报》泄漏外交秘密案。

4 月 4 日,宪法会议二读审议中华民国宪法案第八十一条第二项至第八章第八十九条。

4 月 6 日,宪法会议常会二读审议中华民国宪法案第八十六条至第九章第九十四条。

4 月 9 日,宪法会议二读审议《中华民国宪法》案第九十二条至第十章第一百零八条。参议院议员出席 182 人,众议院议员出席 402 人,出席议员不足三分之二以上,议长王家襄宣告延会。

4月10日,众议院常会出席议员距法定人数仍少数十人之多,议长遂宣告延会。

4月11日,宪法会议二读审议《中华民国宪法》案第九十二条至第十章第一百零八条。

4月12日,蔡锷国葬典礼在湖南长沙举行,黄兴国葬典礼次日也在长沙举行。

4月13日,宪法会议二读审议《中华民国宪法》案第九十五条至第一百零八条。

4月14日,众议院常会讨论旗租案、宪法成立之庆祝法等事宜。

4月16日,宪法会议本拟二读《中华民国宪法》案第一百零四条至第十一章第一百一十三条。出席议员不足三分二以上,议长王家襄宣告延会。

4月18日,宪法会议二读《中华民国宪法》案第一百零四条至第十一章第一百一十三条。

△ 黎元洪以财政总长陈锦涛、次长殷汝骊牵涉炼铜厂事受贿案,下令免职并交付法庭依法办理。

4月20日,宪法会议二读《中华民国宪法》案第一百一十二条、第一百一十三条及第一百一十三条后加一条。以多数表决通过原案第一百一十二条、一百一十三条第一项以及修正的第一百一十三条第二项(前项会议非总员三分二以上列席,不得开议。非列席员四分三以上之同意,不得议决。但关于宪法之解释,得以列席员三分二以上之同意决之)。是日宪法审议会二读结束。二读期间会议讨论宪法草案共八十九条,原案通过者五十三条,否决者8条,修正案通过者13条,搁置未决者一章15条。

4月24日,众议院召开常会,郭同动议请国务总理、司法总长、交通总长出席质问川事办法、财政当局受贿办理情形、交通部租车收买存土等案。

4月25日,宪法会议召开,议员对议长王家襄提议参议员韩玉辰、众议员王敬芳一月中缺席至三次,应付惩罚委员会审查无异议,否决给予一月中请假至三次以上的众议员王敬芳、傅梦豪、杨大实的请假。表决对宪法起草委员会提出的《中华民国宪法》案改行二读,通过增加的第二章"主权"条文与"地方制度"一章标题、议员杨永泰动议修正的第四十四条(加"或失职")、原案第一百一十三条后增加宪法效力一条,将地方制度全章合并付审议会审议。

4月,联署参众议院议员范熙壬等四十人提出《宪法第八十六条修正案》,全文如下:

法院依法律受理民事、刑事及其他诉讼,但行政诉讼及法定特别审判事项不在此限。

理由:

行政诉讼,近世学者称为法治国之特色,又称为立宪政治之产物。盖立法机关制定关系行政之各种法律,均由行政机关本于制定法律之精神以执行之。若无特别监督机关审查其行政权所发动之命令,或处分是否悉与法律适合,而为最终之判决,则行政机关难免不有轶出法律范围以外之行政行为。而宪法上所明许于人民之自由权利每受侵害,且人民对于国家应尽之各种义务,行政官署亦可借口于其自由裁量之权力而为过度之压迫。其结果往往与制定法律之真精神相反,于是立法机关监督行政机关之作用有弛而不张者矣。故世界各法治国多数认行政诉讼为人民诉讼权之一种,国家对于此种诉讼事件不可不为之设置审判机关以处之。

行政审判机关既认为有设置之必要,如上所述,继此而不可不亟为研究者,则此种审判机关在宪法上对于立法行政及司法三大统系,应处何种地位之问题是也。今试以近世各国之立法例及法学者之所主张,析为四种意见胪列于下:

(甲)行政诉讼之审判权宜属于立法机关者。此种主张以法国政权关系法第十二条,民国总统非众议院不得以之为被告,非议院不得审判之。又国务员得因犯职务上之罪为众议院所告发,并得受上议院之审判之规定为论据。盖大总统为行政元首,国务员为赞襄,大总统行使行政权之机关以大总统及国务员之资格所发生之诉讼事件,即违背宪法事件,既可受立法机关之告发及审判,则隶于其下之行政官署所有违反法律之命令及处分,当然可适用此种告发及审判之立法例,而为立法机关应行受理之诉讼事件。

(乙)行政诉讼之审判权宜属于司法机关者。此种主张为英美派法学者之所盛行,如英吉利、比利时等国现行制度皆以普通法院审判行政诉讼事件是也。盖认行政诉讼之审判权为司法机关所独立行使司法权之一种。若非从行政统系将此种诉讼事件概行剔除,并入司法统系,则于绝对的司法独立之精神不免亏损。故视行政诉讼与普通民刑诉讼为同一性质,在诉讼法上绝不认有行政审判权之特别存在。

(丙)行政诉讼之审判权宜属于行政机关者。如法兰西、意大利诸国,设参事院及州参事会以特别行政机关审判行政诉讼事件是也。此种制度颇受孟德斯鸠三权分立说之影响,故关于行政官署所发现之行政行为,审判其违反法令与否,决不使行政统系以外之他种机关从旁干涉,致妨行政权之统一。

(丁)行政诉讼之审判权宜属于特别机关者。如德意志、奥地利亚及日本诸国设特别行政裁判所,使掌行政诉讼事件之审判是也。此种制度德国有名公法学者古莱斯特及休珥萃等极鼓吹之。盖亦行政诉讼之被告为行政官署,与普通民刑诉讼纯以私人资格为被告者,绝不相同,即用诉讼上所生之结果,亦仅对其行政行为加以制限。于官吏个人之自身无与,又与民刑诉讼强制其赔偿损害或予以相当惩罚者,不尽符合。既不可以此种确系诉讼行为之审判权单独赋与,于行政机关尤不可以。此种涉及行政行为之审判权完全合并于司法机关,故不可不于国家根本法即宪法上明定特别地位而构成行政司法二种权力之结合机关。

综观上列各种主张,复以吾国现有之事实证之,甲说绝对不可实行。盖大总统之谋叛行为、国务员之违法行为,其危害直接加于国家,故对于此种违背宪法之诉讼事件起诉权及判结权,自应专属于代表国民总意之立法机关,与普通行政官吏仅以违反法令之行政行为损害私人之权利者,其实质大相径庭,不得援大总统及国务员对于国会负责之行为以相绳,而适用立法机关之审判。况行政诉讼事件之内容千端万绪、纷如乱丝,决非短时间开会之立法机关所能受理,即如宪法上所赋与之财政审判权、即决算事件议决权,在立法机关已未能自行严密监督,亦不得不委托于有特殊技能之审计院,为长时间之审计即其明征。乙说以行政审判并入普通司法机关,由表面观之,颇似厉行法律平等主义,以为行政诉讼人民对于国家之观念关系等于民事诉讼、社员对于会社之关系。行政官署既为国家行使行政权之独立机关,所有基于国权发动之行政行为,当然可以会社法之法理为之判决。此种主张在法律根本上已不认有行政法规之存在,即无异在诉权范围内不认有行政诉讼之存在矣。本宪法草案第八十六条既规定行政诉讼与普通民刑诉讼均为人民诉权之一种,是形式上明认人民在民刑诉讼以外复有对于国家行政损害权利之起诉权,已与乙说之主张不免歧异,而实质上复将行政诉讼所适用之广义的行政法规加以制限,定为法院必依法律受理行政诉讼,使人民对于行政官署因违反法律或用法不当而侵害其权利之行政行为,仅能于行政诉讼上为狭义之救济而不能获最圆满之效果。盖司法机关所得判决者,专属于法之宣言而行使官署在法律上所许自由裁量之行政行为,决非司法机关所能干涉。详言之,即行政官署因执行法律所发生之行政行为,在法律上虽非违法,却与执行法律之委任命令相背而驰。此种行政诉讼上之违令行为,若具有损害人民权利之要件,在行政审判统系之下直可断为违法,而司法审判则袖手而莫可。如何以司法审判止得依据立法机关所议定之法律,其对于行政机关所发布之行政法规,盖无适用之余地也。故吾国宪法草案采用英美制度,以行政审判权并入普通法院,对于人民权利之保护为不充分。至于其他缺点,如司法机关掣行政机关之肘,使行政不能敏活,又司法人员不熟练行政事务,判决失诸正鹄,种种弊害人所共知,无须赘言。丙说以特别行政机关为审判行政诉讼之机关。此种主张比较乙说稍觉进步,其对于行政官署违反法规之行政行为,有完全监督之余地,以各省参事会监督省以下之行政官署,以中央参事院监督各省及各部并直辖之行政官署。然各省参事会为各省省长之辅助机关,中央参事院为中央政府之咨询机关,同属行政官吏,彼此有辅车相依之势,难保不意存袒护、漠视人民权利之损害。且恐对于最高级之行政官署有所顾忌,不能实行诉讼上之审判权。况行政诉讼本为行政机关之违法行为,又使他种行政机关为最终之判决,是无异私人之自身违法,一方为当事人,一方又自为审判官也,与诉讼法之法理显相矛盾。

以上列举三种制度皆不能无弊,则第四种之特别行政审判机关之组织为不可缺矣。盖设特别审判机关,俾专掌行政诉讼事件之审判,其利益有四:

(一)保行政机关与立法机关之一致。立法机关议定各种法律,以为行政机关事前之监督。若无行政审判之特别机关监督于事后,则行政统系所属之各种行政官署往往滥用其解释法律之权。辄于立法机关监督之所不及,暗施其破坏法律之伎俩,即其直接之上级行政官署亦苦无从觉察。不独政府负责之行政方针不能完全贯彻,即立法机关因信任政府所通过之重要法律,其精神亦为之顿失。故特设此种审判机关,时时监督,其后俾行政官吏有所忌惮,而不敢肆行违法。庶几,政府、国会融接无间,所有议定及公布之各种法律,其效力自应时而生,不至呈方凿圆枘之政象。

(二)避行财政机关与司法机关之冲突。行政诉讼之主旨在取消变更行政官署损害人民权利之违法命令及其处分。若行政诉讼之审判权属于司法机关,则行政官署之行政行为时时受司法机关之干涉,司法机关即可利用行政审判之取消权及变更权踏入于行政范围之内,不为取消之消极干涉即为变更之积极干涉,国家之行政事项必因之废而不举。而行政机关与司法机关之互相轧轹万不能免矣。故特设此种审判机关管理行政诉讼事件,俾对于民事审判、刑事审判普通司法机关以外保有独立地位。庶几权责分明,永除行政统系及司法统系之轇輵。

(三)对于官吏之违法行为能为严重之监督。官吏以个人资格犯罪,本属刑法上之渎职问题,与行政法上之诉讼事件截然两事,彼此不可混同。然官吏因犯刑事罪名发生诉讼,同时复附带有行政诉讼上之违法行为,司法审判仅能对于个人科以刑事犯罪之刑罚。其以官署名义所为之违法命令及处分,仍苦不能制止。若非以行政审判之形式救济于后,则司法机关监督行政官吏之途穷矣。顾司法机关兼理行政诉讼,情形隔膜,往往挂其一而漏其万。行政官吏每以工于舞弊之手段,曲为应付。故以司法机关越俎代庖,对于行政机关所适用之牛毛法令终不免望洋向若而叹。惟设行政审判之特别机关,纳有司法及行政经验之人才于其中合议,此种诉讼事件而为适合法律之最终判决,则一般官吏所有之违法行为庶可扫除廓清,而法治国之政蠹不敢蜷伏于行政机关之下。

(四)对于人民之自由权利可为确实之保障。宪法所列记人民各种自由权利皆可制定一种之单行法律加以制限,而执行法律使人民得于法律制限之中享有确实之自由权利者,厥惟行政机关。顾行政机关日与人民相接触于法律之界线,行政官吏若稍廓充界线,增加其法律上之制限力,则对于人民所既得之自由权利,即不免有所侵害,而构成行政诉讼之违法条件矣。对于此种诉讼事件,若非设一特别机关审判其是否违法,或以审判权委之司法机关,必生上述乙种制度之弊。或以审判权委之,行政机关必生上述丙种制度之弊。其结果则宪法上所明许人民之自由权利,既受立法机关议定法律之制限而日形缩减。又因行政机关执行法律之侵害而变成具文。然则制宪同人唇焦舌敝、腕脱眼穿,日日以立宪政治自翊者,果何为乎? 是故欲于立宪政体之下,确保人民之自由权利,惟有于宪法上明定行政审判为一种特别审判机关,以谋行政官署损害人民权利之救济而已。

依上述各种理由,本席对于宪法草案第八十六条规定行政诉讼并入普通法院受理,未敢赞同,不得不照《临时约法》第十条及四十九条,仍许特设行政审判机关,其详细组织让之于普通法律。兹依《宪法会议规则》第三十条之规定,提出修正案如前文。

提出者:范熙壬、蒋凤梧、江天铎、黄赞元、陈蓉光、罗纶、梅光远、蒋義明、张国溶、史泽咸、恒钧、徐象先、袁荣叟、阮毓崧、张则川、戴书云、查李华、骆继汉、高仲和、欧阳成、孙炽昌、舒祖勋、邵长镕、康士铎、陈海峻、张鲁泉、王枢、刘纬、周嘉坦、杜凯之、刘彭寿、李庆芳、潘学海、张则林、仇玉珽、胡源汇、周学源、刘尚衡、常育璋、张昇云

连署者:曾铭、王振垚、谷芝瑞、杜树勋、郑江灏、邓镕、徐际恒、恩华、凌文渊、陈光焘、姚文楠、董继昌、张鼎彝、周泽、张烈、刘泽龙、郭章鏊、刘景烈、耿兆栋、葛庄、邓天一、陈士髦、俞之昆、牟琳、张雅南、邵瑞彭、王弋、夏寅官、张光炜、贺赞元、王谢家、杜树业、陈善、符诗镕、万钧、雷述、黄攻素、李文治、冯振骥、张金鉴、李华林、朱继之、胡应庚、李兆年、孙炽昌、孙光圻、阎与可、孙江东、刘显治、汪哆鸾、陶保晋、陈策、王源瀚、张瑞、傅鸿铨、许植材、张万龄、金溙、张伯烈、田桐、胡翔青、张嗣良、孙润宇、贺廷桂、罗润业、彭汉遗、陈九韶、陈国祥、姚华、祁连元、刘鸿庆、虞廷恺、夏同龢、齐耀瑄、胡璧城、范振绪、厦仲阿旺益喜、王凤鼐、吴文瀚、张蔚森、王文芹、龚焕辰、讷谟图、张其密、蓝公武、金鼎勋、陶逊、郑际平、梁善济、陈铭鉴、杜成镕、黄象熙、籍忠寅、刘光旭、杨荣春、陈光谱、张玉庚、苏毓芳、曾有翼、程崇信、李文熙、刘恩格、邹鲁、朱文劭、方贞、谢国钦、陈焕章、马荫荣、孙光庭、王湘、赵时钦、蔡汇东、苏祐慈、彭占元、李膺恩、刘彦、王笃成、张树森、刘峰一、刘荣棠、乌泽声、董增儒、黄群(《宪法会议公报》1917年第41期)

5月1日,众议院常会议决咨达政府饬法庭彻查上海《申报》《新申报》所载本院预算委员会受贿情事;议决请海军总长定期出席,以备质问报载海军

部近将上海造船厂经售于外,实得一千五百万元只以一千万元归公,余五百万元朋分事;议咨达政府查办贵州政务厅长何麟书案、大总统府官制案,多数表决通过。

5月3日,宪法研究会召开全体大会,全体赞成对德宣战。

> 本月三日上午十时,宪法研究会在石驸马大街该会事务所开全体大会,讨论对德宣战问题,到会者近二百人,公推汤君化龙主席,汤君报告开会宗旨后,王君敬芳、刘君崇祐、林君长民、蓝君公武等先后发言,大意略谓为国家国际地位及前途利害计,均认对德宣战为必要,而林君长民于目今欧战之趋势及俄德绝无能以单独媾和之理由,言之尤详,最后凌君文渊、陈君铭鉴提议以此问题付表决。主席遂以赞成对德宣战问题付表决起立,全体赞成。(《宪法研究会开会记赞成对德宣战欢迎各督军各代表》,《时事新报》1917年5月6日,第二张第二版)

△ 致函父亲。函云:

> 三月初二手谕读悉,连上各禀,并托黄溯初兄带回放大相片等物,何以尚未收到?姜佐时之款,系其友人邵子翘津贴,由儿转交,并非儿补助之款。不过,邵君位置,系儿代谋。当时说定每月津贴佐时五元,故有此数。务请即日交去,免得伊家悬念。

> 伯群事已托杨知事同乡年君介绍,当有效力。盖杨知事前年……(缺一页)大人取阅,即知其中真相。

> 儿日来每日必静坐一次,从"清心寡欲"四字上做功夫,精神比前充足,身体亦肥胖少许。崇诰续弦,何时迎娶?喜梅嫁事已办成多少?绸缎首饰等物,须何时带回,方可不误,请示复。北京开年至今,今日始下雨,人有喜色。寓内平安如常。吴季朴之父今年七十,自家送何礼物?

5月8日,众议院议对德宣战案,段祺瑞出席敦促投票表决,结果决议提交全院委员会审查。

5月10日,众议院举行全院委员会,议对德宣战案。近200人打着"五族公民请愿团""北京市民请愿团"等旗号聚集众议院门前,围攻众议院,警告议员不要反对内阁对德宣战的外交方针。

5月11日,宪法会议安排审议《中华民国宪法》案第十一条、第十九条第二项、第二十二条、第二十三条、第三十二条、第四十三条、第七十五条、第八十一条第二项、第九十二条、第九十三条(后增加一条),二读《中华民国宪法》案第一百零七条、第一百零八条。因出席议员不足三分之二以上,议长王家襄宣告延会。

5月11日,致函父亲。函云:

三月初九日手谕敬悉。造屋之说,如为儿起见,则可从缓。盖腾出一千元之数,尚有许多事可做,何必花在房屋上。儿日来因静坐结果,大有返本还原之意,愿为乡人度世,事事拟回复从前乡居状态,如早起(每日天明必起)、早眠、勤俭等习惯,一一励行。且劝黄迈侯、子咸辈照此做去。惟自乡地形太低,屡有水患,久居总觉不安。儿归省之便,拟再细商,此时暂且弗提。兄侄同居,最是乐事,总想做到。惟目前迟疑不决者,即在地形一方耳。

相片已寄到,甚好。请悬之西轩中堂,使后生日日瞻仰。今年回里,拟再请大人单独另照一张。

寿屏一节,京中以泥金笺(真泥金每幅五、六元)为最流行。惟大小尺寸是否须依自家大厅,请即示复。否则,或将大厅凹陷处用薄板铺平悬挂,亦是一法。如此则大小尺寸可自由矣。

日来政局摇动颇剧,即是对德宣战问题,政府主张宣战,国会中一部分向称激烈,与段总理有私仇者极端反对,两不相下,将来必有一伤。儿日来心君泰然,决不为动。来谕所云,弗贪意外之财,更无此意。倘有之,何不于浙江财政司任内为之,而行之于今日,未免太笨。古云:"君子乐得为君子,小人枉自为小人。"实深佩斯言。儿苟能终身安分守己,自有啖饭之地,何必他求?故数年以来,一意勤俭(今年京寓,除特别应酬不计外,每月用款仅百元余),即深恐一旦穷乏,势必贪不义之财,上负祖宗,下污妻子。惟俭足以养廉,斯言良不欺也。

姜佐时来函云:保定兽医学校暑假招生,此校办法尚好,又是官费。吾乡如有中学毕业,如林莹等可嘱其来考。今日求学,名利必须并重,兽医一道,功用甚大,幸弗轻视之也。且佐时在彼,处处尚可照料。佐时家款请即嘱人送去。

正达为人虽觉狡猾,然对自家、对儿诚不无可取,请仍加意招待。并劝浩侄辈,弗以白眼相待。假令当日儿留学一事,无他催促,安能成功?苟不留学,安能至今日?故成儿功名者,首则父兄之恩,其次则正达诸人是也。饮水思源,是为人第一要着。古有云:"一贫一贱,乃见交

191

情。"当此富贵时代,苟有求好于我者,固不能谓其悉属谄媚,然大致有何所为而来,无所为而去者,居其多数。人情冷暖,近时更显然矣。

石君在家作何事,人品如何? 此人性质与鲁尔相近,尚不如鲁尔之直爽也。言至此,则吾乡读书中人可交者甚少,真可痛心。其根本错误即利心太重,而无道义灌溉之也。

京寓平安如常。子咸位置可有希望。惟此人糊涂,总不放心,前日复托迈侯面责,未稔其将来如何?

△　宪法研究会召开全体大会,商讨对于时局应取的态度,公推王家襄、汤化龙两议长向政府交涉,一为制宪之事,其二为对德宣战案。

近两旬以来,因外交问题不决致政局日陷于混沌之形势,益以前日有公民团包围众议院之事,恐政局愈受恶影响。研究会于十一日在石驸马大街该会事务所,由茶话会议定。十二日开全体会员大会,决定对于时局应取之态度,以期会员行动能趋一致。又公推王、汤两议长,向政府交涉,请其宣布对于前日事件之办法,议定后即行散会,然已历四小时之久。又闻该会会员昨日到会者,颇多发表意见极沉痛,金以为公民团包围众议院之举,实为国家将陷入不规则状态之见端,两力相持造于极点则炸裂生,奋斗者愤而忘身,并不知何所谓国,由此而往,如火燎原,非酿至大事变不止。吾辈向以政务使政治能上轨道为职志,焦舌敝唇,两方诱劝,不敢避谤,亦不敢辞劳者,无非爱此危急之国家,冀能渐离险境而日趋安全而矣。然是非国人共喻此情互让一步不为功,不意以最近现象观之,事事适得其反,而前日竟演成如此绝大之恶兆。吾辈立此惊涛骇浪中,应仍抱定平时之职志,勿过悲愤,勿事张皇,勿流驰懈。关于眼前最大之问题,须本吾会平日主张,无论如何均应极力做去,所谓眼前时局问题者,其一为制宪之事,其二为对德宣战案。宪法为根本大法,决不可因一时现象所激,致为感情驱使流入一偏,使国家永久受其弊害。对德宣战则吾国在地球上之国际地位问题,且即为目前国家存亡问题,吾辈本有主张,亦不应因一时愤激,有所变动。故前日公民团之举动,虽极为吾人所不取,然二者截然为两事,不能强混为一也。至公民团之事,无论原因何在,青天白日都会之下,出此奇谬之怪剧,政府所职何事,何以昧然无闻无见,则责任决无可辞。应质问政府,对于追究祸首,惩办凶徒,究竟欲取如何办法。予天下人以共见,对于此后防止此种事变及其类似之事变不再发生,究竟有何具体办法,此重大问题,若不能解决,则此后可以不必再言宪政,再说轨道云云。会员中痛愤之极,有投袂者有流涕者,然均以坚忍相勖,冀为大局云。(《宪法研究会之重要会议对于时局之态度将有重大之宣言》,《时事新报》1917年5月14日,第一张第三版)

5月14日,宪法会议审议《中华民国宪法》案第十一条、第十九条第二项、第二十二条、第二十三条、第三十二条、第四十三条、第七十五条、第八十一条第二项、第九十二条、第九十三条(后增加一条),二读《中华民国宪法》案第一百零七条、第一百零八条。审议长王正廷报告审议结果。议员谢家等说明提出修正有关条款之主旨。表决通过议员刘恩格提出的第十一条修正案(中华民国人民有尊崇孔子及信仰宗教之自由,非依法律不受制限)、议员曹振懋提出的第八十一条修正案(大总统所发命令及其他关系国务之文书,非经国务员之副署,不生效力。但任免国务总理不在此限)、议员吕复提出的第九十二条一项修正案(国会议定之法律案,大总统如有异议时得于公布期内声明理由,请求国会复议。如两院仍执前议时,应即公布之)以及第二十二条原案(参议院以法定最高级地方议会及其他选举团体选出之议员组织之)、第二十三条原案(众议院以各选举区比例人口选出之议员组织之)、第四十三条原案(众议院对于国务员得为不信任之决议),第三十二、七十五条、九十三条后加一条付审议会审议。

5月16日,宪法会议本安排审议《中华民国宪法》案第三十二条、第七十五条、第九十三条(后增加一条),二读《中华民国宪法》案第一百零七条、第一百零八条。因出席议员不足三分之二以上,议长王家襄宣布延会。

5月18日,与王正廷、褚辅成、王家襄、许燊、陈黻宸等联名发表悼陈其美文。陈其美于1916年5月18日在上海遭暗杀身亡,至此已届一周年。

维中华民国六年五月望越三日,故沪军都督陈公英士之孤祖华祖榃,奉公遗梓,归葬于湖州原籍。正廷等远羁京邑,不及执绋以相送,谨遣一介之使,以清酹庶羞,致祭于葬所,而为文以哭之曰:粤稽造化之幹运兮,恒剥复之相摧。孰主宰而纲维兮,道笃生乎英魁。感全方之精气兮,纵千磨百折而不回。值元二之迍遭兮,倚长剑而徘徊。挽狂澜于既倒兮,又何惮于蝮虺。诇鬼魅之嬉人兮,羌中道以相催。豺枭犬之猖狺兮,虎豹又倪伺乎路隈。偏饮刃而如饴兮,溅热血于尘埃。幸元黄之再

193

浩兮，宁志决而身灾。惟公之生兮，□水之英。手握鲁戈兮，義驭为停。卧薪尝胆兮，茹蘖饮冰。复我中原兮，誓扫胡氛。濯足扶桑兮，开拓胸襟。阴符一卷兮，腹贮甲兵。言旋吴越兮，秦谍纷乘。蹈险如夷兮，始败终成。义旗招展兮，于沪之滨。回顾桑梓兮，如影随形。东南既奠兮，遂降秦婴。金瓯永固兮，乃解戎旌。幅巾野服兮，暂息鹏程。胡天未悔祸兮，又莽卓之相续。寒白马之前盟兮，若黄蚪之突角。罗清流于钧党兮。贼宋玉于沪渎。筑赧台以脮民兮，置汉约于敝麓。公为缔造之巨擘兮，忍大业之倾覆。义愤于胸臆兮，爰重整其部曲。誓讨逆而拯民兮，合赣宁皖粤而推毂。怀吾土于西泠兮，犹未离夫桎梏。叹桴鼓之未应兮，提孤军以角逐。惊甄鸣之一再兮，审天心之未复。惧孑遗之将尽兮，易戎装以卉服。乘一舸以浮沉兮，重待时而展足，游田横之遗岛，引屠沽而枕鞠。万金挥手以尽兮，豪杰胥受其铨录。闻祖龙之运去兮，犹衮冕而膺篆。惟天道之祸盈兮，将降之罚而厚厥毒。快乘机以著鞭兮，遂返驾乎邦族。访春申之旧迹兮，江海咸归其掌握。听滇池之鼙鼓兮，雄心飞舞乎大陆。试借箸而运筹兮，势已等夫破竹。策死士以前驱兮，申天讨而引戮。弹丸纷其雨下兮，笑将军之负腹。仰烛天之焚惑兮，俯横江之连舳。羌楼船下濑之如云兮，贵取携之神速。爰奋臂以梯登兮，骇雷訇而电煜。纵一篑之尚亏兮，群丑已胆落而魔魔。故乡闻而响应兮，遂讨贼而建纛。洵湖山之有美兮，能脱离乎五浊。非公谋之独臧兮，谁效死而张目。被釜鱼与巢燕兮，始春婆之梦觉。惊半壁之已奠兮，乃贼谋之益促。白虹横天，日昏昏兮。霆击一声，落大星兮。蠢尔锄麑，奚忍心兮。嗟彼哲人，竟捐身兮。神嗥鬼哭，如天倾兮。碧血丹心，亘古今兮。宗泽渡河，志未伸兮。子胥伏剑，恨未平兮。莽莽河山，孰澄清兮。荒荒荆棘，孰翦焚兮。钧天醉梦，孰叩阍兮。巫咸渺远，孰招魂兮。讵一灵之不昧兮，巨憨忽丽于冥诛。洵鬼伯之为雄兮，展神旂而一謦。天弧既扫荡夫欃枪兮，更奔夫豺貚。四海得以康宁兮，五族仍额手而欢呼。炳功烈于日星兮，拜遗像之清朧。比桐乡之尸祝兮，寝邱永傍乎明湖。俯碧浪之潊溇兮，矗华表于云衢。懔后死之负德兮，敢不孟晋而驰驱。引乡间之先达兮，尤吾党之楷模。曾携手而乘桴兮，或同历夫崎岖。判人天于一瞬兮，空挥涕于黄垆。愧死友之引□兮，敬遥奠乎生刍。恍兮惚兮，丁鹤游兮。血兮泪兮，万古愁兮。生命贱兮浮沤，大义伸兮复仇。举谷倾颓兮，劫运未休。思公不见兮，我心伤忧。哀哉尚飨！

王正廷、褚辅成、张浩、金尚诜、杭辛斋、王家襄、张烈、徐象先、谢国钦、邵瑞彭、许粲、周珏、张世桢、赵舒、金秉理、郑际平、朱文劭、林玉麒、田稔、杜师业、金兆枞、卢钟岳、陈黻宸、胡翔青、陈燮枢、张复元、傅家铨、张傅保、蒋著卿、王烈、陈洪道、金溶熙、戚嘉谋、杜士珍、周继洁、童杭时、虞廷恺、丁俊宣、陈焕章、韩沈（沈云龙主编，何仲箫编：《近代中国史料丛刊》第53辑《陈英士先生纪念全集》，第440—442页）

△ 宪法会议本安排审议《中华民国宪法》案第三十二条、第七十五条、第九十三条（后增加一条）之审议报告，二读《中华民国宪法》案第一百零七条、第一百零八条，审议地方制度。因出席议员不足三分之二以上，副议长汤化龙宣告延会。

5月19日，众议院常会召开，议长汤化龙主席，报告国务院三催议宣案咨文业已印布。褚辅成临时动议，对国务院来咨以为根本上不发生力，因政府对国会行文依法乃为大总统之职权；第二内阁阁员辞职，乃以国务院名义咨达本院，与会议制尤为不合，无讨论价值，故当置之不议。经表决成议。还多数表决将国务院咨文退回，缓议对德宣战案。还议第一五年度预算案。

5月21日，致函父亲。函云：

二月廿九、又二月初五两谕读悉。伯群当为设法，子威事数处进行尚未见效。项张君益平函云，汇款三百元早已收到，未知曾去取否？附去张君复信，请查阅。黄君溯初返里，托带回放大相片一枚，西洋参、茯苓各一匣，交温州师范学堂教习王养玉兄转交，想已递到，请即派人往取。如相片镜框倘未配就，可即在郡城萃昌和洋货铺配合。儿日来注重卫生，每日必静坐一、二回，涤除妄想，洗刷尘根，留作将来办事地步。一月以来，食量大进，每顿四大碗，虽肌肉未甚恢复，而精神比前愉快多矣。预料今年年内身体必大有进步。行状全体改就，即可寄上。崇樾、喜莲照常用功无怠。崇让属寄邮票，附以寄去，请掷付之。

外舅及雁初想各全愈。

5月22日，众议院常会讨论第五年度国家总预算案暨五年度与路电邮航四政特别会计预算案等事宜。

5月23日，黎元洪下令免除段祺瑞国务总理职务；段祺瑞通电各省不承认免职令。

5月24日,致函父亲。函云:

三月十八、廿四两谕均读悉。吴家亲事可缓至暑假中再议。喜梅目疾,何以逾二年之久复发?想系夜间灯下操作过劳所致。请力戒三媳弗贪目前之利,贻子女以将来大害也。妆奁可奢可约,而身体万不可有积疾。鱼肝油询过邮局不便携带,可专派人赴郡购买。或白色(名司克脱),或黄色(名麦精鱼肝油),速购六瓶、半打亦可。京中如有便人返里,当另买几瓶带回。目前药尚未取到。儿三、四日内不甚舒畅,崇樾亦身体发热。据迈侯言,过七、八日便愈,请放心。

北京因段总理去职,谣言颇盛,然军警防卫尚严,谅无他患。如此国家,日在危疑震撼之境,奈何,奈何!

杨知事已函复牟君,允为伯群设法,未知已否发表。子威事竭力设法,惟时局未定,人有戒心,难于接洽。近日劝其多阅曾文正家书及读四子书,似较前稍有觉悟。但闻人言,亏欠甚多,终恐有破绽一日。

喜梅妆奁,请劝戒三媳力求撙节。婚姻论财,本非正道。即以财而论,陈家聘金仅八十元,而吾何必花费如是。为名乎?则因嫁女花费而得名者,其名亦不甚显。为利乎?惟见因嫁女而破家荡产,未见受丝毫利益者。今日人情冷暖,迥非昔比。陈家必不因区区之财而厚我,我亦必不愿因此见好于陈家者。且国会动摇无定,倘一旦停止,则此项巨款何所取偿?为丧祭而借债,可以说也;为嫁女而借债,人孰怜之?故儿意,但求如吾乡中等人家嫁女者之所为便可,万弗效富贵家风,自寻苦吃。大人所示,只可从俭过去,甚好甚好。浩妇性情想尚和顺,嫁奁多寡,何须计较?

二兄身体瘦弱,能从清心寡欲上做工夫,便可挽救。前年在家时,闻渠下部有疮,未知全[痊]愈否?此疮恐系积毒,须从速疗治,或赴郡城西医医院就诊最好。正别直买就便寄回。连日京城甚热,不敢多出门。季朴、石滇甚好,劝其父放心。子威仍寓公馆内。余续禀。

再:樾读书如何,现进高等班第几级?崇昆性情似觉聪明,不知近来何如?崇浩亲事已定否?吴晴初之女想未看过。季男再禀。

△  宪法研究会开会,讨论宪法修正案。

二十四日下午二时,宪法研究会开会,到者一百数十人,首由梁善济报告日来与各团交涉情形毕。刘崇祐起谓,本会所提出对于宪法上之修正案,已系最后之让步,现在实无可再让,以余个人意见言之,吾辈既为宪法会议议员,负有制定良宪之责,若吾辈之主张不为各派所容纳,则是吾人徒负制宪之重责,而无实现主张之机会。且吾人认为如此不均衡之宪法,实为乱源,吾辈断断不能负此责任。故余个人以为万一各派不能纳我主张,则余个人决心辞职。今日与诸君所谈,即含有临歧话别之意,望诸君谅之。次黄群亦起言,我会前次所议决之宪法上修正意见系为再三让步之结果,若再退一步,则是吾人自弃其主张,故余以为现在实不能丝毫再有让步。若主张不为各派所容纳,则此种乱国之宪法,吾人万不能负其责任,非辞职无以谢国人。故余今日亦表明余之决心。次蓝公武报告与章行严接洽情形,并言吾人最后之主张,决无让步余地。梁善济、陈善、凌文渊等亦相继演说,词极慷慨,意亦坚决,时有人主张将此次会议所提出至修正案是否丝毫不能再让步付表决,有主张前会已表决,可以不必再让步付表决。唯多数主张再付表决,遂以左之两项付表决,全体一致赞成。其文如下。(一)主张前次本会议决对于宪法上解散权之行使。限于三种场合,(对国务员为不信任决议,预算案否决,重要外交同意案否决)决议案与法律案同其效力一条。全条删除。决定为本会最后之让步。(二)主张地方制度,仍从缓议。惟本星期五日(二十五日)宪法审议会为审议地方制度开会,本会会员无妨自由出席。(《研究会关于宪法之会议主张不让步辞职之决心》,《时事新报》1917年5月28日,第二张第二版)

5月26日,安徽省长倪嗣冲通电独立,脱离中央。接着,陕西、河南、奉天、浙江、山东、黑龙江、福建、直隶、上海、山西先后通电独立。

5月31日,众议院开会,在场357名议员以270多赞成票表决批准汤化龙辞去议长职务,采纳马骧动议补选议长。遂依式散票投票,吴景濂得257票当选为议长。会议还表决不许可副议长陈国祥,议员黄群、刘崇祐辞职。

6月1日,黎元洪召张勋入京共商国是。

△ 宪法会议本安排审议《中华民国宪法》案第三十二条、第七十五条、第九十三条(后增加一条)之审议报告,二读第一百零七条,第一百零八条。因出席议员不足三分二以上,议长王家襄宣布延会。

6月2日,与蒲殿俊、林长民等近70名议员提出辞职书。在辞职书上署名的有众议员52名,蓝公武、张烈、籍忠寅等参议院议员16名。此前,参议院议员章士钊于 6 月 1 日提交辞职书。

　　议长鉴：窃以立宪国家之精神在使国家中各种势力皆能纳诸正轨之中，而后国家一切政治乃能讬于各种势力之上以进以行，此不特近世立宪国家所谓宪政轨道必出于是，即考诸史乘举凡国家之所以长治久安者，亦莫不在是。吾国自辛亥以还，国家经三次之大变，政局无三月之宁息，纠纷扰忧，莫可究诘，此无他势力不相容纳，党派常相排挤，一言以蔽之，不识宪政之常轨，在各种势力相平衡而已。癸丑丙辰，往事堪悲，前车之覆，后车之鉴，此次共和复活，国会重开，本员等以为历事经时，惩前毖后，同人必能抱至大之觉心，不复再陷国家于浩劫，是以勉续前职，复列议席，区区苦衷亦欲各尽绵薄以求裨辅国家于万一，不图事与愿违，非特习蹈故常，而且再接再厉。宪法为国家根本大法，尤为百年大计，容纳之量非尽举国之意志而悉包含之，安足以永矢咸遵，垂之无极。若或倡于一隅，趋于极端，不特迫使现在之各种势力出于轨道外之行动，即千载后之势力亦必因是而失其平衡。国家前途尚复有斯，须之望乎？外交问题系乎存亡，对外关系正可以息内政调和党派，容纳势力，此其时矣。而乃适得其反，外患之起转为内讧之媒，国家存亡置之不顾，任情而行，快意以逞，甚至改造内阁，而亦出于情感，背乎法律。总国会、政府、社会各方面之表现，无一非极端已甚之举。至今已举国骚然，祸几四起，悔祸之心未萌，调和之言无用，来日大难，实不忍言。本员等希望既绝，日夜腐心，重负国家，愧对国民，议员之职，无颜久任，用是提出辞职书，祈即交大会公决，许可为幸。

　　众议院议员蒲殿俊、林长民、萧湘、李文熙、罗纶、刘纬、凌文渊、孙光圻、陈士髦、方贞、姚文楠、周大烈、刘显治、梁成久、杜成镕、杨润之、刘景烈、杨廷栋、郭涵、蒋凤梧、谢翊元、毕维垣、邵长镕、孟森、刘鸿庆、陈绳虬、宁继恭、金还、郑化国、虞廷恺、李保邦、贾攒绪、任曜墀、李垚年、董增儒、梁文渊、胡寿曶、梁善济、葛莊、李国珍、阮毓崧、邱珍、张鼎彝、耿兆栋、孟昭汉、曾石翼、胡源汇、胡汝霖、王敬芳、连贤基、杨士鹏、陈太龙，参议院议员陈光焘、蓝公武、陆大坊、李兆年、张烈、籍忠寅、孙江东、张联魁、张杜兰、陈敏棠、宋辞、方圣征、黄树荣、李耀忠、贾济川、刘彭寿。（《时事新报》1917 年 6 月 4 日，第二张第二版）

　　△　众议院召开常会，议长吴景濂报告副议长陈国祥及议员刘崇祐等

数十人再提出辞职书,应付公决。以褚辅成谓不许辞职付表决,多数赞成不许可陈国祥等之辞职。

6月4日,宪法研究会召开全体大会,商议时局与议长、议员辞职事宜。

> 宪法研究会对于时局凤抱维持调护之苦心,此固国人所共知,并非吾人之阿好,乃不幸该派主张不克见容,驯至大局决裂,收拾无术,该会同人深以为憾。日昨会有领袖汤化龙议长并刘崇祐、黄群两议员辞职之事,稍有审时局者,莫不深谅,其苦心而外间不知,有加以消极之责备者,实为误解。该会因时局孔亟,日昨复在石驸马大街开重要会议,是日到会之人极形拥挤,首由黄群、刘崇祐代达汤议长辞职缘由,继述自身辞职与汤氏同。谓前次虽未蒙大会许可,而蒿日时艰,无术补救,只得赓续提出,并云我等辞职并非求息肩自逸,此后虽卸议席,仍当与研究会同人黾勉共进,同策危局云云。大家均深表原谅,继刘黄二君对于宪法问题,复有所陈述,略谓吾人前此对此问题,深望反对派斟酌吾人之主张,以求适合于正轨,乃不幸舌敝唇焦,终无道以荷彼等之嘉纳,迨外间传闻干宪之举,吾人即虑因激生变,反失宪法尊严,乃提出最后之让步案,犹冀彼派斟酌采纳,消患无形,不幸而言中,此靡特本会之不幸,实则国家之不幸也,颇闻反对党有让步主张容纳吾人之说,宪法而能圆满调和,固吾人所深愿,惟惜时机已去。盖制定宪法,须本完全自由之意思,方有永久之强固之效力。而在此武力状态未息以前,断未由达此理想,故即使某派所言皆出至诚,吾人亦只得徒鸣负责,盖此际调和宪法与谓让步于研究会,无宁谓为让步于武力,此甚非本会同人之始意也。至某派欲以宪法问题调停时局,尤为迂腐肤浅之谭,不足置辩。要之,吾人今后对于宪法会议,主张暂不出席,俟政潮平息之后再徐为讨论。前此之不出席为防制草率宪法之出现,今兹不出席为防制武力宪法之出现,程序虽殊,而对于宪法之至诚则一也云云。大家均表同意后,凌文渊君发言谓同人苦心孤诣所为者国家,乃今日现象如此,殊足寒心,当此人心扰攘之秋,吾人当以历来苦战奋斗之情形,以及向后对于国家之方针,坦然普告全国,俾国人晓然于研究会之主张,至拥护国体调和势力,自当仍守弗渝,此节无烦重渎云云,众均鼓掌称快。最后,梁善济起谓,本席亦拟辞去议员一席,惟对于研究会间仍当竭力维持,际兹国家危急存亡之秋,同人务须群策群力,共策进行,不可稍懈云云。

时届散会,大家均以努力前途相勖,说者谓研究会当此声嘶力竭之时,犹能毅力坚持,不忘报国,不可谓非政局一线之光明也。(《宪法研究会开会记》,《时事新报》1917年6月5日,第一张第三版)

△ 宪法会议本安排审议《中华民国宪法》案第三十二条、第七十五条、第九十三条(后增加一条)之审议报告,二读第一百零七条,第一百零八条。因到会议员不足三分之二,议长宣布休会。

6月7日,张勋率辫子军自徐州北上,8日晚向总统府秘书长夏寿康提出解散国会等4项调停条件,在黎元洪解散国会后,才于14日与李经羲一同到达北京。

6月8日,致函父亲。函云:

前上各禀,计已递到。崇樾、喜莲想已平安抵里,已入学校否?崇樾性钝而懒又好食,请时加劝责。目前如无相当教员,可责令每日在家写大字小字,及温习国文、中学历史、地理亦可。算学可请黄先生教之,渠于国文史地尚有兴味,即于此道下一工夫,亦未始不可。喜莲明白事理,读一句书即得一句书之用,但弗戕其自然生机便可。

时局变迁未定,国会必难保存,本月财政部异常支绌,薪水恐无着落。喜梅嫁奁请严令三媳务从节俭,万弗使儿过于负担,将来全家不了。寿屏当此变局,只好稍缓。儿连日正在结束参院会计,大约月底可以交卸。自下月起,又须另起炉灶,别寻生活。大局如此,其何以堪!暑假准可回里。

6月12日,大总统黎元洪发布解散第一届国会,重新选举国会的命令。

△ 国教维持会针对时局,发布宣言书。

自督军团以宪法会议制宪不良,始而请求解散国会,继而宣告独立,纷纷扰扰,大局几有不可收拾之状。执调停之任者,莫不以解散国会为前提。国会之在今日,实有不能不解散之势矣。故由议员总辞职,自行宣告解散者,上策也。由总统下命令解散者,中策也。若相持不决,不辞职亦不解散,是为无策。夫解散诚是也,然尚有甲乙二说焉,故不可以不辨。甲之言曰,约法无解散权之规定,总统以命令解散国会是谓违宪。乙之言曰,约法虽无解散权之规定,亦无总统不得解散国会之明文,可以用命令解散国会,窃谓此二说者皆专就法律立论者也,然试问今日之事,为法律问题乎?抑为政治问题乎?法律之穷,继以革命,其志在推翻旧法律以为产出新法律之地步,此事实之不可掩者也,如谓革命必须循法律轨道也,则上年云南起义后,大总统为收拾残局计,以命令恢复约法,恢复国会,此本于民国何种法律者耶?院法载两院议员自行集会闭会,乃帝制发生以后,议员诸公何以不自行集会拥护共和耶?国家法律原以范围天下而不过,岂其关系于议员自身之权利,则可用命令恢复国会,置法律于不问而独关于解决时局之办法,乃斤斤以法律绳总统耶?新造国家最重先例,上年既以命令恢复国会,今日当然可以命令解散国会,此铸造革命之国会以命令始以命令终,于法律本不生问题也。难者曰解散国会后,当如何曰革命之起因,固缘于政治而其结果必趋重于法律,以共和国家无法律不能立国也。《临时约法》仓卒制定且系对立立法,故六年于兹革命三次,今日众口一词,均谓其不适国情矣。然不良之法胜于无法,此次大局解决,谓宜遵照约法第十八条,组织临时参议院,克期成立,议决此次未了之问题。(一)阁员同意案。(二)对德宣战案。(三)府院官制修正案,将府院权限画清,以便实行责任内阁制度。(四)修改约法案。修改约法之点有二:(一)宜修正第三十四条,删除各部总长及外交大使之同意权。(二)宜修正第五十四条,另定制宪机关,俟宪法产出,然后召集国会,并修正《国会组织法》。此本会对于时局之第一意见也。国家根本首在宪法,宪法良否,国家存亡系焉。故制定宪法之人,宜超然于政治潮流以外,且□国家原理而论宜以宪法产国会,不宜由国会定宪法,乃《临时约法》误将制宪全权付之国会。故自天坛草案一出,国会即遭解散,虽其间原因复杂,未始非草案偏重国会之权,有以致之也。此次云南起义,牺牲若干生命财产,国会始得绝而复活,前事不忘后事之师,两院议员本宜以公平眼光制千万年长治久安之宪法,乃自宪法会议开会以来,对于政府之权极力缩减,对于国会之权,极力伸张,明知参议院组织之不良及两院议员名额之太多,而不肯改组,明知孔教为多数人所信仰,应定国教为专章,而故作反对。且也宪法会议稳健派一登台发言,吹嘴顿足之声,全场影应几使发言者不能成辞,如此现象,故勿论其宪法不成立也,即使成立亦绝对无良好之希望,国家前途尚可问乎?计自开议迄今几及一年,草案上普通条文虽经二读会通过而其重要者,如两院组织,如不信任决议,如解散权,如决议案,如会期,如省制,凡经大会审议会议决者无一不足为制造革命之原料,此次革命之起,虽因外交问题涉及内政而其实则以宪法无解散权之故,本会议员亦制宪之一分子,心所谓危,不忍坐视,董子曰琴瑟不调,甚者必改弦而更张之。昔美国制宪由地方立法部派出委员若干人会集于费拉得亚,名为宪法会议讨论,时严守秘密免为议事之梗,经五月而宪法以成,成后复由宪法会议请求平民公会决定,一经决定,即为宪法。中华民国宪法其利害与人民有直接关系,而人民根据在于各县及蒙古、西藏、青海特别区域,谓宜仿美国制宪之例,由中央组织一宪法会议,由县及特别区域各组织一平民公会,宪法会议及平民公会组织法,由临时参议院定之。宪法会议委员会采限制选举制度,其名额每省三名,内外蒙古各三名,前后藏各三名,青海一名,集合地点定于北京之西山,名为宪法会议。开会时一切仍守秘密,凡此次起革命之问题,均由宪法会议解决,经过三读手续,然后请求各县平民公会议决,议决即成为宪法,复由宪法会议整理条文而公布之。如此而不足以弭祸乱者,未之有也。夫既为民主国家,主权本在人民,况宪法得失关乎人民利害甚巨,故制宪大典不能不使人民参与之。即如孔教为数千年文化,凡有血气者,莫不尊亲,今宪法会议议员虽由人民选举而来,然既反对国教是已反大多数之民意,而自失其代表国民之资格。故不能不以此问题归诸人民自定之也。至于两院组织决议案不信任决议及解散权等,均于议员自身有绝大关系,考世界立法例,凡议员议决自身问题,无不退席。岂有宪法为国家根本大法规定政府与国会权限及国会自身之改良,而议员乃自专议宪之柄,竟公然不避者,宜其屡议而终失其平也。此不能不仿美例于国会以外别求解决之方者也。此次督军团纷纷与中央脱离关系,均指宪法之不良,以宪法为国家根本大法,原有争论之价值也,夫民国最重民意,以国会议员组织宪法起草委员会及宪法会议,既两次均激起革命矣,则不如由国会以外另组宪法会议,以消患于无形,可断言也。此本会对于时局之第二意见也。谨陈管见,为此宣言,留心时局者,幸垂察之。《国教维持会宣言书》,《时事新报》1917年6月13日,第二张第二版)

6月23日,旅沪国会议员发表宣言,要求申讨叛逆,履行国家法律。

6月27日,致函父亲。函云:

　　四月廿一、廿八两谕读悉。暑假归省,本已决定,惟吾乡如此酷暑,以久居北方之人,安能当之?且儿四年之久在外,一旦还乡,来访者必多,来谋事者亦必不少。受之,则精神耗费,又增烦恼,于盛暑极不相宜;拒之,则怨望之声洋洋盈耳,又复不安。不如待之阴历七月杪稍凉回家,安排一切。(如必欲回里,惟有觅一僧寺避暑,数日回家一次。白莲堂亦不宜,非山中不可。闻上洞寺尚好,未知实在如何?)

至学校下半年须继续办理,惟教员有不良者,不妨另聘。此事要与养素商量便可,不必待儿归也。喜梅嫁品,当酌量购置。人孰不爱子女,惟须视其力量如何耳!崇樾稚气未断,请时加告戒[诫],不可轻信伊言,致增口舌。喜莲在校读书如何?彼京话甚好,科学亦佳,一旦抛弃回里,至今痛惜不已。北生已能行走否?喜梅目疾想已不发。二哥所服牛肉汁未带回,实系无意遗忘,请勿因此小事多疑。余续禀。

7月1日,张勋、康有为等在北京拥戴清废帝爱新觉罗·溥仪复辟;黎元洪通电否认还政,并望各省迅即出师讨贼,恢复共和。

7月2日,黎元洪避入日本驻华公使馆,电请冯国璋暂代大总统职权,特任段祺瑞为国务总理。

7月3日晚,段祺瑞、梁启超、汤化龙、靳云鹏在天津以南小镇马厂,组成讨逆军司令部,誓师讨逆;谱主任司令部招待员。

△　冯国璋通电反对张勋复辟,宣布兴师问罪,6日通告依法代行大总统职权;各地将领纷纷通电讨逆。

7月7日,旅津国会议员吕志伊等200余人通电主张依据约法解决国是;讨逆军败张勋军于廊坊,东西两路会师于北京丰台。

7月8日,致函父亲。

十五日一禀,计已递到。儿现寓天津俄界叫二马路六号黄杜寓。(通信在英界耀华里廿七号杜冠卿家)。本拟即日南下,嗣以杜致远兄诸人邀任讨逆军间总司令部招待员,一时尚难脱离。现在张勋逆军已大败,日内便可收平。届时如无他事,即拟南旋。

黄子威屡嘱其归(并付川资),免受惊慌,而彼坚执不从。前日又快信寄京,催其偕迈侯来津,尚未得复。以此数日火车不通,故通信较缓也。京城秩序如常,请告伊家弗念。敬叩金安!

按,杜致远,即杜持,字志远,浙江青田人,时任总统府军事谘议。

7月10日,旅津国会议员在天津设通讯处。

7月11日,国会众议院议长吴景濂、参议院副议长王正廷及驻沪两院议员宣布解决国是意见:解散国会令无效;清室失去优待资格;不承认再开临时参议院;国会自行集会;惩办复辟毁法祸首。

7月12日,讨逆军克复北京,张勋避入荷兰驻华使馆,复辟失败。

7月15日,致函父亲。函云:

> 初二日一禀,计已递到。昨晤溯初,又力阻南旋,云梁任公先生已有意留儿在财政部办事,大约非参事或秘书,将来有机会外放等语。如此时局,本不宜做官,惟任公系当代名流巨擘,得承眷顾,虽败犹荣。且经一二知交劝阻,故暂安之弗去。请大人千万弗责儿懒惰不归也。近年在京,益觉得势,友朋多有以大器目者,惭愧无极。
>
> 崇樾在家尚肯读书,得门径否?请郑孜斋先生来教如何?如其不可,可令随迈侯来京,另聘师授之。喜莲拟缓至明春来,此女在校进步如何?半月以来未接手谕一封,惟接蔡王荣一信,亦未提。家内应嘱仆王贵伺候周到。
>
> 外面如有来信,请令崇让妥为保存,不可拆阅。惟味辛、希侠、季朴诸人来书可拆阅。如有紧要事,即将原函加封寄来,以便作答。晤王君幼山,云有快信一封,适于儿动身时寄到,不知此函已保存否,不必交他人阅看。倘家内有要事,与云雷或致同二人商量均可。此处平安如常,松庭已有事否?家中用费,请令小妾以俭为要,又令其弗多出门,出门亦须有女人作伴方好。喜芸亦不可时时玩耍。婢媪可暂移主楼上,与小妾同房睡,免得夜间胆小。祇请金安!附致致同一书,请转交。

7月17日,孙中山乘坐军舰从上海到达广州,倡导护法。

7月18日,代理大总统冯国璋发布组织新政府等命令,任命梁启超为财政总长、汤化龙为内务总长、林长民为司法总长、张国淦为农商总长、曹汝霖为交通总长。

梁启超面谕财政部部员:

> 本部事务繁赜,诸君到部多年,富有经验,概不更动,均请一律照旧供职,以资熟手。本总长到部,只带办理文牍员数人而已。并谓本部系行政机关,并非立法机关,应守不党主义,泯除私见,以期部务之进行。

（《梁任公以不党勉僚属》,《时事新报》1917年7月25日,第二张第二版）

7月21日,海军总长程璧光、第一舰队司令林葆怿通电否认国会解散后之政府,22日率第一舰队自吴淞南下广州护法。唐绍仪、汪兆铭等同行;陆荣廷电请冯国璋速复国会,否则西南各省无从调停。

7月24日,国务院通电各省,征集召开临时参议院意见,称国会业已命令解散,毫无重新召集的道理,"有参议院行使立法职权,即无异于国会之存在"。奉天张作霖、山西阎锡山、浙江杨善德、直隶曹锟等多省督军随后通电赞同召开临时参议院主张。

7月26日,据时任财政总长梁启超推荐,代理大总统冯国璋颁布命令,任命虞廷恺为清查官产处总办。

### 清查官产处

| 职务 | 姓名 | 字号 | 年龄 | 籍贯 | 任职时间 | 住址 | 电话 |
|---|---|---|---|---|---|---|---|
| 总办 | 虞廷恺 | 柏颎 | 三十八 | 浙江瑞安 | 六年七月二十六日 | 石驸马大街后闸 | 西局一二九一 |
| 会办 | 贾士毅 | 果伯 | 三十二 | 江苏宜兴 | 四年八月二十日 | 东太平街 | 西局一七〇七 |
| | 金兆蕃 | 钱孙 | 五十 | 浙江嘉兴 | 六年七月二十六日 | 总布胡同 | |
| 总稽核员 | 陶毅 | 仲眉 | 三十一 | 江苏武进 | 四年二月十八日 | 丰盛胡同 | 西局八五八 |
| 第一股主任佥事上行走 | 陈簠 | 元嵩 | 三十八 | 浙江萧山 | 六年九月四日 | 京畿道萃文公寓 | |
| 股员 | 张寿慈 | 撷孙 | 三十一 | 浙江余杭 | 三年四月十日 | 米市胡同南头 | 南局四六〇 |
| | 沈炘 | 少芙 | 四十三 | 江苏溧阳 | 六年八月十六日 | 鸿升店 | 南局四一七 |
| 学习员 | 易立淦 | 季威 | 三十八 | 河南光山 | 六年六月八日 | 延旺庙街秦宅 | |
| 第二股主任佥事上行走 | 胡贤耀 | 西樵 | 三十六 | 湖北江陵 | 三年二月二十四日 | 石驸马大街桥南路东 | |
| 股员 | 蔡允 | 椵长 | 三十三 | 江苏无锡 | 五年十二月十四日 | 锦什坊街机织卫北双栅栏九号 | |
| | 高桐 | 桐圃 | 四十一 | 浙江杭县 | 六年八月十六日 | 中京畿道萃文公寓 | |
| 学习员 | 李维藩 | 硕蕃 | 二十九 | 湖北大冶 | 六年六月八日 | 太仆寺街政法社 | |

续　表

| 职务 | 姓名 | 字号 | 年龄 | 籍贯 | 任职时间 | 住址 | 电话 |
|---|---|---|---|---|---|---|---|
| 第三股主任 | 管聊第 | 达如 | 三十六 | 江苏武进 | 五年八月二十一日 | 米市胡同赵宅 | 南局一六六〇 |
| 主事 | 汪成骧 | 少卿 | 三十六 | 湖北鄂城 | 元年十二月三日 | 象坊桥路北 | |
| 试署主事 | 孙延钊 | 孟晋 | 二十七 | 浙江瑞安 | 六年九月四日 | 新刑部街项寓 | 南局二二〇 |
| | 汪安世 | 显之 | 四十 | 江苏江宁 | 六年九月四日 | 京畿道大成公寓 | |
| 办事员 | 何锡晋 | 玉峰 | 四十九 | 江苏丹阳 | 三年十月三十一日 | 张相公庙麻线胡同二十七号 | |
| 第四股主任金事上行走主事 | 薛光钺 | 叔振 | 三十一 | 江苏无锡 | 二年十二月二十日 | 教场四条 | 南局四七一 |
| 股员 | 史宬 | 梓琴 | 三十五 | 湖南长沙 | 六年八月十六日 | 石驸马大街 | |
| 学习员 | 李其珩 | 焕楚 | 三十七 | 直隶枣强 | 四年五月七日 | 兵部洼石碑胡同后坑十号 | |
| | 张之纪 | 彦初 | 四十二 | 湖南醴陵 | 五年七月二十九日 | 西安门内光明殿同伦学社 | 西局三二八 |

### 清理大清银行委员会

| 职务 | 姓名 | 字号 | 年龄 | 籍贯 | 任职时间 | 住址 | 电话 |
|---|---|---|---|---|---|---|---|
| 会长 | 虞廷恺 | 柏顾 | 三十八 | 浙江瑞安 | 六年八月二日 | 石驸马大街后闸 | 西局一二九一 |
| 副会长 | 袁毓麐 | 文薮 | 四十五 | 浙江杭县 | 六年八月二日 | 铜幌子胡同 | |
| 委员 | 张寿慈 | 撷孙 | 三十一 | 浙江余杭 | 五年十一月三日 | 米市胡同南头 | 南局四六〇 |
| 学习员 | 褚明枘 | 驭云 | 四十一 | 江西高安 | 五年七月二十九日 | 燕家胡同高安会馆 | |
| 各省官产处 | | | | | | | |
| 京兆处长 | 楼思诰 | 欧获 | 四十七 | 浙江杭县 | 四年五月十九日 | | |

| 职务 | 姓名 | 字号 | 年龄 | 籍贯 | 任职时间 | 住址 | 电话 |
|---|---|---|---|---|---|---|---|
| 会办 | 黄家瑜 | 桐生 | 五十五 | 江西吉安 | 四年五月十九日 | | |
| 督办京畿八旗官产清理事宜 | 李长泰 | 阶平 | | | 六年八月二十八日 | | |
| 会办 | 陈继鹏 | 恭度 | 三十八 | 湖南长沙 | 五年九月二十五日 | | |
| 京营提属官产处处长 | 陈继鹏 | 恭度 | 三十八 | 湖南长沙 | 六年一月十二日 | | |
| 直隶处长 | 许引之 | 汲侯 | 四十三 | 浙江杭县 | 五年六月二十八日 | | |
| 会办 | 吕福倓 | 厚庵 | 五十一 | 浙江上虞 | 五年八月三日 | | |
| 吉林处长 | 莫德惠 | 柳忱 | 三十五 | 吉林双城 | 六年九月六日 | | |
| 坐办 | 钮传谦 | 君益 | 三十三 | 江西九江 | 五年十一月七日 | | |
| 黑龙江处长 | 吕敩琦 | 伯韩 | 三十三 | 山东掖县 | 五年六月十日 | | |
| 山东处长 | 支恒恭 | 仲云 | 四十三 | 江苏丹徒 | 六年三月 | | |
| 河南处长 | 何承焘 | 志霄 | 四十六 | 江苏武进 | 四年七月 | | |
| 会办 | 李恩藻 | 鹿平 | 四十一 | 江苏丹徒 | 六年二月二十四日 | | |
| 署理山西处长 | 万铭璋 | 敏孙 | | 江西九江 | 六年七月二十五日 | | |
| 会办 | 史光书 | | | | | | |
| 江苏处长 | 曾朴 | 孟朴 | 四十六 | 江苏常熟 | 四年三月二十九日 | | |
| 会办 | 方政 | 宣府 | 六十六 | 江西南昌 | 五年六月二日 | | |
| | 谢大宗 | | | | 六年八月二十七日 | | |

续 表

| 职务 | 姓名 | 字号 | 年龄 | 籍贯 | 任职时间 | 住址 | 电话 |
|------|------|------|------|------|----------|------|------|
| 安徽处长 | 财政厅长兼任 | | | | | | |
| 江西处长 | 熊元鍠 | 文叔 | 四十一 | 江西南昌 | 六年三月一日 | | |
| 会办 | 陈奎龄 | 仙舟 | | 直隶天津 | 六年三月一日 | | |
| 福建处长 | 费毓楷 | 叔迁 | 三十一 | 江苏武进 | 六年三月 | | |
| 会办 | 王丰镐 | 省山 | | 江苏上海 | 五年四月六日 | | |
| 浙江处长 | 汪嵚 | 曼锋 | 三十七 | 浙江杭县 | 六年八月九日 | | |
| 会办 | 杨兆釜 | 谱笙 | 三十九 | 浙江吴兴 | 六年三月三十日 | | |
| 湖北处长 | 王嵩儒 | | | | 六年八月二十八日 | | |
| 会办 | 李厚祺 | 如山 | 四十八 | 浙江镇海 | 五年九月十七日 | | |
| 湖南处长 | 龙黼瑞 | | | | 六年九月十二日 | | |
| 会办 | 易应崏 | 惠泉 | 四十二 | 湖南长沙 | 六年九月十二日 | | |
| 陕西处长 | 林实 | 季良 | 三十五 | 福建闽侯 | 五年十二月九日 | | |
| 会办 | 项大任 | 寄尘 | 三十八 | 浙江瑞安 | 六年一月二十九日 | | |
| 四川处长 | 财政厅长兼任 | | | | 五年十二月 | | |
| 会办 | 谢树琼 | 佩青 | | 四川 | 六年一月二十九日 | | |
| 广东处长 | 何国圻 | | | | 六年六月五日 | | |
| 会办 | 楼振声 | 稷臣 | 四十四 | 浙江绍兴 | 六年三月二日 | | |

208

续　表

| 职务 | 姓名 | 字号 | 年龄 | 籍贯 | 任职时间 | 住址 | 电话 |
|---|---|---|---|---|---|---|---|
| 热河处长 | 胡家钰 | 式如 | 四十一 | 热河承德 | 四年四月二日 | | |
| 热河围场放垦兼木植局局长 | 王会中 | 补园 | 五十一 | 广西桂林 | 四年六月九日 | | |
| 绥远垦务局局长 | 朱淑薪 | 荷宜 | 三十八 | 直隶滦县 | 五年五月二十七日 | | |
| 察哈尔垦务总办 | 龙骧 | 麟振 | 三十三 | 湖北孝感 | 六年一月十六日 | | |
| 会办 | 潘澄翰 | 剑秋 | 三十三 | 山西荣河 | 五年四月二十八日 | | |
| 督办江北苇荡营垦务 | 杨士骢 | 芰青 | 四十八 | 安徽泗县 | 四年十月二十三日 | | |
| 会办 | 徐启修 | 念臣 | 三十八 | 江西修水 | 三年十月二十五日 | | |
| 淮南垦务局局长 | 吕道象 | 鹿笙 | 五十二 | 江西九江 | 三年八月 | | |
| 会办 | 孟铎 | 效伯 | 三十五 | 江苏东台 | 五年十月十二日 | | |

调查官产员

| 职务 | 姓名 | 字号 | 年龄 | 籍贯 | 任职时间 | 住址 | 电话 |
|---|---|---|---|---|---|---|---|
| 奉天 | 陶仁荣 | 欣皆 | | 浙江绍兴 | 四年四月三十日 | | |
| 广西 | 舒毓熙 | | | | 五年十一月二十七日 | | |
| 新疆 | 刘隽伦 | 劭蔾 | 三十五 | 新疆 | 六年八月三十一日 | | |

（财政部编：《财政部职员录》，财政部印刷，1917 年 9 月）

7 月 26 日，宪法研究会复建为进步党，召开在京会员会，梁启超等入阁党员报告此次入阁经过与理由，刘崇祐等发言表达看法，表决重振进步党。
《研究会之重要集会梁汤林三总长报告入阁原由决议重振进步党》，《时事新报》1917 年 7 月 30 日，第一张第三版）

△ 致函父亲。函云：

昨日由津返京，暂住参议院寄宿舍。舍内有同事数人作伴，尚不寂寞。黄迈侯投汤□，十六日在津动身，□已抵里。托渠带奉一禀，想递上。儿此次在津，先以避乱为目的，乱定即拟归省。嗣讨逆总司令部成立，奉段总理委充招待员，招待各界来访总理者，事关讨逆。重以致远诸人之邀，未便固辞。乃天气炎热，稍感暑气，适迈侯来，正拟偕行，而王幼山强留，约儿病愈后赴京，词意切定。儿病已愈，据医者云，风湿交困，故骨节酸痛，食量减退，顷已安好如初。前日奉到财政总长委状，派充清查官产处总办。是处局面尚大，各省均设分处，处长之外又有会办，似将来尚可位置人材。惟各处人员拥挤异常，实难下手。

喜梅嫁资一切，预备至如何光景？十月何日出嫁？崇樾可托迈侯带来，在京读书。喜莲如愿来亦可。倘家中有可读书之处，均待明春来亦好。崇樾前云欲送入温州中学，曾与洪校长说过否？此儿饮食起居太不自检，故单独在外，总不放心。倘有妥实可靠者作伴，时时照料，则较之在京往来费时，又多变故，则妙多矣！统请大人酌定。养正学校何时开学，崇让下半年仍在校否？让侄以有家照料为宜，如有机会，当为谋一挂名差使。早稻六月白如何？祗叩金安！

7月31日，陈黻宸南归奔弟丧，伤心过度，溘然长逝。享年五十九岁。

《陈介石先生追悼会启事》：瑞安陈介石先生以痛感鸰原，撄疾恒化，闻讣惊哀，淹涉日月，位哭之礼未申，思旧之怀弥恻。元培等拟以本月十八日，即旧历十一月初五日设位于北河沿北京大学法科，集兹袍契，共举悼临。诸公如有挽章，祈于十五日以前送交北京大学法科庶务处代收，或有赙赠，径送后门外板厂胡同瑞安黄宅内陈君舜先生收可也。

蔡元培、林绳武、孙诒棫、赵任道、许璇、辛汉、虞廷恺、洪彦远、章献猷、杜佩球、刘揆一、陈介、林廷鋆、孙延畛、朱鼎彝、汤尔和、马裕藻、伦明、吴士彬、徐新六、马叙伦、黄曾枚、谢湘、周孔博、黄赞元、张伯桢、林损、林维亚、董原复、萧湘、陈价藩、林继昌、任桐、罗怀。（《陈介石先生追悼会启事》，《北京大学日刊》1917年12月7日，第四版）

7月，梁启超、汤化龙等人筹商重新组织临时参议会，由各省选派参议员组成，由临时参议院重订《国会组织法》与选举法，再行召集新国会。谱主被任命为临时参议院委员会会长。

8月2日,谱主出任清理大清银行委员会会长,该会副会长范治焕,委员张寿慈、来壮涛。

8月初,财政部补发议员旅费60万元。

8月2日,致函父亲。函云:

> 顷接伯群来电,知家内平安,甚慰。返京后共发安禀二件、电一件,想各收到。以后如有要事,须发电者,则但书"北京中原虞某"便可送到,不必书明未央胡同中原公司。(即不在公司内,亦可由公司转送。)儿于阴(历)六月十三日到差视事。处内头绪甚繁,连日查阅文件,稍得门径。总、次长均系旧交,部内同人颇多相得,办事当不致困难。儿生平无论对于大小事件,总一毫不敢苟且。懈心一起,弊即随之。前日,交代参议院会计科款项簿据,毫厘无误,颇得内务部奖许,亦是勤慎之效也。顷暂寓中原公司,款待甚殷,总觉不大方便。拟另租小房屋一所,仍令小妾来京,既省经费,又可使儿身体不适时易于招待。此次伤暑半月,颇觉不便,后请同乡何洛斋诊视,服数剂即愈。黄迈侯回京,可令崇拋、喜莲同来。寓中决定聘一塾师,专教崇樾。男大不教,何以对人?喜梅喜事在十月何日?届时当告假南旋。随将托带物件带回。浙江官产分处长即行撤换,拟将陈有光、郑石君等荐去。郑石君嘱托甚早,陈有光二叔境甚窘,拟令有光在外任事,每月月薪分出一半津贴伊姊。不知有光近来行动如何?可邀其来家一阅,并劝其细心习小楷为要。此外,亲戚如黄仲兰不能远出,且碍于语言。味兰书信断绝已久,无从接洽。儿极愿提拔一、二戚友,奈离乡已久,不知何人尚可出门办事。再,二年选举最得力者共有若干人,请将姓名开示。如无位置,拟于旋里时,每人各送皮袍一件或绸袍料一件,如何?总办月薪未发表,约在三百元以上。以上荐人一节,暂请弗宣布。请酌定谕示。

8月8日,致函父亲。函云:

> 六月十一、十四日两谕又读悉。京中秩序如常,目前必无他患。处事既已接手,尤不可存一畏惧之心,惟有勇往直前,借酬知己。
>
> 崇樾亲事可稍缓,生子难,择媳更难。历观衰落之家,固其子孙愚惰使然。然其媳妇之不良,或自私自利,或顽悍成性,使家长号令不灵,

211

家道中落,亦比比然者。故崇樾亲事,须儿自己选择,禀请大人酌定,方可放心。

杭州垦田,搭股如此复杂,如何可以加入? 恐此等田地界限不清,将来必有争竞之一日。倕辈倘有此意,以为此事必无他患,则此款由儿担任可也。王醒黄下半年如无他事,教法又好,即可留其继续教授,束修不妨从优。盖京中延师糜费更大。闻茂杞亦在内,不知近来品行如何? 分家之事,请与二兄商定便了,崇谘等既不听话,使□□□门□,稍尝苦味,不必□□教训之法。崇让在外酬谢,此大不可,将来恐有身败名裂之患,害及一家,请痛戒之。

细苎布如无妥人带回,待儿自己返里之便带回亦可。迈侯何日来京?

儿近无他疾,惟湿甚重,满舌白苔甚厚,刻服茯苓、泽泄等祛湿剂,稍愈矣。

△ 致函父亲。函云:

□□□质如何,如果不甚聪明,还劝其经商或务农为宜。□□务必办事较久。深愧愚钝,诸事竭蹶异常,崇让可告。所云介绍吴权等三人入温州中学,可以照办,即交书札致洪君矣。儿现任财政部官产处总办兼参议院委员会会长,忙碌万分。好在精神焕发,毫无倦意,请弗念。王醒黄先生教授素有令名,此时□□□前无异,下半年即可留其继续教授。

8月9日,汪嶔接充浙江官产处处长。

《大总统遴员汪嶔接充浙江官产处处长文》:为遴员接充浙江官产处处长,仰祈钧鉴事:窃据浙江官产处处长周佩箴电称体弱多病,电辞职务等情,自应照准。查有汪嶔熟悉情形,堪以派充浙江官产处处长,仍饬秉承省长,会同财政厅长认真办理,以裕收入。所有遴员接充浙江官产处处长缘由,理合呈请钧鉴。谨呈。(《财政月刊》1917年第4卷第45期)

8月11日,云南督军唐继尧通电阐明护法宗旨,主张总统向国会辞职、恢复国会、国务员非得国会同意无效、惩办称兵抗命之祸首。

8月14日,段祺瑞政府布告对德国、奥国宣战,并照会驻京各国公使。

8月18日,致函父亲。函云:

在中原公司所发票,计均收到。连续手谕,知大人以下平安如常,他可无虑。崇樾是否决定来京? 儿意,年内可令在家,从王君醒黄。闻王君教法颇好,虽多送束脩,较京寓尚觉便宜,且可□□侄辈,一举两得,莫妙于此。昨接,但除自家子侄外,不可另搭他人,免得纷扰。

崇让函,似有责儿舍旧图新之意。此实误会,人孰愿弃旧者,盖以旧者不毂用,不得不兼用新者,非弃旧之谓也。(试问儿不另辟新门面,安能得此?)崇让拟在南省设法安插,免彼长发牢骚,惹起家庭恶感,请告以此意。劝彼不必北来,徒耗川资。(如必欲来京,亦不必阻止。)

郑石君、陈有光二人之意如何? 上次选举(以初选当选人为限)极力帮忙而能办事者,共有几人? 请即开示。此种人情账一了,以后惟有图报父兄之恩耳!

议会岁费共补发中票壹千元,合大洋七百余元。(每百元可换得七十四元五角,汇水在外。)中国银行限制汇兑甚严,此时不能汇寄。(现在总办薪水每月三百四十元,用费比前大,而薪水反少矣。)

家中造屋,实须儿贴补者共若干? 嫁资应需若干? 儿意家中有别款可拨,拟将岁费存储银行,徐图实业。区区图报之心,决不能见于今日。

此后侄辈教育费用甚大。天日在上,岂能漠视! 外间谣言,请令诸侄辈不必深信。使儿果有钱,何不早作归计,解脱苦恼,与彼辈同享安乐? 为名乎,则薄名已得;为利乎,则亦不过作他人马牛。试问儿在外十年,有何好吃好看? 而外人不察,反疑效村妇所为,自积私货,亦何乐而为之?

新寓已定石驸马后闸廿七号,每月租金廿元,惟妾尚未到。

三更不眠,书此消闷。人心叵测,夫复何言? 总之,一利字为崇耳!

二兄如需阿胶等,待天凉再寄。迈侯何日出门,□□性情极其可虑,不日拟令赴长春中国银行。(□□事,亦必有人责儿薄待,然实则已借过四十余元,长春川资又需四、五十元。如此做人真不容易,好在儿受他人恩并不多也。)

再禀者:闻□□嫂近来颇造谣生事,不守女规,请令三媳暗中监视,不必说破,惹起恶感。

目前,预备喜梅嫁妆甚忙,骤易生手,恐有不便。倘明春三媳出门,应另设法。□□闻近颇懒惰,又复轻信人言。似以儿在外积赀甚富,间有怨言。确否分家,定明春何时?是否待房屋落成后再分?崇樾业农亦好,吾们乡间人,万不可离农业也。二兄体气如何?浦西黄岳母境况甚苦,嘱令三媳送去十元。

8月25日,南下国会议员在广州发起国会非常会议(史称"护法国会"),推举林森、褚辅成为正副议长,并更易部分国会议员。浙江:虞廷恺易为王宗尧,陈黻宸易为吕耀玑,林玉麒易为程志卓,杜师业易为卢观球,张世桢易为马宗周,邵瑞彭易为祝震,徐象先易为项肩,杜士珍易为陆昌烺,蔡汝霖易为洪国垣,周继溁易为余名铨,陈敬第易为吴际光,袁荣燮易为沈守经,黄群易为陈福畴,又谢国钦、戚嘉谋、俞凤韶缺,共变动16人。(《中华民国建国史》第二篇,第556页)

8月29日,国会非常会议议决公布《国会非常会议组织大纲》,31日议决公布《中华民国军政府组织大纲》,决定组建军政府。

8月,财政部逐步展开机构改组与人员调整。

> 数月以来,政局迭呈不宁之象,各省多与中央隔膜,不特解款停止,即如中央直接之附属机关,如印花税分处、清理官产处等之收入多行截留,不行解京。近闻财政部梁总长以现在大局既已底定,除应行解京之款如数照解外,其余如印花税以及清理官产所得之收入,亦即当划归清楚,由各该机关照数解京云。(《财政部近闻》,《时事新报》1917年8月2日,第二张第二版)

> 任公到部后,用人一层颇为谨慎,加以次长金仍珠本为进步派之理财名家,和稳之中,又具精明,一般部员均极悦服。新调人员,如袁毓麐、徐新六、熊正瑗、罗振方、刘冕执,皆系财政界多年人物,或由别处财政机关调部者,新派署会计司司长朱延呈,则本为代理司长,今始真除。烟酒公卖局总办派胡汝霖、官产处总办派虞廷恺。所延顾问为陈汉第、黄群,两顾问均照外国顾问例入部办事,非如各部顾问之尸素也。至中国银行自王总裁履新后,运动入行者,颇不乏人,闻王氏以行中人员过多,方须从事整理,除该行重要人物外,一时拟暂缓调员,俟内部改组就绪后,再行斟酌办理。(《财政部近闻种种》,《时事新报》1917年8月3日,第二张第二版)

9月1日,致函父亲。函云:

> 七月初六手谕敬悉。郑石君、朱鲁尔等已有电来,云抵海门矣。石君仍属其赴杭官产处(处内科员),前途已说妥。文模还以入学为宜,此

等未熟之果,万不可食。入学津贴,每月暗中付五元,计全年六十元,但须嘱正达,不必告人。儿近来月薪仅三百四十元,应酬比前增加,实在盈余无多。如戚友悉援例要求,实无法应付。崇樾另聘一师,在天仙庙(离寓甚近)教授,月须三四十元。寓内来往客人太多,不便用功也。吴让三有电来云,即日北上,实在无可如何。此等人利心太重,鄙吝异常,只知有己,而不知有人,如何要儿设法。

陈名之尚有血气,且鸿初先生有信来,似须为谋一位置,但目前不能定耳!孙舜卿除充巡警外,无事可谋,巡警恐又非渠所愿也。以后戚友愿谋事者,如非与儿有特别情谊,只好谢绝。盖非是不足以服人之心,儿亦无法应付。陈有光事,已与杭州官产事务所主任说好,月薪约三四十元。兹附去致李主任一函,可令其即日赴杭,持函往见。但须力劝其谨慎将事,万弗失儿信用。崇让事尚未说妥,请令其少安毋躁。黄子咸可望留京得一位置,月有五六十元。前说包办酒捐事,自家人万不可出面。

9月12日,与梁启超、汤化龙、汪大燮、林长民、熊希龄、王家襄等88人联署《戴循若先生暨张耀廷、黄孟曦、熊克丞三先生追悼会启》。文曰:

四川兼督军戴循若先生,忠果正直,急公赴义。辛亥革命,先生在滇,与蔡公松坡密画军机,力襄义举。旋丁艰回黔,适值黔省公口林立,桑梓糜烂。先生复单骑赴滇,乞师拯救,于是与唐公蓂赓整旅入黔,取消公口,恢复秩序。继而唐公被任黔督,先生参赞枢要,劳心殚虑,黔赖以安。民国三年,任黔巡按,励精图治,政绩昭然。及袁氏阴谋帝制,先生入都,备得确状,乃与蔡公松坡先后出都,奔走黔滇,同谋首义。后蔡公督师入蜀,先生任右翼总司令,兼顾川湘,罢劳军旅,奋勇讨逆。迨袁氏殒命,共和重光,先生以会办军务,奉令入川,旋复受命省长,就职兼督,清匪理民,勤劳备至,功在国家,德庇人民,不幸于本年八月,于川中横遭叛将之祸,死于乱兵之中。财政厅长黄君孟曦,参谋长张君耀廷,先奉令出城,突遇叛兵,受害极惨。黔军混成旅长熊克丞君,与先生困守危城,备历艰辛,嗣复随护出城,间遭惨祸。启超等慨国家之多难,伤人才之丧亡,于邑凄怆,中情结轖。用特定于本月二十三日下午一时至五时,在宣武门外江西会馆开追悼大会,以表痛忱。凡念先生与诸君为国之诚,而伤其殉职之惨者,敬祈届期贲临,同伸挽吊。如有挽联挽章,请先期交进步党本部为盼。此启。

梁启超、汤化龙、汪大燮、范源廉、张国淦、林长民、熊希龄、汪[江]天铎、金还、蒲殿俊、王揖唐、王印川、蓝公武、李国珍、任对澄、塞念益、刘崇祐、莫德惠、方贞、刘景沂、陈光谱、张伯衍、刘鸿庆、张嘉谋、彭运斌、陈瀛洲、张坤、王玉树、任曜墀、郭光麟、黄佩兰、王廷弼、梁文渊、侯汝信、陈国祥、王家襄、梁善济、杜成镕、刘显治、黄群、黄元操、梁启勋、胡汝麟、王敬芳、凌文渊、江庸、刘彭寿、由宗龙、籍忠寅、陈汉第、刘道铿、蒋方震、王泽颁、张烈、符诗镕、唐尔镛、熊垓、邱珍、黄象熙、夏同龢、娄鸿声、毕维垣、徐承锦、孙世杰、张金鉴、范治焕、姚华、李耀忠、邵章、陈光焘、郭涵、孟昭汉、蒋凤梧、罗纶、陈善、严天骏、张联芳、阮毓崧、董增儒、胡源汇、刘景烈、陈士髦、虞廷恺、陈铭鉴、刘星楠、王锡泉、袁华选、姚传驹、张杜兰、张升云、刘光旭、范殿栋、徐新六、葛庄同启。(《晨钟》1917 年 9 月 12 日,收入《范源廉集》,第 132—133 页)

按:戴循若即戴戡(1880—1917),贵州贵定县人。1904 年赴日留学,获梁启超赏识,归国后任云南个旧锡务公司经理,其间结识蔡锷,成为知己。1913 年任贵州巡抚使,1915 年入京任民国参政院参政。袁世凯称帝,遂与梁启超、蔡锷等密谋"倒袁"。1917 年 7 月因反对张勋复辟,与川军刘存厚激战十余日,寡不敌众,21 日战场阵亡。

9 月 16 日,致函父亲。函云:

七月廿一日手谕敬悉。以后如有来求差者,应分别交情厚薄,婉言告之。崇让勉强带王荣赴杭,儿实不知是何用意? 以后如有非得儿同意而出门者,概不负责。岂有托人求事,而不听指挥乎? 伯群以暂留县署为是。有光已赴杭否? 其位置尚不甚妥,须再设法。儿每月除薪水三百四十元外,并无公费,此系财政部附属机关,不另开支公费。陈惠臣借欠之说,请大人面询借款年月、有何证据? 如语言支离,儿再作函询之,免得将来轇輵。士达并无信来,未免事已了结。此等事,以通融了结最佳,实在管不了也。

崇樾已入塾读书,闻崇枢天姿尚好。喜梅目疾已愈否?

9 月 17 日,参加战时财政金融审议会成立大会,出任战时财政金融审议会审议员。财政部特设战时财政金融审议会,聘任有声望如熊希龄、陆徵祥、陆宗舆、叶恭绰等十余人为名誉顾问,总长梁启超自任会长,陈汉第、黄群任副会长。以项骧、凌文渊、虞廷恺等二十四人为兼任审议员,金兆蕃等二十五人为专任审议员。会议由会长述明本会宗旨宣示章程,大要拟分财政、金融两门,着手研究币制问题、关税实行值百抽五问题与提案审议。此后遇有议案提出,即随时召集大会审议。(《战时财政金融审议会昨日成立》,《大公报》1917年9月18日,第二版)

### 附:战时财政审议会会员名单

会长:梁总长自兼;副会长:陈汉第、黄群。

兼任审议员:项骧、凌文渊、黄赞元、张茂炯、严璩、袁永廉、朱延昰、袁毓铭、卢学溥、丁道津、虞廷恺、李景铭、胡汝霖、罗振方、罗惇曧、徐新六、黄溶、熊正瑗、钟世铭、蹇先聰、张润普、张竞仁、李光启、居益宏共廿四人。

专任审议员:姚诒庆、金兆蕃、夏仁虎、刘冕执、熊正琦、梁启勋、傅疆、陆定、陶德昆、王世澄、李盛衔、屠文溥、王启常、朱神恩、叶景莘、赵世菜、徐森、邵长光、王锡文、戴正诚、向维桢、梅诒经、陈廷均、曾牖、杜师业,共二十五人。(《时事新报》1917年9月20日,第二张第二版)

财政部拟定战时财政金融审议会规则。

第一条　本审议会掌审查评议关于战时整理财政金融事宜。

第二条　本审议会附设于财政部。

第三条　本审议会置会长一人,副会长二人,审议员无定额,皆以财政部内人员充之。

第四条　会长由财政总长兼任,副会长及审议员由会长指任。

第五条　本审议会置名誉顾问及顾问均无定额,由会长酌行聘请。

第六条　会长总揽会务,分配审议事件。会长有事时得嘱托副会长一人代理。

第七条　审议员分专任、兼任二种任审议事务。

第八条　名誉顾问得到会发表意见。

第九条　会长视为必要时得函请其他机关派员到会。

第十条　会长视为必要时得指令财政部所属机关人员到会。

第十一条　本审议会置事务员若干人由会长委任掌文牍庶务等事缮写文件得用雇员。

第十二条　本审议会人员概不支给薪水。

第十三条　本规则自公布日施行。

《民国日报》1917年9月12日,第二张第七版)

9月28日,致函父亲。函云:

七月廿五日手谕读悉。自到处以来,早起必会客十余次,日间核稿三四十件。又因公事来部接洽者,日必十余人,晚间吃饭二三处,至十时方归。归后拟复各处来函,故每日除吃饭睡觉外,几无休息时候。对于家禀不能时时寄上,即此之故。

石君、文模均赴吉林官产处。石君月薪八十元,文模约三十元。以该处处长系新委莫君,系儿旧同事,故可荐二人,他处不能。请暂弗告之外人,免得源源而来,无法处置。朱鲁泉既已来京,未便任其久羁旅邸。此人笔墨虽不佳,然能说几句官话,办事尚老到。此外同乡,但求其有一技之长,能出门酬应不误者,当缓缓设法。惟目前可微露此意,不便明白言之。儿非不愿多觅亲信之人,然其人太不能办事,虽多奚益?此儿年来所受苦痛,实不敢明告之人者。

有光已否赴杭?崇让或可接充石君遗缺,已有函致江处长。此二人皆不能办事,然分属至亲,宁可使儿丢脸,不可使渠无事,致受怨谤也。李藩君到京后,察其真能办事,态度尚好,当为设法。儿荐人固论交情,然亦不(能不)考察其材具、品行如何也。崇让、王荣二人在杭,请大人时时谕诫:第一,劝其从大处着眼;第二,劝其平心静气。儿所以见信于人者,即事事谦让、事事忍耐、事事不怕苦而已。崇让自知不明,往往怪儿薄待,未免看错。既有此等错怪,则儿劝导无效矣。

三四日前,天津水灾甚烈,查系山东黄河决口,其水深处有至六七尺或丈余者。计天津租界损失,总有数百万。连日津浦火车断绝,交通不便已极。北京米价,必日高一日,天时人事相逼而来,奈何!奈何!

儿日来精神甚好,早起非吃三个大烙饼不饱,食饭总在三碗以上,此皆静坐之效也。二兄精神如何?明年分居事,想已预备妥当。喜梅首饰绸衣当一一买妥带回,请令三媳放心。惟家中嫁奁须请大人及二兄料理。公事太忙,亦不能计较及此。外间有疑儿在京积财甚丰,此实谣传,待今冬归后,当一一声明,自不至误会。子威已得差,月有五十元,惟其人游惰如故,无法劝导,请转告寿仁叔自行设法,儿决不敢负此责任。

9月29日,代理大总统冯国璋发布重组参议院命令。

10月6日,致函父亲。函云:

> 七月廿九手谕读悉。崇让已荐至杭州官产处,接充石君遗缺,成否未得回信。王荣既已赴杭,拟先为觅校,曾再三托味辛设法,如无校可入,当另作商量,现已函令日日学字,预备作书记也。此等骨肉之亲,岂忍置之不理,请大人放心。(崇橄读书时有进步,惟稍缓耳!盖资质钝故也。新做洋布青夹袍,请速交邮寄来。如有其他衣服,亦令三媳一并检出邮寄。)

> 杭州涂田,据味辛复信,确云不甚好。此或未免有意隐匿(此语万弗告人)。现适林佐新返杭,托其留意调查。如果惬意,拟领千余亩,留作子孙耕种地步。领地仍用他人名义,免涉嫌疑。此款由儿及家内分任。

> 家内造屋,能缓最好。

> 吴县孙知事闻已离任,日来正在打听继任之人,尚未得确信,当随时留意。

> 陈雨臣欠款已否询明?如仍支吾其词,由儿迳函询之,务求速了,免留后日祸报。此人纯是势利之见,不可靠也。吴让三近来对自家感情若何?此人似觉利己心太重,亦是势利之友,恐难久交。吾乡有材而兼有德者实在太少。兼之气量褊浅,稍一不遂,便背地骂人,可怕之至。

> 黄味兰近有信到家否?闻岳母用费甚窘,请令三媳随时补助。邦鼎嫂近来做事如何?明年三媳出门,似须另雇一人,语言谨慎,做事勤恳者。惟目前万弗说出,使彼生恶心。喜梅嫁妆想各预备,不致临时竭蹶。首饰等拟亲自带回,年内无论如何,总要回省。兹交邮寄上阿胶一斤,交二兄服之。喜梅衣裳长短,请属三媳开出寄下。

10月10日,获授四等嘉禾章。

> 民国代理大总统冯国璋发布命令:虞廷恺、许钟璐、吴澜、问善同、刘景山、杨润、塔齐贤、吴信芳、张藻宸、江寿祺、王裕光、温树德、余振兴、王光照、邓家华、朱子森、薛启华、许建廷、沈继芳、贺得霖、陈谟、白汝光、贾阇润、黎树荣均给予四等嘉禾章。此令。(《申报》1917年10月11日,第二版)

10月19日,就酌情整顿全国各省官产事宜下达两项训令,并遴员接充个别省官产处长。

　　训令各省财政厅此后官产收入无论汇解、拨解系属何项产业变价应详细开列文

　　为令知事。查官产收入，为数甚巨。从前各处局报解暨划拨款项，均仅列银数。究竟是项解拨之款属于何项产业、变价，并未声明，殊不便查考。此后凡属官产收入，无论汇解、拨解，务于成文内详细开列，毋得故违。切切。此令。

　　训令得各省财政厅拟定已售未售调查表式限文到一个月造齐送部文　为令知事。查官产收益，系属税外财源，本部前因官产种类繁多，名称不一。从事处分，必以清查为入手办法，即经分别土地、建筑物二种，拟定调查表式，通行遵照填报在案，此项表册，虽经各省依次造送，但自经设处开办以来。时阅数载，与初次造报情形，必多变更。究竟该省已查各产业已处分几种，收益若干，其未售者，尚有若干，值价几何，现状何若，自非重行逐项调查，不足以资稽考而策进行。为此，拟定已售未售调查表式，仍分别土地、建筑物二种，令发该处，仰即遵照，先将未售产业详细编制，次及已售产业，统限文到一个月造齐送部。嗣后如有人民举发或经处员查出之产，自应遵式随时呈报，毋得仍前玩泄。此令。（《财政月刊》1917年第4卷第47期）

10月24日，致函父亲。函云：

　　久未奉手谕，想时届收获，家务比前更忙也。前稍有不适，目下想已一切照常、崇让在杭，时时通信。儿劝其静候，如果无望，当另行设法。王荣闻又返里，想路上平安无恙。查杭州中等工业学校内有（招）徒弟，每年津贴五十元，三年卒业（须高等小学卒业，方可充徒弟）。卒业后，优者月薪四五十元，劣者亦月得十余元。此系许校长面告，于王荣最相宜，此项津贴即归儿担任汇寄，请与王荣商之，如以为可，仍令赴杭。将动身日期告儿，以便接洽。（崇樾读书确有进步，小说书可了解十之七八，惟作文尚觉枯窘无味。）

　　闻平阳矾捐，系向瓯海关包办。此捐尚好。儿拟向新任徐监督接洽，由儿介绍一人承办。但此捐是否可办，须托一妥人，又老于公事者，先行调查。如林乙藜君尚可靠，请大人与人之密商，暗中调查速复。（现在作事，在事未成前，万不可声张，一声张便坏也。）姜梓卿公事不甚

熟,除林君以外,恐无人可托也。姜小泉近有通信否?矾捐事离开姜小泉,究有窒碍否?均请谕复。前次寄上阿胶一斤交二兄服食,未稔已收到否?兹拟再购高丽(参)数两交邮寄上,请大人、岳母分服,以岳母疾后,并未寄过补养品也。如岳母不愿服,另令三媳送洋十元,自购食品亦可。

　　文模在吉林又加薪廿元,合前共计月五十元,不为不厚。此莫处长厚待儿之意,故有此举。请告之正达,伯群即日可以设法。但求儿位置稳固,前程远大,宗族咸好,总有法可想。但恐渠辈材具太短,有碍荐者体面耳!谚云:"张阁老帮人做官。"儿岂无此心?患不能为阁老耳!闻崇枢好玩水,此大不可,请令三媳严加管束。崇讷新生之子,乳量如何?曾文正"最愿家内添丁",诚哉是言!杨知事近来政绩如问?如其不肯纳善言,请弗常与接近。喜梅近穿衣服身长、袖长若干?又鞋样是否与前相同,谕令三媳开明寄来。中国钞票,仍是七折零,俟行市稍好,即拟汇数百元至家。

10月29日,致函父亲。函云:

　　久未得家信,悬念之至,前寄各禀及阿胶一包计一斤,已收到否?本日张云雷赴申,托带去高丽参八支,计七两半余,内有老山二枝,短而皱纹较深皮色白为最佳者,请大人自服,余分送岳母及二兄服之,其他亲戚请酌送。(云雷仍觅妥带至温州师范或中学校校长转交,何日带到,当再禀闻。)北京中国钞票仍未涨价。据外间云:俟阳历十一月初一日起,各税关、公卖局、铁路搭收中国票,票价自然腾涨。若涨至八折以上,便可先汇数百元。以目下行市论,每百元连汇水,须贴补廿七八元,未免吃亏太大。照此核计,月薪三百四十元,仅可作二百五六十元算也。故近数月以来,京官未有不个个叫苦,即以票价太落之故。闻自乡稻禾甚好,棉花、豆收成如何?崇让差使尚未成功,当竭力设法。王荣是否有入工业学校之意?此事似尚相宜,请婉劝之。儿于讨逆案内得四等嘉禾章已于国庆日见命令矣!约年终尚可晋级三等嘉禾章。

11月3日,战时财政金融审议会为财政部派赴日考察财政人员饯行会。
11月5日,致函父亲。函云:

　　九月初二、初五手谕读悉。明春安葬大兄,儿极愿亲到祭奠,以补前愆。倘日子能提前至正月初十左右，或可多请假几日。投票诸君，除已谢者外，每人各送皮袍一件甚好。（共须几件？）惟恐碍于情面、又须代觅差使。

酒捐统捐最不易办，盖各捐均有比较成数。倘老练或谨慎者，办理得法，当可盈余在比较以上。否则，如办理不善或利心太重，必致吃亏。吾乡林赞侯此次出任多伦税务监督，人皆以其美差，蜂拥而去。卒至用人不当，以多报少，大头小尾，人人各存一发财思想，遂致新委人员被撤换者不少，中亦有温州同乡。盖温州人眼光太短，但知目前，不计将来；但知有己，不知有人。此儿对于捐务一节，非常慎重也。儿做事处处作永久之想，决不敢妄作非为，自隳信用。平阳矾捐一节，日前适遇新任瓯海关徐监督之至友，便中道及，颇荷赞同。又恐新手不易接办，故想及林乙藜，未悉大人以为何如？总之，用人不易，荐人更难。稍一不慎，彼则相载而伤，而保荐者名誉扫地，岂不冤极？□□□为人似欠沉着、诚挚，（城市气甚重），未知其近来何如？酬谢一说，尤不可提，儿年来荐过人不少，并无一人送过酬谢。至用人一节，此系投报之意，与酬谢究有区别。儿日下做人最难，若语言行为稍不留心，便易身败名裂。王荣入杭州工业学校作徒弟，愿否？崇让在杭，差使未定。张云雷赴杭，又托其从中关说。朱鲁泉已接任九江清理屯田委员，月薪若干，来函并未提及。翰甫为人糊涂，偏信妻言，此次来京已彻底开导，于一周前返杭矣。李毓根并未来京，如有机缘，当为设法。

喜梅衣服仅开长短尺寸，尚不便剪裁。兹详细开列，请一一询明寄示：（一）身长（前开二尺五寸似太长），（二）腰身，（三）袖口，（四）袖长（前开二尺似太长），（五）领高，（六）下摆。以上六者大小、长短若干，须一一查明方可。金镯、金耳钏、金簪、金耳挖四样已买就，共需大洋壹百四十元，花样均最新者。今年金价跌落，故仅需此数，若在前二、三年非贰百金不能办。儿约十一月底回家，连衣料首饰带回，当可赶及。有光差使早已成就，何以未写信回家，惟其薪水低，已得李所长复信，当可加给。何子祥之世兄何采臣向儿借去川资廿元，允由伊父偿还，不日伊当有信寄至家矣。伯群已荐至瓯海关，但目前尚未发表，请不可告人，又起纷扰。北京连日冷极，河已结冰，人人穿皮袄。新寓朝北，比上半年较冷。汇款俟与中国银行商妥，拟先汇上三四百元。下半年借款不少，人皆以儿此差为阔差，实则比上半年减去三百多元，应酬又比上半年更大也。处世之难,可谓巳极! 高丽参已寄到否? 二兄体气如何?

11 月 6 日,与梁启超、汤化龙、林长民、汪大燮、王家襄、熊希龄、蒲殿俊、籍忠寅、黄群、张烈等 66 人联署《邵阳蔡公松坡周年纪念祀启事》。

邵阳蔡公松坡上将,再造共和,功在民国。逝世后,倏忽一年,同人等缅怀勋业,展诵遗言,感国家之多故,冀申甫之再生。于本月十一日(星期日)下午一时至五时,假顺治门大街江西会馆,为补行初八日周年纪念祀。蔡公为民国元勋,凡我同胞,靡不崇仰。务恳邦人君子,届时贲临。其有哀挽文联,并请先期送交未央胡同进步党本部代收为盼。此启。

梁启超、汤化龙、林长民、汪大燮、范源廉、张国淦、熊希龄、江天铎、任可澄、金还、蒲殿俊、王揖唐、王印川、蓝公武、李国珍、寒念益、刘崇祐、陈国祥、王家襄、梁善济、杜成镕、刘显治、黄群、黄元操、梁启勋、籍忠寅、胡汝麟、王敬芳、凌文渊、江庸、刘彭寿、由宗龙、陈汉第、蒋方震、王泽颁、莫德惠、方贞、刘景沂、徐丞锦、张金鉴、李耀忠、张烈、符时镕、任曜墀、黄佩兰、梁文渊、陈光焘、郭涵、孟昭汉、蒋凤梧、罗纶、陈善、严天骏、张联芳、陈铭鉴、阮毓崧、董增儒、胡源汇、刘景烈、陈士髦、虞廷恺、刘景[星]楠、王锡泉、陈光谱、唐尔镛、袁华选、姚传驹、张杜兰、孙世杰、范治焕、张升云、张伯衍、熊垓、刘光旭、刘鸿庆、邱珍、范殿栋、宋梓、李增秋、梁登瀛、贾缵绪、杨润身、段永新、马维麟。(原载《晨钟》1917 年 11 月 6—8 日,收入《范源廉集》,第 142—143 页)

△　财政总长梁启超向代理大总统冯国璋呈送谱主主持拟草、拟以财政部名义发布的《各省区处理官产人员惩戒章程》并给奖办法。

为拟订《各省区处理官产人员惩戒章程》恭呈仰祈钧鉴事:窃查各省区处理官产人员,其认真从事者,固不乏人。而奉行不力者,亦在所不免。现在需款正殷,此项税外收入,欲图切实整理,似非明定惩戒章程,不足以资警惕而策进行。查本部前于呈明清理官产情形,拟请明发明令,由部主持办理,案内曾声明奉行不力,由部呈请分别惩处在案。爰本斯旨,拟订《各省区处理官产人员惩戒章程》凡十一条,缮具清单,恭呈鉴核。惟既有惩戒,即不能不有奖励。查从前办理官产人员,系按照督征官、经征官奖励条例给奖。现在前项奖励条例奉令废止,当经本部于呈报五年分官产解款数目案内,声明随时择优请奖,或酌给津贴,以资鼓励在案。拟请嗣后处理官产人员,其有成绩良好,收入确有起色者,由本部随时核拟给奖呈明办理,如蒙允准,即由部通行遵照。所有拟订《各省区处理官产人员惩戒章程》缘由,理合具呈,伏乞钧鉴,训示施行。谨呈。(《财政月刊》1917 年第 4 卷 48 期)

11 月 10 日,临时参议院在北京原参议院议场举行开院典礼。

11 月 11 日,温州旅沪同乡会成立。400 多人在斜桥台州公所开会,举定张云雷为会长;林楚熊、林鹤溪为副会长;谢侠逊等 23 人为干事员。推定副会长林楚熊兼任基金监,朱寿顾为会计员。

按:该会系温州人朱寿卿、沈芷庭、曹序卿并邀林鹤溪、林楚雄、杨笃生、包学圃及蔡士达、余韵初等多人发起组织。事务所设法界永安街普安里十号。(《申报》1917 年 11 月 9、12 日,第十一版)

11 月中旬,梁启超决意辞去财政总长职务。(《时事新报》1917 年 11 月 18 日,第一张)

11 月 22 日,致函父亲。函云:

> 九月十三日手谕读悉。王荣在鲍宅读书,为一时权宜之计则可。若求将来衣食,尚须另想法子,如工业学校之类,请细裁之。
>
> 凡人一无所长而欲谋事,非滥竽充数坐糜廪禄,即穷无所归潦倒终身,二者均非爱身爱国之道。近来人材缺乏,有甚于昔,而谋事者倍之,可叹可叹! 前云荐林乙藜之说,亦为安插投票诸人起见。以乙藜公事稍熟,作一领袖,其海关容易接洽,非特厚于乙藜也。试问投票诸君中,有一人办过公事否?爱莫能助,痛苦之至。如诸君实不以为然,只好送礼或洋钱酬谢。儿苦心经营,实无他法。捐局之难办,前禀已详言之。士达之案,须向知事设法。然询之杭州人,前后任知事竟无认识者,儿决不敢冒昧答应,自失信用。傅象臣接任高小校长,儿本不十分赞成,惟碍于仲华面子(前电系项蔚臣领衔),无可如何。此事大人无须焦灼,可以年老辞之。首饰已买就,准亲自带回。衣服拟做出客、皮袄绸裙各一件带回。余则悉用衣料,惟衣服尺寸须再开明寄来。自家收陈宅聘金甚微,何必如此赔钱? 先后寄上阿胶一斤,高丽(参)八枝,已收到否?
>
> 国事岾危,日非一日,儿此后或则舍身报国,移孝作忠;或则急流勇退,渔樵自终。此时正在踌躇,尚未决定。
>
> 崇樾读书,稍有兴味,惟尚犯不恒不专之弊耳! 阇内均平安。崇让

时时通信,渠云:经费不敷,已托林佐新借付二、三十元矣。闻晚稻甚好,谷价极贱。兹汇去四百元托温州中国银行张益平转交,作嫁查之用。明年三媳如出门,则又须预备川资也。儿存款究有若干,容回家彻底禀明,以释群疑。孙孟晋夏间五十元已收到否?

△ 段祺瑞辞去国务总理,梁启超、汤化龙、林长民以及外交总长王大燮、教育总长范源廉、农商总长张国淦获准去职;梁启超表示从此不再过问政治。

11 月 23 日,致函父亲。函云:

> 九月廿九日手谕读悉。崇让差使大约即可望成。虽小小一事,亦颇费无限气力。盖局外人每不知局中人苦处也。盖各处经费皆有一定,不能随便添人,自取赔累。人情如此,儿实未便责人。有光薪水,儿当设法凑足卅元之数,可转告渠家放心为是。鲁泉、迈义迭次函请辞差,以薪水不敷之故。儿对于此等事,实在烦恼。故一意预备辞去总办,于己于人,省却许多羁辖。平阳矾捐,已改荐伍振文,惟渠心地、材力如何,儿实不深知。事果成功,请切告其认真办理,留儿与徐监督下次相见地步。伍君虽系大人力保,他日有过失,决不能推到大人身上,故特郑重言之。高丽参一匣八枝,云雷信来,云已交蒋屏侯先生世兄字天牧者带回,由林合盛转交,未知已收到否?伯群县署遗缺,应荐何人?请即谕示,惟目前暂守秘密。喜梅衣服尺寸,请即寄下。张益平转交四百元,已收到否?

11 月 28 被授予五等嘉禾章。(《政府公报》1917 年 11 月 28 日,第 671 号)

12 月 13 日,致函父亲。函云:

> 十月十五、二十两谕均读悉。何俊良以京中目前不易谋事,自己愿赴塞北。又以川资不敷借去二十元,实为顾全旧交起见,前经禀明。

> 喜梅首饰衣料等,再三计画,总以自己带回为妥。儿定十一月半前动身,如届时实有紧要公事,拟先着温州当差(名岩云,今年来京)回家,衣料托云雷在申买就,交渠送回。此不过一种不得已办法。无论如何,总在十一月中旬前后动身。

> 嫁期确否在十二月十二日?京寓已收到一份礼物,内有银粉盒、金戒指等成双。此外尚有几份,送到后,当亲自带回。嫁女事本不大,故

不敢告人,然既已送到,只好收受。

　　大兄安葬,儿准定在家。省议会选举,自家可不过问,静听彼辈自行解决。大局如此,儿处处留心,总从不贪利禄四字上着想,自然可免他患矣。伯群函来,关事可望成功,未知已到差否? 遗缺可否由孔雨田接补? 如接补一时实办不到,即由伯群自觅孔雨田代理。但须呈明杨知事,亦可说明与儿如何关系,以坚彼信。伍振文事已与前途说过,属渠往见,不必作罢,但属渠以后留心公事为要。兹寄去介绍书一通、请交渠即往见关署科长姚伟尘先生可也。分送皮袍,先购四件带回,多则不便携带。二□气已愈否? 鲁泉月薪八十元,连局用一切在内,尚有委员二人薪水,归渠开支,此人好做面子,故如是云云。崇让移与林佐新同住尚好。佐新云,已得差使,月薪三十元。

12 月 23 日,临时参议院全院委员会会议召开。会议经讨论决定:两院名称及议员名称仍照原案;参议院议员应由省议会或地方选举会或其他选举选出;否决现任官吏应有选举权及被选举权之议。(《临时参院之全院委员会》,《申报》1917 年 12 月 29 日,第六版)

12 月 25 日,致函父亲。函云:

　　十月廿八日手谕读悉。志远到申后,行程又变。衣料均购齐,须另觅妥(人)带回,未稔能否于二十左右赶到。儿准阴历二十前动身,到家至迟十一月底。喜梅出阁,京中至友本不发贴[帖]通知,恐起纷扰,然送礼者亦有几十人,礼物准自带回。暖帽已定做一顶,皮檐绒心,上有顶,皮檐可放下当风帽,似尚合式。大姑母挽联附后,请另腾出觅人写就送去。儿归期暂弗告知远友,恐届时难于应接,有伤感情也。郡城有伯群接待(己有函告之),可不必另派人来。并带一温州听差回去。

　　回首四年前,金玉千言犹在耳;

　　招魂万里外,海天一抹倍伤神。

12 月 26 日,临时参议院全院委员会开会审议两法,继续讨论前会讨论未毕之修改,大体审议结果决定如左:(一)参议院名额照现行法减少三分之一;(二)参众两院任期照现行法不加修改;(三)两院专行职权中保留请求查办官吏一款;(四)组织法内不得删去宪法起草及议定两条以政府提出之草案删去此两案与约法违背云;(五)众议院议员选出额取人口比例;(六)众议院覆选举以道行政区域为选举区;(七)满蒙回王公世爵不能组织互选会;

（八）参议院议员由中央选举会选出一部分议员以上各条件决定后，当即讨论地方选举之组织。至四时半尚未终结，乃宣告延会。（《申报》1917 年 12 月 31 日，第六版）

# 1918 年（民国七年戊午）三十九岁

1月2日，致函父亲。

今早到申，晤张君云雷，云衣料及礼物等已觅妥带交杜左缘家，未稔已收到否？儿准于阴历廿二日坐普济轮船回里。廿四到郡，廿六、七可到家。同行有徐班侯老伯、黄君穰卿诸人。暖帽已买来，绒顶皮檐，颇觉大方。京中亲友送来礼物约值三百元，均亲自带回。路中平安，京寓托杜冠卿照料，可放心。敬请金安！

1月4日，为长女虞喜梅出嫁，兼负其他使命，从北京抵达上海，晚登上普济轮。

1月5日，上海轮船招商局开往浙江温州的普济轮，在吴淞口与新丰轮互撞，普济轮沉没，不幸遇难离世。

访函五：普济船内搭客三百余人，多温州同乡，仅救活四十一人及船内水手等多人，其余均被沉没。昨温州同乡会分电各处云："急，温州商会、中学、师范，杭州官产处林同，北京教育部洪彦远转各同乡公鉴：普济昨夜开，触新丰没，死二百余人，徐班老夫妇、虞伯顺、黄穰卿、黄梅初、谢志彝、陈元龙、刘文甫等无下落。温州同乡会张烈、林宝善。歌。"
（《申报》1918 年 1 月 6 日，第十版）

1月6日，旅沪温州同乡数百人聚集，会议善后办法，推出代表项蔚臣、殷叔祥、徐寄，并正会长张云雷，赴招商局晤见局长谢仲笙、董事傅少庵、虞洽卿，详谈处置及善后事宜。几经交涉，双方难达共识，谱主遗骸遍寻未得。

招商总局董事会复温州同乡会函云："昨展函，闻以徐班老夫妇及虞伯顺、黄穰卿、黄梅初诸君尸体未获，或伏在船内，属会商海关税务司速雇水鬼入船务摸等因，谨悉。昨由沪局长赴关面商，初以无水鬼代寻答复，既云外国水鬼以天寒不肯入水，再四熟商，允雇中国水鬼。今日已雇定四人,明日(十六日)八点钟前去寻捞,由贵会及敝局各派一人同往,业经沪局长当面接洽,商定照办,特此奉复。(下略)"(《申报》1918年1月17日,第十版)

财政部官产处总办虞君廷恺被难后,探捞尸体迄今未获,凡属知交戚友焦急万分,浙官产处会办林佐新君特为此事来申停留数日,因未获虞君尸身,不得已电告部请假在沪照料,顷得部复如下:"浙江林会办:假期照准,已电饬江海关冯设法捞寻,阁下在沪照料更好。财政部徐桢祥。"(《申报》1918年1月18日,第十版)

普济轮船失事二十一志:镇海邻近之小洋山地方,有尸四具,虽经该地绅士小殓,尚未下钉。温州同乡会昨日请招商局开轮该处认领,奈招商局以不知该地航线无从开往,不得已函请浙江外海水上警察厅长来醉樵君派轮前往认领,并着虞伯顾之侄同往。原函如下:"醉樵厅长钧鉴:普济之劫,惨不忍言,前曾函达台端,敬恳出示沿海一带,招捞尸首,谅蒙惠允。兹据友人来报并详探情形,深悉贵辖小洋山地方发现尸首四具,其中有男尸一具,年约四十左右,身带救命圈,其所穿衣服确与北京财政部官产总办虞伯顾先生落水时相符,且闻虞总办落水时亦带有救命圈,刻嘱其令侄仲谦电谒台端,哀恳贵厅查明地点,乞拨小轮一艘开往该处,令仲谦同舟前往认领,实为至德。"

普济失事后虽捞尸首已获六十余具,惟徐班老夫妇及虞伯顾、黄穰卿诸尸尚未获到。徐班老之世兄翰青、穆初二人,昨日下午亲赴吴淞海面设奠招魂。定本日同华先由穆初送灵返温,翰青在申专办捞尸。即定昨日申刻成服,温州同乡会同人敬备祭礼,在同华码头致祭徐班老夫妇及同舟遇难诸同乡。(《申报》1918年1月26日,第十版)

温州同乡会昨接京函,言前参议院议长王幼山与现财政部坐办杜冠卿二君,素与虞君柏顾交情最深。此次柏顾遇难,长子崇樾年纪太少,尚不解事,京寓一切均由王杜二君主持办理。柏顾被难后,其侄在申与诸同乡设法携寻,已经两旬,尚未获到,必无生存之望,故王杜二君已属伊子成服,定阴历本月二十二日在北京三圣庵开吊,以表哀忱。且柏顾在京多载,知友甚多,闻柏顾如此惨劫,抱痛异常,即王总长叔鲁亦深为痛悼云。(《申报》1918年1月28日,第十版)

2月,黄式苏作长诗《普济轮海难纪哀诗》悼念徐定超、虞廷恺等普济轮海难罹难者。诗云:虞卿天下士,南下为筹饷。婚嫁事未毕,忽作游岳向。并注云:虞柏卿以嫁女南旋,适遭其厄。

按:此诗原载《慎江草堂诗钞》(参见张炳勋编注:《黄式苏集》,线装书局,2009年,第123—125页)。黄式苏(1874—1947),字仲荃,乐清人。清光绪二十八年(1902)举人。光复会会员。历任温州师范学堂监督,浙江遂安、福建泰宁、宁德知事。

2月3日(民国六年十二月廿二),国会参、众两院与北京政府财政部在北京三圣庵举行开吊虞廷恺先生仪式。钱能训、王家襄等出席。章太炎为虞廷恺撰写墓志铭(后于"文化大革命"期间被毁)。

3月17日,浙江官绅在西湖忠烈祠召开追悼大会,追悼普济轮遇难之徐定超、虞廷恺等先生。会场外悬五色旗,搭设柏枝、牌楼,额云"化鹤骑鲸",联云:"魂归于天,魄降于地;生而为英,死而为灵。"

> 九时三十分开会,男女来宾约三百五十余人。钱塘道尹沈致坚代表齐省长、第二师长张载扬代表杨督军,暨在省文武各职官一律到会与祭。首由第一师长童伯吹述开会词,继由王倬夫君报告同难诸公事略。复由杨君学洛读祭文。读毕,各席起立,向上脱帽行三鞠躬礼。家属答礼毕,奏乐闭幕。

附:督军杨善德祭文

> 维中华民国七年三月癸丑宜祀日,浙江督军杨善德率全属军官佐等,谨以执酌庶谦,致祭于徐公班侯,暨同难谢君志夑、虞君伯顾、黄君稽青、谢君致卿、余君鼎夑、曾君云如等之灵。为文以哀之曰,谓造物为无知兮,时彰善而瘅恶,谓造物为有知兮,何芳荣而趋落。维公等皆一时之人杰兮,实腾踔于此邦,胡海若之不加呵护兮,任急湍之淙淙,刿南州冠冕乎东瓯兮,乃亦沦兹浩劫。挈乡友间问讯于灵均兮,愈怆然其欲绝;荐馨香以赋大招兮,期歆格乎精英。闻松楸之临风鸣咽兮,若代诉其不平,嗟万方多难,与八表以同昏兮,无一壤之净土。投清流而蜕尘蒨兮,转徜徉以终古。呜呼哀哉。尚飨。(附录开会词)同人等今日联合开会,实因去□普济轮被新丰撞沉于吴淞口外,同难者竟有一百数十人之多。其中如徐班老先生、谢志夑先生、虞伯顾先生、黄梅初先生以及谢君致卿、曾君云如、余君鼎夑、潘君介春等,均罹是厄。沦胥之惨,未有甚于是者,同人等追念罹难诸公生前之事绩,其声振胜朝,或效劳

民国,维持桑梓,尤复不遗余力。今日之会,实以敬仰前徽,聊志哀悼而已。(《浙绅徐班候追悼会纪事》,《时报》1918 年 3 月 20 日,第二张)

按:温州旅杭同乡原定于正月二十一日,假座白衣寺开会,追悼普济被难诸公,现因筹备不及,已联合军政绅商各界改期二月初五日在西湖忠烈祠,为徐班侯暨同难诸公特开追悼大会。(据 2 月 26 日《新闻报》第三版,1 月 11 日《时报》报道:旅杭同乡潘国纲等发起假白衣寺开追悼会;2 月 6 日《新闻报》第三版报道:旅省温属同乡公订于三月三号,假白衣禅寺为普济被难徐班侯、虞伯颐诸乡老开追悼大会)

附:温州同乡会公祭普济罹难同乡文

维中华民国七年岁次丁巳夏正十二月庚申,朔越祭日壬申,旅沪温州同乡会谨以牲醴香楮之仪,公祭于故乡先达徐公班侯先生、故清封孺人徐母胡老夫人,暨故北京官产处总办虞伯颐先生,故陆军上校黄穰卿先生,故浙江第一师师附谢志葬先生,故士商黄梅初先生及同舟罹难诸故同乡先生之灵前。辞曰:吴天不吊,降此奇殃。山颓木坏,遐迩悲伤。叠叠徐公,吾温栋梁。耆年硕望,道德文章。更有贤母,懿范昭彰。骑鲸西去,夫妇登仙。济济多士,武纬文经。渡江击楫,荟萃群英。风凄月冷,踏海归真。同舟罹劫,二百余人。梓乡厄运,天丧斯文。招魂松浦,涕泪沾襟。临江设奠,聊具羞珍。魂兮归来,旧此椒馨。尚飨。

3 月 19 日,代理大总统冯国璋为谱主遇难发布抚恤令。

大总统指令第 541 号:令国务总理钱能训呈核财政部请给因公罹险致死清查官产处总办虞廷恺恤金由。呈悉,准如所拟给恤。此令。(《政府公报·命令》第 774 号,1918 年 3 月 20 日)

按:国务总理钱能训呈文:

为核议因公罹险致死清查官产处总办虞廷恺遗族恤金数目,仰祈钧鉴事。铨叙局呈称,奉院交财政部呈大总统文一件,内开:据本部参事项骧由沪电称,普济轮船于一月五日早在吴淞出险,清查官产处总办虞廷恺落水无下落等情到部。查该总办自上年七月任事以来,办事勤奋,深资得力。嗣于冬间派赴各省催取官产收入款项,道出沪江,因轮船遇险致溺于海,遗骸无著,情实可矜,应请饬交铨叙局查照核议,给予应得恤金等因。查《文官恤金令》第十八条载,"文官因从征阵亡或因职务上罹险致死者,除依前条之规定给与遗族恤金外,并得于该文官死亡时之三月俸额之范围内,给其遗族以一次恤金"各等语。兹清查官产处总办虞廷恺因催取官产款项遇险溺海,与本条规定尚属相符,拟请准照原呈所请,给予该故员遗族恤金,每年一百七十七元七角七分,又三月俸额之一次恤金一千二百元,以示矜恤。所有核议给予已故清查官产处总办虞廷恺恤金数目是否有当,谨呈请转呈等情,理合呈请。(《政府公报·公文》第 777 号,1918 年 3 月 23 日)

身后纪事

## 1919 年(民国八年己未)

9 月 14 日,瑞安已将虞廷恺遗族恤金如数发给其子虞崇枢等家属。

　　令给虞佥事遗族恤金:已故财政部佥事虞廷恺前年奉命南下,在普济轮船遇险身故。曾经铨叙局呈准给予一次恤金一千二百元、遗族恤金每年一百七十七元七角七分七厘,俟其子年满二十岁停发(现只五岁)。其一次恤金,前已如数发给其遗族。恤金自本年起至民国二十三年止,现经其子虞崇枢请部饬令原籍官署给发,当由财政部将遗族恤金证书令发财政厅,转令瑞安县知事照数发交该家属具领。(《申报》1919 年 9 月 14 日,第七版)

## 1926 年(民国十五年丙寅)

　　虞廷恺门生、陆军步兵第二团团长兼台属(台州)戒严司令官姚琮回乡探亲,到马屿江上虞宅拜见恩师之父虞作藩先生及恩师遗孀黄夫人、张如夫人,为作《虞柏顾家传》(参见本书附录)。

235

# 1928 年(民国十七年戊辰)

冬,如夫人张淑婉在马屿江上家中忧郁而终,享年三十一岁。

本年,长女虞喜梅因悲忧难以自拔,在篁社家中去世,年仅二十八岁。

# 1931 年(民国二十年辛未)

五月二十八日(7 月 13 日)未时,谱主之父在马屿江上家中去世,享寿九十岁。谱名作藩,字绍光,名培宗,号介宸。

六月,虞作藩先生归葬徐岙山,邻近大坑山筑虞廷恺先生墓,以其衣冠入葬。

10 月 21 日未时,谱主次女虞喜莲病逝,年仅二十五岁。女婿董训,外孙女董玉麟,不幸幼殇。

# 1938 年(民国二十七年戊寅)

6 月 28 日(四月二十九日),二子虞崇枢病逝,年仅二十八岁。

# 1955 年(乙未)

3 月 10 日(二月十七日),长子虞崇樾病故于江上家中,享年五十二岁。

# 1956 年(丙申)

12 月 6 日(十一月初五),夫人黄氏在马屿江上家中去世,享寿七十六岁。

# 1973 年(癸丑)

5月25日(四月廿二)丑时,三子虞崇域因肺结核病在马屿江上逝世,享年五十九岁。

按:虞崇域(1915—1973),乳名北生,号朔如,后从南京安徽中学、国防部交通兵学校毕业,为国民政府考试院合格生,曾任瑞安县抗敌后援会宣传团副团长、南京军事委员会司书科员、重庆独立出版社编辑兼校正主任,江西赣州正气日报社编辑兼业务部主任与印刷部主任、浙瓯日报社记者、玉环三盘区(今属洞头区)区长、上海斯盛区户政主任。1949 年 5 月后历任温州第九、第十小学校长,第十一小学总务主任、温州教育局基建科总监等职。为人正直廉洁、修身行善、虔诚待人,远近乡里咸钦。妻施娟容,瑞安曹村乡绅施象椿公长女,1915 年生,1984 年 1 月 20 日卒于江上家中。

# 1994 年(甲戌)

春,虞廷恺嫡孙虞伟年、虞桂年、虞文藉出资修缮虞廷恺衣冠墓。

# 1999 年(己卯)

夏,虞廷恺嫡孙虞文藉、曾孙虞希凡出资修缮虞廷恺衣冠墓。

# 2007 年(丁亥)

3月 16 日,瑞安市教育局批准马屿镇第三小学正式恢复原校名瑞安养正学校。

# 2009 年(己丑)

5 月,全国政协副主席孙孚凌为谱主题词:"养浩然正气,振中华雄风。"

孟秋,全国人大常委会副委员长许嘉璐为养正学校题词:"浙东自古出才子,不喜空疏义利真。养正方为兴国路,前贤笑慰又逢春。"并注云:"题赠瑞安养正学校。校逾百年,创建者乡哲虞君廷恺,其师即孙诒让仲容。呜呼! 永嘉遗韵,清末犹炽,今则益光大矣。"

12 月 24 日,作家、文化部原部长王蒙为《虞廷恺家书》作序。文中称赞虞廷恺先生"生逢乱世,一生致力于兴办新学,发展民族工商业,爱国救国,堪称中国民主革命的先驱"。

# 2010 年(庚寅)

8 月,虞廷恺先生嫡孙、中国广瑞集团董事长虞文藉主编,澜石、陈思义、余振棠、李秉钧等编辑的《虞廷恺家书》由中国文史出版社出版。收有虞廷恺先生 1915 年至遇难离世前夕致父亲的 50 件家书及虞廷恺先生传略等相关文献。

按:虞文藉,乳名千年,字煜,又名文籍,虞廷恺嫡孙、虞崇域(朔如)之子,1944 年 12 月 27 日生于瑞安。幼年寄居上海,青少年随父居住温州,入读温州第十一小学和温州第四中学,后进修于中国人民大学 1997 届工商管理研究生班。20 世纪 70 年代末,下放到瑞安农村,当过农民、工人、建筑设计师。1984 年 9 月以自学成才有突出贡献的青年知识分子,被破格上调入县乡镇企业管理局工作。1988 被破例评为建筑工程师。1989 年 1 月调入中国建设银行瑞安支行,任建设开发总公司总经理,兼新兴城市信用社董事长。

1997 年下海创办广瑞集团,其间在内蒙古、辽宁、贵州、云南、广西、浙南和杭嘉湖地区分别进行房地产、商业、矿业、旅游度假、体育健身、医疗服务等行业的投资、开发、经营,企业信誉良好。

2007 年,他将企业交由儿子和学生管理,自己潜心从事编写祖父虞廷恺先生的家书、年谱、传记之工作,并投入巨资建造虞廷恺纪念馆、重修虞廷恺先生墓茔。同时,热衷地方公益,捐资建造乡间道路、文化礼堂和文化旅游景点,并负责参与编写《中华虞氏通论》《虞氏通志》和江上《虞氏宗谱》;投身爱心慈善事业,斥资成立"朔如千年慈善基金",永续捐助贫困地区学子和瑞安本地贫困学子,资助部分贫困家庭的病贫应急费用,让爱心代代流传。

# 2013 年(癸巳)

1月,浙江大学出版社出版《浙江民国人物大辞典》(主编林吕建,副主编卢敦基、张学继、项义华、陶水木),第 632 页收有"虞廷恺"专条。

虞廷恺(1880—1918),字伯顾。瑞安人。家学启蒙,后师事国学大师孙诒让、黄绍箕。1904 年春执教于养正学堂。1906 年秋赴日本留学,入法政大学学习。1909 年毕业后回国,执教于杭州的浙江官立法政学校、高等巡警学校、全浙自治研究所。1910 年又兼私立法政学校教员。1911 年 11 月浙江光复后相继担任浙江军政府财政部支应科科长兼秘书、浙江军政府财政司金事兼都督府财政秘书、代理财政司司长。主持制定《统捐暂行法》《地丁征收法》《暂行不动产转移法》《登记法》《财政收支统一办法》等法案,使浙江军政府在其后财政工作有法可依。1912 年 5 月辞职归里。同年参加共和党。1913 年 1 月当选为中华民国第一届国会众议院议员,国会开会后兼秘书;5 月加入进步党;6 月当选为国会宪法起草委员会候补委员;11 月袁世凯以国民党参与"二次革命"为口实取消国民党籍议员资格,致使国会不足法定人数,面临流产局面,为此曾上书副总统黎元洪希望有所挽回。1915 年与张云雷等成立瓯海矿务公司。1916 年 6 月 2 日与部分国会议员近 200 人在《申报》联名发布《国会议员集会通告》讨袁;8 月国会恢复后任众议院代理秘书长。1917 年 6 月国会被黎元洪总统下令再次解散后,到天津马厂段祺瑞的讨逆军总司令部担任招待员,专司接待各路讨逆要员;7 月中旬受财政部总长梁启超之邀,出任财政部官产处总办,兼参议院全院委员会委员长。1918 年 1 月 5 日因长女喜梅出嫁,请假南归,途经上海,所搭乘的"普济号"轮船在吴淞江口失事遇难。著有《伯顾文集》。

# 2017 年(丁酉)

1 月 29 日,虞廷恺故居被浙江省人民政府列入第七批省级文物保护单位。

3 月 2 日,十届全国人大常委会副委员长顾秀莲为谱主题词:"蒙以养正,培育人才;功在社稷,青史留名。"

春,十一届全国人大常委会副委员长周铁农为谱主题词:"创办新式学堂,倡导教育救国。"

△ 十一届全国政协副主席陈宗兴为谱主题词:"养正毓德,精存自生。"

4 月 28 日,由虞廷恺嫡孙虞文藉主持建造的虞廷恺纪念馆在浙江省瑞安市马屿江上落成开放。故宫博物院原院长、国家文化部原副部长郑欣淼等在讲话中对虞廷恺先生为推翻封建帝制、建设共和民主国家奋斗终生的光辉一生作了高度评价。郑欣淼与浙江省社科联副主席陈先春、省历史学会会长沈坚、瑞安市政协主席管秀云等为纪念馆开馆揭牌。浙江省社会科学院历史研究所等主办的虞廷恺生平思想座谈会同日举行。来自中国社科院历史所、近代史所、北京大学、北京师范大学、浙江大学、复旦大学等单位的三十多位学者与瑞安社科界人士共一百多人与会。

# 2019 年(己亥)

9 月,虞廷恺嫡孙虞文藉启动重修虞廷恺衣冠墓工程,计划 2021 年竣工。

文存

# 政治学大意

*瑞安虞廷恺编述*

政治学一科,范围极广,立义亦高,固非浅学如鄙人所得述其万一。况顾名思义,既题曰政治学大意,又不得不删繁就简,以附厥旨,幸维鉴谅。

# 绪论

### 第一章　政治学发生之由来

人之生也,而有男女,有男女遂有夫妇,由夫妇而父子而兄弟而家族之组织乃成。家族不一而足也,甲家族焉,乙家族焉,丙家族焉,无数家族焉,此甲乙丙无数家族相联相聚,遂产出一人间社会(社会上冠以人间二字,以别于政治社会、宗教社会、经济社会等名称)。有无相通,彼此往来,而交通之局渐开,而人间社会之现象益趋于复杂。利也,则群趋之;害也,则群趋[避]之。而或甲利而乙害也,则甲趋而乙避之,此一趋一避之结果,即社会竞争所由肇,即国家之起原,亦即政治之起原。所谓国家者,有公共之势力,裁决社会竞争之机关者也。政治学,裁决此社会竞争之方法也。

古无所谓政治学也,而政术则发生于有国家之始。政术,世言之曰政治。《尚书》篇大率载唐虞三代政治,故《礼》有曰:书足以言政事,而学则阙焉不详。孔孟诸书,术而进于学矣。考之泰西霍布士之主权论,洛克之宪法论,起于十七世纪时代也,而泰西之有国家、有政治,不始于十七世纪,人固知之。乃知政治学者,政治上之产出物也。未有国家以前,无所谓政

243

治。未有政治以前，无所谓政治学。政治起，则政治学缘之而起。有尧舜三代之治绩，而孔孟之政治论出。有十七世纪英国内乱与革命，而霍布士之主权论，洛克之宪法论闻。浮田氏有言：政治者，起于艺术，进而成科学者也。信哉！况夫学也者，以精确之关系，连结精确之智识，而成为统系之全部，非若术之不无疏虞之病也。政术既发达，则不得不有政治学为之盾，以支配政术之方针与运用。惟政术愈发达，则政治学之效用增加，间有政治学先政术而起者。亚历山大之造成帝国也，亚里士多德政学以为前驱。法国大革命也，孟德斯鸠、卢梭学说以为导线。是政治学也，又有不得不发生之理由在，夫岂第与政治术前因后果之关系哉。

## 第二章　政治学之意义

政治学者，说明关于国家事实的原理及推论国家政策之学也。何以言之？今分条释之于左。

第一，政治学者，关于国家之学也。关于国家之学，为政治学，此政治学所以成科学之要点。夫政治学、社会学之界限，即在夫所研究之学关于国家与否。研究古今中外一般之人间社会之学，曰社会学。专研究有政府之人间社会之学，曰政治学。有政府之人间社会，世称之曰国家。

第二，政治学者，说明关于国家之事实的原理之学也。不曰关于国家之原理，而曰关于国家之事实的原理，曰说明关于国家之事实的原理，其中盖有别。关于国家之学（广义之政治学），大旨分为原理的、应用的二者。原理之中，又有记述、说明之别。记述者，政治史、政治地理、政治统计是也。说明者，一为法规的说明，一为事实的说明。兹所论者，属于原理的说明之一部份［分］，又属于原理的说明之事实的一极小部分。国家原论一语，即"关于国家事实的原理说明"十一字之约言也。

第三，政治学者，推论国家政策之学也。政治学者，一方说明关于国家之原理，一方推论关于国家之政策。国家之政策者，为增进人间幸福，创设必要制度之论也。是以善于政治学者，不激不随，不偏不党，相中外之大势，核古今之事实，自成一家言，今日坐谈，明日起行者。否者，阐发国家原理而不切中实用，则政治学适空谈耳，腐论耳。

# 第一编　国家论

本编国家论原理也。国家原理，奥矣繁矣，非数叶所可尽，第本所业分国家原理为一科，故于此简单言之。

## 第一章　国家之概念

人间社会之组织至不一也，有政治的组织者，有血族的组织者，有宗教的组织者，有经济的组织者，有因种种之目的而组织者。组织以血缘者，曰家族，或曰亲族。组织以宗教者，曰寺院，或曰教会。组织以经济上之目的者，为种种会社组合等。而于此等组织之上，巍然卓立一有公共的势力，能裁决各阶级各个人之争议机关者，斯为何？国家是也。故国家者，占社会组织之最高地位，又有最大势力者也，即所谓社会之社会。包含他种社会，保护他种社会者，家族也，教会也，诸社会也。不经国家之承认保护，则必不能正当成立，其权利义务不克全。野蛮时代，有以家族兼国家之权，如古代家族制的国家者。有以教会握国家之权，如欧洲中古罗马教会者。然皆国家未成立以前之现象，而不得以论已成立国家也。国家者，其真超然于家族、教会之上，而有最高权者乎。社会者，协同生活之状态也。协同而为自然的无意识的，则称之曰自然社会。反是，非自然社会而人为的，非无意识的而有意识的者，为国家，一曰政治社会。自然社会、政治社会之分，即其协同生活自然、非自然，无意识、有意识之分也。彼野蛮人者，夫岂无协同生活哉？特以其无一定之酋长，无政府，其所以享生命财产及种种权利者，不过借社会之舆论与习惯，故称之社会可，称之国家则不可，称之自然社会可，称之政治社会则不可。边沁有言：多数之人（臣民）对于世所认识有特定性质之一人或二人以上之集合（治者或治者等）有服从习惯，则合是等之人（臣民、治者或治者等），曰政治社会。多数之人仅有交际之习惯，而无对于世所认识有特定性质之一人或二人以上之集合有服从习惯，则称之曰自然社会。

观夫此，则国家、非国家之别判然矣。则凡由社会而进于国家者，有二种之特征也必矣。二种特征者何？积极的、消极的是也。何谓积极的特征？社会多数之人，对于特定共同优胜者有服从习惯者也。对于特定共同优胜者有服从习惯之社会,多数者曰臣民,被社会多数者习惯的服从之特定共同优者,曰主权者。何谓消极的特征?此特定共同优胜者,对于他特定共同优胜者无服从习惯是也。苟不然,其特定共同优胜者,虽受社会多数习惯的服从,而仍不离服从他特定共同优胜者之习惯,则其优胜者非真实优胜者,非真实优胜者,无完全主权,即不独立之国家。从法律上解释之,则可称之曰有王权之社会,或曰主权的社会。

(注)服从习惯云者,非一时之服从,而永久服从之意也。如千八百十五年,法国之被困同盟军也,虽服从列国君主,然非永久服从,故对列国君主无服从之习惯。

社会多数者云者,非言其全数,而言其全体也。世界各国,就其统治社会全数习惯的服从难,而受其多数之代表者以代表人民全体永久的服从,则确乎不易。不然,则其社会犹是自然社会之状态,或者非一个国家,而为二国或二国以上之独立国家。

特定优胜者云者,一定且明确之一人或二人以上之集合(团体)之意也。如不特定,则不确定耳,不明白耳。不确定不明白之人,安能他人之习惯服从,亦不能公然命令他人也。且国家者,人间之团体也,非有特定之一人或二人以上之集合代表而活动之,则不得为团体的行为,故其人要特定矣。又不可不为共同之优胜者,非共同优胜者,无公共性质,不可为国家之主权者。

如右所述,则主权之关系国家切且要矣。然则主权必自有特质在,其特质者何?试分为三项说明之。(一)唯一不可分的,分之则国家非一国家,而二国家,而二以上之国家矣。主权者,国家之最高权也。主权之唯一,则维持国家之统一及连续之要件也。(二)独立不可抗的,立于地球上,而无一物焉得以加其上而挠其权力也,国家之本性也。古非无国家之上又有大乎国家权力者在,于中世欧罗巴诸国,罗马法王及僧侣者,此中古国家之现象也。今则异是。今之文明国家,岂独对外有不可抗的势力哉,对内亦然。使一国之中,有个人或团体抵抗国家之权威,背戾国家之命令,则国家非国家矣。信仰者,教会之基础。爱情者,家族之根本。国家则一以服从为原则。(三)绝对无制限。惟国家主权唯一不可分的,故国家之内,无得与国家对待者,无对待者,曰绝对;惟国家主权独立不可抗的,故主权不可制限。苟得而制限,则制于人者,非真正之主权。制限人者,乃真王之主权。苟得而制限,则国家之判决无最终的效力,私人间,或私人与政府间所起之争议,不得审判决定。社会之安宁不得终朝保,是以就国体而论,则有君主、共和之别,而不得不有绝对无制限之主权则一。就政体而论,虽有专制、立宪(自由)之别,而其不得不有绝对不可制限之主权则一。宪法虽尊,第足以制限政府之权力,规定人民之权利,而不能制限国家之主权。国际条约虽严,然徒有拘束国家之效力,而无束缚国家意志之能力。宪法也,国际条约也,其效力皆由主权而生,岂徒不足以制限国家哉?

虽然,民意、舆论、社会习惯者,造成主权之基础的势力也。民犹水也,君犹舟也,水载舟,亦能覆舟,古语有之。主权虽尊,然操主权者少数人。民虽卑,然人民究多数,少数之意见,万不可逆多数之趋响[向],此不易之理,有国家者所当秉为龟鉴焉。今英国议会,有主权之议会也,法学家称之为议会之全能。然英国议会一旦废止国教(英国以基督教为宗教),变更国教,其结果如何,不待智者可以明矣。印度,英之殖民地也。管辖[印]度司法制者,惟英;征服印度租税者,惟英。英之对于英[印]度主权者何尊贵,固不待言。然不闻英变更印度旧法律(习惯),而制定新法律者何?则以习惯之不易变,变则激祸也。乃知主权者内制限于社会之风俗、习惯、道德、宗教、舆论,制于他国之势力,世界之舆论。英国如是,他国可知。支配外国之主权然,支配内国之主权亦何独不然。是则主权无限制一语,其真法理上之解释,而非论理上之解释欤!研究政治者宜知之。

## 第二章 国家之形体

国家之本性在主权,国而皆同,而主权所在之中心点,国而不同。同一国也,亦时而不同,如法国之主权也。革命以前在于君主,革命之后在于人民。又如日本之主权在于天皇,英国之主权在于议会,此因国之不同而其主权所在不同也。夫曰主权在于君主,主权在于议会,此即国家形体问题发生之由来,亦即定国家形体之标准。政府形体者,因主权行用之形式而定。国家之形体者,由主权之所在而定。然于此有不可不先辨明者,国家之形体与政府之形体不同是也。古代国家即政府,政府即国家,固无所谓国家、政府之别也。今则不然,国家自国家,政府自政府,从而国家形体自国家形体,政府形体自政府形体。证之日本,自其主权之所在言之,则为君主国体。然论其主权行用之形式,则立宪代议政体也。夫倡国体、政体之别者何人?法国之薄达是。薄达曰:主体应属之人民,或属之贵族,若君主。但国体为民主制,而政体为君主制者,则有之,如全体人民选举国王。是继之者,德国埃尔其斯、法国卢梭等。埃尔其斯曰:国家之主体,常在人民,故惟政体有变,而国体则亘古一致。卢梭亦承其说,曰:主权常在人民,又不可不在于人民,故国体但有民主制之一种,而政体则可分为君主制、贵族制、民主制三种。若夫孟德斯鸠分为共和制、君主制、专制三种,子来丑可分为神权制、君主制及共和制之三种。二氏又于共和制之下,分为贵族共和、民主共和之二者。此区别固其根本之原则不相一致。孟德斯鸠之主张以主权者之人数为原则,则主权者苟为二人或二人以上之集合,则为共和制。否则,主权者仅一人则为君主制,专制则因政权行用之形式与君主制有别。子来丑克神权制与君主制之区别,一根于人间以外之神权,一由于人间固有之权利而支配。虽然,神权制与君主制之间有共和之性质,犹之贵族制与民主制皆可综合于共和制之下者。盖神权政治之主权不在神,而在发表神意,解释神意之法王,与君主制无异。反是,发表神意,解释神意,而因僧侣之合议时,则可称之曰神权共和制。

　　以上所述国体之种类均未切当,今日则仍亚里士多德所举之三种。亚里士多德曰:国家之最高权,或属于一人,或属于少数者,或属于多数者,属于一人者为君主制,属于少数者为贵族制,属于多数者为共和制。

　　兹三种,在亚里士多得立论之当日,虽未指明国体,然今日论国体者,无一不本此。惟近世贵族国体消灭,实际上仅遗君主制、民主制之二者,故国体三种说又不适于今日之事实,且据主权者之人数区别国体,未免不当。近世政治学者马克援利分为君主制、共和制二者,是说近世所最风行,又合于现代事实。德国之国法学者哀利南克亦分国体为君主制、共和制之二种,彼立论之根据,在夫国家成立之意志,而不在夫主权之人数。夫自法理上论之,意志可分为二,一为纯然自然人(个人)之意志,一为法人(合法的国体)之意志。国家之意志,在于自然人中乎,抑于法人中乎?二者必居其一。在于自然人者为君主制,在于法人者为共和制。此说简而且明,诚胜亚里士多德倍蓰者。但共和制中,宜分贵族共和、民主共和二种,此非故为新奇也,亦求合于历史的事实。且夫爱情者,家族之基;信仰者,教会之原;意志者,则国家之本质也。国家所根本的要求者,人民之服从。国家之本性,在夫强行其意志。国家苟不得强行其意志,则陷于无政府之状态。故当国家成立也,既要人民组织,同时又要人民之意志组织,所谓公共的意志之组织也。其意志若组织于个人之中,而有独立、固有、最高之权,则为君主制；其组织以社会之一阶级，或全人民而有合议的主权，则为共和制；一阶级之意志，若因多数决议或全数一致，而有独立、固有之最高权利，则为民主共和制。君主制与共和制，国体上根本的分类也，贵族制与民主制副分类也，即属于共和制中之一种也。以下分言君主国体与民主国体。

（甲）君主国体。君主国体者，统治于有一个体自然人之意志之国家也。君主国体者，一个之人格者代表国家之意志，而国家之主权属于彼之固有，而非过去、现在之人让与之者，又不可自过去、现在之人让与之者，一让与，则失为君主国体矣。故古代有称之曰：天与之权，神授之权，君主自称曰神，曰神之子孙。盖君［原文此处脱"主"字］国体之起源，始则起于宗教的信仰及其习惯，所谓神权制者是；次则封建思想之发达，视君主为国家之所有主，土地、人民皆君主之私有财产也。由此观念，故视君主在于国家之上，国家之外，与今日君主亦组织国家分子之一之观念，大不同者。

近世君主国体之概念，非神权主义，非封建思想，纯然政治的思想。君主亦国家之一员，国家之机关，不过为人民共同团体之元首。譬之人身，头虽尊，亦有机体之一部，有机体之一机关，唯其居全体机关之首，统一全体，督制全体而已。普国福来特里克大王，谓王为国家最高臣仆者，诚足以道破君主非国家之神，又非所有主之□见也。虽然，现在之君主国体发生于历史，非发生于理论，故理论谓之非神权主义，非封建主义，然实际则仍不离此二主义者。如普国、俄国、日本之君主国体，皆不得以近世之思想律之者，我国亦然。

君主国体之特征有三。其一，君主有国家固有之最高权，法律之裁可、不裁可，国际上之条约，宣战之指挥，大臣之任命，独立命令，赦免等，皆关于国家之最高权也。有是权者，则为君主国体。其二，君主为国家一切权能之本源。君主者，一人也，一国之事，非一人所可为也，是以一国之事，君主所不暇为、不必为者，必委任于他人为之。然为之者他人，而使之为者必在夫君主，非君主则无效力。议会虽立法，裁判所虽司法，行政官厅虽行政，而总揽此立法、司法、行政之权者，仍在君主。其三，宪法之修正变更，悉出于君主之意志，苟无君主之意志，或反君主之意志而修正变更者，即失其为君主国体，而成为他种国体。法国公然宣告共和制者，虽在一七九二年九月，然其于一七九〇年九月三日变更宪法，已不待君主之裁可，是法国共和制可谓成立于一七九〇年，而非成立于一七九二年也。英国王之不裁可权，一七〇七年以来，二百年间，置诸无用。英国国体之实际，亦可谓共和国体也。三者之外,学者又有以君主世袭制为君主国体之特征者,是诚误。夫德意志非皇帝世袭乎,然其实权仅一世袭之大统领,彼在普国为主权者,在德意志帝国则非主权者,但世袭君主制非必为君主国体之特征,而君主国体必不可不为世袭君主制。又有以选举君主制为特征之一者,是又误。选举君主者,必能废止君主者也,古代之罗马,非今日所谓共和国体乎? 然亦为皇帝选举制。是可知君主世袭制与君主选举制之别,政体上之关系,而非国体之关系。君主国体之特征,如以上所述三者而已。

或曰:各种国体、政体发生于自然乎,抑可以一时设立之、制造之,如器械然乎? 应之者曰:自然生长发达者,君主国体之要件也。共和国体者,或因少数或优势多数者之强力,可以一时设立,而君主国体则断断乎不能。君主国体者,其主权非让与自人,亦非人所可让与者。苟德[得]以少数者,或多数者之势力而得其主权,则国体非君主制,而移于共和矣。惟君主唯一人,一人之力,万不足以制天下,而得一国之主权,必有庞然魏印于人人脑筋中,不可磨灭之伟大势力在,斯为何? 古代之宗教习惯是也。竖观古今,横览东西,其朝起草泽,夕登宸陛者,虽其材人之卓绝夫人,然得之宗教习惯之力者,大半异人入梦,赤帝呈祥,非恍然可征哉。

(乙)共和国体。共和国体者,国家之主权,不属一人,而属之团体之国体也。申言之,主权不属之一个身体之自然人,而属之有法人资格团体之国体也。共和国体与君主国体适相反对。君主国体之主权者一方,有自然之资格,共和国体之主权者,唯可于法律上称其有人格,外法律便无所谓人格也。自表面上之观之,主权者自散布于组成团体之各个人,实则组成团体之各个人,各居于自然人之地位,有被治者之资格,而无主权者之资格。

希腊罗马者,古代历史上最可模范之共和国体之国也,然其时之共和制与今日迥异。雅典盛时,人固推为民主共和国也,实则有主权自由人民仅九万人,以下他皆奴隶人民也。罗马亦然。故古代之共和制,以今日观之,则第可称之曰贵族共和制。噫! 社会递迁,古今不一,安知今日之共和制,非复为异日之贵族制乎?

君主国体、共和国体之性质既明,则二种国体之优劣可进而论矣。夫有长必有短,有利必有弊,事之常也。国体亦然。就国家之主权不可不统一,不可不永续上论之,则君主国体优于共和国体不待言。然君主国体之国家,人民往往视国家为君主私有物,民也,非国家之民也,君主之子然,孙然。土地也，非国家之土地也，君主一姓一家之私产然。君主即国家，国家即君主。此君主国体之短也，弊也。无此短，无此弊者，厥惟共和国体。共和国体者，不固有形体之个人而存，亦不固一个人之意志而办国家之事。此其制，固宜。惟共和国体之主权，或存于多数者，或存于少数者，又无不启世人以党派视国家之疑窦。且主权而在多数者也，难保少数者之不平；主权而在少数者也，难保多数者之不满意。此共和国体之短也，弊也。然则如何国体而为完全国体乎？此问题颇猝解。吾非谓理想的之［“之”为衍字］完全国体难求也，而难夫事实的完全国体，适于甲国事实者，未必适于乙国；［原文此处脱“适于乙国”］事实者，未必适于甲国。各国之所以成君主国体、共和国体者，岂其如制造物品，先绘为一型，而后为之哉。成，根夫历史也，人难能安逆数千年历史的事实，挟一时理想的国体去而变更之者。为今日计，惟能取共和制之长，以补君主制之短，舍共和制之短，以行君主制之长者，最为得计。君主国体之国家，其政体贵含有共和制要素，共和国体之国家，其政体贵含有君主制要素。如英、法二国，现时之二大共和国也，其元首之形式及权能全然采用君主制。日本、德意志，君主国体之国也，其立宪代议政体，尽含有共和制合议的性质。

论者为［谓］君主国体，专制也，压制也，是殆未解国家之本性。夫国家之本性，在乎主权，而主权之特质，绝对不可制限，前已述之矣。主权虽绝对不可制限，则国家内人民所应为之事，主权者必强其为之，所不应为之事，国家必强其不为。君主国体然，共和国体亦然。美合众国者，人所称为公共国体也，当南洋诸洲之分立独立，合众国政府全师镇压，不遗余力，犹之俄国不许波兰之独立也。制定法律，征收租税，须得多数人民之承诺，共和国体之国家与君主国体之国家所同也。苟有少数之人民或各个人不承诺，国家得以绝对无限之势力制之，亦共和国体与君主国体之国家所同也，安得独归专制、压制之名与君主国体哉。国家之专制，国家之不已也，国家于法理上之不得已也。不然，则社会之平和秩序，何自保哉？君主国体、共和国体之外，国法学者又有单体国家与集合国家二者之分类，详述之如次。单体国家者，完全统一之国家，其全国政权集于中央者也。单体国家，非国体之分类，系行政方法之一种，所谓中央集权制也。集合国家者，二国联结或数国联合之国家也，可分为三种。

（甲）并立关系之联结。分为二种。（一）身上合同（偶然合同）。身上合同者，二个君主国偶然共戴一君主者也。例如一六〇三年英国王爱里业倍士死,苏国王其磨斯六世同时为英国之王,称之曰其磨斯一世。是身上合同者,非两国国家之合并,唯偶然两国同奉一君主,宪法、政府依然两国独立也。但始则两国独立,继行合而为一者,往往有之。如一七〇七年,英苏合为一合众王国。第十五世纪之后半纪,加斯德勒女王意业倍拉与亚拉冈王非尔其南铎二世结婚,至其孙屈尔士一世,并而成西班牙一国者。然当身上合同两国未合并之间,遂视身上合同之国家为一个国家,或一个政体,是误之甚。身上合同之国家,未必尽合并者,英国与德意志之哈拿亚尔,自一七一四年至一八三七年,百二十三年间,非身上合同乎?然及威克脱女王即位,而卒分离。总之,身上合同与政治上有重大关系,政治家所最注意者。(二)物上合同(法律合同)。物上合同者,二国或二国以上之国家,合意共戴一君主者也。物上合同与身上合同之不同点有二:(一)身上合同者,单纯事实的关系。物上合同者,法律的关系,凡设定此关系者,必有当事国之契约;(二)身上合同,同戴一君主为一是。物上合同者,共同君主之外,又有当事国共通之制度,如今日墺地利、匈牙利两国,关于军事、外交、财政三事,同是三大臣也。两国上、下议院,各举出委员以监督之,其委员人数亦同也。若夫身上合同,限于君主国体之国家,物上合同,亦限于君主国体之国家。身上合同,将来可以分离,物上合同,将来亦可以分离,此固无少异者。

(乙)从属关系之联结。分为二种。(一)国际法设定者。国际法设定者,保护国与彼保护国之关系也,如日本与韩国是保护关系,根夫条约而生,使韩国无明治三十七年(光绪三十年)之日韩条约,则未能尽入日本保护之彀,条约既定,则保护对于被保护国任保护之义务,韩国今日凡对于第三国一举一动,无一不秉命于日本者。读史至此,何为寒心。(二)国法设定者。国法设定者,主国与从国之关系也。近世土耳其国之对于属国,英领印度之对于邻国,皆主从关系者。主从的关系,主国对于从国,有主权,从国则自身无主权,虽于内政有自治权,亦仍受之主国者。

保护关系与主从关系之区别,求之事实,颇难明了。如埃及者,对于土耳其帝国为从国,对于英国为被保护国。是一国也,而有两种关系在。总之,二者谓为政体之分类可,而不足以言国体分类。

(丙)联邦国家。分为二种。

(一)国家联合。国家联合者,国际法的之一种,与防御同盟似异而同,惟较防御同盟有永久的性质,且特设机关以处共通事项,然其主权仍在于联合之各国家,而联合全体则毫无权能。至于与身上合同、物上合同、保护关系、主从关系则大异。身上合同、物上合同、保护关系、主从关系,则一国与一国之关系。联邦制,则一国与数国共同之关系。一六四八年以后之神圣罗马帝国,自一七七六年至一七八九年之合众国,及一八一五年至一八六七年间之独逸联邦制,皆国家联合制也。国家联合制极不完全,今日各国亦无有见之者。

(二)联合国家。联合国家者,数国结合而组织一大国家者也。联合国家,一名之曰联邦国,为国法上国家结合之最著完全者。今之德意志帝国、北米合众国及瑞西联邦是。第联邦国家,性质最易淆混,兹不嫌繁琐,逐一区别于左。

(子)与国家联合之区别,可分为四种。

(天)联合国家者,国法上国家之结合。国家联合者,国际法上国家结合之一种。国际法上国家之结合,或学者分为同君国、国家联合二种,或学者分为人的合同、国际法上之保护国、同盟国、国家联合、国际的共同行政组织五种。总之,国家联合为国际法上国家结合一种而已。

(地)联合国家者,于相互结合之各国外,别成一国家,此国家即为联合国家。例如甲乙丙三国结合而成一丁国,此丁国即联合国家也。国家联合则异是,其所结合之各国,不能别成一国家。例如甲乙丙三国联合,仍只有甲乙丙三国是也。

(人)联合国家者,其所结合而成之新国家,全体为一人格,对于内部之国民,直接有主权,对于外部之各国,亦得完全行使自己权利。国家联合者,其主权仍在所结合之各国,其联合全体,不足为一人格,因而毫无权能。

(物)联合国家者,权利主体也,等于日本商法上之社会国家联合者;权利关系也,等于日本民法上之组合(组合者,各当事者出资约定营共同事业之契约也)。

(丑)与主国、从国关系之区别。联合国家者,其所联合之各国家,共通重要之事务,均属之中央机关(中央机[关]即联邦国国家之机关)。如德意志帝国中,四王国六大公国五公国七侯国三自由市府组织而成,则关于此各国主要之事务,均秉命于德意志帝国。德意志帝国所定之法律,可以支配各国人。每疑各国对于德意志帝国为主国、从国之关系,而失其独立资格者,是不然。所谓联邦国家之中央机关者,本以各国固有之权力,公[共]同授与之,使之代表外交及共通重要一部分之事,而承认为最高机关,其权力仍分自各国,非从中央机关而生也。故联邦国之所统治者,只此共通重要之一部,非举各国全部之权力、权利而总揽者。是各国不失独立之资格可知,其不为主从关系可知。德意志帝国、北米合众国、瑞西,今日地球上三大联合国家也。考德意志帝国,源于一八六六年普墺战争而成,一八七〇年普法战争,一八七一年四月十六日,始立联邦宪法,议定各国永远联合,以保全国和平之福。奉普鲁士国王为德意志帝国皇帝,凡军务、要政,均由管理,有宣战权,凡议外交事,为全国之代表。但各国各有宪法,有议会,有大审院,凡国内政仍归各国君主及市府统治。帝国议会分为上、下两院,上院或称曰联邦会议,为各联邦之代表,帝国宰相为之长,议员五十八人,开会时由各国政府任命。下议院为全国人民之代表,议员因人口选举,每人口十三万,用无名记投票法选举一人。今有三百九十七员。北米合众国,成一千七百八十二年,初仅十三州独立以抗英国,今已有四十九州。各州有宪法,有议会,有政府,有大审院。各州之议会为二院制,全体之议会亦二院制。合众国议会之上院,代表各州与德意志同,惟议员各州不得过二名,不由政府任命,而由各州议会选出,任期五年。此其与德意志异也。瑞士联邦国,成一千八百四十八年,全国共二十二州,联邦国有联邦国之政府与议会,各州又有各州县之议会与政府。联邦国之议会分为上、下二院。上院议员四十四,二十二州各举出二人。下院议员一百六十七,每二万人口中选举一人,任期三年。联邦国之行政,任诸联邦国议会选出之议员七人,任期三年。七人之中,互选一人为议长,即为大统领,一人为副议长,即为副大统领。议长、副议长,每年一选,不得再任。各州之行政,亦无行政长官,为合议委员制。

### 第三章　国家之起源

欲明事物之本性,不可不先溯其起原[源]。欲明国家之本性,亦然。关于国家起原[源]之学说,聚讼盈庭,莫衷一是。兹举其重要者分述于下。

第一种,神意说。神意说者,谓国家因神意而创设者也。其中又有二派。(甲)直接神意说。(乙)间接神意说。直接神意说者,谓国家直接因神意而创设者也。国家既为神意所创设,故人不可不服从国家。服从国家者,即服从神意也。国家之法律,即神之法律,国家之命令,即神之命令。此说创自希伯来人。间接神意说者,谓国家非直接神意所创设,乃神假手于人而创设也。此说创自希腊罗马。希腊人遇国家有大事,必祷之神。彼国人有谓，无神之信仰而建设国家，更难于无土地而建设市府。又谓国家起夫人之天性，而人之天性秉诸神，故国家为神间接创设之制度。罗马人亦仍其说。当中世末期，罗马法王之权衰也，有谓帝王之主权直接出自神，而非出自法王者，寖成一种帝王神权说。且谓神之所以创设国家者，亦因寺院故，以致当时寺院权力远驾国家之上。

神意说之宗旨，专在假神之威，使人民服从立意，虽不确然，于古代国家，颇有裨益。当草昧时代，国家之法律不修，人民之国家思想未富，喻之以理，则无可理也。威之以刑，则不胜刑也。惟有假以神威，上焉以儆惕君主（如史书天灾地变等），下焉以惩戒愚顽，反为得计。虽然，此说行之于文明发达之今日，则不可。使今日而仍守国家法律即神之法律，国家命令即神之命令，一切神圣不可侵犯之说，则善政何自兴，恶政何自革哉？

第二，强权说。此所谓国家之权力，强者之权力也。个人之服从国家，犹之服从天然之法则，则必然又当然之义务也。此说欲扩充弱役强之旨，使人民俯首帖耳于强者权力之下，不少动，致社会平和，秩序得以长保者。其立意未始不是，其于历史事实，未始不合。但不足使现在、将来国家正当者。现在、将来之国家，岂徒以强权服人民？人民服国家者，岂仅在强权乎？吾知其非也。况夫以强权得国家者，亦必以强权失之。强者不可常强者，使有一强者出，胜夫前此之强者，则前此之强者，则不得不服从后此之强者。更有一强者出，则第一后此之强者，又不得不服从第二后此之强者，如是吾见社会之无宁时也。故强权说欲以固国家基础者，适以危国家基础。

第三，契约说。谓国家之基础，在夫宗教，则为神意说。谓国家之基础，在夫强者之权力，则为强权说。契约说，则从法理上论国家之基础，谓国家源出于个人自由意志缔结之契约也。中有二派。（一）君民契约说。君民契约说，唱自中世。圣书有云，希伯来人之国家，因人民之要求而立王，君主与人民互结契约者也。又罗马法学家解释皇帝之大权，其始绝对自共和时代，人民让与之者，因此而君民契约说盛播于一时。（二）社会契约说。社会契约说者，谓当野蛮时代，人类社会一争斗社会也，一无国家之自然状态也，无法律，无政府，人人欲满足自己生活，必伤他人，而后得欲保护自己利益，非假之腕力不可。无岁不战，无日不争，弱者困虐侮，强者倦征服。于自各甘抛其独立自主之权，让之个人或团体，以保亿万年之和平，缔结契约，乃成国家。霍布士、落克、卢梭学说，大率如是。君民契约说，第足以说君主之由来,而不足明国家之起源,固无用其批评矣。然社会契约说亦不无谬点。夫缔结自由契约之能力,第可言之于近日教育普及之人民,而不能言之于浑浑噩噩之时代。彼时人类之所以服从团体者,习惯力耳,宗教力耳。海散谓,古代社会为习惯的状态时代,近世社会为自由契约时代,信然。况夫历史上未见有人民相互缔结契约确实证据者。虽立论者欲以契约说拘束人民,然缔结自由者,其废止亦可自由。如是,不几于第二种强权说同一危险乎? 此契约说之不足据也。笕博士曰:"契约说专以法理说明法理之根据,是实其根本的缺点也。"夫法理之正当根据,当求之于事实,而不能仍求之于法理者也。契约说仍于法理求之,其所说者不过仅能为假设的说明而止。既为假设的,即为不根据于事实之独断的说明,然其不能得正当之解决,何待论乎? 况就严格之法理论之,契约者,必先有国法,而后存在者也。然则未有国家以前,未有国法以前,又何从以契约,而使国家国法之发生也乎? 是亦契约说所不能解答者也。虽然,契约说使人民各知有自由之权利,各知有爱国之责任,国家为人人所共有公有,而非政府所独有私有,俾人人得有参政之权,而人人亦不敢自卸其参政之责者,其功亦不可没也。

第四,实利说。实利说者,英国休莫所唱也。休莫不倚神意说,又不倚契约说,而于二说之外,独标一实利之说。彼谓神意说、契约说,非毫无足取,惟极端主张神意、契约者不足取。夫人类无政府之保护,生活不能安全,故神以创设国家,政府为国家办事,此理人固知之。然云主权者特别为神之代官,则误。盖既不闻神有以特别方法委政权于主权者,则主权者之权力,与主权者以下凡受权力于神之人,皆平等,何独推主权者为神圣。契约说为[谓]最初人类协同服从于权威之下者,不可不由服从者之合意承诺。亦或一理。惟彼甚谓文明发达之今日政府之基础,不外夫契约,荒渺已极。试纵览过去现在之国家,出于僭夺征服者多乎,抑待相互合意,缔结契约,而后国家方成立乎? 吾恐读尽世界史,历遍五大洲,求所谓契约国家不得者。夫社会无政府,不可维持,政府无人民之服从,不可支持。人民之所以服从国家者,实本此义。故政府之利益,即使人民服从国[此处疑脱"家"字]义务之要件也。惟人民知有政府之利益,而后服从之心始发生,服从之义务始尽。休莫之说如此。其缺点,盖半开野蛮之人民,既无缔结自由契约之能力,安有认识政府利益之程度。将来教育普及,国民果人人知国家之利益,即国民之利益,无国家,则国民无所附,服从国家,即服从自己,维持国家,即维持自己者。然非足论之过去现在之国民,盖有国家固不始自今日也。是以国家之起源,不问夫人民能认识利益与否。休氏之说,犹未尽也。

第五,有机体说。伯伦知理曰:"人之性也,于个人各自谋生外,又有协同谋生活之思想。因是等思想发达,人民自觉,既为同一民族,不得不求适于此同一民族之外形,人人如是,于是造成协同生活之外部组织,即国家之形式。此等思想,其始发于良能,又无意识者。"此说为有机体之代表,所云发于良能,又无意识者,即自然发达之意也。有机体者,自然发达,故亦以国家为有机体。但国家之成立,与社会之成立有别。社会之协同生活,发生于自然的、无意识的也,国家则因人意而构成,因人意而活动,非自然,而人为的,非无意识,而有意识的者也。故援有机体以输[论]国家,颇觉有味,然认以为真,则殊不当。人第见国家有元首,有政府,有人民,如有机体之有头首有手足有脏腑也,而不知有机体之构成分子,不能有独立生命,国家之构成分子,得离国家以独立。有机体产自有机体,而必不闻国家产自他国家者。有机体有一定之寿命,世所谓人身非金石,安能长寿考者。而国家则或数千年焉,或数百年焉,立于不毙,此有机体说又不足以明国家之起源也。

要之,人各有自由,有时殉其自由。人各有高尚之人格,有时不见其人格之高尚,何以故? 惟国家故。国家之使人民殉其自由,牺牲其高尚之人格者,何以故? 惟有绝对无制限之主权故。所有绝对无制限之主权者,即国家使人民服从之权力也。虽然,主权虽尊,必不可忘人民人格之尊。主权原期其存在,必不可使人民自由权之澌灭。欲调停二者,非有完全之说不可。此即本章立意之所在,以上诸说,所未足解释者也。解释以实利说,则国家有时舍个人之利益,以从国家之利益。解释以契约说,则有公私淆混之病。契约者,属诸私法,国家者,属诸公法也。为公法诸体之国家,反由私法上一种法律行为而成立,吾决其非也。解释以有机体说,则国家非发生于自然,而发生于人为,非无意识的行动,而有意识的行动。白克尔曰:"社会者,真契约也,其目的仅在一时之利益,随意可以解约者也。国家则不然,持之以敬畏,成之以精诚,不因一时之利益而合,亦不因一时之小利益而散,固与商人之组合契约不同。"白氏此说,虽语及契约,然其意则置国家于契约之上,而主张国家神圣说,甚明。夫谓现在将来国家为神圣,又妄诞不经者也。总之,本章问题,非在事实国家如何发生,而在如何使国家正当,确定各人服从之理由,又非论过去之国家如何正当,而论现在将来之国家如何正当,而确定各人服从之理由也。过去国家之如何,史论上之问题。现在将来国家之如何,政治论上之问题也。人或有以国家主义为不正当,而喧唱社会主义者,谓国家主义,则土地财产,个人私有,不若社会主义,土地财产,社会所共有也。国家一切生产事业,个人的经营,不若社会主义一切生产事业,公共的经营也。国家主义,个人经济,自由竞争,不若社会主义,从正义原则,以图他人经济也。此主义初闻之甚善,然细究之,则大有不可行者。彼斯所谓共有土地财产,公共的经营一切生产事业,从正义原则以图个人经济,盖亦必有一物焉导之,使共有,使公共的,使从正义原则者。一旦而社会中有一人焉,反夫此主义,不共有而私有,不公共的而个人的,不从正义原则而自由竞争,则社会中亦必有一物焉禁之,使不如是为者,此导之使为,禁之使不为者,非犹是国家命令权乎?毋亦避国家之名,而仍受国家之实乎?可知法制者,维持社会协同生活之要具也。国家者,实行法制之机关也,建一会社,结一组合,社会中极小之团体也。非有法制,不能遂其活动,而况社会中之大团体乎?社会不皆善人也,既有恶者,不得不设一惩恶之法。恶不惩,则善何以存?虽社会皆善人也,然善者原期其益善,原使之永善,又不得不设一维持善人,增进善人之法,可知法制者,非但借以惩恶,即维持善人,增进善人,亦不可无。世或议,粪土法制,敝履国家,而完全社会乃出。此梦想之谈,而无见诸事实也。吾恐法制一废,国家乌有?完全社会未成,而野蛮状态复见于今日,当可预必也。彼唱社会主义者,在夫使人民达自由、平等、博爱之目的耳。吾谓自由、平等、博爱等目的可达之有法制之社会,即有国家之社会,而不能达之无法制之社会,即无国家之社会。太古时代,非无国家,自然状态之社会乎?无岁不战,无日不争,小役大,弱役强,一国之中,有所谓贵族阶级焉,有所谓平民阶级焉,有所谓奴隶阶级焉,伤人目者,报之以目,伤人齿者,报之以齿,其不自由、不平等、不博爱何。若米国政法学者有言,国家组织之外,未尝有自由。韩昌黎曰:今其言曰圣人不犯,大盗不止,剖斗折衡,而民不争。呜呼,亦不思而已矣。如古之无圣人,人之类灭久矣。何也?无羽毛鳞介以居寒热也,无爪牙以争食也。斯言诚先得我心,夫将来教育普及,国民程度渐高,人人各自严其自治,人人愈各自得其自由,人人无法外之自由,国家亦无不自由之法制。人虽曰在法制之中,犹之曰在空气之中,竟□□咨□以□有法制存者,熙熙暤暤,如登春台,则国家绝对无制限之主权,与个人之自由,个人之人格调和,不甚冲突,或可几者。若必谓推倒国家,则个人自由与人格方可保护,方可扩张者,吾决其国家未推倒,而自由人格先见渐灭,否则,有更低缩于前者。吾故曰,欲保护个人自由人格,扩张个人自由人格者,必不可不有国家,彼破坏国家社会者,非真欲保护个人自由与人格,扩张个人自由与人格也。此即人民服从国家之理由,即国家为正当之理由,国家之起原[源],亦在夫此。

### 第四章　国家之目的

论国家之目的,不可不先定观察点,观察国家目的之点,大约可分为三。(一)自纯正哲学上观察。如国家对宇宙全体有如何目的者,此为欧洲中古神学家所最欲研究者。(二)自历史哲学上观察。如雅典国之目的在图文化之进步,罗马国之目的在图武力之远扬,英国之目的在图个人自由权利之发达。(三)自政治学上观察。自政治学上观察,国家目的有不可不先研究者数种,此数种问题研究矣,乃可言政治学上国家之目的。

第一,国家有目的乎,无目的乎?国家有目的,无目的之问题,发生夫国家有机体说。国家有机体说者,以国家为一有机体也,既为有机体,则有机体之目的,在夫自身之内,不在夫自身之外,仅有主观的目的,而无客观的目的,则国家可谓无目的也明甚。此主张国家无目的之一说也。又谓国家者,不过个人之手段与机关耳,盖以国家无人格、无意思、无目的者。此主张国家无目的之又一说也。要之二说,皆不当。第一说谓国家惟为有机体,故无目的。夫国家之非有机体,前章略陈一二,其前提已错,即如所说,国家信为有机体,而有机体虽离此身无目的,然身以内必有目的,虽客观的不见其目的之存在,而亦必有主观的目的者。夫此身内目的、主观的目的者,安得谓非目的乎?此第一说之误也。第二说谓国家无人格、无意思、无目的,其前提亦错。彼意若曰惟国家无人格因无意思,无意思因无目的,三者递下而言,有因果之关系也。试问今日学者所共主张者,国家有人格乎?无人格乎?有意思乎?无意思乎?又依国家之实况言之,国家有人格乎?无人格乎?有意思乎?既有人格,有意思,则凡有人格,有意思者,必有目的,则国家之有目的,自在意中矣。此第二说之误也。

第二,国家当以国家全体为目的乎,抑以构成国家分子之个人为目的乎?此又一问题也。专制时代,国家即君主,君主即国家,人民为君主所有物,彼时无国家目的之可言,因之无此问题之发生。希腊、罗马之文明国家,亦大都以国家为主,以个人为从,苟于国家全体有裨者,则涂炭生灵糜民产而不惜。近则不然。英、米等国,守民即国家之主义,万不可抛个人之幸福,以获国家之幸福。此以国家为从,而个人为主也。虽然,国家者,人民集合而成者也,离人民不得有国家,离国家亦不得有人民,譬之人身之与五官四肢焉。故国家与人民之关系,非若所有主与所有物之关系,两者可以独立存在,有明明一为目的,一非目的之界线在。所有主对于所有物□之碎之赠之质之,惟心所欲。所有物对于所有主,则不能若国家与人民,国家有人格,人民亦有人格,人民对于国家有权利义务,国家对于人民亦有权利义务。惟其权利由国家自定,非定之于他人耳。是国家与人民皆为目的,何得言何者为目的,何者非目的。第有时国家全体为重,似国家全体为目的,有时则人民为重,似以人民为目的。

第三,国家之目的绝对乎,相对乎?何谓绝对目的?国家不拘何时何地,有一定不易之活动范围也。何谓相对目的?国家因时因地又因实力,而易其活动范围者也。国家活动范围之所及,即国家目的之所在。以下分述国家之绝对目的与相对目的。关于国家绝对目的之学说有三。

(一)谓道德为国家绝对之目的者。持此说者,古则有希腊之柏拉图,近则有德意志之海盖。彼谓国家者,原以发达道德为目的者也,凡有关于发达道德者,无论国家全体或构成国家分子之人民,皆宜极力图之。此说适足以造成政教不分之弊。夫宗教之目的,在夫道德之发达,人固知之,使以道德为国家之目的,则僧侣皆可假设发达道德之名,以肆其滔天之恶,驯之教会在国家之上,君主惟法王所与夺。当罗马喀流大帝之死也,教育也,婚姻也,裁判也,皆教会司之,以僧侣为裁判官,以探汤握铁为刑具。法王常曰:政教两权,自高第批德洛付之法王,由法王国付之帝王者也。譬之天体,法王者,太阳,诸帝王者,附丽于太阳之□星,故法王得处置诸帝之纷争,有不德者,则责之废止,均为法王权限内之事(语见吾师本多学士《西洋历史讲义》)。以此足知教会之暴横,而道德为国家绝对目的说之不可行也。况夫道德者,人类内部之状态也,国家仅能治人外部之行为,而不能治人内部之状态,此法学家之定论。使并内部状态而治之,微但无此能力,即能焉,亦不大滋纷扰乎?人民之一言一笑,国家干涉之,人民之一思一想,亦国家干涉之。有形之行为,善恶人可共见,无形之意思,我谓之恶,彼可辨其非恶也。使必达此目的焉,则专制国家当可立见。且返观我国有所谓孔孟道德者,有所谓老氏道德者,有所谓佛教道德者,又有种种宗教道德者,究以何者为宗教,即一宗孔孟焉,亦不免前述之弊。故保护道德,奖励道德,虽重且要,不过为国家目的之一,决不得谓道德外,便无国家目的也。

　　（二）谓最大幸福为国家绝对目的者。所谓最大幸福者，国家中多数人民利益之谓也。此说创自亚里士多德，厥后同其说者，英国之功利学派。国家原为发达多数人民之利益而立，而国家之目的在最大幸福，安言其诬，但最大幸福，第为国家目的之一端，使持此以为绝对目的，则举全国关于多数人民利益之事，如农工商等，皆揽之于国家，则非流国家万能主义，即干涉主义。凡万能者，必有时一无所能者也。干涉者，必侵犯他方之权利自由者也。夫国家对于人民，事事干涉，如后见人之于未成年者，则必致人民如机械，举一切所欲为之事，皆待命于国家，一切所应为之事，皆为受命于国家。使一事焉，人民以为幸福，国家亦以为幸福，一人民以为幸福，多数人民亦以为幸福，或者多数人民以为幸福，国家亦认为多数人民之幸福，则可。否则，三者之中，有一不合，不几国家与人民，或人民之间，成大冲突乎？此斯比那查、洛克诸人起而唱保护权利说也。

　　（三）谓保护权利为国家绝对目的者。为此说之先河者，则为斯比那查、洛克二人。斯比那查曰："人类原有利己心与争斗心，各个人基于此利己心与争斗心，利用之以相互契约而生国家。国家之所以生，盖由各个人欲利用之，以发展完成其天性也。然各个人亦非因此遂以服从，为生存而已。盖欲自进以完成其天性耳。惟其如此，故凡使人民欲进而完成天赋之良心、思想、信仰，虽国家成立以后，仍不可不委诸个人之自由。故谓国家对于人民之幸福，宜为消极的。所谓消极的者，即不干涉之谓也。"洛克曰："国家之目的，在夫保护个人之财产、生命及自由，制定法律制限人民，以强制权者，则例外也。"其后如康德、芬波尔德二人，大阐此说以告于世。康德曰："实现人类权利于法律之下者，国家之目的也，是以人苟不妨害他人自由，则有随己所欲求幸福之权利，然他人则无强我求幸福之权利。"芬波尔德曰："人类最高之目的，在图能力完全发达，欲图能力完全发达，必活动自由与位置差异。活动不自由，则能力萎弱。位置平等，则天才无由发挥。国家行干涉主义者，真制限活动之自由。平等位置，使人类不能发达者也。故国家之目的，惟保人民之安宁，至谋人民之幸福，消极的，非积极的也。"以上各说，诚足以扩张个人之自由，而扫除干涉主义之弊。凡人民不自由之国家，所当奉为龟鉴者。虽然，如斯比那查所谓各个人非因此遂以服从为生存，如洛克谓制定法律，制限人民以强制权者，则例外，皆侧重个人而轻国家，易酿革命之结果。至与今日国家观念刺谬，更无论矣。即后之二说，虽非如斯比那查、洛克二人之明言，然其过制限国家活动之范围，与道德说、最大幸福说过制限人民活动范围，同一病耳。要之，均不得为完全目的。绝对目的既不可行，则不得不求之相对目的。所谓相对目的者，因时因地又因国家实力之如何而变其目的之谓，已述之前矣。夫云国家之目的，因时因地又因国家实力之如何而变，则实际上论国家之目的，而非论理上论国家之目的也，即国家活动之范围，随时与地及其实力而广狭。同一国家也，而先后时代之不同，同一时代国家也，而英、米、德、日等国之各异，且英、米、德、日等国，国家活动范围之广狭，又各视实力之强弱以为比例。旷观各国，或时代也，若警察，若邮政，若教［此处脱"育"字］，放任于民之私有。如吾十余年前，警察则假之民团，教育则赖夫私塾，邮政则由民局送递，若债币铸造权，亦归于社会自由，吾国且属之他国者，甚有并司法、立法权，不属诸国家。如昔时民族与各种团体皆有自治，其民族与团体内之权，争议起，则可自裁判之。又如古代亚细利、巴比伦、波斯等帝国，属地虽广，未闻有新法律行于其属地者。今英对于印度亦然，其社会有如何习惯，遂以其习惯为法律。稍进而上，最重要最尊贵之立法权、司法权，完全为国家之任务，固不必论。教育也，邮政也，警察也，亦为国家所专属，惟铁路今日各国尚有属之人民者。以上各种，属于国家之多少，固可觇其国之隆替，然亦有不可一概论者。试就铁路言之，国有、民有，各国不一，使其国财政不充，强欲收民有为国有，适徒妨碍人民之自由，而阻国家之进步。米国非民有铁路最多之国乎？而其强自若可知。国家所经营事业，与个人或私团体所经营事业，虽有一定界线，然有时不易定共同利益。小役大，于初开化时代甚合，但封建贵族，害国家之统一，妨社会之进步，殉多数者之利益，以从少数者，其弊不可胜言，此法国所以起大革命也。

# （第二编）

## （第一章）

（第一节）

（编者按：本文第二编、第一章、第一节的标题及第一节部分文字，底本缺失，暂付阙如）

第三，民主政体。民主政体有二种意义，其一，多数人民直接握政权，互为官吏之意也;其一,政府立于人民积极的赞助之上之意也。古时所称民主政体者,则属诸前者,后者即近世最可羡可效之立宪代议制者也。兹所述者,则为前者之民主政体。

古代雅典,凡普通丁年以上之市民,苟能独立自治,遵守法律者,皆有行政官资格,此即前者所述民主政体之意。夫政治者,难事也,非有学问优长,经验丰富,道高识卓者,乌足胜任。使如彼所为,则但患不寿,不患不任,如是微论国家不能强也,恐求其一线仅存焉而不得。雅典速亡,职此之故。白尔克曰:完全民主制者,世界最无制限之专制政治也。卢梭曰:世界中未见有真正民主政体者,然亦决不可有真正民主政体。多数支配少数,诚反夫事物之顺序也。卢梭最唱民主主义者也,而痛诋民主政体犹如此,则民主政体之误人家国也可知。

第二节 近世政府之形体

近世之国体,仅有君主制、共和制二种。而近世之政体,亦但有专制、立宪之二种。专制、立宪之分,即国家中宪法有无之分也。何谓宪法?或曰:宪法者,直接间接,关夫国家主权之分配与行用之规则也。或曰:宪法者,定关于国权之组织及行动之大原则也。是皆误。诚依是以论宪法,则凡称为国家者,皆莫不有宪法,此等宪法之意义,何足以区别政体。今日所云宪法者,则代议制度国之根本法也。有此宪法者,即为立宪国、立宪政体。无此宪法者,则为专制国、专制政体。以下分述专制政体、立宪政体。

第一,专制政体。凡国家主权之行使,无宪法根本规定之拘束,出诸专断者,曰专制政体。专制政体,君主国体、共和国体皆有之。人每谓,共和国必无专制政体者,然亦有面积狭小之国家,其主权虽在人民,而实际执行主权仅少数者,此少数者执行主权,不必有被拘束之宪法也。

专制政体为恶政体,固不待言。虽然,在人民不知法律,不守法律,无自治习惯之时代,使许人民以自由,反足以扰乱社会平和秩序,则不如专制政体为善。使人民法律思想已富,自治能力又足,又复束缚于专制政体之下,国家政治不闻,自由权利莫享焉,乌乎可?

第二,立宪政体。凡国家主权之行使,有宪法的根本规定拘束者,名之曰立宪政体。立宪政体之国家,其行使主权,不但于宪法法文不可违背,并不得反夫宪法之精神,反夫宪法精神者,学者称之曰非宪,违背宪法法文之规定者,学者称之曰违宪。违宪、非宪,均立宪国所不容也。使宪而可违、可非,则假立宪之名,以行专制之实,其害当更甚于专制政体也。

构成立宪政体之要件,约言之,可得其三。

(一)国家之主权者委任政府(国家机关)行使政权。国家之主权,主权者所当直接行使者也,而国家之政权,则不可直接行使,苟萃主权、政权于于主权者一人,则无国家与政府之区别,无国家与政府之区别,则必不得谓立宪政体。盖国家与政府分,则政府之权力被制限于国家所规定之宪法,如有人民妨碍人民宪法上所保证之权利自由,人民得以对抗。不然,政府即国家,国家即政府,则政府可借绝对无制限之主权而肆无顾忌,人民虽有权利自由之被侵犯者,亦无所诉告。是故国家之主权者,苟直接行使政权,终不免为专制。

(二)以成文或不文之宪法制限政府之权力。无论立宪国家宪法为成文法,为不成文法,其制限政府权力,则一也。制限政府权力者,即所以保护人民权利自由。然制限政府权力,不假之根本法律之宪法,而假之他法律,则徒有名无实,故立宪各无不有宪法焉。列记政府之权力,而明定个人自由权利之范围。

(三)使人民直接间接有参与政治权。国家有绝对无制限之主权,故人民有服从国家之义务。然服从固人民义务所宜尽,而权利亦人民与生而俱来,不可泯灭者。苟第以服从责人民,则主权者与臣民之关系,正奴隶与主人之相似,是且有人格者所得甘心。法国革命可为前鉴。或谓参与立法权者,必要有深通法律者而后可,是诚误。夫深通法律,只可言之作法律者,而言之与闻作法者,则迂。譬之甲欲建屋,而觅工师乙为之,甲虽不能运斤握斧,而于乙结构之良窳,引削之工拙,彼必知之,知之亦无不可置喙于其间者。人民之于立法,亦然。发表个人之意见,评定法律之适否,惟冥顽不灵者为不可能,苟具有普通智识,富夫地方经验者,安得谓其不能。微论其合众见而创一法之少谬误也。即误焉,众人误之,必亦众人乐受之。即不乐受焉,误之者众人,正此误者,亦可自由此众人。使政治而独出诸政府也,政府少数者之识见,万不敌人民多数者之识见。况误焉,亦难于改正。惟难于改正,人民益求其改正,难保无革命之祸者。立宪国家所以安谧无事,永庆升平者,此为大原因。

以上三者为立宪政体不可少之要件也,具此三者,方为立宪政体、立宪国家。苟他种条件虽具,而三者不全,仍不得为立宪政体、立宪国家。约言之,专制、立宪之区别,即宪法有无之区别,亦可谓以上三要件具否之区别也。虽然,立宪政体固善矣,其可以无维持之方法乎? 不维持之,彼无神经之立宪政体,安能自存乎? 维持方法有三。(一)人民对于国家须有责任心。(二)人民须具有立宪之能力。(三)人民须实行立宪政体中应为之事。

专制、立宪,近日政体之分类最著最赅者也。学者于此二种之外,有从中央政府与地方政府之关系,而分为集权制、分权制者。有因行政元首之世袭、非世袭,而分为世袭制、选举制者。有因行政官对于立法部负责任与否,而分为责任制、无责任制者,要皆非根本的分类也。根本的分类者,其惟专制、立宪二者乎?

## 第二章 宪法

国家所以定宪法,可自两方面观察之。其一方,宪法为保护个人之自由权利;其一方,宪法者,制限政府之权力者也。个人自由权利之义务易明,即居住移转自由,身体自由,关于裁判自由,住所自由,信书秘密所有权不可侵,信教自由,思想发表自由,集会结社自由,请愿自由等是也。何以谓之政府? 学者有从一国之宪法中所用政府二字而下解释者,如日本宪法所用政府意义,或谓指天皇者,或谓指天皇及内阁者,或谓指国务大臣及枢密顾问者(详见日本清水博士《国法学》第一编宪法编)。有从法学上之原理而解释政府二字者。兹就法学上原理论政府之意义,则政府者,包括立法权、行政权而言,立法部、行政部二者,皆为政府。自近世立宪代议政体行,行政、立法二部,各有特别之机关,人往往以政府之名,独让诸行政部,例如议会称国务大臣曰政府或议员在议会,离自身而言政府,似议会立夫政府之外,是大谬。夫行政部不得专视立法部为政府之一部份,立法部亦不视已为立于政府之外,政府之上。行政部也,立法部也,同属于国家之主权,一则发表国家之意志,一则执行国家之意志,非有贵贱上下之别。苟以立法部为在于政府之外,政府之下者,是适使行政部专横于议会,自居于无责任地位也。惟古代以习惯为法律,国家不别置立法部,国家之任务不过平内患御外侮者,似政府徒行政而不立法,迨国家渐渐文明,立法、行政几无不并重者。近世列国均设立法机关,其价直[值]反在行政之上,其规定立法之根本,即为宪法。故宪法者,发表国家之一般意志,规定行政之范围者也。故宪法与立法,自广义上言之,固无区别,而宪法与行政,实有轻重之殊。未有宪法之规定,则无所行其政。例如兵制者,行政之一端也。兵力者,执行国家意志之一大机关也。其兵员募集之方法,征兵制度乎,义勇制度乎,抑傭兵制度乎,不得不先规定之于宪法。裁判亦行政之一端也。其任此裁判之人，为普通行政官吏乎，抑特别之裁判官乎？此又不得不先规定之于宪法。次则财政者，活动国家之燃料，行政所不可缺。然纳税之义务，一国中一般人民负担乎，抑一阶级独得有免税之特典乎？此亦不可不先以宪法规定（谨按我国宪法大纲第二十五条，臣民按照法律所定，有纳税、当兵之义务。第二十六条，臣民现完之赋税，非经新定法律改更，悉仍照旧输纳，则将来我国臣民当皆有纳税之义务）。其他人民之权力、义务，未经宪法规定者，亦必由宪法所规定之立法机关，而定其所定之物，即法律是也。夫宪法名称不一，有从宪法之由来而定宪法名称者，有从宪法之渊源而定宪法名称者，有从宪法改正手续之难易而定宪法名称者。

（一）从宪法之由来而定宪法名称者，曰成文宪法、不成文宪法。所谓成文宪法者，于一定时期，宪法者所制定之法律，或者由数法典集合而成之法律者也。成文宪法之规定，为最近百三十年来之事。自北亚米利加之英国殖民地十三洲，离英国而独立，得完全主权后，一七八七年，大统领华盛顿乃制定宪法。次之则为法兰西，法兰西于一七八九年提议制定宪法，有人权及公民权宣言。一七九一年，法兰西第一回之宪法乃出，是实欧洲近世成文宪法之嚆矢也。自法兰西第一次宪法震动全欧，唤起民梦，凡有国民主权思想之欧洲王国，西班牙也（一八一二年制定宪法）（一八二二年制定宪法），诺威也（一八一四年制定），比利时也（一八三一年制定），莫不取法于此，以制定宪法。一八五〇年之普鲁士宪法，一八四九及现行之一八六七年之墺地利宪法，又一八四八年以后制定之德意志诸国宪法，及日本明治二十三年之制定宪法，虽不本法兰西第一回宪法，而本一千八百十四法国路易十八世宪法，然其为成文宪法则一也。

所谓不成文宪法者，由历代相沿种种之单行法律或习惯集合而成也。不文宪法，惟英吉利、匈牙利两国。但英国宪法中如《大宪章》（一二一五），《权利请愿》（一六二八），《权利条例》（一六八九），《王位继承确定条例》（一七〇一），《选举权及关于选举区改正》一八三二年、一八六七年、一八八四年、一八八五年之条例，皆成文者。若其内阁制，内阁对议会联[连]带责任制，虽系惯例，然其效力实与成文法典无异。匈牙利宪法与英同，多本夫古代习惯，历代饬令及条例，与随时之约定者。

（二）从宪法之渊源而定宪法名称者，曰钦定宪法、民定宪法。所谓钦定宪法者，君主一人之意志所定之宪法也。如一八一四年法兰西路易十八世宪法，一八五〇年普鲁士威廉四世之宪法，日本宪法等是。钦定宪法，始自法兰西。自一八一四年拿破仑衰亡后，迎路易十八世为君主，而行立宪君主政治，其所定宪法，遂为钦定宪法。世界之有钦定宪法，实自此始。钦定宪法与人民意志毫无关系，其许与人民以自由权利者，由君主之任意，故或曰钦定宪法者，君主任意与人民之特许状也。民定宪法则不然，人民制定之，君主承认之者也。一七九一年，法兰西路易十六世之宪法，一八三〇年法兰西路易腓立之宪法（法兰西定钦定宪法之路易十八世也，即位之初，励精图治颇重个人自由，继则渐肆专制，晚年大失民望，嗣位者歇尔第十世更甚。一八三〇年，王当国会开院时，演国王特权重于国法，于是人民不服，遂起革命，废歇尔第十世，迎路易腓立为国王，制定新宪法，此宪法由国王与国会合意而成），一八三一年之比利时宪法，一八七六年西班牙宪法等皆是。总之，民主国之宪法，无一非民定之宪法，然君主国之宪法，未必尽为钦定宪法者。使君主国宪法而出自民定也，则其政体虽君主制，而国体已成民主制矣。

（三）从宪法改正手续之难易而定名称，曰易动宪法、不易动宪法。所谓易动宪法者，改正宪法之手续与更正法律之手续无区别者也，故易动宪法，或称之曰柔软宪法、可动宪法。英国不分宪法与法律，凡经上、下两院协议，便可改正。自法理上论之，英国固无宪法、法律之分，惟于法律中始为国家基本的制度者，名之曰宪法，匈牙利亦然。

所谓不易动宪法者，改正宪法之手续，难于改正法律之手续者也。大多数之成文宪法，为不易动宪法，试举今日各国所定改正宪法手续，分为四种，言之如下。

（甲）议决改正宪法之机关，同在通常之立法机关，唯其决议方法，较通常法律郑重。可分为六。（子）出席数之制限。改正宪法，非有多数议员出席，不能议决，比利时须各院三分之二出席，日本亦然。（丑）议决投票数之制限。通常法律之议决，以过半数为是，而宪法改正之议决，须过半数以上投票。有投票须四分之三者，希腊、撒逊是也。有投票须三分之二者，米合众国、诺威、比利时、日本等国。（寅）必要二回以上议决同一。其中又有三者之别。（一）则经一回议决后，解散议会，再行总选举，选举毕，乃开第二次议会为同一之议决。如荷兰、诺威、葡萄牙、罗马尼亚等国是。（二）则不须行总选举，仅要二回会期议决同一者，如瑞典、撒逊是。（三）则不别定会期，唯须隔一定之期间，为数回议决者。例如普鲁士定各院隔二十一日议决二回，日本则仅须一回议决。（卯）发案权之制限。巴威伦（德意志帝国之一）

则限定改正宪法中何条，国王专有发案权。日本不然。凡改正宪法之发案权，尽操君主。（辰）摄政时宪法改正之禁止。日本规定摄政时不能改正宪法。（巳）合两院议员而集会。法国如各院以通常议决，方能议决，宪法改正时，则更须两院合同组织国民会议决之。（乙）要须组织特别议会变更改正宪法者。米国诸州，如仅改正宪法或特定条项，则先经通常立法议会决议之后，再总国民直接投票决定之。否则宪法全体改正，则最初议决即不在通常立法议会，而组织特别立法议会，经此议会议决，再付之国民总投票。（丙）宪法改正之法案，须付诸联邦内各州立法议会议决者。此制惟联邦国有之，如北米合众国，先以议会各院三分之二议决改正案，再付之各州立法议会议决，各州立法议会有四分之三同意，方为议决。此外瑞西、墨西哥及澳洲亦然，但数国微有不同。如北米合众国□□□州四分之三之同意，而瑞及墺洲，除各州过半数同意外，尚要国民多数同意。（丁）国民直接投票，如北米合众国中大多数之州，瑞士、墺洲及瑞西国中之或州等是。

易动宪法与不易动宪法二者，互有长短。易动宪法之所长，在夫因时揆势，容易改正，不致激成祸变。不易动宪法之所长，在夫保守制度，不使猝易神圣之宪法。但不易动宪法往往有法与时背者。夫法原随社会大势而变迁，使时势已非，成法尚在，则贻害伊底，否则激成革命之惨者。易动宪法则无此弊，然弁髦宪法之。或曰，不文宪法必为易动宪法，成文宪法必为不易动宪法，是未必然。夫成文宪法未必为固定宪法，而不文宪法亦有惯例上为不易动宪法者。但易动宪法与不易动宪法之殊，一则可以觇其宪法改正之难易，一则可验其国通常议会为主权的议会与否。英国议会，主权的议会也，通常议会有修正宪法之权能。米国通常议会非主权的议会也，故欲改宪法，非组织特别议会不可。日本改正宪法之权在君主，是日本议会，主权的议会可知。

近世宪法之特色，在夫制限政府之权力，保护人民之权利及个人之自由，如前所述。不易动宪法，政府全体（立法行政）之权力，列记于宪法，不许丝毫逾越。易动宪法，议会（立法部）之权力无制限，其被限制于宪法，不许丝毫逾越者，仅行政部（包括司法部而言）耳。我国宪法行将出现矣，而不知我国善运用此宪法之人，已出现否。夫宪法，死物也，死物不能自动，而视夫使之动者，其人之如何。荀子谓，有治人而后有治法。黄黎洲谓，有治法而后有治人。二说皆未得其中。治法固要，治人亦未尝不要。苟善为运用也，则宪法固造福驱祸之具，否则政府非流于积极的之恶劣，即流于消极的之恶劣。在人民一方,非为野蛮之自由,即不知自享文明之权利。如是,则宪法者,岂徒一赘疣哉?诚祸水也。论者谓,成文宪法其弊较少,是又不然。英国非不文宪法乎?观其大宪章、权利请愿、权利条例各种,殊不完备,然自由最发达者,惟英。其议会为有主权的议会,法律上绝对无制限。自表面观之,英国议会宜其暴横无忌,压制不堪。然彼则一方监督行政部,不敢放弃其责任,一方重自己道德上之责任,不敢制定不公平、不利益之法律。又如法国宪法,不明言保证个人之自由一见,自不完全之极。然法国人民非群推为欧洲大陆最多享自由、平等、权利之人民乎?是以欲于文理上制限政府之权力,保护个人之自由、权利,必先造成人人心理上、学理上制限政府之权力,保护个人之自由权力。造成文理的立宪易,而造成心理的、学理的立宪难。余所以祷祝馨香我国同胞造成心理的、学理的立宪于不置也。九年预备立宪,质言之,可谓心理的、学理的预备也。不然,徒以几十条、几百条宪法法文望之,则真浅之乎视立宪矣,不善其为望立宪矣。

### 第三章　三权分立说

#### 第一节　三权分立之意义

或曰,若实行三权分立时,则国家必不能统一,彼盖分割国家之权力为三种,使此三种权力互立于对等之地位,各以独立之意思行其权力者也。国家既无统一之意思,成为三种之意思,则国家早已非统一的人格,而为三个人格矣。是说直解三权分立为主权分裂之意也,抑误之甚。夫所谓分权者,非分割主权之谓,乃于统一之主权之下,分任政务于特种机关者也。譬之同一工场之职工,或编绳者,或冶金者,或削木者,或手或足,或先或后,各司其事,卒归于一,是非工业之分裂,殆政治学上所谓分业之道也。惟经济愈发达,则分业愈繁,斯密亚丹谓制针分业,仅有十八工,而据今日日本经济学家金井博士谓有六十工,为政亦然。昔日归诸君主一人之立法、司法、行政,今日俨然三机关,独立不相混淆。后之视今,犹今之视昔,安知将来国家机关之分立,不更甚于今日者。兹姑就今日三权分立之理由,以说明之。

(一)行政部所以与立法部分立者,盖以行政部为适用强制权之机关,凡国家强制人民所应为之事,必出诸行政部,使无法律以放闲人,则行政部为所欲为,不免于人民之自由权利有所妨碍。然则定此法律者为谁,仍属诸行政部乎,则行政部为济私计,凡有制限行政部权力之法律,彼悉可从略。所谓法律者,直行政部自便之法律也。而且立法部与行政部同一机关,则既为立法部,又为行政部,立法部不几失其监督之效用,而更特设一机关以监督之乎?即就行政一方面言之,今日行政,明日立法,今日立法,明日行政,不几有裹足不前之患乎?此立法部、行政部不可不分立之理由也。

(二)行政部所以与司法部分立者,盖以裁判行政行为之合法不合法,非有独立机关,则虽有法律制限行政行为之名,而仍无其实。但裁判行政行为之机关,各国不一,有与民事裁判同归于司法裁判所管辖者,是为英国主义,同之者米国、比利时。有独立果离司法裁所而独立矣,然无特别之裁判所,任掌诸普通官厅,如法国设行政诉讼于枢密院是,是为法国主义。一八八八年后之伊大利亦然。有离司法裁判所而并建一特别机关,其机关之组织等诸司法裁判所者,是为德国主义,德国联邦中诸国及墺大利、日本皆然。我国行政裁判院官制草案已定矣,殆亦德国主义之流欤。总之,行政司法之职务,分任特别机关则通,独任一机关则窒。不但客观的其职务性质有不同也,即任此职务官吏之主观的能力资格,亦相有悬殊。

(三)立法部所以与司法部分立者,盖以立法官以制定新宪法、新法律,修正旧法律为己任,司法官以公平正直实行现行法律为己任者也。惟责任不同,故一则其心专在研究新法案之利害得失,考察现行法律如何结果,推论事实于归纳的(精查个个特殊之事实,其结果论定一个普通的原理),一则其心惟演绎的(不俟一一事实之考证,以根本原理定其归著者也),非归纳的,但以不背现行法律,得正确结论为能。而以顾忌法律适用之利害得失,司法官必视现行法律神圣然帝天,然而后可。立法官则不然。故善为立法官者,未必能胜司法官辩护士之任。而胜司法官辩护士之任者,未必尽为立法官者也。

三权分立之理由如此,则三权之不得不分立则可知。但兹所云三权分立者,中央政府三权之制限的分立也。夫中央政务之外,不更有地方政务乎?如版图寥阔,人口众多之国,其地方政务繁杂,中央政府不能管辖者,则以分任地方政府、地方自治团体为宜,此名之曰地方分权。地方分权者,近世史上一定之原则,亦分权之一种也。法国名士特脱肥尔有言曰:"国家有两种利益,其一,国民全部共通之利益,如制定全国法律及维持外交关系是也。其一,国民一部分独有之利益,如各地方之事务是也。管理国民全部利益之权,归诸一所,则为政治上之中央集权,管理国民一部分利益之权归诸一所,则为行政上之中央集权。政治上之中央集权,则国民赖以生存以繁荣。然行政上之中央集权，则挠地方的精神，阻国民志气。"观此言，则知立法须全国统一，与社会各阶级平等，而适用此法律者，不可不随地方之情况，而为地方分权制。地方政府有立法权，固不免于全国立法相矛盾，米合众国可为前鉴。然不分任地方政务于地方政府或自治团体，更非策之得者也。若夫行政一部中之外交上关系，不得分任诸地方者，殆亦势之使然者欤。

第二节　三权分立之学说

亚里士多德者，唱国家形体为君主、贵族、共和三种之最早一人也。而分政府权力有立法、行政及司法三要素者，亦首推亚里士多德。亚氏谓国家有三大要素，国家之治乱，随此三要素调和适否为转移。三要素者何？议事权、行政权、司法权是。凡宣战媾和，条约缔结，法律制定，死刑及追放宣告，财产没收，会计检查等，均括之议事权之中。亚氏斯言，诚为近日三权分立说之先河。但其第云国家有此三要素，而未云国家不得不委任此三要素于特别机关者。观雅典当时，各自由人民得临议会议国事，然一面又得为陪审官，又得抽签或选举而为官吏者，其立法、司法、行政之不实行分立也可知。

自洛克出，而三权之差别益明，彼谓无政府社会有三不便。其一，无明定之法律，往往各人之判断，为利害所蔽，为智识所困，不无违背公道。其二，无公平之裁判官。当无政府之状态，各人皆得为自然法之裁判官与执行者。夫各人为裁判官与执行者，则谁得责己厚而薄责人，善归君而过归己。其三，虽有正当判决，亦无实行，此正当判决之权力。按洛氏之意，固以无政府社会无立法权、司法权、行政权之分，其弊不可胜言，能分此三种权力者，则为国家之特长。但洛氏论分权时，有不然者。区别立法、行政及联盟为三大权，又谓立法、行政二者不得不分，而行政、联盟则分之甚难，是彼之分权说，实则二权分立主义也。后夫洛克而唱三权分立说者，则有法国巨儒之孟德斯鸠。孟氏最初解释分权，同夫洛克，不少差异。第一立法权，第二关于国际法之行政权，第三关于国内法之行政权是也。而最后之解释，则大异。即今日最风行最崇拜之立法权、行政权、司法权三者分立是。彼谓立法、行政二权，若同归于一人，或同归于一部，则国人必不能保其自由权，何则？两权相结合，则或借立法之权，以设苛法，又借其行政之权，而施此苛法，其弊何可胜言。如政府中一部有行政之权者，而欲夺国人之财产，乃先赖立法之权预定法律，命各人财产皆可归之政府，再借其行政之权以夺之，则为国人者虽起而与之争论，而力不能及。故国人当选举官吏之际，而以立法行政二权归于一部,是犹自缚手足,而举其身以纳之也。又谓司法之权,若与立法权或与行政权同归于一人,或同归于一部,则亦有害国人之自由权。司法权与立法权合,则国人之性命及自由权必致危殆,皆司法官吏得自定法律故也。司法权与行政权合,则司法官吏将借其行政之权以恣苛虐故也。若司法、立法、行政合而为一,则其害更甚,自不待言。孟氏斯言,其论三权分立之必要,可谓批郤导窾,不留余蕴。无惑夫欧洲十八世纪名儒巨子,群起而扬其说。米国离英而独立,法兰西起大革命也,诚读一七八〇年马萨诸塞(合众国东部之一州)州宪法有云:"立法部决不可兼揽行政权、司法权及其他。行政部决不可兼揽立法权、司法权及其他。"一七八九年法国大革命之议会,所发《人权宣言书》第十条,大书不分权之社会无宪法。明治六年,日本维新之政体书,皆孟氏三权分立说之所产出者也。孟氏之功,岂浅鲜哉?

## 第四章　立法部

### 第一节　总论

#### 第一款　立法部发生之历史

立法议会,始于何时? 或曰于日耳曼民族之会议,或曰出于中世纪初期之英国,是不然。夫日耳曼民族间虽有会议,然其为民族一般之直接会议,而非代议制。虽有元老会议,然元老会所议决者,仅国家之小事,而大事则仍付诸民族会议。若中世初期之英国,则国王之下,虽有一种会议,然与议者悉衮衮元老,未闻许一般人民参与者。以余观之,世界之有议会,实自中世纪末期英国始。当纪元一一九九年,理查殁,约翰即位也,内政不修,外交失败,在法兰西内之封土,大半为腓立所夺,又败于法王,纳定贡以和,于是赋敛愈重,国库益空,敲剥诸侯及有资产者,无征不至。诸侯不堪其苦,乃与君主结约,此约即今日国法学者所称宪法起源之《大宪章》是也。约翰崩,其嗣子第三海里即位,优柔寡断,诸侯群起抗之,遂召集诸侯及都府选出之代议士,共谋行合议之政。此即英吉利国会之起源,亦即世界有国会之起源。厥后第三海里复位,仍时时召集国会。第一爱德华立,益图振兴,改良国会,大集僧侣、贵族、平民,乃得见有全国各阶级代表者之议会(事在一二九七年)。此即世所谓模范国会者也。自模范国会出,而人民之权利自由更是觉完全矣。(纪元一二一五年,《大宪章》之条目大要,仅有三。其一,国家大事,须咨询诸侯后,方可决行。其二,征收债财,须得诸侯之赞成。其三,国王不得无故拘禁臣民。至一二七九年开模范国会时,于前定《大宪章》中,加入国王不经人民之承诺,不得征收金钱债物一条,于是课税之权全在国会。)

第二款　二院制发生之历史

议会由两院组织而成,殆近日立宪国共通之原则也。今日除希腊、瑞西各州及德意志帝国内几小国等外,如面积较大之国,不问君主、民主国,无不采用二院制者。然则二院制何自来乎?仍可断定之曰出自英国。当中古时代,欧洲各国或由等族的团结中举出代表者,组织等族会议,君主非得等族会议之承诺,不得征收租税,作成法律。此等族会议,由三种阶级组织而成,于是生出三院制度,如僧侣为第一阶级,贵族为第二阶级,商人为第三阶级。瑞典国农民势力强大,贵族、僧侣、市民之外,又添一农民阶级。俄国之波兰,今犹如之独。英国则异是,起自十四世纪以至今日,永守二院制,僧侣与贵族合为一院,市府之代表者合为一院(按中世纪英国议会本为三阶级议会,与欧洲大陆各国同,嗣因僧侣羞与俗人为伍,不应国王之召出席议会,是以僧侣所别组织之寺院大会废)。近日立宪国之二院制度,莫不取法于此,首则米国各州之议会,次则法兰西、德意志。考米国独立之初,如宾西尔自尼亚州亦一院制,后改为二院制。法兰西自一七八九年至同九十五年,皆为一院制,弊政百出,同年改为二院制。一八四八年二月革命之时,一院制起,同五十二年复改为二院制。一八七一年普法战争,法米帝政衰落,虽一时行一局议院制,同年又改为二院制。德意志则一八四八年德意志夫朗克宴尔脱议会,亦为一院制,又同年普国亦为一院制,其后一则不成,一则因同五十年宪法,改为二院制。今日之德意志帝国议会为二院制,其联邦内各国,除几小国外,皆二院制。

第三款　二院制存在之理由

如前所述,则近世立宪各国,皆为二院制也可知。然则何以不采用一院制,而必采用二院制,其故曷在?或曰,所以设上、下两院者,使社会中上级之人得为特别代表者也。或曰,起于社会中贵族、平民阶级之不平者也。后说从历史上观之,似有理,然非正当之理由。正当之理由,约有三。

第一,在压制议会权力之过大。民主国议会权力之大,固不待言,而立宪君主国议会权力,亦不可谓不大者,协赞法律之权,议定预算之权,悉属诸议会。能善用此权,其功匪浅,否则,滥用此权,适足以阻国家行政进行,其害有甚于暴君者。二院制度,正所以杜此弊也。纵一滥用权力,决议过激,

273

尚得有他院以制之。

第二,调和行政部与议会。立宪国家,行政部、议会互有独立权限,立于对等之地位,故其间不无冲突。若二院制度,则一院冲突,他院则可出而调停。苟为一院制,则遇有冲突,非破坏行政部之独立,即漠视宪法,推倒立法部。否,或二部均流于消极的主义也。

第三,慎重立法。法律者,行政部、司法部之准绳,其效力垂之永远者也。故必审慎周详出之,然后无弊,与其速,毋宁缓,二院制度,本此意也。苟为一院制,则一院议员徇一时之感情,罔固[顾]后来之得失,其为害可胜言哉?

具以上三种理由,是以世界大国,类采二院制,何则?大国政治复杂,非经一再讨论,无由明了。故一院制失之急进,三院制失之保守,有左枝右梧之弊,惟二院制则不偏不倚,中庸之制度也。或有谓一国中必设上、下二院,实贵族、平民不平等之至。然二院制之存在,非必贵族阶级存在之意,但能异其任期,异其选举区,虽同自人民中选出上院议员,亦不得谓非二院制。盖二院制存在之理由,在彼不在此也。

第二节　分论

第一款　上院

第一项　上院之组织

第一,各国上院之组织。上院组织,其最大区别,则联邦国与单一国不同。联邦国之上院,则以通常联邦各国之代表者组织,如德意志帝国之联邦参事会,米合众国议会之元老院,瑞西联邦议会之等族会皆是。单一国之上院,其组织又分为二种。一以国民选出之议员组织者,则称之曰民选上院制度。一为上院之全部,或非全部而大部分,以世袭贵族或敕任之议员组织者,则称之曰贵族院制度。采贵族院制度者,则惟君主国,英国、德意志诸国、墺地利、匈牙利、伊大利、西班牙、葡萄牙、日本皆是。采民选上院制度者,惟民主国,或趋向民主主义之君主国,如米国诸州、法兰西、和兰、比利时、丁抹、瑞典、诺威等皆是。

要之,从理论上言,上院之组织宜与下院等。凡为上院议员者,必其资格超夫人民,洵足为国民代表者。苟取贵族主义,则公侯伯虽贤,公侯伯之子未必贤,皇族之分虽高,皇族之智识未必高。虽然,亦视其国贵族如何耳。如英国贵族,莫不受教于大学,养成政治家之资格,故其出而为议员也,鞠躬尽瘁，措置裕如，退而在下也，任各州知事及治安判事等之名誉职，枵腹从公，维持地方自治制度。且英国贵族之界限甚严，其父虽为贵族，而父苟生存，其子亦为平民，与我国有不识文义之贵族，有来历不明之贵族，不可同日而语者。如是，不民选上院，而贵族上院也，庸何妨？以下略述民选上院之制。上院虽与下同一民选，然其中有不同之点。

（一）议员之数。上院议员，员数概比下院少。（二）年龄。上院被选人之年龄，较下院高。（三）选举方法。多数国家，下院则由国民直接选举，上院则由地方议员间接选举。米国诸州上院，亦采直接选举，惟选举区较下院大耳。（四）任期。通常上院任期较下院长。（五）一部改选。下院议员同时改选全部，而上院议员则一部改选，或二分之一改选，或三分之一改选。（六）财产资格。采民选上院制度之国，其下院或采普通选举，而上院则于其选举权及被选举资格，以财产资格为要件者。

第二，日本上院之组织。日本君主国也，其必采用贵族院制度不待言。日本贵族院议员之资格，明定之于宪法（三十四条），其细目则由贵族院令定之，列举如左。

（一）达于成年之皇族男子。（二）已满二十五岁之公侯爵。此二种因身份而当然为议员者。（三）伯子男爵，各有其同爵中选出者。有伯子男爵成年以上之人，均有选举权，其已满二十五岁者，有被选举权，不问财产资格如何。得被选举之议员，员数由敕令定之，但伯子男爵各不得超全数五分之一。（四）有大勋劳于国家，或有学识，满三十岁以上之男子，而经敕任之终身议员。（五）由各府县多额纳税者之互选，而经敕任之议员。

第二项　上院与下院之关系

上院之权限及势力，各国不一，学说亦纷如。自理论上言，似两院权力不平等，则失二院制之效能。证诸通例，列国议会除财政案外，两院之立法的权力平等，无论何院皆可提出议案。如有提出之法律案，有一院不议决者，不得作为法律。若财政案限于下院者，以国中无论何税，悉取诸民，故民于财政最为关切。使在贵族院制度之国，财政议决任诸上院，则彼纨绔之子，安识民力艰难。但各国于此有不一致者。英国上院不得提出财政案、修正财政案、否决财政案。普鲁士、荷兰上院，可以否决，然不能提出修正。法国不能提出，然可以否决，其得修正与否，为法兰西宪法之疑问。米合众国之上院权力最强，提出财政案在下院，而修正则在上院。如两院冲突，则由各院选出一名委员为协议委员。德意志帝国及瑞西联邦关于财政案，两院之权力平等。

如前面所述,列国议会除财政案外,两院权力悉平等,然验之实际,则下院势力强大者为多。总之,制度不能自动,而视夫动之者之如何。善动之,则其权限势力□。不善动之,则其权限势力缩返。观我国谘议局章程,其权限之小,不可言者。苟善为用之小,亦未尝不可大也。

第二款　下院

第一项　下院议员之人数

代表人民之议员,其数不可不多,又不可过多,过多则与人民直接会议等,又失代议制之本旨。学者或以四百,乃至五百人为适当,或以二百五十,乃至三百人为适当,此皆无当之谈。盖议员员数,必由其国人口与他种原因而定,非可以理论求之者也。今日法国代议院五百八十四名,英国庶民院六百七十名,德意志帝国议会三百九十七名,伊大利代议院五百八名,日本众议院三百六十九名。

第二项　选举权

选举权者,非人间自然之权利,乃国家赋与人民之权力也。凡享有此权力者,必有义务与之,具要件不可缺。所谓义务者,有选举权之人民,须举出深明法律政治,热心公益,确有利夫国家之议员而后可。苟迷于贿赂,或惑于不正方法,枉道以举人,则于义务未尽,而国民之天赋有亏。若选举权之要件,则各国不一,约分三种。

(一)普通选举。普通选举者,除去精神丧失者,未达一定年龄者,女子,公权剥夺及停止公权者,禁治产者,破产宣告者,债务未了者,贫而受官救助者数种外,凡国皆有选举权。采用普通选举,始于法兰西。今日德意志帝国、德意志联邦各国之一部、瑞西、西班牙、诺威、希腊及米合众国之大部分,皆是。

第二,制限选举。制限选举者,如普通选举所述几种不得有选举权之外,又要有他种资格为选举权之要件者也。所谓他种资格为选举权之要件者何? 大约不离财产资格、纳税资格、教育资格三种。如匈牙利、塞尔维亚等国,以财产资格为要件。德意志诸国中,或以纳若干以上之直接国税为要件。葡萄牙、伊大利,以普通教育为要件。

第三,等级选举。等级选举者,介□前述二种选举制度之间,从普通选举制度之中,加以制限者也。其方法有三。(一)视纳税额之多少,分选举人为数级,普鲁士及罗尼亚是。(二)视身分之高下,以定选举人,如墺大利是。(三)选举人以一人一投票权为原则,惟因他种原因,可得二票或三票之投票权,如比利时一八九三年施行之复数投票法是也。按复数投票法,于普通可得一票权之人民,如有一定财产,年在二十五岁以上,或年在三十岁以上,既结婚,有正出之子,家屋税纳至五弗郎以上,更有一票之追加权。又二十五岁以上,有高等学校毕业之证书,或现在官致仕官,有二票之追加权,但无三票以上之投票权。日本亦取制限选举,其选举权之要件如左。(一)财产资格,要直接国税年额须纳十圆以上。(二)年龄,满二十五岁以上。(三)性,男子。(四)国籍,日本臣民。(五)住所,于造具选举人名册期日前满一年以上,接续住于其选举区者。具备右述五要件,自原则上言之,当然有选举权,但有例外八。(一)华族之户主,恐与贵族院之选举权相复也。(二)现役中或战时召集中之海陆军军人。(三)官立、公立、私立学校之学生生徒。(四)禁治产者及准禁治产者。(五)受破产宣告未复权。(六)剥夺公权及停止公权者。(七)受禁锢以上刑之宣告,从其宣告日起,至裁判确定日止者。(八)因犯关于选举之罪而处刑,由裁判所宣告禁止其选举权者。

第三项　被选资格

所谓被选资格者,法律上应为当选者之资格也。近时诸国一般原则,有选举权之人,即有被选资格之人。惟葡萄牙选举权,则取普通选举,被选资格,则须有一定之财产资格。瑞典反是,选举权必有财产资格,而被选资格则无之。日本亦然,除去选举人年龄比选举大五岁,及对于日本籍,非经过一定期限,不得有被选资格外,一与选举权同。法律上更不加他种制限也,惟因身分[份]职业,定为二种制限。

(一)当选之禁止。当选禁止者,其当选全然无效者也,例举如左:(1)宫内官、判事、检事、行政裁判官、会计、检查官及税官吏、警察官吏。(2)神官、神职、僧侣、其他诸宗教师及罢职后,未经三月者。(3)小学校教员及休职后未经三月者。(4)与政府请负之人,又在请负法人为役员者。(5)与选举事务有关系之官吏、吏员,于其选举区内无被选资格。

(二)兼职之禁止。日本禁止兼职之人,如左:(1)贵族院议员,无论何国,一人必不能兼任两院议员。(2)府县会议员。地方利害与全国利害不负,众议院议员者,代表全国利害者也,府县会议员者,代表地方利害者也。

被选人资之年龄与财产制限问题,议论纷如。或曰,日本定选举人之年龄为二十五岁以上,被选举年龄则定三十岁以上,甚无谓也。夫二十五岁之男子,既有选举制能力,何以无被选之能力,且其人既被他人选举,必其信用足以感人,既有信用,即此有余之信用,亦足以补不足之年龄。乌乎,必在三十岁以上方足以被选举,即各国中对于被选举人有财产制限亦然。彼其人既经人举为代议士,则可推定有独立生活之能力,不然,亦其信用足以抵贫困者。以余观之,各国或设二种制限,或仅设一种制限,或全不设制限者,其利害不甚悬殊。总之,被选人之贤,在夫一国民之能力如何,爱国心如何,不得谓老者富者皆贤,少者贫者皆不肖也。

第四项　选举方法

选举方法有二。一曰直接选举,直接选举者,选举人直接自选出议员之谓也,故或名之曰单选法。一曰间接选举,间接选举者,原选举人所选出之选举人选出议员之谓也,故或名之曰复选法。二者各有利害,然总以直接选举方法为善,近日采用间接选举方法者,惟德意志联邦中之数国及诺威等,日本亦采直接选举方法。

第五项　选举手续

选举之手续有二,一曰公开选举,一曰秘密选举。公开选举者,得知其投票者之为何人也,秘密选举者反是,不得知其投票者之为何人也。公开选举,或以口头公言于选举立会人(监察员)之前,登录于投票簿,或以书面明记选举人、被选举人之姓名。秘密选举,但记被选举人之氏名于投票用纸,不记选举人姓名,即无记名投票法也。

公开选举、秘密选举二者之利害如何,为近日最宜研究之问题。主张公开选举者,谓选举者,选举人公之职务也,既为公之职务,何隐秘如是?裁判所裁判民人诉讼法□可以公开,何独于选举秘密乎?况秘密者,为恶之源也。暮夜可以纳金,光天难容小丑,选举而秘密,是导选举人为恶也。是说果寓真理,但在公德,不在智识不深之国民,而公开选举往往亦为贿赂、胁迫、私情、官势等不正之势力所左右,秘密选举得无此弊。试证之英国。英国当时行公开选举也,其贿赂、胁迫等弊端百出,乃于千八百七十二年改行秘密选举法,而此弊遂绝。今日如法兰西、德意志帝国、德意志帝国联邦中之多数各国、墺地利、瑞西、比利时、荷兰、意大利、西班牙、葡萄牙、米合众国、希腊、罗马尼亚、塞尔维亚、不里格里、瑞典、诺威等国,皆采秘密选举方法。日本初采公开选举法,自明治三十二年,改为秘密选举。

第六项　选举区及议员之分配

全国中所以划为数选举区者,盖为便国民选举计也。自理论上言,议论者,代表全国之利盖,非代表一地方之利益,宜其通全国为一选举区,而不得划为数选举区,第以疆域寥阔之国,而行一选举区选举制,殊形不便,此选举区分划之由来也。

选举区与议员之关系,绝无代表关系。凡议员,不问其选自何选举区,莫不代表全国民者,故选举既终,则选举区与议员毫无关系存于其间,无论选举区区划变更也,此选举区与彼选举区合并也,议员之资格不受其影响。

选举区有大小二者之别。小选举区者,一选举区选出议员一人者也,大选举者,一选举区选出议员在二人以上者也。小选举区制,各选举人仅得选举一人之被选人,故又名之曰单名投票法。大选举区制分为二种,其一,各选举人可将其选举区内被选出议员员数悉数记于票者也,名之曰连名投票法。其一,各选举人按其选举区内应选出议员员数,仅记其一人或数人于票者也,此名之曰有限投票法。小选举区单名投票法与大选举区连名投票法,利害如何,此为法国最大问题。法国忽而单名投票法,忽而连名投票法(自一七九三至一八八九),变更者再,今日仍取单名投票法。余如德意志帝国及德意志联邦中之大多数各国,匈牙利、荷兰、意大利、英吉利、米合众国,均以一人一区制为原则。盖今日各国之趋向,倾于单名投□制可知矣。考日本明治二十二年选举法,以一区选出一人为原则,例外则一区可选出二人,其在可选出二人之区,应用连名投票。至明治三十三年改正选举法,三十五年又改正,则采用特别选举区制度。盖分市部与郡部,郡部合府县为一选举区,惟北海道之郡,则为独立之选举区,人口三万人以上之市为独立选举区,岛屿及冲绳县(即昔时我国属国之琉球,自归日本后,改为今名)为独立之选举区。岛屿及市一选举区选出一人,冲绳县及北海道之郡一选举区可选出二人以上。府县则不拘区域大小,通为一选举区,可选出十数人。虽然,日本虽采大选举制,而不用连名投票法,而用单名投票法。盖以连名投票法甚有弊也。日本现行选举法之有缺点,兹不暇述。□略言连名投票之弊。

(一)连名投票,惟利于政党,而不利于政党以外之人,何则?凡属于政党之人,必各举其政党之首领,假如其选举区内应举出议员十人,则有百人政党之选举人,一票书其党中首领十人,则一人可得百票,此十人皆可当选。在彼无政党之人,举之者为谁,亦惟有坐视而已。

(二)连名投票,适增多数代表之弊。夫决定一选举区内当选者与否,必以其所得票数多少为标准,既如是,则得为代表者,必其选举区内之多数者,而少数者不得为代表者。如假定有一区选举人总数为十万人,选出议员数为十人,其选举人中五万人属之甲党,三万人属之乙党,二万人属之丙党,苟从政党的势力比例言之,则甲党应得议员五人,乙党应得议员三人,丙党应得议员二人。然连名投票制之结果则不然,十人之议员尽为甲党所占,丙党、乙党甚至不得一人,此不公平之极,选举区愈大者愈甚。

第七项　议员之拔酬

议员应有报酬与否,亦一问题也。此问题当随其社会贫富之状态及历史的惯习而决。无给制可选举有独立资产之代议士,果为良法,然有财产者未必皆贤。英国富者多贤,诚宜于无给制,否则不得不取有给制。日本、米合众国、法国,皆有给制也,但议员得此以瞻身则可,而赖此以积产则不可。闻各国议员中,有置人民苦痛于不问,地方应兴应革事宜而不理,孜孜然惟旅费、川资是较者,抑亦大失议员报酬之本旨矣。

## 第五章　行政部

### 第一节　行政及行政官之意义

何谓之行政,自广义言之,则行政者,实行国家发表于法律上之意志者也。自三权分立之意义言之,则行政者与立法、裁判二者,而为国家机关之作用者也。行政之种类不一,有外交上行政,有军务上行政,有司法上行政,有财务行政,又有为维持社会一般之治安,而设为增进全国国民之利益,如农工商业,如道德学术等而设者,则概为内务行政。

何谓之行政官?亦可分广义、狭义二方面解释之。解释之以广义,则行政官者,实行国家发表于法律上之意志之官。解释之以狭义,则裁判官非行政官,固不待言,即非直接对国家负行政上之责任,而但听命长官以执行者,亦不得为行政官。

### 第二节　行政部之组织

行政部组织之原则,不可不与立法部组织大异,何则?制定法律,须推论社会全部与各部之利害得失,故人不厌其多。凡立法部,必由人民代表者组织,其代表者且一例有议决之权。反之,行政部者,以造成种种实际目的为要件,与其多数从事,使责任无所归,或者联合议事,有掣肘之弊,何若使一人或少数者居其任,较觉敏捷,且责难旁贷。

行政组织因国体而异。君主国体之行政部组织,行政之全权必归一人。共和国体之行政组织,则委员制为多。瑞西共和国之行政,为七人之合议制，此七人由议会选出，又由议员中选出大统领、副统领各一人，任期一年。意大利国中最小国之萨里马共和国，其行政权亦在议会，由议会中选出二人为统领，任期六月。若夫米、法二国，则异是，其国体虽为共和制，而其行政组织则为君主制。米国大统领仅一人，凡国内统率海陆军，任命联邦中官吏等行政上之权，皆属诸大统领，惟与外国结条约，须经元老院承诺。法国大统领亦为行政上之元首，有任命与罢免官吏之权。拿破仑尝曰，一人之恶，将胜夫二人之良将。又曰，建议属诸数人，管理则属诸一人。彼盖分讨议、执行为两途，讨议不厌其详，而执行须贵乎专也。斯言诚是。故委员制审慎周详，足杜行政专制之病，然散漫无所统一，其失也。故立法是共和制之所长，君主制之所短，行政是共和制之所短，君主制之所长。近日立宪君主制，如米、法二国，正所谓兼二者之所长而有之也。

以下分行政全部之元首，与行政各部之长官二者，而论行政组织。

第一款　行政全部之元首

列国之行政的元首，有世袭者，有因选举而得者，有名义的者，有实权的者。英德之元首为世袭制，米、法为选举制，英、法之元首为名义的元首，实权则在总理大臣或内阁议长。米、德之元首，各握实权，米则无内阁议长，德则自俾士麦死后，虽有宰相，而毫无权力。名义的元首，或因世袭，或因选举。实权的元首，除世袭选举之外，或因任命者。世袭之元首，终身为之。因任命或选举而得之元首，则有任期。证诸近代一般思想，极不以世袭制为然者。虽然，选举制亦未始无弊。盖以选举人或囿于智识，而贤否不明，或昧于爱憎，而好恶不公，其所举未必确为全国行政之元首者。但共和国体，权在平民，势有不得不为选举制者。

第二款　行政各部之长官

第一，行政官拔擢之方法。行政元首，则各国历史不同，或世袭制，或选举制，均无不可。然行政官，则必不可取世袭制、选举制。东西洋各国，昔日官吏，率皆世袭，其弊殊甚。今则多改为官吏任命制。虽法国当大革命之时，变世袭为选举，然卒不行。米国独立以后，官吏皆由选举而出，弊端蜂起，故今日惟郡长、町村长、市长，则宜于选举，余则非任命不可。

任命与选举二者，方法不同，其目的亦异。任命以上官拔擢适任者，保全行政之统一与效力为目的。选举以拔擢合夫民意者，使人民得严其监督为目的。任命制系阶级组织，有长官属僚，上下之关系，属僚不可不从长官之指挥监督。官吏选举制,则为独立组织,官吏仅受人民之监督,而不受他官吏之指挥监督。合众国各州知事之任命权甚少,副知事、大书记官、会计官、检事长、学务长、会计检查官等,皆由民选。知事亦行政部之一员,而非副知事等之长官。副知事等对人民负责任,而对知事不负责任,故行政殊欠统一。且也选举制之结果,往往萃声气不通,意气不同之吏员于一处行政者,不无障碍者。

以上所述,行政官拔擢方法,则世袭、选举、任命三者而已。然三者之外,古来又有他种方法者,或从长幼之顺序,如法国当选举议员时,选举人中之最年长者,最年少者各二人,为投票审查官是也。或由抽签而定,此法最盛行于古代雅典国者。或购以金钱,如法国革命以前之司法官,可以买卖自由,我国今日之捐纳是也。此等为行政官拔擢方法中最恶劣者,固不待言。

第二,各部组织之方法。凡立于地球上之国家,上则有行政元首一人,总理万几,下必有各部长官,分司庶务,如外务、军务、司法、财政数者。各国多分部而治,惟内务之范围及分部则有不一致者。如教育行政为内务中之一部份,各国中或另置学部,或不另置学部,如英、米二国者。又农商务为内务中之一,或分为二部,或合为一部,此皆随其国为变更,不得前定也。更就各部组织之权能而言之,可分为二种方法,一曰由立法部组织,一曰由行政部组织。如米合众国,不问联邦政府、各州政府,各部之设立,规定于法律。瑞西共和国亦然。德法反是,其行政部有组织各部之权能,但经费增加,须得议会协赞。夫二种方法,究以何者为善,以余观之,由立法部组织各部,其各部之基础,固觉巩固,且经多数人民议决,似觉无弊。但实际上有不然者。故不如由行政部组织各部,似较敏捷,且负有直接责任者。

第三,官厅之组织。官厅或由一人之自然组织而成者,或由多数之自然人组织而成者。由一人组织而成者,曰单独制官厅。由多数人组织而成者,曰合议制官厅。单独制,则一人之意思直为国家之意思。合议制,则多数决议之意思为国家之意思。单独制利在敏捷,无迟滞之虞。合议制利在审慎,少草率之病。故立法部与裁判部所审慎,常取合议制。反之,行政尚敏速,常取单独制。如因征税、调查财产,而取合议制者,其例外也。

第四,任免官吏之方法。任免官吏方法,各国互有异同。米合众国议会与各长官以任免下级官吏之权,惟高等属官则归之大统领,或大统领与元老院任命。法国则除高等属官由大统领任免外,各部长官得任免属僚。德意志则各部长官有任命权,然罢免权甚不完全。盖以德国认官职为赋与官吏之权利,有官职者,除犯罪宣告正当惩戒,裁判所判决外,不得罢免者也。英国亦是,官吏久任为原则。英国分官吏为政务官、事务官二种。事务官为永久的职务,例如各部则长官之外,有政务次官、事务次官二人。政务次官与长官相任免,事务次官则永于其职。故英国官吏,共有八万余人,然更迭者不过五六十人。凡共和国,则以官吏短任为原则。如瑞士国大统领、副大统领,并联邦参议院议员,任期一年。米合众国各州中,如密士失必宪法,有禁止官职永任之明文,或以七年、二年为其最大期限者,或不许同一人再任者。考合众国宪法,其始罕有定官职任期者,厥后为预防政党盘踞起见,乃渐渐行官职任期制。今也一般官吏,概以四年一任为通则。

第五,官吏之种类。官吏有二种,一曰专门官吏,一曰名誉官吏。专门官吏者,以官职为其专务,国家与一定报酬,不许兼他种职业。名誉官吏者,以官职为兼业,不受俸给,可以营他种生计者也。以专门官吏为主,执行行政制度,称之曰官治制。以名誉官吏为主之行政制度,称之曰自治制。专门官吏其数多,要有阶级的组织。名誉官吏其数少,不必要阶级的组织。古来德、法多官治制,英国多自治制。近日英国接近官治制,德国则采自治制。

专门官吏要有专门智识、专门教育,故不得不与以一定之俸给,但俸给由官职而来,与傭银性质异。傭银发生于契约,而俸给则发生于官制,或法律官制,或法律如无赋与俸给之规定,则官吏无要求之权利。是以官职虽为国家公务,然专门官吏,不得强国家中一般公民为之,惟得顺公民之志,或由所拔擢,或由试验而得。反之,名誉职为兼业,又无给短期,故得为公民之义务。英国、德国,若有不愿任名誉职者,则罚。

官治制与自治制,各有短长。官治制之所长,在夫量能授职,且一人一官,亦一人一业,国家与以一定之报酬,在彼无衣食之足患,心安于其位,人习于其事。故近日文明国家,行政部以专门官吏为主,辅之以名誉官吏,但专门官吏往往深居简出,呼吁不通,褥礼繁文,进见不易,民隐每因此而难宣者。况夫为民、为官之人,分为两途,则为民者永自居于被治者之地位,莫或闻其政,而人民之政治活动之心日灰,而人民政治经验日落,而人民依赖政府日切,而行政部益得以舞弊而无忌。欲医此病,则莫若自治制度。不观第十七世纪乞尔士一世专制时代之英国乎,当其时,英国人民据议会以反抗,乞尔士一世遂散国会而不召集,先后十一年间,王未克遂其专制者,实英国自治制度之力也。英国各州原系自治制,州知事为名誉职,故乞尔士一世不经议会议决,而直接命人民纳税,地方得不奉其命令,争之以去留。王虽欲免其职，而不能，以彼去留可以自由，人民诚爱之，王其奈地方官何也？如是者十余年，卒之专制之君主败，而自由人民之权利毫不少挫。此非自治制度之功，安克臻此。是保护人民自由权利机关，议会之外，其惟地方自治制度乎？二者如辅车相依，废一不可也。

第三款　行政部与立法部之关系

文明各国，行政官之外，莫不有立法议会，然则此行政部官厅，与立法部议会关系将何如？考之各国，互有异同。英国议会政治，其原则，凡内阁，但对议会有信任时，得有行政权。苟失其信任，则连带负责任而辞职，名之曰责任内阁制。米国异是，行政部与立法部相独立，大统领在任中，对于议院不负责任，虽有过，不辞职。无论与议院起如何冲突，失如何信任，而莫之如何。故为行政官者，不得兼立法部之议员。国务大臣向议院无答辩之责任。但遇非常时，下院得弹劾大统领，上院有审判被下院弹劾大统领之权，常时则不能，此名之曰米国议院制，无责任内阁制。无责任内阁制所长，在夫维持行政部之独立。责任内阁之所长，在夫行政部与立法部之调和。盖以有实力之行政部为行政官，又可为上院、下院之议员也。然二者不无所短。无责任内阁制，则行政部设与立法部冲突，必待大统领改选，议员改选，方可调和。当其未改选之时，各逞意见，互相触排，往往调停之者，反在夫民间之政党，而政党势力，因是益张。且也内阁对议会，虽不负责任，然对人民必负责任，人民实行此责任，惟出于改选统领之一途，于是统领改选，即内阁之改造，数年之间，必有一番政府大动摇，全国人民大竞争者，而内乱革命之祸，几不免。反之，英国责任内阁制，必其国民富于政治智识材能，为议员者皆得有为行政官之资格，且必有在朝在野二大政党屹立国中，方得造成巩固之内阁。否则，如数小党分立之法国、意大利等，则不利于责任内阁制也。盖二制之优劣，固宜按国家社会之实情而决。然概言之，君主国制之国家，则当以责任内阁制为宜，何则？责任内阁制，国家之元首不负责任者也。

## 第六章　司法部

第一节　司法部之概论

兹所称司法部者，非指法部而言，专指大审院及其他裁判所而言者也。法部者，关于司法行政之一部，非本章所举司法部之意，是本章所举之司法部,直除去司法行政之一部,与行政、立法两部鼎力而三者也。司法部制度之废举,与社会文化程度消长,最有关系,善观人国者,必先观其司法部制度,人民权利自由之扩张保护赖之,国家之治安赖之,经济之发达善良,风俗之维持,亦无不赖之。世有谓,一国有善良裁判所,犹个人之有良心,个人无良心,则其人格丧,国家无善良之裁判所,则其国本摇。旨哉斯言! 其真足为我近日中国之棒喝乎! 夫从今日文明社会三权分立观之,有立法、行政、司法三大部,然推求此三大部发达之次第,惟司法为最先。既有社会,遂有争议,既有争议,必有人为之裁判,此裁判即今日司法部之意。夫人一日争议不绝,即一日裁判不绝,一日裁判不公,即人民一日不安。是以立法官对于将来,公平制定法律,行政官处之现在,公平施行法律,司法官者,宜对过去之事实,公平适用其法律者也。

司法官之职务如此,然则司法官岂第依傍现在法律之字句,以适用之于过去事实已哉(文理的解释)? 盖适用法律,遇文理的解释所不能通者,犹贵夫有理论的解释。无论立法官之审慎如何,周详如何,必不能于未来之事实,逆料至当。即现在之事实,过后亦不无变更者。又无论法律之严密如何,一方面解释之以为是,易一方面解释之,亦未必遂为是者。法学家有所谓限缩解释、扩张解释、补正解释、宽大解释、严正解释等种种名称,不一而足,可知解释之如何,视司法官之智识、道德而定。司法官务尽其力之所逮,心之所至,善为解释。且也司法官解释之效力甚大,今日之解释,或即为将来之法律者。英、米习惯律,可为一证。日本系法典编纂成立之国,虽其效力逊诸英、米,然亦足以法律范围伸缩者(详见日本奥田博士《法学通论》法律三)。是以司法官贵有专门智识,公正心术,又必国与以特别保护,使彼无所畏缩也,而后可。

欲使行政部完全成立,则不可不使行政部离立法部而独立。然欲使司法部完全成立,亦不可不使司法部离行政部而独立。行政与司法不分,此为人民权利自由最不能扩张、不能保护之主因也。何以言之? 司法与行政合,则行政官不问其人之有罪与否,逮捕监禁,可以任意,而人民之身体自由不克保。苟离而为二,则除特别原因,行政官可以逮捕外,必不可不先经裁判官之判决,罪而有也,逮捕固宜,罪而无也,虽君主亦不能挠人民肌肤于万一。苟警察或司狱官吏,不依法律而逮捕人,而监禁人,而为一切苟虐行为,其罪有甚于私人。裁判之者,不在行政部之警察官,而在司法部之裁判官,此即司法部之独立也。是以司法官任命,虽属诸行政权,而罢免则非其自

285

由。近世欧洲诸国,司法官独立,首推英国。英国当一千七百〇一年以前,君主可任意罢免法官,至一千七百〇一年后,宪法上虽有特别保护司法官之明文,非经两院上奏,不得罢免。今日此风殆遍及于文明各国,如日本宪法第五十七条第二项,规定:"裁判官除刑法宣告,或惩戒处分外,不得免其职。"则日本裁判官地位之巩固如何,自可知矣。

第二节　陪审制

古代希腊人,以参与司法权为自由,人民必要之特权。如雅典人,凡有重大犯罪,付诸人民裁判,使全国人民中年龄满三十岁以上者,宣誓共得审判官,六千人分为十部,每部五百人,余一千为候补员。寻常事件,一部裁判之,重大者,则二部或三部联合裁判。此制今虽不行,然今日英国法,重要诉讼当事者之请求,使陪审官列席审判。又各州法庭,遇金额二十磅以上之诉讼,得召用陪审官。此犹不脱雅典人之旧习。盖古代法律简单,非若今日数千百帙法文可比,普通人民易于知之。且希腊当时方从君主、贵族之手,收回裁判权,而人民之权力不得不重。雅典斯制,固足多者。今也司法机关日臻完备,则此制之存亡,亦不可不加以研究也。以下略述英国陪审制之大要。

英国陪审官,为普通人民,在法官指导之下,审查判决关于民事诉讼,或与刑事讼诉有关系之事实。此陪审官自事件发生地方,有财产户主中抽签而出,其员数十二人,全数一致方可判决。如陪审官中,确有嫌疑者,则诉讼人有拒绝之权利。陪审官之要务,限于事实问题,其所判决者,仅在确有证据,足以证明之事实范围内。若夫法规应适用此事实与否,则法官指挥之。证据之轻重、价值及内容,亦法官指挥之。犯罪之有无,由彼等之判决而定,法官依此判决,适用法律而宣告之、所有指挥裁判之全部,关于事件法律之宣告,系裁判官之职务。而陪审官之职务,则仅在调查事实,决定犯罪之有无者也。英国近日民事诉讼,用陪审制甚少。惟葡萄牙、苏兰沿用之。法、德二国,惟用之刑事。

第三节　立法部及行政部应受司法部监督否乎

司法官既独立,然则立法部及行政部应受司法部监督否乎? 亦一问题也。立法官及行政官之行为,违反通常法律,则与普通人民一例,在法庭审判,固无疑义。然立法官、行政官属诸职权范围内之行为,如有问题发生时,应付诸通常裁判所裁判乎,抑别设一特别裁判所裁判乎? 此点不得不为之研究。各国于此约有三主义，曰英国主义，曰法国主义，曰德国主义。前曾述之，英国及其殖民地合众国及新世界诸共和国之官吏，无论何时，向通常裁判所负其责任，故英国上自总理大臣，下至巡查兵卒，凡有不合法行为，无不受裁判于通常裁判所者。米国亦然，合众国议院与各州立法部之行为，有违宪者，其高等法院得干涉之。德、法则异是，两国官吏不受通常裁判所之管辖，如法国各县县知事及县参事会会员为行政裁判官，中央则参议院。日本名之曰枢密院，为终审行政裁判所。若通常裁判所与行政裁判所有争议，则有权限争议裁判所。法国所以然者，盖以法国大革命以前，司法权干涉行政权，每起冲突，至革命后，立法权、司法权、行政权分立，遂有此制。德意志与法大同小异，德国行政官吏无法律上特别规定，则不受管辖于通常裁判所与行政裁判所可知。德国通常裁判所，有兼行政裁判者，有不兼行政裁判者，且其另设一行政裁判所，专理行政裁判之事。要之，如英、米制，则无官尊民卑之弊。如德、法制，则官吏享有特别保护，易于措施。二者固各有所取也。

## 第七章　政党

### 第一节　政党之意义

何谓之政党？盖政党者，民间政治上之团体，对国家政治上问题，抱同一目的，同一定见，借协同的势力，催进政府，或自握政权，以实行利益、国家之政策者也。个人之势力不敌共同团体之势力，其理甚明，是欲促国家之进步，舍政党无他道焉。世界各国，惟专政体以一二人之意见，斡旋全国之政治，废举自由，治乱不问，人民亦自甘蜷伏于一二人之下，罔顾切肤之利害，盲从少数之从违。外此则立宪各国，无一不有政党者，国家行政进行之迟速，即以其政党势力伸缩、政党方针良窳为衡。英国有所谓自由党、劳动党、国民党、统一党，法国有所谓急进社会党、急进党、进步党等，德意志有所谓德意志保守党、德意志帝国党、国家自由党等，意大利有所谓急进派、社会主义派、共和主义派等，俄国有所谓立宪众民党、劳动众民党、社会众民党、社会革命党等，墺地利有所谓波希米（墺地利最北之州）保守的大地主派、波希米代议士俱乐部派、波希米农民俱乐部派等者，日本亦有所谓大同派、犹兴党、进步党等者。要之，立宪政体与政党相存亡，相盛衰，政党存则立宪政体存，政党亡则立宪政体亡，政党盛则立宪政体与之俱盛，政党衰则立宪政体与之俱衰。立宪政体其名也,政党所以副此名之实。庄周所谓名者,实之宾。立宪政体其毛也,政党所以附此毛之皮。虢射所谓皮之不存,毛将焉附?虽各国宪法不明许人民以设立政党,然宪法既载有结社自由,此非结社中之一最要结社、最贵结社乎?

于此更有不得不贡一语于诸君者。欧阳永叔曰:小人无朋,惟君子则有之。余亦谓,非政治无政党,惟关于国家政治,以求达利益国家之目的,则有之。如前所述,英、法、奥、俄、日各国之党派,无一不具公心,谋公益者,使其徇一人一家之利益,或少数人之意见,联结数千百恶劣之徒,高揭旗帜,翊翊然曰,政党也,政党也,今日胁制政府,明日扰害人民,今日与甲政党起无意识之冲突,明日与乙政党起无意识之冲突,夫岂徒无益于立宪政体,而又速之亡者,则此等岂第政党之不足称,贼党焉而已。

以下略述英法各国政党之近状。

第二节　各国政党近状

第一款　英

亚孙曰:"英国内阁之权力消长,由选举区民对之信任如何而定。"斯语诚说破英国政治上之状态也。夫英国选举区民,虽不得直接右内阁,然选举区民意,向与下院构成分子最有关系,下院构成分子之如何,诚决定内阁构成分子如何之蓍受籖也。

一九〇五年十二月四日,英国首相统一党白尔荅黄辞职,五日,自由党首领彭纳万内阁组织之,命于王,十五日,彭纳万奏请王定候补内阁员,十一日,新内阁成。考英国下院政党,自一九百年总选举之后,统一党议员因各党候补员补入,虽渐渐减少,然至一九〇五年十二月,内阁更迭之倾,尚不失为多数党,及一九〇六年二月十三日,召集新议会,举出新议员,而统一党议员之减,不可言矣(英国惯习,凡内阁更迭之前后,不待下院法定任期七年期满,遂可奏请总选举,以决在朝在野两党势力消长)。今将一九〇六年总选举前后与一九〇〇年总选举后下院议员之党派,比较于左。

## 下院议员党派表（一九〇六年一月三十一日、二月十五日《泰晤士报》所载）

| 选举区分类 | 议员数 | 一九〇〇年总选举后 | | | 一九〇六年解散前 | | | 一九〇六年总选举后 | | | |
|---|---|---|---|---|---|---|---|---|---|---|---|
| | | 自由党及劳动党 | 国民党 | 统一党 | 自由党及劳动党 | 国民党 | 统一党 | 自由党 | 劳动党 | 国民党 | 统一党 |
| **英伦** | **四六五** | | | | | | | | | | |
| 伦敦 | 六二 | 八 | | 五四 | 一〇 | | 五二 | 三八 | 四 | | 二〇 |
| 市街地 | 一六四 | 三九 | 一 | 一二四 | 四六 | 一 | 一一七 | 九六 | 二五 | 一 | 四二 |
| 郡部 | 二三四 | 七八 | | 一五六 | 九三 | | 一四一 | 一五八 | 一六 | | 六〇 |
| 大学 | 五 | | | 五 | 一 | | 四 | | | | 五 |
| **威尔士** | **三〇** | | | | | | | | | | |
| 市街地 | 一一 | 八 | | 三 | 七 | | 四 | 一〇 | 一 | | |
| 郡部 | 一九 | 一八 | | 一 | 一八 | | 一 | 一六 | 三 | | |
| **苏格兰** | **七二** | | | | | | | | | | |
| 市街地 | 三一 | 一五 | | 一六 | 一八 | | 一三 | 二三 | 二 | | 六 |
| 郡部 | 三九 | 一九 | | 二〇 | 二二 | | 一七 | 三五 | | | 四 |
| 大学 | 二 | | | 二 | | | 二 | | | | 二 |
| **爱尔兰** | **一〇三** | | | | | | | | | | |
| 市街地 | 一六 | | 一〇 | 六 | | | 五 | | | 一二 | 四 |
| 郡部 | 八五 | | 七一 | 一三 | 四 | | 一〇 | 三 | | 七〇 | 一二 |
| 大学 | 二 | 一 | | 二 | | | 二 | | | | 二 |
| 总计 | 六七〇 | 一八六 | 八二 | 四〇二 | 二一九 | 八二 | 三六九 | 三七九 | 五一 | 八三 | 一五七 |
| | | 二六八 | | | 三〇一 | | | 五一三 | | | |
| | | 统一党多数一三四 | | | 统一党多数六八人 | | | 统一党少数三五六 | | | |

一九〇〇年总选举后,统一党有席卷英伦与苏格兰之势,于六百七十人议员中,占四百二议席,与自由党、劳动党、国民党比较,则有多数一百三十四人。迨一九〇六年总选举后,情随事变,非复昔比。前首相白尔荅黄,因相差二千票落选,其同党亦率如是。英国自此次选举后,在野党之势力张,而在朝党之势力大挫矣。

第二款 法

法国自一八七一年至今,下院议员选举,合有十三回,其间政界状况之变迁,政党之分合盛衰,或名称变更,莫可究诘。概而言之,保守派之衰退,革新派之勃兴,而且革新派中急进派之勃兴也。今将法国一九〇年五月下院议员总选举前后所属政党之种类,比较之如左。

|  | 新议会 | 前议会 |
| --- | --- | --- |
| 复旧诸党 | 七八 | 八四 |
| 国民党 | 三〇 | 五三 |
| 进步党 | 六六 | 九五 |
| 左席共和党 | 九〇 | 八三 |
| 急进党 | 一一五 | 九六 |
| 急进社会党 | 一三二 | 一一九 |
| 合同社会党 | 五四 | 四一 |
| 独立社会党 | 二〇 | 一四 |

阅右表,则大同团结各政党之占优胜,左进的倾向发现可知矣。属诸大团结政党,即右述进步党、左席共和党、急进党、急进社会党、合同社会党、独立社会党等是。何谓之左进的倾向?列在左席诸党,势力膨胀之谓也。法国议席顺次,与欧洲大陆各国等,从议长席观下,列右方议席者,为保守派,列左方议席者,为革新派,列最左方议席者,为极端革新派,其惯例如此,故议员有右党、中央党、中央右党、中央左党、极左党之称。

按法国下院左进的倾向,与法国政治大有关系,如外交之平和的扩张,实行政教分离,对于产业之官权膨胀,实施社会政策,皆由此左进的倾向而来者。

第三款　德

凡一国政党之兴衰存亡,证诸其国种种事实而后得,议会议员总选举统计,其最足资取证者也。德国惟社会众民党势力发达最速,今就社会众民党员当选者,累年比较,其势力之增加,有足惊者。

| 总选举施行之年 | 当选者数 | 对于议员总数之百分比例 |
|---|---|---|
| 一八七一 | 二 | 〇.五二 |
| 一八七四 | 九 | 二.二七 |
| 一八七七 | 一二 | 三.〇二 |
| 一八七八 | 九 | 二.二七 |
| 一八八一 | 一二 | 三.〇二 |
| 一八八四 | 二四 | 六.〇四 |
| 一八八七 | 一一 | 二.七八 |
| 一八九〇 | 三五 | 八.八二 |
| 一八九三 | 四四 | 一一.〇八 |
| 一八九八 | 五六 | 一四.一一 |
| 一九〇三 | 八一 | 二〇.四〇 |
| 一九〇七 | 四三 | 一〇.八三 |

阅右表,则知该党议员数递次增加,若一八七八年、一八八七年、一九〇七年三回,其例外也。

更就德意志帝国议会最近三回总选举后,各党派议员所属人数,列表如左。

| 党派名 | 一八九八年 | | 一九〇三年 | | 一九〇七年 | |
|---|---|---|---|---|---|---|
| | 议员数 | 对议员总数百分比例 | 议员数 | 对议员总数百分比例 | 议员数 | 对议员总数百分比例 |
| 德意志保守党 | 五六 | 一四.一一 | 五四 | 一三.六〇 | □ | 一五.一一 |
| 德意志帝国党 | 二二 | 五.七九 | 二一 | 五.二九 | □ | 六.〇五 |
| 国家自由党 | 四六 | 一一.五八 | 五一 | 一二.八五 | □ | 一三.六〇 |

续　表

| | 一八九八年 | | 一九〇三年 | | 一九〇七年 | |
|---|---|---|---|---|---|---|
| 自由联合党自由国民南德国民等 | 四九 | 一二.三四 | 三六 | 九.〇七 | 四九 | 一二.三四 |
| 非犹太人党 | 一三 | 三.二七 | 一一 | 二.七七 | 一六 | 四.〇三 |
| 农民党 | 一一 | 二.七八 | 八 | 二.〇二 | 一四 | 三.五三 |
| 中央党 | 一〇二 | 二五.六九 | 一〇〇 | 二五.一九 | 一〇五 | 二六.四五 |
| 社会众民党 | 五六 | 一四.一一 | 八一 | 二〇.四〇 | 四三 | 一〇.八三 |
| 波兰□□他民族诸党 | 三五 | 八.八二 | 三三 | 八.三一 | 二九 | 七.三〇 |
| 其他诸议员 | 六 | 一.五一 | 二 | 〇.五〇 | 三 | 〇.七六 |
| 总计 | 三九七一 | 〇〇.〇〇 | 三九七一 | 〇〇.〇〇 | 三九七一 | 〇〇.〇〇 |

　　阅右表,则知德意志政党之林立,与中央党为各党中议员数最多者。考德国政府每有计划,常集合赞成议员以行之,其组成政府案,赞成团体诸派,时时变更。且德意志帝国议会对政府态度,与普鲁士议会对政府态度,常大反对。一九〇七年总选举后以至今日,中央党对政府关系,可为左[佐]证。盖德国宰相皮洛在德意志帝国议会,联络农民党、商工党、非犹太党、犹太的急进党、新教的保守党等,与旧教中央党反对。然在普鲁士议会,则以中央党为政府赞成团之一大要素。

　　第四款　墺

　　小政党之分立,最为立宪国家之腐点。观墺国政党分布之状态,则其国家进步之缓可知矣。何则?三五一群,二五一群,则必无对国家目的同一之大政党。及在议场,甲党提出政见,则乙党驳之,乙党提出政见,则丙党驳之,开议累自,不见议决,于国家行政上,岂无妨碍?况以墺之小国,而党派分歧如是,更非国是之利者也。兹列千九百年十二月至千九百一年一月墺国议会众议院议员选举表,如左。

从党派员总数中各选举团体选出之员数

| 党派名称 | 党派员总数 | 大地主 | 商工会议所 | 市及工业地 | 村落 | | 一般选举民 | |
|---|---|---|---|---|---|---|---|---|
| | | | | | 直接选举 | 间接选举 | 直接选举 | 间接选举 |
| 波希米保守的大地主派 | 一九 | 一八 | | 一 | | | | |
| 波希米代议士俱乐部派 | 五三 | | 四 | 二一 | | 一九 | 一 | 八 |
| 波希米农民俱乐部派 | 五 | | | | | 五 | | |
| 波希米国民的社会联合派 | 五 | | | | | | | 五 |
| 中央派 | 二九 | 六 | | 一 | | 一七 | | 五 |
| 德意志统一派 | 二一 | | | 九 | | 六 | 一 | 五 |
| 耶苏教的社会派 | 二五 | | | 八 | 六 | 三 | 五 | 三 |
| 德意志进步派 | 三二 | | 一〇 | 一九 | | 二 | | 一 |
| 立宪大地主派 | 三〇 | 三〇 | | | | | | |
| 德意志人民派 | 四八 | | 二 | 二八 | 二 | 一二 | 一 | 三 |
| 意大利派 | 一八 | 二 | | 七 | | 五 | 一 | 二 |
| 波兰派 | 六一 | 二〇 | | 一三 | | 一六 | | 九 |
| 罗马尼亚派 | 五 | 二 | | | | 二 | | 一 |
| 拉丁派 | 六 | | | | | 四 | 一 | 一 |
| 斯拉夫中央派 | 二一 | | | | 五 | 八 | | 七 |
| 斯拉宾派 | 一六 | 一 | | 五 | | 八 | 一 | 二 |
| 社会众民派 | 一〇 | | | 一 | | | 五 | 四 |

续　表

| 党派名称 | 党派员总数 | 大地主 | 商工会议所 | 市及工业地 | 村落 | | 一般选举民 | |
|---|---|---|---|---|---|---|---|---|
| | | | | | 直接选举 | 间接选举 | 直接选举 | 间接选举 |
| 无所属 | 一七 | 五 | 一 | 五 | 六 | | | |
| 总计 | 四二五 | 八五 | 二一 | 一一八 | 一三 | 一一六 | 一六 | 五六 |

第五款　俄

一九〇六年三、四月间，俄国帝国议会众议院议员第一回总选举，纯采复选举法、财产制限选举法，由是极端急进派弃权，一般人民心灰，议员之所属，不明者多，要之，革命派胜，而守旧派败。当总选举时，人民反抗政府极烈，所举者皆左党诸派，如立宪众民党、劳动党，第一议会之最大政党左党中之卓卓者也。二党中，尤以立宪众民党人材为多，其能号召国民，转旋国是，诚有不足异者。今将第一议会至第三议会下院诸党派兴亡起伏，列表于左。

| 党派名 | 第一议会 | 第二议会 | 第三议会 |
|---|---|---|---|
| **急进诸派** | 二九八 | 三〇六 | 一一五 |
| 立宪众民党 | 一六一 | 九二 | 五四 |
| 劳动农民党 | 九七 | 一〇一 | 一三 |
| 社会众民党 | 一七 | 六五 | 二〇 |
| 社会革命党 | 〇 | 三四 | 〇 |
| 民主社会党 | 〇 | 一四 | 〇 |
| 进步改良党 | 〇 | 〇 | 二八 |
| 众民改良党 | 一四 | 〇 | 〇 |
| **中央席及右席诸派** | 三一 | 五四 | 二七三 |
| 十月党 | 一七 | 三二 | 一五三 |
| 右席稳和党 | 〇 | 〇 | 七〇 |
| 右席派 | 一四 | 二二 | 五〇 |
| **其他诸派** | 七〇 | 九五 | 五二 |
| 民族派 | 〇 | 〇 | 二六 |
| 波兰党 | 三二 | 四七 | 一一 |

续 表

| 党派名 | 第一议会 | 第二议会 | 第三议会 |
|---|---|---|---|
| 哥萨克党 | ○ | 一七 | ○ |
| 立脱民族派 | 六 | ○ | 七 |
| 爱索尼亚民族派 | 五 | ○ | ○ |
| 回回教派 | ○ | 三一 | 八 |
| 小俄民族派 | 二七 | ○ | ○ |
| 无所属议员 | 一○九 | 五○ | ○ |
| 纯无所属 | 六七 | 五○ | 二 |
| 所属不明 | 四二 | ○ | ○ |
| 以上总计 | 四九八 | 五○五 | 四四二 |

右表系一千九百○七年俄国第二回总选举后,各党派之势力一览表也。盖俄国第二回总选举,政府施其种种手段,以助稳和派、保守派之当选,抑反对党之运动,卒之,第二议会下院议员反对政府,较前议会益甚。就其举出议员所属主要团体观察,立宪众民党虽较前次稍逊,尚不失为大党。惟劳动党、民族的诸党渐渐增加,无所属者骤减。其变动最著者,极端左党即社会众民党增加是也。要之,人民自有实力,何患政府之压制。不但压制无损我一毛,而且愈压制,进行因之愈速者。譬之以石投水,石愈重,则水跃愈高,其理无二。吾故谓,不患有专制之政府,而患无实力反对专制政府之人民。

第三节 结论

如前所述,各国党派,有少自三四,多至十余者,何哉? 盖政党起于人民与人民间意见投合,利益共同,甲与乙意见不合,利益相反,而与丙相合相同,则甲与丙为一派,而丙与丙以外,相合相同之丁成为一派,势所必然。例如一国人民,对于贸易政策,或主张自由者,或主张保护者,则此自由保护,必分为二派。对于外交政策,或主张强硬者,或主张稳和者,则此强硬稳和,必分为二派。他若工业政策,有所谓社会主义者,有所谓非社会主义者。选举政策,有所谓普通选举制者,有所谓制限选举制者。主义不同,斯其向背自异,向背既异,则发之于外,不得不有党派。各团体自有其向背,即各团体自成其党派。虽然,英、米二国,政党虽多,率合而为二大党者,何哉? 由立法部、内阁员、大统领选举而来者也。苟分为小党,则人民不足以抗政府,政府亦不足以抗人民，是以国中有二大政党，其代议政体必固，内阁必难动摇者也。盖一党立于朝，施行政治，一党在于野，监督政治，使二党均不敢启其间，以容他人之入，于国家政治上大有影响，于责任内阁制最宜。但在野党亦有时在朝，在朝党亦有时在野，二者万不可各逞意见，故意攻击，使将来有难易地而为者。且也同党之对同党，原以和衷共济，自固其团结为主，然必国家为重，而同党为轻，万不可舍国家多数之利益，以从同党非反对党之所是，而是反对党之所非者。人无不昧于爱憎，而阿其好恶，迫于利害，而乱其是非，独之政党，则有不可者。

或曰，如子之说，则政党不得竞争矣，夫主张要求辨难，非政党之责任乎？曰：不然。吾所谓前说者，非告政党以不可竞争，而告政党以不可攻讦也。竞争与攻讦异。竞争者，不越夫分者也。政党者，虽其主义不同，而对于国家之目的则一。但其目的在国家，而不在私人，则粉骨碎身，亦政党之天赋，何得为政党咎。此谓之竞兢争。政党不竞争，则不成其政党。惟竞争，而国家真正之利益乃出。纵同一主义也，亦有缓急完缺之不同，择其完者，应急者，或应缓者而行之，其缺者，不应急者，或不应缓者而置之，非政党，而谁其功。

我国疆域寥阔，人口众多，一国之中，因地理上、种族上关系，而区为种种，数年之后，大开国会，吾知其党派必有多于今日者。使其党派之目的在国家全部也，则深为中国前途贺，使其党派之目的而仅在一部分也，则深为中国前途危。自国家思想发达，人惟国与国间有界，而一国之中，甲省、乙省，甲种、乙种，固绝无界限存于其间。我国所谓闽、浙、皖、宁者，行政区域上之分。所谓满、汉、蒙、回者，历史上之名称，而非国家观念，必分为若闽、若浙、若皖、若宁，又必分为或满、或汉、或蒙、或回者。夫闽、浙、皖、宁者，中国之闽、浙、皖、宁也。满、汉、蒙、回者，中国之满、汉、蒙、回也。既同是中国，则关于全国利益，当于是等共谋之。且国会者，代表全国人民之利益之机关。一夫不获其所，惟朕之罪。一人不得沾其利益，惟国会之罪。况夫列强环伺，内溃一起，外祸即来，与其侵夺于外人之惨也，毋宜和衷共济，联内以拒外之为愈乎！

# 诗文、楹联与书信

## 同学张君羽生毕业归国诗并序

**序**

梅雨初酣,石榴花孕。麦风欲醉,角黍香生。而况送君南浦,别我东都,天际故人,酒边絮语。不有高咏,何伸别怀。薄饯未已,敢劝数行。即希教正。

**其　一**

一唱骊歌思惘然,数行别泪洒旗前。归从蓬岛三千里,时恰清和四月天。大海鹏搏看远翮,春风走马好弹鞭。嗟余辜负寒鸥约,花事长安输一年。

**其　二**

梅花欲放枣花黄,闻道诸君理去装。把袂高吟裴马句,衔杯且醉水云乡。天涯知己晨星少,京国韶光春昼长。别后试教回首望,蓬莱自在水中央。

# 咏怀(二句)

上林二月花如锦,一棹归来也挂冠。

# 致浙江都督书

都督麾下:

廷恺寡德谬膺知遇,受命以来,自惭樗栎庸才,无补万一,然大法小廉之戒,颇窃自勖。乃近阅《汉民日报》揭载恶迹,连篇累牍,几于无日无之。退而自省,百思不得,因于五月十六日登启事两则,请关系人或被害人提起诉讼,并求该报于三日内明白宣布确实证据。待命至今,彼所谓明白宣布者,仍不过尔尔。中夜旁皇[彷徨],愈难自默。虽都督宽大为怀,一再慰勉,惟是官箴所在,国法攸关,纵都督为廷恺一人,原其何以对吾浙诸父老伯叔兄弟,又何以对吾浙有职守有言责者乎?用敢将该报逐日所载荦荦数大端,除茧商借款扣用一案,奉经各司核办议复,不复腼陈外,余则依次声明,另折开呈。伏恳都督迅赐派员彻查虚实,照律严办,以儆实邪而重舆论,否则若系该报因一时客气,借题发挥,或者掇拾浮言,以助资料,此则非廷恺之咎也。抑廷恺更有进者,民国初兴,首尊言论,若因该报所载不实而厚□责备,使世之人唾骂廷恺为钳制言论自由,各报因是而嗫嚅不言者,则又非呈请者之本意欤。冒渎上陈,伏惟垂鉴。前财政司金事虞廷恺谨□。

### 计开请折一扣

一 总务科科长久兼不放(见五月十二日时评三)。当财政部改司之际,高司长拟聘前宁波财政部长张君传保为总务科科长,旋因张君来杭面辞,乃改聘今平阳县参事王君理孚。王君复电辞,此缺遂暂悬不补。该报云廷恺久兼不放者,究不知何所据而云。然如言兼俸,则财政司有每月薪俸簿可查。如言兼职,则自各司官制实行后,凡属科长以上人员,须由司长荐请委任,即暂行兼理,亦必得司长命令。此皆有案可稽,非可臆度。况兼而不久,更何可欺人耳目乎?此应请查办者一也。

二　对于统捐局长即茧捐委员之受贿,或任用私人。就职权而论,佥事仅居参赞地位,而无任用之权,尽人知之。该报十二日时评云,用特统捐者君也,真昧于官制,姑置弗论。即就事实言之,试问经徽、杜泽生、郑衡等是否廷恺私人?其得统捐差委也,有无纳贿情事?又该报十三日振青时评云,茧捐委员求诸外者,非以贿成即以威胁,究竟何人为贿成,何人为威胁,该报既有所闻,尽可和盘托出。至五月十八日载钱君因某某处统捐局长贿卖,虞廷恺得洋三千元,证据在钱之手。本月初二日载塘□分局长沈鋆由许某说合,以七百金为寿,尤属凿凿有据。事关官吏纳贿,安可默尔而息?此应请查办者二也。

三　密派翟、曹库书盗窃藩库(见五月十八日)。查此案正月初十日,前财政部准军务处军法科函称,据先锋团长张伯歧移以奉,拟将翟、曹二人即行移送贵科,当由该部课员叶君联芳前来取保,归渠自行追究云云。并无如该报所称,廷恺密派监守人陆缵盗运及当嘱科员叶联芳向先锋团再三讨保等语。且经财政部将叶课员报告清折,并叶课员先后送交军法科质讯,均无牵涉廷恺情事,炳案具在,何可遁饰?今姑不问盗库二库书非廷恺密派,又无觅人讨保情事,即有之何以不出诸先锋团长之口,而发于该报?又何不宣布于是案发生之当日,迨事隔五月始为揭载,其用意何在?殊难索解。若云百计运动移交杭府知事。徐团长保释,曰杭府,又曰知事,文字矛盾,固不足怪,惟既指为"运动",当必有"运动"证据,此应请查办者三也。

四　用人某假冒图章骗取银洋四百元。五月十八日该报云"廷恺有用人某,假冒图章,骗取银洋四百元。当被该司科员查悉,取其假冒证据,报告廷恺,不料竟曲为辩护,将该科员开除,而骗取银元之现行犯则信用如故"等语。查前财政部公役冒领银洋一案,曾经杭县法院判决在案,究竟冒领者是否为廷恺用人,以及廷恺有舞弊,确可吊查。至云开除报告科员,及信用骗取银元之现行犯一节,尤属蛇足。抑知此案之首先报告者为今财政司支应科课员王奎成,其时高部长因公外出,廷恺闻警即到科查阅,探得该科公役梅标言语支吾,遂先交庶务课长姚祐承派卫兵看守,旋晚间供出军用票五百元,次日送交杭府。何得云骗取银元之现行犯信用如故,又云将该科二员开除?此应请查办者四也。

五　廿八号商定宴会。恺性朴拙,常以不善酬应,取戾当世。乃五月三十日电报载:廿八号晚间,虞廷恺与浙江银行二□经理商定大开宴会,末云胡司长在座有言,断不能以舆论攻击,议会弹劾而撤换左右手。所谓左右手者指银行二经理乎？抑指廷恺乎？以及胡司长确有是言与否？胡司长当自知而能自办之，无待赞渎。至谓廷恺因茧商借款事与该经理等商定而有宴会，事果属实则借款扣用一案，固无待言，各司□议呈复，即可治恺以应得之咎。此应请查办者五也。

六　前处杭府萧文昭交案受贿。查此案先由财政司核明，萧文昭应补九千一百八十六元五角九分三厘，旋据萧文昭禀称丽水平粜，借用洋二千元。查王列各款外，萧文昭应补解洋五千九十六元，已据先后解清。本月初一日，该报云缴款三千元在沪私放，又云永嘉徐某电省求援，不知根据何在？此应请查者六也。

上列数端，故举其大者显者言之耳，余若应司长之不来，虞实有以阻之，以及认捐舞弊等情事，均应请一并查办，诚为德便。谨呈。（《浙财政司金事致都督书》，《太平洋报》1912 年 6 月 22、23、24 日，第五版）

# 上副总统黎元洪书

副总统钧鉴：

返京三日，上一书薄言私感，谅达钧座。别方二周，政局变迁，沧桑几度。自月之四日，解散国党议员令下，都人皇皇，奔走相告。虽揆之法理，容有未安。然为政治计，国会开会七月之久，一筹莫展，百事丛脞。千变万化，总不离党争两字，知有党而不知有国，何爱此议员？为此解散之举，方赞叹不遑，夫敢訾议？然史有曰："俗之所欲，因而予之；俗之所否，因而去之。"共和国家之议会，非群俗所喜乎？我大总统、副总统困苦艰艰，至有今日。原以民气不可不伸，国权不可不固。伸民气、固国权，首在分划立法、司法、行政三权，各俾独立。一年以来，行政部为立法部蹂躏过甚。此次变局，亦天道好还，不足为怪。夫洁源所以清流，表正自能直影。议会之不良，岂议会自致之？不待智者，可以喻矣！今既恶劣分子消除净尽，彼守正不阿议员，或登报声明，或有确切反对乱事证据者，若不分别去留，将何以明国家大公无我之心，而杜谗人交构之渐？正式政府成立方及一月，正式国会即行消灭，对外既不雅观，对内亦滋疑窦。议会固可摇撼政府，亦能拥护政府。今之行政最高机关，孰不尊崇？今之内阁，孰不信仰？将来提交大政方针，依廷恺管见，与夫往院同人私谈，苟不背国利民福之大经，决无反对之理。政府能于其良者存之,莠者去之,正合古人予欲去否之义,复何靳而不为焉?

此间传闻,有谓政府拟组织行政会议,代行议会职权者;又谓俟行政会议修改《国会组织法》后,发生新议会者;甚谓议会从此不存在者。市虎杯蛇,流言滋惑。总之,国会一日不维持,则人心一日不安。如以现行《国会组织法》,参、众两院职权不分而求其分,性质相同而求其异,员额太多而求其减,责议会修改则可,离议会而别求修改之途,则窃以为不可。顾名思义,行政会议为行政咨询机关则甚善,必不能含有立法性质。我中华民国,因法律而定国,岂可于国事甫定之后,而有藐视法律之举动? 得鱼忘筌,得兔忘蹄,于义则未顺,于理则不安。下而言之,议员经此次颠仆后,惩羹吹齑,谅有同情。况多数议员向抱国家主义者乎? 据最近调查,两院到会人数共七百六十余人,在取消之列者,四百六十一人。如能保存一部分稳健分子,与乱党毫无关系者,常会尚可开议。一俟候补人到时京,不及一月,宪法会议可望举行。既选举大总统、副总统于先,复制定宪法于后,此诚千古之美谈,万国所共仰也!

兹因议会存亡问题迄今未解决,议员纷纷出京,几成无形解散现象。昨日开两院谈话会,决议暂行停会。明知与法理不合,诚亦事实无可奈何。明公胞与为怀,饥溺在抱,务恳联电入告,须念国会缔造之难,人民望治之切。黄钟一声,万流景仰。保金之任,舍明公将谁属也? 否则,行政机关大加振刷,外交条约急宜修正者,思有以修正之;财政问题亟待解决者,思有以解决之。雷厉风行,举一切欧美法理玄谈,待诸异日。数年之后,人心大定,再行代议制度,亦未始非自强之道,足以慰四万万同胞想望者。唐虞以下,圣君贤相,开拓疆土,奠定邦家者,代不乏人,岂皆议会之力欤? 由前之说,惟恐代议制度之不存;由后之说,恐代议会制度亡,而行政机关与之俱殆也。孟子云:"无敌国外患者,国恒亡。"议会者,拥护政府之利器也;易言之,即政府之外患也。

廷恺自维拙劣,无补时艰,已于八日自缴当选证书,誓不敢肩此重任。惟"国家兴亡,匹夫有责",故敢贡其狂瞽。区区下忱,惟垂察焉! 临颖不胜惶恐待命之至。《《申报》1913 年 11 月 21 日,第六版)

# 进步党议员送别会序

　　进步党以国会议员之将行也，不可无以道之，于是设供张祖道磨盘院俱乐部，列席者二百余人，有执爵而言者曰：诸君亦知今日之会何会乎，必谓最可伤心惨目之会也。余窃谓不然。夫人莫不有死，死而有魂魄俱尽者，有英灵不昧者。生长松之千尺，产灵芝而九茎，此英灵不昧之说也。风凄露下，走磷飞萤，此魂魄俱尽之说也。惟党然，议会亦然。人必曰议会亡，则与议会相死相生之政党，安从而煦湿之而濡沫之？又必曰政党所以助之长者，议员耳；议员去，譬之大厦栋折榱摧，将求苟完而不得，安可久乎？噫！是亦不思之甚矣。夫党何以立，立于政见也。党何以存，存于党员也。诸君非犹是党员乎？非抱同一政见乎？议会虽死，而昔所以千锤万炼之政见未死；议员虽去，而千回百转所得之党员资格未去。昔者张仪掠笞于楚相门下，其妻讽之。张仪曰：吾舌尚存否？顾张仪之爱其身，不若舌口。何哉？身可辱而舌不可伤，舌所以传达人类心志者也。今吾与诸君之智，岂皆张仪不若哉？合数百人之舌，岂不及一张仪哉？士达而在上也，则忠言敢谏。虽死而不恤；穷而在下也，则言曲而中，事肆而隐，因贰以济民行。诸君亦知议会何自生，生于国民也。议会何自死，死于国民也。人徒咎政府之亡议会，而不知亡议会者国民。人徒责议会自今日亡，而不知我中华民国之议会，固已何有何亡，亟勉求之也。向使临时政府由完全国民公意而成，南京政府否认清帝组织共和之诏。彼鸡鸣狗盗宽衣博带之俦，奚敢簧鼓其词，淆惑观听？乃计不出此，置国基于层石之上，国会之危，危于累卵，相彼下民，复期期然不敢出诸口者。世未有其子受邻人鞭扑，而母相视而笑，又从而揶揄之者？此非邻人与子之不良，固其母有以成之也。今日之议会，何以异是？故曰：欲救议会，必自救国民始。国民者，议会之母也。余尝南游楚汉，北过燕赵，问其民能通文字者几何？自谋生活者几何？其邑之秀者与之言法律政治，则瞠目结舌，茫然不知也。无惑乎？一人在上，兆民赖之，彼所谓是非，非我所谓是非也，是其所非，非其所是，而欲国之不危，安可得哉？《传》不云乎，能固位者度其本末而后立衷焉。诸君或膺里选，或自乡举，平日得之于民者不薄，今日所以待报于民者非轻，行矣各归田里，锐志蓄精，因民之所利而利之，因民之所乐而乐之，泽以诗书之气，游乎仁义之林。吾知数年后，人将求代议制度之不遑，孰敢从而颠之倒之哉？不此之由，今日求之，明日求之，莽莽神洲，吾与子将同归于尽也，他复何羡乎？行矣诸君勉乎哉！言已，鼓掌大奋，恺因推其意而序之。（柏顾稿：《进步党议员送别会序》，《大公报》1913 年 12 月 30 日，第三版）

# 题江上戏台联

笑骂一场，曲绘人情冷暖；
贤奸两局，明垂吾辈劝惩。
横批：鉴古今

# 题双桥虞氏宗祠

往事重论，怀古谁含尘世想；
昔贤不见，听泉我爱细流声。

# 题江上虞氏宗庙门台联

烟火千家，桑麻遍野；
许峰万仞，明月满潭。

# 江上茶亭对联

一亭若翼，疑向云中冲浩气；
客官少住，试听江上读书声。

## 题白莲堂

流水半湾，尺土中成极乐国；
到门一笑，十年前是读书乡。

## 贺屈映光公寿联

近山水居，其人必寿，自古天台称福地；
有诗书气，生子多贤，即今令德作名卿。

## 挽大姑母联

回首四年前，金玉千言犹在耳；
招魂万里外，海天一抹倍伤神。

## 挽黄兴蔡锷联

人间评将略，直欲拟宋鄂王汉淮阴侯，抑得知全者昌，只三百健儿奠平禹域；

天下论英雄，真不愧华盛顿西乡隆盛，太息假年何促，剩满腔热血洒向神洲。

（《丙辰》1917 年第 2 期）

# 题浙南道教圣地——圣井山二联

## (一)

灵脉山泉通海眼；

石门圣殿壮仙乡。

## (二)

鸡犬同升，日腾仙源路；

人神共驻，夜宿景福山。

# 致亲友书信（编者按：具体时间待考，暂附于此。）

### 一、致内弟黄仲兰书（十八日）

展诵惠书，就稔潭祺协吉，欣慰无似。来书云云，早萦五内。惟目下尚无良好机会，实难进行。味兰来京，原为戒赌起见，不作别图，一面练习语言文字，为将来作事地步。厥后水土不和，时患疾病，彼亦借此解脱羁束，亟拟南旋。又经旁人劝告，□不得已给资，任其回去，此中情形亮邀鉴及。

来书谓毫无才识，末法安插，未免误会。愚具有心肝，对他人尚多方汲引，岂对至戚如弟等，竟莫不加意乎？谚言云："哑子漫尝黄柏味，自家有苦自家知。"请弟三复斯言，自可释然，书不尽意。即问近好！堂上二大人希为叱叩。

星一、雨田诸君请为道候。

### 二、致内弟黄仲兰书（七月十日，农历五月十八）

接诵惠书，厚加存问，感荷之至！敝眷在京，诸叨福庇，幸获平安。令兄暨令嫂、连生辈，今年仍赴嘉善否？有暇乞告我详情。久未通讯，念念无似。寿屏至今尚未制就，迟延之咎，自知不免。惟外舅母颇不以此举为然，故兄未便冒昧,致干长者之怒。望弟乘机谏劝,俟入秋暑过,便可从事也。此颂潭祺! 外舅母大人前,乞为叱叩请安。

### 三、致内弟黄仲兰书

仲兰内弟如见:

接诵惠书,籍悉。寿屏一节,自当尽力为之。惟此项经费共需若干,请详晰核算(大致分贴金、剪缎二项)示知。《寿序》日内当可着笔。因离京两月,许多事不得不先为了结,故暇晷无多,心绪亦乱。味兰冬间娶媳已定否? 并询。

潭安!

廷恺谨启

十一月初五

外舅母大人前,乞为问安。

### 四、致内弟黄仲兰书

仲兰贤内弟如见:

迭承注存,感难言喻。寓中平安如常。倘令姊能稍识大体,出言育度,便可相安无琪。味兰夫人自嘉善来函云:味兰已赴新复泰米行帮伙,甚好! 惟其处境依然困难,诚可虑也。

外祖母大人年老思子,亦人情之常。尚盼我等善为劝解,侍养均须周到为妙。此问近好!

廷恺顿首

十一月廿五日

### 五、致内弟黄仲兰书(十二月初四日)

迈侯来,备述覃第均吉,今年收入又较去年增加,欣慰无似。前借之款,如留作耕种资本,即迟至明年偿还亦无不可。惟望以后克勤克俭,丕振家声。寿文不日便可寄上,必不再误。日内忙冗万分,实无暇晷,幸谅之。令姊在家,弟须时时照拂。余惟心照不宣。

### 六、致志畅书(残缺)

惠书敬悉。□□家,弟实垫借过多,而□□上次来书,犹作种种讽语,令

306

人不解。然弟为保全戚谊计,不便深与计较,但劝其自问天良而已。□□夫人日昨又来一函,语甚痛切,乞兄先通融五十元即日送交。此款即归入弟帐,或交由味辛划还,或开春弟亲自带交均可,决无有误。因彼处汇兑不便,故转托兄达尔。……(以下残缺)

### 七、致内嫂书(十一月十九日)

两书均悉。以不详通信地址,故迟未答复,甚歉。味兰内兄既可自给,至喜。所谈借款一节,以敝寓需用浩繁,目前实难从命。容开年倘有机会,自当函达。(让三、经畲二人今日去一函,嘱其通融办理矣。)幸纾注系。敝寓平安如常。莲生媳妇及银生仍在家否?顷接仲兰书云:岳母大人气体康健如恒,惟望味兰归省甚切,不稔渠年内返里否?

### 八、致内弟黄仲兰书(正月初七)

复书籍悉,味兰在嘉如此景况,实在不了。去冬,渠夫人连寄数函告借。复托人代为设法,似此剜肉补疮,终非善计。弟所说赎田一节甚是。惟兄年来、资况萧条,毫无余款,况值此干戈四起,别处又难通融,如何?如何?请弟另求善法告我,容再图之。莲生今年仍赴嘉兴否?令嫂究作何计划?乞详细见示为荷。备母、姨母大人前,乞为代叩。

# 浙江省议会决议案<sup>①</sup>

## 浙江省统捐暂行法

第一条　本法定名为浙江省统捐暂行法,除已办各种认捐及其他特别法规,于本省区域内适用之。

第二条　本省区域内设统捐局及统定外,捐分局,其地点另表规定。

第三条　统捐局直辖于财政司,统捐分局受统捐局之管辖。

第四条　统捐局设局长一员,由财政司委任。各分局应用人员,由各该统捐局长酌派,并报财政司。

第五条　本法施行细则,由财政司议定,呈由都督,提交省议会议决。

第六条　本省货物之运销,应于第一次经过之统捐局或统捐分局按照应科捐额一次收足。外省货物运入本省地界者,亦同。但运销目的地在本省区域内,不经过第二次之统捐局或统捐分捐者,照应科课捐额折半征收。

第七条　运销货物者须向第一次经过之统捐局或统捐分局报明左列事项,听候收捐。随将应纳捐银如数缴足,并向该局领取捐票。

（一）货物所有者之姓名或行号;

（二）货物之种类、件数、分量、价值;

（三）运销之目的地。但到达目的地后,欲分运他处者,除第六条第二项

---

① 　此处收录虞廷恺参与修订的各类法案及其后续修订文件。

之规定,应将分运之货物补足捐额外,须将捐票呈验,换取分运单,其应列事项同前。

第八条　捐票用四联式,第一联给纳捐者,第二联解财政司,第三联解各统捐局,第四联存各该统捐分局为存根,由财政司制成编号,盖印颁发。

第九条　已经一次纳捐之运销货物,仅须受经过各局之稽查,不再负纳捐之义务,但第六条第二项之规定不在此限。

第十条　凡货物已经到达其捐票所指定之目的地后,如因意外,欲将货物全部变更其目的地(除第六项第二项之规定)或退回者,得向最终受稽查之局,声明原委,由局验系原单、原货,于原持捐票上摘由盖戳放行之。但以一次为限。

第十一条　各局稽查通过已经捐足之货物,如票货相符,须加盖验戳于捐票上,将该货物立时放行,不得有阻抑、留难、需索等弊。

第十二条　捐额均以银元计算,除本省军用军用票当然按额面数目收用外,凡在市流行之各种银元及钞票一律通用,其奇零之数准用旧有铜圆及一文钱完纳,至在流行之各种银元、钞票及铜圆,均照完纳地或完纳地最近之市价核计,各局不得有贴水名目,任意低昂等事。

纹银、银元及铜圆价目,须于各局前悬牌揭示。并于捐票盖印价目戳记,及填明收银两、银元、铜圆或制钱若干。

第十三条　应捐之物品起捐之数及捐率另表规定,除于各局前缮正悬牌外,并印送多本于商会,分给各商,以资遵行。

第十四条　凡有意偷漏隐匿之货物,或一票两用者,经查出后,应照纳捐额十倍处罚。

第十五条　凡抗不纳捐或抗不受稽查者,即将货物全数扣留,送交该管地方官处分之。

第十六条　运销货物者如遇有各局苛罚、需索、留难、阻抑,强取货物及其他违法之行为,得于一月内向该管法院(法院未成立以前,暂由县知事处理之)提起诉讼。

第十七条　旧有之宁属洋广局、闽捐局。

(《汉民日报》1912年5月4日,新闻第一版,按:《汉民日报》此前还刊登过多种本法案的文本:1912年1月1日的《浙江省统捐暂行法议决案》、1912年4月9日的《浙江省统捐暂行法修正草案》、1912年5月3日的《浙江省统捐暂行法修正案》)

# 浙江省地丁征收法

第一条　浙省田、地、山、荡应完地丁未经改定税则以前,暂照原定科则征收。

第二条　每地丁银一两,各照原定折征钱数改征银元。

向照市价征银者比照全省最少之数改征银元。

折征钱数各县不同,应以向来解省之正银一两合洋一元五角及备抵外债之三角为省税,余充地方税,另表规定。

第三条　浙西、漕南、浙东南兵米一律裁免,但军事未定以前,明年(阳历壬子年)应否征收一次由省议会议决之。

第四条　完纳地丁凡合银元一元以上者,银元、军用钞票、纸币、墨银一体

通用;不满一元者,准收小银元、铜币或制钱。

小银元、铜币未经划一定价以前,由县知事开会,按照城镇兑换店牌价议定划一价目。

第五条　征收公费应按照城乡设柜之多寡,分别员役、薪工、纸张、解费缮成预算表,适用第四条第二项之规定会议决之。

第六条　开征日期按照成例办理,先期由县知事督饬征收人员造具田赋清册。

田赋清册以都图村庄为纲,田地山荡为目,查照业户姓名、亩分,每忙应完地丁共数,编列字号详晰记载,以备征收时查核。

第七条　田赋清册造竣后举行前条各项会议,经议决后,一面专差呈报财政司查核,一面将开征日期并议定事项出示晓谕随掣,由单分配各业户。

第八条　设粮柜于县知事公署,派员主任督饬经征人员办理。凡属业户均须

自行完纳,并于前条告示内谆切劝谕。距城较远之处,得查照成例设立分柜,同前条办理,不得抬价浮收。

第九条　荒丁、绝户、向不完纳者,得据实呈明财政司于应征原额内剔除,不准浮摊业户,并于田亩清册内先行声叙。

第十条　串票应用四联版串：第一联为由单,先期分配业户;第二联为执照,俟业户完纳后掣给;第三联为报单,呈验财政司;第四联为存根,留县存查。由财政司定式饬属仿制,旧时活串不准沿用。

第十一条　由单、执照、报单、存根应对照田赋清册,著名都图、村庄、字号、业户姓名、亩分、应征地丁数目,并详细记明应收银元、小银元、制钱、铜钱币等数及并计总数与经征者之姓名。

第十二条　零星尾找满银元五分者,准改收小银元;找付铜币不满五分者,准收铜币或制钱。

一人而分数户者,不得分户找尾,应将数户之粮串合并计算。

第十三条　征收员役由县知事就征收公费内给值,凡属串票钱文一应陋规咸与革除。

原有禀准、立案、随粮、带征之各种公益捐,应查明目的有无变更,适用第四条第二项之规定,议决后列入附捐,于串票上加盖戳记。

第十四条　逾限不完之户,得由县知事立限饬催,如再逾限,即传案押追,并科以应完纳以下之罚金。

每次传费应酌量道里之远近,于传票面判明,缴由公署发给,不得额外需索业户。

第十五条　征收完毕后,应将征收公费缮成决算表,连同预算表适用第四条第二项之规定,议决后呈报财政司,于应解省税内扣抵。

**附会议细则**

第一条　关于征收公费预算及小银元、铜元价目之会议,于每届每忙地丁开征之一月前照会县议会定期举行。关于征收公费决算之会议,于每届每忙征收完毕后举行。

第二条　凡会议须有县议会议员过半数到会议决行之。

第三条　会议时以县知事为议长。

第四条　会议以记名投票决之可否,同数取决于议长。

第五条　违背前三条之规定时,其议决为无效。

第六条　会议决定应由书记作成议定书,议长及与议者均应签名盖章。

第七条　议定书应载明事项如左:

一、会议之年月日;

二、议长及与议者之姓名;

311

三、征收公费；

四、小银元、铜元价目。

第八条　议定书一纸存县知事，一纸存县议会。

第九条　关于本则第一条第一项之会议，应于会议决定后之三日内，照议定书刊印告示，分贴城镇乡，以普及为限，并呈报财政司。

前项告示未刊布以前不得开征。

第十条　关于本则第一条第二项之会议，应于会议决定后照缮议定书，呈报财政司。

第十一条　各县之议会未成立以前，由城镇乡议事会联合会议。

第十二条　本法于中华民国元年二月施行。

# 浙江省统捐暂行法（修订）

第一条　本法定名为浙江省统捐暂行法，除已办各种认捐及其他特别规定外，于本省区域内适用之。

第二条　各府治所在地设统捐局一所，定名曰某府统捐局，直辖于财政司。

第三条　统捐局设局长一员，管理本府内统捐事宜，由财政司派委。

第四条　各府统捐局应设统捐分局，其地点列后：

杭属：江干、湖墅、塘栖、余东关、海昌、硖石、富阳、武林头；

嘉属：嘉秀、嘉善、濮院（石桐）、乍浦、海盐；

湖属：湖郡、雪水桥、新市、乌镇、菱湖、长兴、双林、南浔、武康；

宁属：北门、濠河、蟹浦；

绍属：百官、曹娥、义桥、安昌、临浦、余姚；

台属：海门、箬里、关岭、西垫、江夏；

金属：兰溪；

衢属：清湖、常山、龙游；

严属：严东关、威坪；

温属：东门、西门、状元桥、平阳、瑞安、小南门、竹屿；

处属：括夏、松阳、龙泉、青田。

第五条　各分局应用人员，由各该统捐局长呈请财政司酌派，仍受各该统捐局之管辖。

第六条　统捐局各项细则,由财政司规定之。

第七条　本省货物之运销,不论道路远近,均于第一次经过之统捐局或统捐分局按照应科捐额一次取足,外省货物运入本省地界者亦同。

第八条　运销货物者,须照第十条二项所定报验单应填各款,详细报告于第一次经过之统捐局或统捐分局,听候查验,随将应纳捐银如数缴足,并向该局领取捐票及报验单。

第九条　捐票用四联式:第一联给纳捐者;第二联解财政司;第三联解各该统捐局;第四联存各该统捐分局为存根。由财政司制成、编号,盖印颁发。

如纳捐者直接向统捐局缴纳,则第三联亦作为存根,与第四联并存该局。

第十条　报验单用二联式,由财政司制成,编号颁发:第一联黏于给纳捐者之捐票(即捐票第一联);第二联黏于存根各收捐所在之统捐局或统捐分局,均须于黏合处盖用骑缝钤记。报验单应行填写各款如左:

（一）货物所有者之姓名或行号;

（二）货物之种类、件数、分量、价值;

（三）运销之目的地;

（四）运销所经由之路;

（五）到达运销目的地之期限(其运销目的地或不属于本省者,预计到达本省最终稽查点之时期开列之)。

第十一条　已经一次纳捐之运销货物,在报验单所填明之期限内,仅须受经过各局之稽查,不再负纳捐之义务。

第十二条　凡货物已经到达其报验单所指定之目的地后,如因意外欲变更其目的地或退回者,于十五日内得向最终受稽查之局声明原委,由局验系原单原货,于原持税票上摘由,盖戳放行之,但以一次为限,并不得逾十五日之期。

第十三条　各局稽查通过已经纳捐之货物,如单货相符,须即加盖验戳于税票上,将该货物立时放行,不得有阻抑、留难及需索等弊。

第十四条　捐额以银元计算,除本省军用票当然按照额面数目收用外,凡在市流行之各种银元及钞票一律通用。其奇零之数,准用旧有之铜元及一文钱完纳。至在市流行之各种银元、钞票及铜元均照完纳地或完纳地最近之市价核计,各局不得有贴水名目及任意低昂等事。纹银、银元及铜元价目,须于各局前悬牌揭示,并于捐票盖印价目戳记及填明收银两、银元、铜元或制钱若干。

第十五条　统捐率按照货物之原价征收百分之五。

第十六条　应捐之物品及起捐之数,除特别规定外,由财政司编册颁行,除于各局前缮正悬牌外,并印送多本于商会,分给各商以资遵行。

第十七条　凡有意偷漏隐匿之货物或一票两用者,经查出后照应纳捐额十倍处罚。

第十八条　凡溢出报验单所填之货物,经查出后,其溢出之部分照前条办理。

第十九条　凡抗不纳捐或抗不受稽查者,即将货物全数扣留,送交该管地方官处分之。

第二十条　运销货物者如遇有各局苛罚、需索、留难、阻抑、强取货物及其他违法之行为,得于一月内向该管地方官提起诉讼。

第二十一条　旧有之宁属洋广局、闽捐局、宁镇船货局、绍属之洋货局、温属之洋广局均具特别性质,所有各种办法一律暂仍其旧。

第二十二条　本法于财政司未经颁布续订捐章以前适用之。

# 浙江省财政收支统一办法

第一条　凡经征向属全省收入之钱漕、捐税、盐课各机关,应将每月征收款项、数目于次月初五日以前造册呈报并批解财政司;各府解省程期另行规定。

第二条　凡全省各营队薪饷、各机关行政经费应全省款项支出者,于每月十五日以后备文具领,向财政司领取。

第三条　驻在各属之各机关及营队,应先期备文具领送财政司,由财政司饬令就近征收机关按期拨给。

第四条　前项拨给之款,应于次月初五日以前造册呈报财务司。

第五条　第一、第四两条册报应分造两册,但有拨给时,应于收入册内总结项下声明。

第六条　收支均以银元计,其向以银两计者,照一五折合银元。

第七条　违背第一条者,由财政司呈请都督酌示惩罚外,并饬令缴还息金。

第八条　此项办法俟会计法颁行后即行废止。

# 浙江省暂行不动产登记法

第一条　凡在本省区域有不动产者,均应照本法赴登记所登记,其典赎或抵押者亦同。

第二条　凡属于左列各项者为不动产:

一、田;

二、地、场地;

三、山;

四、荡;

五、房屋基地。

第三条　凡各县均设登记所一所,由财政司委任各县知事办理,距城较远之地方得酌设分所。

登记所办事细则由财政司定之。

第四条　凡登记应各就产之所在地为之。

其一契之产而分属二以上之登记所者,各该登记所分割登记,但不能分割登记者,得由各该登记所协议,决定属一登记所为登记。

第五条　凡请求登记者,应开列产主真实姓名及住所,产之所在地、亩分、四至,并将契据或粮串户册呈验,暨呈缴登记费。

如前项证据有遗失者,应邀同保证呈明理由,经登记所榜示一月,无人争告准予登记。

第六条　登记应按照前条事由详载登记簿,并填给登记证书。

登记簿及登记证书均由财政司制定,盖印发给各县照式填用。

第七条　犯左列各项者,虽蒙混登记,一经查明或被人告发,其登记为无效:

一、强占冒认及盗买盗卖者;

二、以多报少者。

第八条　登记费按亩征收,其区别如左:

一、田每亩一角；

二、地每亩三分，场地每亩五分；

三、山每亩三分；

四、荡每亩三分；

五、房屋基地每亩一角。

零数一律以亩计算。

房屋及基地为甲乙二人所有者，登记费分半担任。

第九条　本法施行后逾三个月不请求登记者，查明时勒令登记，加五倍收费。

第十条　本法施行后之买卖、典戤、抵押者，自其契约成立之日起三个月内不请求登记者，罚同前条。

第十一条　本法施行细则另行规定。

# 浙江省暂行不动产移转税法

第一条　凡在本省区域内之不动产移转时，均应照本法所规定之税则课之。

第二条　凡属于左列各项者，为本法中之不动产：

（一）田；（二）地、基地；（三）场地；（四）山；（五）荡；（六）房屋；（七）其他不动产。

第三条　本法中之移转限于交易行为，其区别如左：

（一）买卖；（二）典戤；（三）抵押。

第四条　凡为第三条之移转行为，于第二条不动产之上者，照本法课税，其税率如左：

买卖：契价千分之二十分；

典戤：契价千分之十五分；

抵押：契价千分之十分。

第五条　交易行为之课税，以契价为凭。

第六条　纳税者应于各本地之收税官厅为之。本条之收税官厅为财政司所委任之各县知事及各登记所。

第七条　纳税者应于请求登记时一次完纳。

担税额至百元以上者,得先纳十分之五,其余以两倍税额之。有价证券提存官厅以为担保,准于一个年内延纳。如逾期限不纳,官厅即将担保证券变价充税。

本条中之有价证券,以左列各种为限:

(一)已税之田房屋契;(二)公债券;(三)银行股单;(四)铁路股单;(五)货栈存单。

第八条　纳税开始应将交易契据呈验,迨纳税终了之后,应将移转税印花并移转税证书各粘贴于契据之里面,于印花岐[骑]缝盖用消印,于证书骑缝盖用该收税官厅之印。其印花种类并证书式样,由财政司制定,洽于施行细则中规定用法,由各收税官厅照法贴用。

第九条　凡交易契据粘贴印花证书者,法律上认为有效之移转,但登记法上所认为无效者,不在此限。

第十条　凡依本法所课之税,八成解财政司作省税,余一成作县税,一成作征收经费。

第十一条　本法施行之后,应由各收税官厅照左列方式十日榜示一次:

| 事别／目别 | 纳税人姓名 | 纳税物件 | 纳税行为 | 物件价格 | 纳税价格 | 完纳讫或呈报讫 |
| --- | --- | --- | --- | --- | --- | --- |
| | | | | | | |

第十二条　凡本法所规定之移转行为,自其移转成立之日起三个月后隐匿不报,经告发或收税官厅查出者,除照额补税外,再照应纳之税加四倍处罚。所罚之款一半给与告发或查出者,一半充公,但既呈报后而尚未完纳并延纳者不在此限,自呈报至完纳以一月为限,洽于施行细则内规定之。

第十三条　本法施行细则,由财政司定之。

第十四条　本法施行后,所有从前之契税、契尾捐一律废止。

第十五条　本法自施行之日起发生效力。

# 浙江省地丁滞纳处分暂行法

第一条　本法对于滞纳地丁应行押追者适用之。

第二条　本法由县知事执行呈报,财政司核夺。

第三条　县知事对于滞纳之业户应行科罚如左:

一、本年上忙应完纳之地丁至本年下忙仍未完纳者,照原应完纳之数加十分之一处罚;

二、本年下忙应完纳之地丁至次年上忙仍未完纳者,照原应完纳之数加十分之三处罚。

第四条　前项罚金,县知事对于受罚之业户认为无力呈缴时,得酌量办理。

# 浙江省不动产登记法施行细则

### 第一章　关于登记簿表之规定

第一条　关于不动产登记各种文簿由财政司拟就,定式刊发,各登记所依式照填。

第二条　登记簿分为三种:

甲、私有不动产登记簿;

其系共有者另为一簿。

乙、公有不动产登记簿;

丙、国有不动产登记簿。

第三条　前条所列各种登记簿,其表面须记明册数,其里面须记明页数(如第一页第二页等字样),并于骑缝加戳。

第四条　登记证书分为三联:以中联截给登记人作为管业证据;以右一联送司缴验;以左一联存所备查。

第五条　登记所除存置第二条第四条各簿记证书外,更须备左列各件:

一、征收登记费簿其册数页数准用第三条规定;

二、掣付证书月计表;

三、分区不动产亩数统计表。

其表式以各该县所属自治区域内之固有区域为主,将某区已登之亩数登入以便综查,至分区方法仍照各该县习惯上旧有之名称(如杭称都图,嘉称坊圩,温称堡,台称庄村之类)。

第六条　各登记簿表,登记所须永远保存之。

第七条　各种登记簿表遇有不可抗之变故被灭失时,登记所须速将其事由呈报财政司。

第八条　遇有前条情事，须速将事由揭示，并通告前已登记之人将证书呈验重行登记，不再收费。

## 第二章　关于呈请登记之手续

第九条　凡不动产登记法第二条所列之不动产，无论私有、公有、国有，自该县登记所成立后三个月内须赴所呈请登记。

第十条　呈请登记须业主自为之，但系公有、国有者，得以公共团体及官厅为之。

第十一条　业主有事故时，得以代理人为之。

第十二条　为前条之代理人，须提出本人委托证据，无委托证据者，登记所得不准其呈请。

第十三条　呈请登记须提出呈请书。

第十四条　呈请书应记载之事项如左：

（一）业主籍贯、姓名、住所；

（二）不动产之类别、不动产登记法第二条规定田、地、山、荡、房屋基地等；

（三）不动产之所在地、亩分、四至。

第十五条　凡系公有国有者，除记载前条第二项第三项外，更须记载现充何种团体、何项公用及现归何官厅经营。

第十六条　凡系共有者，除记载第十四条所列各项外，更须记载共有者姓名或共有者股份。

第十七条　呈请登记时，须遵照不动产登记法第八条所定记载之数目缴纳登记费。

第十八条　登记法第五条二项规定之保证，凡公有、国有者不适用之，但仍须榜示一月后方予登记。

第十九条　登记法第五条二项规定之保证人，须与业主同居一县，确系有资财者。

第二十条　保证人须负担业主不犯不动产登记法第七条所列各项情事之责任。

第二十一条　登记人有犯不动产登记法第七条所列各项者，其登记为无效，但犯第七条第二项者，登记所得命其补行登记。

### 第三章　关于登记之手续

第二十二条　凡呈请登记者,已提出合式之申请书并证据且不犯不动产登记法第七条之规定者,登记所不得留难。

第二十三条　登记所据呈请登记者呈请后,应依据呈请书所载事项,按照本则第二条规定各簿,分别登入簿内。

第二十四条　前条手续完了后,登记所应随时照填证书,掣付业主。

第二十五条　登记官吏遇有左列情事之一者,得不受呈请书:

一、欲登记之不动产不属该登记所管辖者;

二、业主或代理人不至登记所者;

三、不纳登记费者;

四、发现登记法第七条各项情事者。

第二十六条　征收登记费,其银元均照市价核算。

第二十七条　征收登记费须照不动产登记法第八条所定数目,不得于定数外需索分文。

第二十八条　登记所须于每月初五日以前,将上月登记不动产总数及登记费总数列表连同登记费报解财政司。

第二十九条　登记所经费得在该所所收登记费内提用,但不得逾十分之二。

第三十条　依登记法第三条之规定设立登记分所时,悉依本则办理。

第三十一条　登记所设立登记分所时,须将必须设立之理由呈请财政司核准。

登记分所受登记所之管辖,凡本则所规定办理事项,悉由登记所汇核呈报财政司。

第三十二条　本则自都督公布之日发生效力。

## 浙江省地丁征收法修正条文

第二条　每地丁银一两,各照原定折征钱数及备抵外债之粮捐数改征银元。向照市价征银者,比照全省最少之数改征银元。

折征钱数各县不同,应以每银一两合洋一元五角为省税,其每两带征备抵外债,粮捐三角亦一律解省,余充县税。

第四条　完纳地丁凡合银元一元以上者,银元、军用钞票、纸币一体通用,不满一元者准收小银元、铜币或制钱。

小银元、铜币未经划一定价以前,由县知事开会,按照城镇兑换店牌议定划一价目。

第五条　征收公费应按照城乡设柜之多寡,分别员役、薪工、纸张、解费由县知事缮成预算表,表内所定数目至多不得过每忙额征数十分之一,适用第四条第二项之规定会议决之。

第七条　田赋清册造竣后举行前条各项会议,经议决后一面专差呈请财政司查核,一面将开征日期并议定小银元、银元价目出示晓谕随掣,由单分配各业户。

第十四条　逾限不完之户得由县知事立限饬催,如再逾限即传案押追。

每次传费应酌量道里之远近于传票面判明,缴由公署发给,不得额外需索业户。

第十五条　征收完毕后应将征收公费缮成决算表连同预算表,适用第四条第二项之规定,议决后呈报财政司核定,于省税、县税内按成摊扣。

**附会议细则**

第九条　关于本则第一条第一项会议之征收公费,应于会议决定后即日照议定书呈请财政司核定。

关于本则第一条第一项会议之小银元、铜元价目,应于会议决定后之三日内照议定书刊印告示,分贴城镇乡以普及为限,并呈报财政司。前项告示未刊布以前,不得开征。

第十条　关于本则第一条第二项之会议,应于会议决定后,照缮议定书呈请财政司核定。

# 修正浙江省统捐暂行法

第一条　本法定名为浙江省统捐暂行法,除已办各种认捐及其他特别规定外于本省区域内适用之。

第二条　本省区域内设统捐局及统捐分局,其地点另表规定。

第三条　统捐局直辖于财政司,统捐分局受统捐局之管辖。

第四条　统捐局设局长一员由财政司委任,各分局应用人员由各该统捐局长酌派,并报明财政司。

第五条　本法施行细则由财政司拟订,呈由都督提交省议会议决。

第六条　本省货物之运销应于第一次经过之统捐局或统捐分局按照应科捐额一次收足,外省货物运入本省地界者亦同。

但运销目的地在本省区域内不经过第二次之统捐局或统捐分局者,照应科捐额折半征收。

第七条　运销货物者须向第一次经过之统捐局或统捐分局报明左列事项,听候收捐,随将应纳捐银如数缴足并向该局领取捐票:

(一)货物所有者之姓名或行号;

(二)货物之种类件数、分量、价值;

(三)运销之目的地。

但到达目的地后欲分运他处者,除第六条第二项之规定应将分运之货物补足捐额外,须将捐票呈验换取分运单,其应列事项同前。

第八条　捐票用四联式:第一联给纳捐者;第二联解财政司;第三联解各该统捐局;第四联存各该统捐分局为存根。由财政司制成编号盖印颁发。如纳捐者直接向统捐局缴纳,则第三联亦作为存根与第四联并存各该统捐分局。

第九条　已经一次纳捐之运销货物仅须受经过各局之稽查,不再负纳捐之义务(但第六条第二项之规定不在此限)。

第十条　凡货物已经到达其捐票所指定之目的地后,如因意外欲将货物全部变更其目的地(除第六条第二项之规定)或退回者,得向最终受稽查之局声明原委,由局验系原单原货,于原持捐票上摘由盖戳放行之,但以一次为限。

第十一条　各局稽查通过已经捐足之货物,如票货相符,须即加盖验戳于捐票上,将该货物立时放行,不得有阻抑、留难、需索等弊。

第十二条　捐额均以银元计算,除本省军用票当然按额面数目收用外,凡在市流行之各种银元及钞票一律通用。其奇零之数,准用旧有之铜元、一文钱完纳。至在市流行之各种银元、钞票及铜元,均照完纳地或完纳地最近之市价核计,各局不得有贴水名目及任意低昂等事。

纹银、银元及铜元价目须于各局前悬牌揭示,并于捐票盖印价目戳记及填明收银两、银元、铜元或制钱若干。

第十三条　应捐之物品起捐之数及捐率另表规定,除于各局前缮正悬牌外并印送多本于商会,分给各商以资遵行。

第十四条　凡有意偷漏隐匿之货物或一票两用者,经查出后照应纳捐额十倍处罚。

第十五条　凡抗不纳捐或抗不受稽查者,即将货物全数扣留,送交该管地方官处理之。

第十六条　运销货物者如遇有各局苛罚、需索、留难、阻抑、强取货物及其他违法之行为,得于一月内向该管法院或县知事提起诉讼。

第十七条　旧有之宁属洋广局、闽捐局、宁镇船货局、绍属之洋货局、温属之洋广局,均具特别性质,所有各种办法一律暂仍其旧。

第十八条　本法俟同类之完全税则成立后,即行废止。

# 修正浙江省统捐暂行法施行细则

第一条　本细则依据修正浙江省统捐暂行法第五条订定之。

第二条　统捐局或统捐分局因稽查上之必要设立巡船时,由局长绘具图说,指定地点,呈请财政司核定。

第三条　统捐局、统捐分局用秤,在度量衡法未定以前,由财政司烙印颁发。

第四条　各局大门外应设揭示处,其应行揭示者如左:

(一)统捐暂行法、统捐暂行法施行细则、统捐捐率、特别捐率;

(二)所收捐款及罚款数目(上日收款数目于次日榜示,至少须揭贴三日);

(三)纹银、银元及小银元、铜元价目。

第五条　统捐票暨分运单每本一百号,由财政司编列字号印发。

第六条　分运单用二联式:以一联给分运货物者;以一联存各局为存根。

第七条　统捐票暨分运单如有填写错误或因其他事故不能适用时,准将本号票单注明作废,但不得与存根截离。

第八条　各局于验货既讫,如数收足捐款,应即将捐票填给,立时放行。

第九条　收捐既讫,应将已捐货物暨捐款数目登入收捐日记簿。

第十条　已经纳捐之货物经过各局时,须将所持捐票呈交查验,如货单相符,该局即于捐票上加盖某局验讫戳记,立时放行,并须摘要登入验捐日记簿。

第十一条　如二起以上之货物同时报捐或报验者,依报到次序先后办理。

第十二条　依统捐暂行法第七条二项之规定,请求填给分运单者除按照统捐暂行法第七条第一项各款报明外,尚须报明该分运货物到达目的地之期限,由局于分运单中填明。

第十三条　各局依捐票填给分运单后,须将捐票粘连于所填之分运单存根,并于粘连处盖印注明此票填给某号某号分运单。

第十四条　左列之货物以未捐之货物论:

(一)将捐票破损涂抹,使经过之局不能查验者;

(二)不遵统捐暂行法第十条之规定,变更目的地或退回者;

(三)依统捐暂行法第十条之规定变更目的地后,欲为第二次之变更者;

(四)分运之货物分运后变更销售目的地者;

(五)分运之货物逾分运单内所填之期限在五日以上者。

第十五条　左列各物品经过各统捐局时,得将人货一并扣留,一面呈报财政司核办,在分局则报由该管统捐局转呈:

(一)照约不准贩运之外国枪炮弹药并一切军器等类,及内地食盐不准贩运出口者;

(二)本国之禁止品(禁止品依法律命令定之)。

第十六条　各处洋土货由新关运入内地,查照中英烟台会议条约第三端第三项末端办理。

第十七条　凡由通商口岸运入内地货物,及由内地置买之土货出口具左列条件之一者,得照约章分别办理:

(一)单货相离;

(二)单货不符;

(三)非单内指定地方;

(四)已逾单内期限。

第十八条　货船内无论洋货、土货,除税单上所载外另有搭载均须报捐,如查有隐匿不报者照约罚办。

第十九条　认捐货物经过各局时,验明货票相符立即放行。

第二十条 遇有统捐暂行法第十五条情事,除送交该管地方官处分外,一面须呈报财政司,在分局则呈由该管统捐局转报。

第二十一条 遇有统捐暂行法第十五条情事,该管地方官讯实,判定分别充公罚办外,须分报财政司及送交之局。

第二十二条 各统捐局解交捐款,按照全省财政收支统一办法第一条规定办理。

第二十三条 分局所收捐款,交由该管统捐局汇解。

各统捐分局解交捐款于该管统捐局之期限,由各统捐局自定之。

第二十四条 无论本局或局外之人,如查报私运货物得实者,即以罚款十成之三酌给查报之人,以二成留局,于每季末日按照本局人数匀派,余五成随同捐款解司。

第二十五条 本细则有效期间与统捐暂行法同。

## 浙江省暂行特别规定捐率

| 捐率　类别 | 货目 | 单位 | 捐数 | 摘要 |
|---|---|---|---|---|
| 茶类 | | | | |
| | 箱茶 | 每箱百斤 | 一元七角 | □□按箱起捐,每引向收正捐一元五角,附加三成四角五分,税课二角一厘。今减去加成并截去零数,共符上率。所有付新约赔款之数,即就上列捐数内拨给。其经过浙西及浙西报运者,加缴塘工捐七角五分,惟洋庄箱茶,照旧免加塘工捐。 |
| | 篓　茶、袋茶 | 每件百斤 | 一元一角 | 按件起捐,每引向收正捐九角,附加三成二角七分,税课二角一厘,今减去加成并截去零数,共符上率。所有付新约赔款之数,即就上列捐数内拨给。其经过浙西及浙西报运者,加收塘工捐。 |
| | 拣剩茶片 | 每件百斤 | 四角五分 | 按件起捐,每百斤向收正捐四角五分,附加三成一角三分五厘,今减去加成,共符上数。所有付新约赔款之数,即就上列捐数内拨给,免征税课、塘工。 |

续　表

| 捐率＼类别 | 货目 | 单位 | 捐数 | 摘要 |
|---|---|---|---|---|
|  | 茶梗末 | 每件百斤 | 三角 | 按件起捐，每百斤向收正捐三角，附加三成九分，今减去加成，共符上率。所有付新约赔款之数，即就上列捐数内拨给，免征税课、塘工。 |
|  | 安徽江西已捐入境各茶 | 每件百斤 | 五角 | 按件起捐，此项不论箱、篓、袋茶及拣剩茶片、茶梗末，向系一律收正捐三角，加三成九分，税课二角一厘，今减去加成，截去零数，共符上率。所有付新约赔款之数，即就上列捐数内拨给。其运入浙西加塘工捐七角五分，箱茶在杭关抽税，运沪者免加塘工捐。 |
|  | 安徽江西未捐入境各茶 |  |  | 按件起捐，此项不论箱、篓、袋茶，拣剩茶片、茶梗末，均照本省茶捐分别办理。 |
| 糖类 |  |  |  |  |
|  | 红糖 | 每包百斤 | 四角八厘 | 按包起捐，此项向定起捐一角六分，加抽五成八分，验捐一角一分，加抽五成五分八厘，合计上数。嗣因糖货均在新关指定运销地点纳税运进，沿途凭单验放俟到目的地后完缴，内地捐二角四分，应照旧办理。 |
|  | 白糖 | 每包百斤 | 五角五分五厘 | 按包起捐，此项向定起捐二角二分，加抽五成一角一分，验捐一角五分，加抽五成七分五厘，合计上数。嗣因糖货均在新关指定运销地点纳税运进，沿途凭单验放俟到目的地后完缴，内地捐三角三分，应照旧办理。 |
|  | 冰糖 | 每包百斤 | 七角五分 | 按包起捐，此项定起捐三角，加抽五成一角五分，验捐二角，加抽五成一角，合计上数。嗣因糖货均在新关指定运销地点纳税运进，沿途凭单验放俟到目的地后完缴，内地捐四角五分，应照旧办理。 |
| 烟类 |  |  |  |  |

续　表

| 捐率\类别 | 货目 | 单位 | 捐数 | 摘要 |
|---|---|---|---|---|
| | 各种烟叶烟箱 | 每件百斤 | 一元五角 | 按件起捐,每百斤正捐五角,加抽二十成一元,合计上数。如办先捐后售者,照旧办理。 |
| | 各种水旱潮烟 | 每件百斤 | 三元 | 按件起捐,每百斤正捐一元,加抽二十成二元,合计上数。 |
| | 上等纸烟 | 每盒 | 六角 | 按盒起捐,加成,已核在内每盒一千支,如每盒五百支者,减半征收。 |
| | 下等纸烟 | 每盒 | 三角 | 同上 |
| | 上/下等雪茄烟 | 每盒 | 六/三角 | 按盒起捐,每盒二百支。 |
| | 鼻烟 | 每瓶 | 四角四分 | 按瓶起捐,每瓶一斤。 |
| 酒类 | | | | |
| | 加大绍酒 | 印票一张 | 一角八分 | 按坛起捐,向办本庄每坛贴印花一张,路庄贴印花二张。 |
| | 行使绍酒 | 印票一张 | 一角一分 | 同上大花雕酒,照率推加。 |
| | 放样绍酒 | 印票一张 | 六分 | 同上。 |
| | 京庄绍酒 | 印票一张 | 二分七厘 | 同上。 |
| | 烧酒 | 每坛百斤 | 四角四分 | 百斤起捐,嘉属烧酒向归商认,仍照旧办理。 |
| | 土酒 | 每坛百斤 | 一角三分 | 按坛起捐,此项系各县土酒向无捐率,因运销日畅,比照前条烧酒减成。酌定有归各县征收及商认者,均照旧办理。 |
| | 上/下等洋酒 | 每打 | 一元/六角 | |
| 丝类 | | | | |
| | 运丝 | 每包八十斤 | 二十元二角 | 按斤起捐,此项收正捐十六元,沪捐三元二角,赔款一元,共符上数。所有塘工、善后、筹防各名目一律删去。 |

327

续　表

| 捐率 \ 类别 | 货目 | 单位 | 捐数 | 摘要 |
|---|---|---|---|---|
| | 经丝 | 每包八十斤 | 二十五元 | 按斤起捐,此项于丝绢二十元二角外加经捐四元八角,共符上数。俟与苏省协商后再行酌改,如已执有运丝捐单,准其照数作抵外,应加收经捐四元八角。 |
| | 用丝 | 每包百斤 | 十元零六角 | 按斤起捐,此项收正捐九元六角,赔款一元,计符上数。 |
| | 丝吐 | 每包百斤 | 二元八角八分 | 按包起捐,此项向收捐三元六角,今照八折核减,计符上数。 |
| 茧类 | | | | |
| | 干茧 | 每百斤 | 六元 | 十斤起捐,此项收正捐五元,沪捐一元,如上数。不得剔除双宫薄皮。 |
| | 茧衣茧壳 | 每百斤 | 二元八角八分 | 十斤起捐,此项向收捐三元六角,今照八折核减,计符上数。 |
| 纱类 | | | | |
| | 厂纱 | 每担 | 九角 | 按担起捐。 |

# 附　录

## 虞柏颙先生家传

姚　琮

余师柏颙虞先生,民国七年正月五日遭难于吴淞海上普济之船中。时余方驻兵吴兴,仅以电唁。其后解甲归,太公介宸封翁持先生行状来,命之曰:"汝从柏颙久,知之最深,可无传于是。"太公须眉复面,而先生之死涉八年矣。

先生讳廷恺,字柏颙。其先世有讳原璩者,造诣渊深,饬躬廉正。永乐中再征不起,学者称环庵先生。凡四传至伦公,始由双桥徙居江上,遂成巨族。祖名成庵,父介宸,贡生,有善行。先生诞生之夕,庭有异香。幼而端雅,不喜与群儿嬉戏。长而好学,博览群书,明于治乱。年二十一,补诸生,旋食饩,乡先辈孙仲容微君深器之,相与提倡学务,不遗余力。于乡创立养正学校,举凡管理、教育,皆躬任其劳,其筹经费也,以殷户乐助为度,其教子弟也,以道德性命为归。一时从游之盛,无虑数百人,于是人才蔚起,为我乡数百年来所仅见。先生顾而乐之。旋挈其二三门人,负笈东瀛,习申韩学。余亦学剑于冀北,海天遥隔,而音问不疏,每奉书必以力学报国为勖。余之所以不至于失学者,先生之教也。

先生学成归国,筹办全国自治。并主法校教席,惨淡经营,以树法治之基。予亦得业,旋浙为浙军尉。公暇时相过从,乐甚。辛亥秋,浙军独立。火督署,扑满城,余实秉先生之训,躬与其役。先生亦被众推为财政佥事,旋

329

权司长。以利戎行，发行军用票，借德意志款，以治其标，订"统捐暂行法""地方[丁]征收法""暂行不动产转移法"及"登记法"各案，以固其本。又恐财用之失度也，订"财政收支统一办法"，消极以范其支出，积极则吸收岁入。自此，浙中财政渐有可言，先生亦以理财名闻两浙。

其明年，被举为下院议士，所持政论，有独到处。赣宁之变，元首袁项城令捕议士之附从者数百人，议会中断。先生忧之，乃上书于副座黎黄陂，一则曰：正式政府成立方逾一月，正式议会即行解散，对外既无好感，对内亦滋疑窦。再则曰：我中华民国，因法律而定国，岂可于国事甫定之后，而有藐视法律之举动？得鱼忘筌，得兔忘蹄，于义则未顺，于理则未安。书入，黄陂为之动容，以政不属己，不果行。于是，民心瓦解，而有护法之役。烽火连天，海内骚然。论者谓先生之言倘见用，或不至此，而先生深远矣，当此之时，尝为公府谘议、参议院金事，居桓颇怏怏不乐，惟以诗书自娱，无一言及国事。时余亦游学都门，问诗于先生，先生许为能诗，余亦颇以诗自勉。

其后元首袁项城称帝，余南下参戎幕，谋有以倒之，先生亦奔走江淮间，不相见者累月。而项城殂逝，法统乃复，于是先生再列议席，汲汲以制宪为务，所以遏乱萌、定国本也。未几，而又有复辟之乱，先生乃随今执政段合肥之后，誓师马厂，卒戡国难，以功膺上赏，世咸荣之，先生泊如也。逾月，疆吏倪嗣冲等集都门，以议会不便已，又覆之，先生乃入财政部总办官产处事，前后五阅月，凡所擘划，皆切中时弊，然非其志也。毅然出都门，有"上林二月花如锦，一棹归来也挂冠"之吟。盖法统不复，未尝一日去诸怀，其淡于仕进，实具隐衷。叶水心曰："与其毁阙而进，不如成全而退。动而得于人之多，不如静而失于己之少也。"读先生之诗，可知其学矣。不谓南下未十日而难作，其先一日，犹以书抵余，股勤道家国事。墨沈未干，遽闻噩耗，时先生春秋三十有八也。呜呼！痛哉！

余从先生游，先后二十余年。虽离合靡常，而心神交往间。尝卧病都门危甚，先生日必一至，慰问备加。师生之情宁复有此？以之夸示于人，人亦艳称之。奈昊天不吊，竟劫先生以去，余将何从问德而请业焉？瞻望门墙，不知涕泗之何从也！呜呼！痛哉！

先生虽宦游于外，而眷怀乡里，始终不懈。壬子秋，瓯括大水，哀鸿遍野，浮尸枕藉。先生乃大声疾呼，醵金巨万，生者赈济之，死者掩埋之。复施衣、赠药以救贫病，因获生存者无算。乡之人来告邑令某有虐政须去之，先生诏之曰："土棍、地痞勾结衙役，表里为奸，实为秕政之主因，盍去乡民之不善者,以为正本清源之计,至邑令某,当寓书劝勉之。"乡人咸服其有器识,赞叹不置云。

其为学以姚江为宗,重实践、戒浮薄,以正心诚意为体,以身体力行为用。尝著《言行篇》,以箴世之食言而肥者,词多沉痛,不堪卒读。其他诸作,大率类此。奈何天与之年,而淹没其才,其诗文又皆散佚勿传,或曰同沮于水,然欤?否欤?岂天既靳其寿,而又复夺其文耶?抑何天之虐先生一至此极耶?天道茫茫,其将何从而问之耶?呜呼!痛哉!

配黄,侧室张。子三:崇樾,肄业法政大学,有父风;崇枢、北生,均肄业养正学校。女三:长适陈自强,次适董训,次未字,侧室所出也。

琮曰:"士之寿不寿,以文行,不以其岁年。先生之道德、之文章、之事功,可歌可泣,可以传。奚必区区以死事为念哉!"

# 参考文献

《北京大学日刊》

《北京档案史料》

《丙辰》

《财政月刊》

《晨钟》

《大公报》

《东方杂志》

《国会丛报》

《汉民日报》

《近代史资料》

《民立报》

《民国日报》

《申报》

《时报》

《时事新报》

《顺天时报》

《天铎报》

《太平洋报》

《新闻报》

《宪法新闻》

《亚细亚日报》

《益世报》

《庸言》

《越铎日报》

《浙江潮》

《浙江公报》

《政府公报》

《宪法会议公报》

别琳:《进步党与民初政治 1912—1914》,四川大学出版社,2015 年。

财政部编:《财政部职员录》,财政部印刷,1917 年 9 月。

范源廉著,欧阳哲生等编:《范源廉集》,湖南教育出版社,2010 年。

沈云龙主编,何仲箫编:《近代中国史料丛刊》第 53 辑《陈英士先生纪念全集》,文海出版社,1973 年。

谷丽娟、袁香甫:《中华民国国会史》,中华书局,2012 年。

国会参议院编印:《参议院议事录》,1912—1913 年分期出版。

国会参议院编印:《参议院速记录》,1912—1913 年分期出版。

国会参议院编印:《参议院公报》,第一届国会第一期常会时期,1913 年。

国会参议院编印:《参议院公报》,第一届国会第二期常会时期,1916—1917 年 6 月。

国会众议院编印:《众议院第一次常会会议速记录》,1913 年。

国会众议院编印:《众议院公报》,第一届国会第一期常会时期,1913 年。

国会众议院编印:《众议院议决案汇编》,1914 年。

国会众议院编印:《众议院公报》,第一届国会第二期常会时期,1916 年 8 月—1917 年 6 月。

胡珠生:《温州近代史》,辽宁人民出版社,2000 年。

金普森主编:《浙江通史·民国卷上》,浙江人民出版社,2005 年。

林吕建主编:《浙江民国人物大词典》,浙江大学出版社,2013 年。

林益修主编:《瑞安市教育志》,江西人民出版社,1992 年。

卢礼阳、李康化编校:《刘景晨集》,上海社会科学院出版社,2006 年。

清华大学图书馆编,冯立昇主编:《北洋政府职员录集成》,大象出版社,2019 年。

日本法政大学史资料委员会编:《法政大学史资料集第 11 集——清国留学生法政速成科特集》,日本东京法政大学,1988 年。

瑞安市政协文史委:《瑞安文史资料》第 29 辑《孙诒让学记选》,天马图书有限公司,2000 年。

沈秉诚编辑:《统计学纲领》,三田印刷所,1909 年。

沈克成:《温州历史年表》,北京电子出版物出版中心,2005 年。

汪林茂主编:《浙江辛亥革命史料集》,浙江古籍出版社,2013 年。

温州市图书馆编,张钧孙点校:《张棡日记》,中华书局,2019 年。

温州市图书馆编,沈洪保整理:《林骏日记》,中华书局,2018 年。

乐清文史资料研究委员会编:《乐清文史资料》第 9 辑,1991 年。

浙江省政协文史委编:《浙江辛亥革命回忆录》,浙江人民出版社,1981 年。

浙江省政府志编纂委员会编:《浙江省政府志》,浙江人民出版社,2014 年。

朱珍海主编:《天井垟传奇》,白山出版社,2015 年。

张玉法:《民国初年的政党民》,岳麓书社,2004 年。